Paul Evdokimov
Die Frau und das Heil der Welt

Paul Evdokimov

DIE FRAU UND DAS HEIL DER WELT

Brendow Verlag, Moers
Kaffke Verlag, Aschaffenburg

CIP-Titelaufnahme der Deutschen Bibliothek

Evdokimov, Paul:
Die Frau und das Heil der Welt / Paul Evdokimov.
Mit einem Vorwort von Wilfried Kroll.
[Ins Dt. übers. von Elisabeth von Flotow]. – Moers: Brendow, 1989
   (Edition C : C ; 269)
   Einheitssacht.: La femme et le salut du monde 〈dt.〉
   ISBN 3-87067-345-1
NE: Edition C / C

ISBN 3-87067-345-1 / Edition C, Reihe C 269,
Bestell-Nr. 56669 (Brendow Verlag)
ISBN 3-87391-115-9 (Kaffke Verlag)
© Copyright 1989 by Brendow Verlag, D-4130 Moers 1
Originalausgabe: «La femme et le salut du monde»,
© Editions Casterman, Tournai (Belgien).
Übersetzung: Elisabeth von Flotow
Einbandgestaltung: Thomas Georg, Stuttgart
Printed in West-Germany

INHALT

Vorwort — 8

Einleitung — 13

Erster Teil

ANTHROPOLOGIE — 37

Einführung — 39

Die Konstitution des menschlichen Wesens — 48
  Die biblische Auffassung des Geistes und des Leibes — 48
  Die biblische Auffassung des Herzens — 52
  Die menschliche Person — 54
  Die Freiheit — 58

Das Bild und das Ebenbild Gottes — 66
  Das Bild Gottes — 66
  Der Unterschied zwischen Bild und Gleichnis — 73

Anfang und Ende — 77
  Die Schöpfung — 77
  Die Natur vor dem Sündenfall — 79

Der Sündenfall und die Heilsordnung	81
Die Anthropologie der Vergöttlichung	85
Die liturgische oder doxologische Anthropologie	88

Askese und mystische Erfahrung 91
   Die Askese und die Psychologie 91
   Das Asketentum 98
   Die mystische Erfahrung und die Begegnung von Angesicht zu Angesicht mit der Heiligkeit 102

Das königliche Priestertum 113
   Das Sakrament des allgemeinen Priestertums 118
   Die Würde des Priestertums der Gläubigen 121
   Die königliche und priesterliche Würde 121
   Die prophetische Würde 123

Die Kirche in der Welt und die letzten Dinge 125
   Die Kirche und die Welt 125
   Theologie der Geschichte 131
   Die Lehre von den letzten Dingen 135
   Der Heilige Geist in den letzten Zeiten 140

Zweiter Teil

DIE BIBLISCHE EVA UND DIE FRAU IN DER GESCHICHTE   149

Vorbemerkungen 151
Das Matriarchat 166
Das Patriarchat 182
Der Feminismus. Seine Lügen und seine Wahrheiten. 195

Dritter Teil

DIE URBILDER   207

Heilig, heilig, heilig 209
Die Archetypen 217

Die Theotokos — Urbild des Weiblichen	233
Der gekreuzigte Glaube, Quelle der vita nova	233
Die Erscheinung der Heiligen — verwirklichte Heiligkeit — Fülle der Urbilder	235
Das Urbild des weiblichen Priestertums	236
Das Urbild der Sophrosyne, der ontischen Keuschheit	239
Das ewig Jungfräulich-Mütterliche des Weiblichen	241
Das Welten-fiat	245
Die Heiligkeit	246
Der heilige Johannes der Täufer — Urbild des Männlichen	248
Die Zwischenschaltung der Urbilder	248
Die Ikone der Deisis	251
Sankt Johannes der Täufer	257
Das Prophetenamt	270
ZUSAMMENFASSUNG	273
Die Gnadengaben des Mannes und der Frau	273
Das Mysterium des Kreuzes	295
Begriffsverzeichnis	298
Anmerkungen	304

VORWORT

Lange Zeit war sie vergriffen, nun liegt sie in zweiter, unveränderter Auflage wieder vor: die deutsche Ausgabe der Anthropologie des russischen, in französischer Sprache schreibenden Religionsphilosophen Paul Evdokimov. Als „Die Frau und das Heil der Welt", 1960 in Deutschland, bereits zwei Jahre nach der in französischer Sprache vorgelegten Originalfassung, erschien, stand die Russisch-Orthodoxe Kirche, zusammen mit der Mehrzahl der orthodoxen Kirchen, noch außerhalb der ökumenischen Bewegung. Erst ein Jahr später (1961, in Neu Delhi) traten sie dem Weltrat der Kirchen bei, in dem die Orthodoxie seither immer stärker Akzente setzt. Die zweite Ausgabe der Anthropologie des russisch-orthodoxen Religionsphilosophen, der (um 1920) nach der Ausweisung aller nichtmarxistischen Denker aus der Sowjetunion – wie Nicolai Berdjajew, Sergej Bulgakow und Wladimir Lossky – in Frankreich eine neue Heimat und am Pariser Institut Saint-Serge eine Wirkungsstätte fand, erfolgt ein Jahr nach dem „Millenium", dem Gedenken an die Taufe Russlands (988). Die Orthodoxie ist auch dadurch verstärkt in das Blickfeld römisch-katholischer und evangelischer Christen geraten. Doch das Staunen über die ungebrochene geistliche Kraft der Russisch-Orthodoxen Kirche, nach Jahrzehnten der Verfolgung und Bedrückung, wird der Orthodoxie ebensowenig gerecht wie die in der westlichen Christenheit weit verbreitete Faszination durch die Feier der Heiligen Osternacht, ein Entdecken von Ikonen als Wandschmuck oder ein Wohlgefallen an den Klängen der Göttlichen Liturgie, so sympathisch das alles auch anmuten mag. Beeindruckt sein und Beeindruckung zeigen ist das eine, ein Ernstnehmen der Orthodoxie und der durch sie der westlichen Christenheit zugemuteten Herausforderung, einer *Pro*-Vokation zum durchaus heilsamen Bedenken der eigenen Glaubenspositionen, das andere. Eine solche stellt nun das Werk von Paul Evdokimov dar, der mit ihm schon vor 30 Jahren ein „um des gegenseitigen Verständnisses willen" durchaus nicht unwichtiges und „auf eine reichere Schau zielendes" Gespräch über eine biblische Anthropologie mit den Kirchen des Westens, mit ihren Theologen und Laien, auslösen wollte. Ob es nunmehr gelingt?

Angesichts der gegenwärtigen Diskussion in Kirche und Gesellschaft über das Wohl und das Heil des Menschen und der Welt, ihre Rangfolge und Zuordnung, über das Menschenbild, das dem politischen und kirchlichen Handeln zugrundeliegt, nicht zuletzt auch über Wesen und Rang, Stellung und Rolle der Frau (und des Mannes) nicht nur aber auch in der sogen. „Feministischen Theologie" mit ihrer ganzen Vielschichtigkeit erscheint der Eintritt in den von Evdokimov angebotenen brüderlichen (oder: geschwisterlichen), im wahrsten Sinne „ökumenischen" Dialog geradezu notwendig.

Die Stimme der Orthodoxie wird sich für die westliche Christenheit dabei als so heilsam und hilfreich erweisen wie die nicht zufällige, sondern vom Geist Gottes bewirkte Präsenz der Stimme des Johannes neben den Stimmen von Matthäus, Markus und Lukas im Vollklang des Evangeliums. Lassen Letztere die Geschichte des in Jesus Christus gewirkten Heils in Jesus Christus im Immanent-Irdischen beginnen (Lukas 3: bei Adam; Matthäus 1: bei Abraham; Markus 1: bei Johannes dem Täufer), so setzt Johannes im Heiligen Geist dessen Anfang in die Ewigkeit, bei und in Gott. Der horizontalen Dimension wird so die unverzichtbare vertikale hinzugefügt. Dieser Sicht entsprechen auch die den Evangelisten seit Hieronymus in der christlichen Tradition beigegebenen Symbole (Markus: Löwe, Lukas: Stier, Matthäus: Mensch. Johannes: Adler.). Nur, wenn die Vertikale die Horizontale ergänzt und durchdringt, entsteht das Heilszeichen des Kreuzes, das nicht verlorengehen darf, will man der vollen Wirklichkeit des Lebens nicht verlustig gehen.

So genügt es auch nicht, auf die Erkenntnisse in Psychologie (auch in Religionspsychologie), in Biologie und Verhaltensforschung, in Soziologie und in anderen Wissenschaften, auch bei und in dem, was die Dichter uns künden, zu hören, wenn man um das Wohl von Gesellschaft und Natur, um Wahrheit, Wesen und Wirklichkeit des Menschen, auch als Frau und als Mann, bemüht ist (obwohl Paul Evdokimov dies in seiner Anthropologie berücksichtigt, ist er doch als Religionsphilosoph kein Theologie-„Spezialist"). Vielmehr gilt es, zumal für den Christen, *vor* allem das Eine, ungeteilte Wort Gottes daraufhin abzuhorchen, was uns hier über Gott und Welt und Mensch geoffenbart wird; mit demütigem Herzen und der ständigen Bitte, daß der Geist Gottes selbst uns in alle Wahrheit leiten möge (Joh. 16,13).

Darum ging es den russischen Religionsphilosophen: Um „die Erhellung aller Gebiete des Daseins durch das Licht des Heiligen Geistes", damit „in einer Art von Pfingsterneuerung" dieses Licht in die Kultur der Gegenwart gebracht und „der christliche Sinn des Eros, des Kosmos, der Schönheit, der schöpferischen Freiheit und der Person in Gemeinschaft sichtbar wird" (Olivier Clement). Die Stimme der Orthodoxie fordert uns dazu auf, auch in unserer modernen Welt, alles „im Licht der Offenbarung zu entziffern". Paul Evdokimov tut dies in seinem Werk im Blick auf die Geschichte und den Menschen, den Mann, und vor allem – wie der Buchtitel expressis verbis zum Ausdruck bringt – die Frau. Er tut dies so, wie es der orthodoxen (johanneischen) Tradition entspricht. Bei ihm wird die Umkehrung der These Rudolf Bultmanns deutlich, der meinte, „von Gott reden" bedeute für uns Heutige: „Vom Menschen reden." Für Paul Evdokimov gilt: „Vom Menschen

reden" heißt: „Von Gott reden", und zwar von dem trinitarischen Gott, der sich in Christus durch den Heiligen Geist uns Menschen geoffenbart hat. In Jesus Christus – wahrer Gott und wahrer Mensch –; in ihm, den die Orthodoxie als den „Gottmenschen" preist und der in der westlichen Christenheit nicht selten nur noch als „Jesus von Nazareth" vorkommt; in ihm, dem nicht nur Mensch (= Fleisch) gewordenen, sondern auch „gekreuzigten Gott", enträtselt sich uns zutiefst das Mysterium des Menschen als Mann und als Frau. Eine Anthropologie unter Absehung von Christus, den Paulus im Römerbrief den „zweiten Adam" genannt hat und den er als den bekennt, „von dem her, durch den und zu dem hin" alle Dinge sind, und wir durch ihn (Röm. 12,36 u. a.), ist für den orthodoxen Christen unmöglich. So, wie die Väter, wenn sie ihre Bibel vornahmen, nicht (nur) die Texte lasen, sondern den lebendigen Christus, und Christus selbst sprach zu ihnen. „Sie verzehrten das Wort wie Brot und Wein des Heiligen Mahles, und das Wort bot sich ihnen in der Tiefe Christi dar" (19). Evdokimov bezieht denn auch im Blick auf seine anthropologischen Bemühungen klar und unmißverständlich diese Position: „Wir gehen von Christus, dem Alpha aus, in welchem es weder Mann noch Frau gibt (das bedeutet, daß *jeder* sein Urbild in ihm findet) und wir bewegen uns als Mann und als Frau auf Christus, das Omega zu, in dem es weder Mann noch Frau gibt. Denn hier ist der Unterschied im corpus Christi aufgegangen, die Fülle des Menschlichen völlig in Christus geeint" (31). Nachdem dies konstatiert ist, spricht Evdokimov das an, worauf der Westen – in horizontaler Verkürzung – sein Hauptinteresse richtet: „Im Geschichtlichen sind wir dieser Mann und jene Frau." Evdokimov verweist aber nochmals darauf, daß diese Situation „nicht dazu angetan ist, sich in ihr einzurichten"; es gälte vielmehr, sie „als Übergang zu betrachten", in dem allerdings der Mensch, auch als Mann und als Frau sich zu bewähren hat.
Möge dieses Wenige dem Leser Appetit machen, sich mit der von Evdokimov vorgelegten Anthropologie einzulassen. Es ist, zugegebenermaßen, eine „theologische" Anthropologie. Vielleicht

sollten wir allerdings, angemessener, besser von einer „biblischen" sprechen; denn Evdokimov eröffnet uns mit ihr nicht eine Glaubenswirklichkeit, die in erster Linie richtige oder zutreffende *Gedanken* darlegt, es handelt sich vielmehr – wie bei der „mystisch" genannten, die göttlichen Mysterien umkreisenden und sie betrachtenden Theologie der Ostkirche überhaupt – „um existentiell erlebte *Lebenswirklichkeit*" (Bernhard Sartorius), die oftmals besser in poetischer Sprache als in begrifflicher Abstraktion ihren Ausdruck findet. So ist sie auch sprachlich der Heiligen Schrift sehr nahe.

Durch das Sich-Einlassen mit der von Evdokimov dargelegten Glaubens- und Lebenswirklichkeit mag sich jene dialogische Begegnung eröffnen, die dessen jüngerer Freund und Schüler Olivier Clement für so wichtig ansah: „Der Sinn des Ostens für das Mysterium und der Sinn des Westens für die historische Verantwortung müssen einander begegnen und befruchten"; denn: „Die Orthodoxie gemahnt den Menschen an den gekreuzigten Gott, den vergöttlichten Menschen. Der christliche Westen mahnt die Orthodoxie, daß man nicht sprechen kann, ohne zu handeln." Die Begegnung zwischen West- und Ostkirche zeichnet „das neue Antlitz der Gottmenschlichkeit". Um eine solche Begegnung geht es. Daß aus der nunmehr erneut angebotenen Chance dazu keine „Vergegnung" (Martin Buber) werde ist der Wunsch, ist das Gebet, mit dem das Buch auf den Weg gebracht wird.

Wilfried Kroll

EINLEITUNG

Die liturgischen Texte sprechen von den Engeln, die angesichts der großen Heilstatsachen in Erstaunen geraten.
Gleicherweise kann der Mensch jenes philosophische Staunen bezeigen, jenen Anbeginn der Weisheit, der nach Plato stufenweise in die letzten Dinge einführt.
Wenn ein Mysterium seinen eigenen Urgrund voll zu offenbaren vermag, so ist es in Wahrheit in keinem Augenblick ein solches gewesen. Aber die rechte „liturgische" Haltung des Menschen kann jedes Mysterium zum Erstrahlen bringen. Sein Licht erlaubt, Existenz abzulesen. Nicht Wissen erhellt ein Mysterium, sondern das Mysterium erhellt das Wissen. Wir erkennen nur dank Dingen, die wir niemals erkennen werden. „Wehe der Neugierde, die verstohlen die Mysterien Gottes betrachtet", sagt Gregor von Nazianz [1].

1. Ein Thema von solcher Weite erfordert eine ausführliche Verständigung über verschlüsselte Gebiete, eine Zusammenfassung von Anstrengungen: Katholizität. Durch den Universalismus unserer Zeit findet jeder echte Gedanke sofort Resonanz in der großen Bruderschaft derer, die feinfühlig für geistige Ereignisse sind, und

erweist die geheimnisvolle Konvergenz ihrer Vorahnungen und Entdeckungen. Alle provinzielle Beschränktheit zerbricht glücklicherweise an der Tatsache der inneren Ökumene, der Weltgemeinschaft der Gläubigen, als dem jeder menschlichen Überlegung von heute angemessenen Ort. Wir treten in die faszinierende Zeit großer Synthesen, großer Gegenüberstellungen von Ost und West[2] ein. Fest im Dogma verwurzelt, aber geschmeidig und offen dem Menschlichen gegenüber, fordert eine solche Überlegung dazu auf, die Verhärtung der Prämissen und die ganze Armut theologischer, vom Leben „abgelöster" Begriffsbildungen zu überschreiten. Mehr denn je breitet sich die Methode der „Epoché", der „Zurückhaltung des Urteils" und einer stärker an den Einzelfall angepaßten Arbeitsweise gegenüber der transzendenten Wahrheit aus.

2. An diesen vorgeschobenen Punkten erscheint die gegenwärtige Theologie mehr und mehr wie von innen her in Bewegung gesetzt durch ein gebieterisches Bedürfnis, ihre Grenzen zu sprengen, indem sie frischen Wind hereinläßt und durch Einführung der positiven Ergebnisse der wissenschaftlichen Untersuchungen der Anthropologie, Psychologie, Soziologie und der Geschichte. Das setzt die Übertragung dieser Ergebnisse in die traditionelle Terminologie und ihre kirchliche Einordnung, ihre Integration voraus. Aber eine Integration ist mehr als eine Addition. Denn jedes Element, das in ein organisches Ganzes eingeführt wird, verändert sich qualitativ, indem es hier erst ganz sein eigenes Pleroma, die ihm eigene Fülle findet, welche allein seinen wahren Sinn entschleiert. Als Paulus den Römern den Altar des „unbekannten Gottes" (Apg 17, 23) erklärt, gibt er diesem den Namen des Jesus-Christus. Er integriert den „unbekannten Gott" in die trinitarische Wahrheit und voll-endet ihn dadurch — ihn ent-hüllend.

Das Auseinanderklaffen der ursprünglichen Einheit des Guten, Schönen und Wahren in der modernen Welt läßt den Ursprung der Schwierigkeiten der Gnoseologie, der Ethik und Ästhetik erkennen. Sie sind unabhängig geworden, sie haben abgeschlossene Eigenbereiche geschaffen und haben ihre eigene Lehre den anderen Disziplinen undurchdringlich gemacht. Im religiösen Prinzip und in der Hierarchie der Werte re-integriert, fügen sich diese abgesonderten Teile, diese zerrissenen Visionen anders wieder zusammen und finden sich, ohne durch diese Tatsache das geringste von ihrem Wesen zu verlieren, am rechten Ort eingeordnet. Relativ geworden, finden sie dasjenige, zu dem sie in Relation stehen: das Absolute. Die Wahrheiten, die vorher „ver-rückt", „erkünstelt", „desorientiert" waren, bewegen sich jetzt auf ihren Aufgang (das Göttliche im liturgischen Sinn) zu.

Aber, und das ist eine wichtige Präzisierung, Kierkegaard sagte schon, daß man zwar leicht ein Gedankensystem errichten könne, aber niemals eines der Existenz. Denn im Leben bleibt immer ein irrationaler Rückstand. Einzig die kirchliche Integration vereinigt Leben und Gedanken in einer lebendigen Gotteserkenntnis, denn sie ist nicht allein Werk des Verstandes und einer Auseinandersetzung, die ohne Ende trennt und extrapoliert, sondern Offenbarung der lebendigen Fülle, welche sich in den Stand ihrer Eigenevidenz setzt und die Ideen und Geschöpfe zur Einheit ihrer eigenen Wesenheit zurückführt. Das religiöse Prinzip integriert, weil es sich gleichermaßen über und in der Welt befindet, es ist the-andrisch, göttlich-menschlich. Die Transzendenz des Absoluten geht in die Immanenz des inkarnierten Gottes über; das Handeln „über" wird ein Handeln „in". Christus ist es, die Weisheit Gottes, die ihre menschliche Dimension, ihre menschliche Gestalt bildet und in die Menschen eingeht. „Wir", sagt Paulus, „wir besitzen den Gedanken Christi" (1 Kor 2, 16), „der Geistige erfaßt alle Dinge" (1 Kor 2, 15).

In diesem Sinne menschlichen, in der Wahrheit Gottes integrierten Urteils hat Gregor den heiligen Athanasius „das Auge des Universums" genannt, denn durch die Bezeichnung „wesensgleich" hat die Welt die Wahrheit der Drei-einigkeit ein-gesehen. Hier ist die Integration nicht begrifflich geplant, sondern existentiell bewirkt. Christus ist dem Vater in seiner Göttlichkeit wesensgleich und dem Menschen in seiner Menschlichkeit: er ist es von oben her und im Inneren. Weil wir aber mit der Menschheit Christi wesensgleich sind,

sind wir in Christus seiner Gemeinschaft mit Gott einbezogen bis zu dem Augenblick, „wo Gott alles in allem sein wird" (1 Kor 15, 28).

Nach den Gesetzen der Konzilien ist das „Credo" unantastbar, weil es alle Elemente der geoffenbarten göttlichen Wahrheit zusammenfaßt. Es ist gleichsam ihr Symbol, und wir haben die Elemente des Menschlichen, die es enthält, durch das „Auge" des Credo zu betrachten und inmitten dieser Wahrheiten deren eigenen Seinsort zu finden. So zeigt z. B. die Wesensgleichheit die tödliche Starre des Identitätsgesetzes an: A ist A, A ist nur A und wird es in Ewigkeit bleiben[3]. Das ist die fürchterliche Starre des Monotheismus. Im Trinitarismus existiert jede der drei Grundfiguren nur durch ihre Beziehung zur anderen. Hier liegt das Wunder der Liebe: jede Person bedeutet die beiden anderen. Indem der andere in mir ist und ich in ihm, verwirklichen wir die Gemeinschaft der Person, die Einheit der menschlichen Natur. Im Wunder der Wesensgleichheit der Glieder der Liebe ist man nicht nur vereinigt, sondern alle sind eins, der eine durch den anderen: „Eine ist meine Taube, die vollkommene" (Gregor von Nyssa). So integriert die Gotteserkenntnis die wissenschaftlichen, philosophischen und künstlerischen Gegebenheiten. Indem sie diese an ihrer eigenen Wirklichkeit teilnehmen läßt, macht sie „das Auge" aus ihnen, durch welches man die Wahrheit sieht.

3. Dem weltumspannenden Charakter des Gedankens und seiner Integrationsanstrengung muß die Wiederentdeckung der eschatologischen Dimension der Geschichte hinzugefügt werden. Die Eschatologie befindet sich am häufigsten im letzten Kapitel der theologischen Handbücher, um den geschichtlichen Bericht abzuschließen. Oder die ganze Neuheit besteht in der Entdeckung des Fundamentes, oder noch besser, der Entelechie der Geschichte. Sie zeigt die Geschichte von Anfang an schon wesentlich eschatologisch, so daß jede Epoche und jeder Augenblick der Zeit ihren Wert nicht in sich selber haben, sondern auf ihre eigene Eschatologie hin geöffnet sind. Sie sind vom *telos*, vom Ziel her bestimmt, in unmittelbare Relation zum Ende gestellt und finden in ihm allein Bedeutung.

Diese machtvolle Bewegtheit, die von der Endintegration herkommt, bedingt ein fortwährendes gegenseitiges Zu- und Entströmen nach vor- und rückwärts. Seine Fülle überschreitet die einfachen Vergangenheiten und zukünftigen historischen Zeiten und stellt sich in die Sicht des „Gegenwärtigen Ewigen", welches sich auf die *kairoi*, die „gnadenreichen Zeiten" hin öffnet. Und in eben dieser Sicht entschlüsselt sich der fortschreitende Gang der Ereignisse der Geschichte. Man kann paradoxerweise sogar sagen, daß die Eschatologie sehr viel mehr auf den Anfang als auf das Ende hin ausstrahlt. (Man wird weiterhin sehen, inwieweit in der ostkirchlichen Konzeption die Anthropologie und das geschichtliche Schicksal von der Lage im Paradies her geprägt werden.) Denn das Alpha schließt das Omega schon in sich und bestimmt es prophetisch: „Siehe, ich mache den letzten zum ersten" (Apk 21, 5)[4]. Man sieht es in der Feier des kirchlichen Neujahrstages: seine Liturgie durchläuft die Totalität der Geschichte und taucht wieder ein in den kosmogonischen Akt der Schöpfung in sechs Tagen wie in ein Bad: „Wie der Adler so wirst du wieder jung" (Ps 103, 5). Ein ähnliches Bad, jährliche Taufe der geschichtlichen Zeitdauer, setzt die Liturgie wieder in Kommunikation mit ihrer wahren Bestimmung — dem Urplane Gottes zu dienen, sich von innen her zu erneuern und als ein Zeitalter messianischer „Erquickung" (Apg 3, 20) zu erscheinen. Jedoch integriert und überschreitet zugleich die Epektase, die Ausdehnung auf das Ende hin, in ihrem großen Schwung den Anfang. Sie voll-endet ihn. Sie läßt die rettende Ungeduld hervorbrechen, den Durst der Erwartung. Sie ladet ein, alle Statik menschlicher Einrichtungen auf geschichtlicher Ebene zu überschreiten und sich am Feuer der Vollendung zu reinigen, an der Flamme des „brennenden Busches", der in die Herzen eingepflanzt ist.

Für Gregor von Nyssa ist die Geschichte gleichzeitig der Zerfall der Trugbilder und die Integration des Seienden, Existentiellen. Die Ankunft des Antichrist löst alle Elemente im Verfall auf, macht den großen Leichnam der Geschichte daraus. Für einen Augenblick noch im äußersten Krampf aufzuckend, um dann im Feuermeer verschlungen zu werden! Die Wiederkunft Christi integriert diejenigen, die verdienen, im „Reiche Gottes" zu wohnen. Ende und Anfang sind von daher aussagbar. Hat uns nicht Gregor das erstaunliche Wort hinterlassen: „Wir erinnern uns des Kommenden!"

4. Man wohnt heute einer tiefen und schnellen Wandlung ehedem vertrauter Ideen bei. Weder eine nach innen gewandte Lebenshaltung, Immanentismus, noch ein geschlossener Humanismus werden heute noch gültig dargelegt. Die existentielle Haltung des Typus Kafka oder Camus [5] beansprucht von sich aus nicht, Lebensphilosophie zu sein, sondern höchstens eine Wiederaufnahme des stoischen Heroismus, mehr oder weniger lächelnd vor der Sinnlosigkeit des Daseins zu verharren. Heidegger [6] (in seinem negativen Teil) und Sartre im ganzen werden gerade solange Wind in den Segeln haben, als ihr eigenes philosophisches Prinzip das zuläßt. Ihre Konzeption wird ihre eigene „Vernichtung" erleiden. Schon Maximus der Bekenner hatte alle Verneinung der Welt der normativen Werte „Verunsterblichung des Todes" genannt [7]. Im Gegensatz zu Simone de Beauvoir praktiziert sich die wahre Freiheit nur in der freien Annahme objektiver und normativer Ordnung der Werte, in königlich freier Unterwerfung, denn gerade die Freiheit selbst befindet sich ja unter diesen Werten. Bringt die Wahrheit nicht Freiheit, so verschließt sich das Innere des Menschen. „Die geschlossene Hand – das ist der Tod", sagt Léon Bloy, und der Mensch ist in die historische „Faktizität" hineingeworfen und wird wesentlich „unauthentisch". „Der Mensch überschreitet unaufhörlich den Menschen." Dieses Wort von Pascal bedeutet, daß der Sinn des Menschen nicht wie in einer geschlossenen Monade liegt, sondern daß die Welt der Werte sein Wesen als ein Überschreiten zum „Ganz-anderen" hin bestimmt. „Der Mensch ist, was er schafft", diese Formel der Existentialisten ist lediglich in bezug auf das Innere des göttlichen Handelns wahr: der Mensch ist wesentlich „ko-liturg" – Teilnehmer am Priestertum Christi. Wenn der Mensch im Beginn der Neuzeit durch den Verlust der Vorstellung des Geozentrismus erschreckt wurde, wieviel größer ist seine Bestürzung vor den neuen Dimensionen, die jetzt auf allen Gebieten der Wissenschaft auftauchen.

Aber hier zeigt ein Gelehrter von erstaunlicher Kühnheit, seiner Zeit weit vorauseilend, der Pater Teilhard de Chardin, die christozentrische Entwicklung des Universums auf und erklärt im Gegensatz zur Wissenschaft die Phasen des kosmischen Bewußtseins durch den Menschen[8]. Bewußt oder unbewußt öffnet sich vor allem die Welt des Geistes neu, und wir können wirklich sagen, daß das Reich Gottes nähergekommen ist. Diese Nähe läßt das innere Klima der ersten Tradition mächtig wieder anklingen — den Beginn, der sich im Ende spiegelt! Zwischen der Theologie der Väter der Kirche, dem Erfahrungsweg der Gotteserkenntnis, und der modernen Theologie hat sich ein Abgrund aufgetan.

Wenn sie ihre Bibel vornahmen, lasen die Väter nicht die Texte, sondern den lebendigen Christus, und der Christus sprach zu ihnen. Sie verzehrten das Wort wie Brot und Wein des Heiligen Mahles, und das Wort bot sich ihnen mit der Tiefe Christi dar. Ihre Theologie führte den Heilsplan fort und übertrug die erlebten Gotteserscheinungen in ihre eigenen Ausdrücke. Anstelle des „äonengemäßen" Denkens der Väter, des Feuers ihrer Visionen, wohnt man heute nur der Arbeit der Schriftgelehrten bei, die sich zweifelnd über ihre Texte beugen, sie gewissenhaft zerrupfen, Artikel für die theologischen Wörterbücher schaffen, aber keine Theologie mehr. Die grandiose Problematik der Väter, ihr Schöpfergeist, ihre Poesie (Gregor der Theologe schrieb Gedichte, und Simon besang die Vereinigung mit Gott) erscheinen dem prosaischen und scholastischen Sinn der Theologie-„spezialisten" unserer Zeit als Mangel. Die Bibel muß aus der Bibel heraus er-klärt werden, d. h., daß weder Exegese allein noch sonst eine andere theologische Disziplin allein zu einer hinreichenden Lösung führen können. Die Bibel in ihrer Gesamtheit ist eine unermeßliche göttliche Philosophie des Lebens und eine Theologie der Geschichte. Diese setzt voraus, daß ihre eigene Metaphysik der Totalität gegenüber weit geöffnet ist — der Dialektik der Völker, der Kulturen und Äonen! Ja, es ist so, daß wir dem Versagen des mystischen Geistes[9] beiwohnen, und gewisse Gemeinschaften gleichen stark einer „Umma" (muselmanische Gemeinschaft), die um ein Buch versammelt ist. Das Wort Gottes ist lebendig, es ist Leben und besitzt seine eigene Lebensgeschichte, sein Schicksal in der Welt. Seine Inkarnation setzt die Reaktion einer empfänglichen Umwelt, eine Mitdurchdringung voraus[10]. „Der moderne Mensch aber", so bemerkt der Psychologe Jung, „entzieht sich der ersten unmittelbaren Erfahrung des wachen Geistes." Er setzt anstelle der lebendigen Gegenwart die mechanische Wiederholung der Formeln. „Und selbst der Glaube", sagt er, „kann Ersatz abwesender Erfahrung sein." Er läuft Gefahr, ein plötzliches Ende zu finden und sein eigenes Objekt aufzuzehren. In diesem Fall glaubt der Mensch nur seinen eigenen Glauben (Dialektik des Stawrogin in den „Besessenen" von Dostojewski[11]), und die eigene Introversion schließt sich über ihm.

Selbst die liturgische Frömmigkeit, die Unmittelbarkeit der Teilnahme verliert sich, und man wird im Grunde zum äußeren Zuschauer oder Hörer dem Leben gegenüber ebenso wie der durch die Texte herbeigeführten Gegenwarten. Der Vater Zacharias führt (in einer seiner Studien über die Liturgie) das Lied an, das die orthodoxe Liturgie schließt: „Wir haben das wahre Licht gesehen, wir haben den himmlischen Geist empfangen" und fragt: „Haben wir wirklich etwas gesehen, haben wir wirklich den himmlischen Geist empfangen? Oder haben wir die Gewohnheit angenommen, wie die Personen in Andersens Erzählung ‚Der nackte König' vorzugeben, zu sehen, was wir nicht sehen?"

Die Juden der alten Synagoge sahen den Tempel sich mit Glanz erfüllen, die Christen, zur Zeit der Abfassung der Liturgie, sahen die Engel mitfeiern und erlebten jede Einzelheit des Kultus erfüllt von Leben und Gegenwart. Der moderne Gläubige spricht davon, er macht Gedankenprojektionen daraus und ist deshalb weder überzeugt noch überzeugend. Die liturgische Welt, die Ikone ebenso wie die Theologie der Väter, schließen sich über ihren eigenen Zeichen, werden Chiffren und erwarten „die Gewalt" des Glaubens, von dem der Evangelist spricht (Lk 16, 16), welche allein mächtig ist, die Siegel vom Buche des Lebens zu brechen, auf daß das Leben hervorströme.

5. Nachdem hiermit der Umfang der Überlegungen deutlich gemacht ist, erscheint es richtig, einige Worte über Verfahren und Grundsätze zu sagen. Berühren wir sofort das Wesentliche: es ist von allererster methodischer Wichtigkeit, auf den universalen und gemeinsamen Plan menschlicher Bestimmung zurückzugehen — vor jeder Differenzierung in den männlichen und den weiblichen Typus. „Man kann die Besonderheiten des menschlichen Wesens nicht studieren, ohne eine allgemeine Konzeption vom Menschen zu haben!" [12] Ohne Metaphysik, ohne den Rückgriff auf den Ursprung, wird das menschliche Wesen niemals erfaßt werden können, wird es der Geschichte und der reinen Phänomenologie immer wie ein unauflösbarer Rückstand in der Retorte verbleiben. Nur danach, nach dem Vollzug metaphysischer Schau, kann man sich der urbildlichen Beschaffenheit und der Verschiedenheit des Heilszustandes von Mann und Frau zuwenden. Und dieses ohne zu vergessen, daß sie selbst in dieser Verschiedenheit durch die gemeinsame Aufgabe geprägt bleiben! Hier ist der rechte Ort zu sagen: daß der Mensch nicht trennen solle, was Gott zusammengefügt hat (Mt 19, 6). Das Männliche und das Weibliche in ihrer Komplementarität, die tiefsten und verborgensten Gefüge der empirischen Welt, stimmen mit den Gesetzen des Geistes überein. Die Gaben und Begnadungen bestimmen und normalisieren das Psychische und das Physiologische. Nicht, weil die Frau durch ihren Körper befähigt ist, zu gebären, ist sie mütterlich, sondern durch ihren mütterlichen Geist entstehen die physiologische Fähigkeit und die anatomische Entsprechung. Ebenso ist der Mann beherzter und körperlich stärker, weil in seinem Geiste etwas ist, das der „Gewalt" entspricht, von der das Evangelium sagt. Die wahre Hierarchie der Prinzipien muß wieder hergestellt werden, und es muß verstanden werden, daß normalerweise das Physiologische und das Psychische vom Geiste abhängen, ihm dienen und sein Aus-druck sind. Eine andere Unterweisung noch kommt uns vom Dogma. Auf der Ebene der Dreifaltigkeit bedeutet jede Person die beiden anderen, man kann niemals eine von ihnen aus der Fülle der Dreifaltigkeit lösen. Gott ist dreifaltig und Einheit zugleich.

Ebenso lehrt die Christologie, daß in der Einheit der beiden Naturen, der menschlichen und der göttlichen in Christus, jede untrennbar von der anderen ist „ohne Vermischung und Trennung". Und sie finden ihren Sinn nur in bezug auf den christlichen Komplex, in dessen Funktion sich die beiden Naturen vereinigen: in der Inkarnation.

Von ihrer anfänglichen Verschiedenheit und der Ent-faltung in der Glorie der Parusie, der Wiederkunft Christi, ausgehend, erklärt sich jede der Naturen und bekommt ihre vollkommene christologische Bedeutung. So wird in der Ikone der Jungfrau, die das Jesuskind hält, nicht das Bild der Jungfrau, sondern das der Inkarnation aufgezeigt – die Vereinigung des Göttlichen und des Menschlichen! Die Inkarnation bestimmt den Platz und die Rolle der Frau, die zur Theotokos, zur Mutter Gottes gemacht wurde, und auch den des Heilandskindes. Die Inkarnation gibt noch den Anstoß zu jener anderen Bedeutung derselben Ikone: die Jungfrau ist der Ort der Anwesenheit des Heiligen Geistes, und das Kind der Ort der Anwesenheit des Logos. Die beiden zusammen übertragen das geheimnisvolle Antlitz des Vaters ins Menschliche. Der Anfang und das Ende erklären, was zwischen beiden ist, und die Verschiedenheit fügt sich ineinander und erhält ihren vollen Sinn in der erhabenen Einheit.

Und endlich läßt die Freske von St. Calixtus die eucharistische Drei-Einheit andeutend im Symbol erkennen: ein Mann streckt seine Hand über dem Brote aus – auf einem Felde steht eine Frau aufrecht, quasi als Betende. Es ist der Bischof und die Kirche, ist das Bild der Liturgie. Aus dieser liturgischen Zuordnung allein erhält jede Person ihre Bedeutung. Getrennt stellen sie nur Bruchstücke ohne Wirkung dar. Sind die Liturgie und die liturgischen Funktionen nicht mit im Blickfeld des Betrachtenden, so verblaßt die charismatische Würde der ganzen Darstellung.

Diese Beispiele genügen, um ersichtlich zu machen, daß die besondere Gnadengabe, die das Männliche und das Weibliche jeweils bestimmt, aus ihrer gemeinsamen menschlichen Wirklichkeit kommt. Diese ist von Anfang bis zum Ende als Quelle gegeben und ist dann als zu erreichendes Ziel gesetzt. Ausgehend von der Scheidung der sich er-gänzenden Elemente bis zu ihrer Endintegration im Reiche Gottes! Diese Ganzheit der Schau ist es, die unsere Studie leitet und das neue Verfahren eingibt — jene neue Art, das Problem zu stellen. Man muß von der Anthropologie ausgehen, ihren genauen Bezug zum gemeinsamen Dienste des Königlichen Priesters hervorheben und dabei schon ihre wesentliche, eschatologische Orientierung umgreifen. Das heißt, die historische Existenz im Lichte des Alpha und Omega betrachten. Ist die Frau seinsgemäß dem Heiligen Geiste zugeordnet, so hat diese Bindung ihren umfassenden Sinn erst dann, wenn der Mann seinerseits seinsgemäß mit dem Christus verbunden ist[13]. Die beiden erfüllen gemeinsam, in gegenseitiger Bindung, die gestellte Aufgabe. Die Berufung der Frau in der Welt ist also nicht irgendein Zusammenspiel von Anstrengungen oder praktischer und gerechtfertigter Mitarbeit, sondern die mit dem Manne gemeinsam zu vollziehende Schöpfung der völlig neuen Wirklichkeit, in der das Männliche und das Weibliche zusammen den Leib des Königlichen Priesters bilden.

So ist die Einheit im ehelichen Leben auch keineswegs aus sich selbst gerechtfertigt, denn sie ist nicht eine im Irdischen beschlossene Einheit, sondern bereits das nach einem zukünftigen Zeitalter hin offene und die weltlichen Bedingungen überschreitende Eine. Von dieser Offenheit sagt Paulus, daß „ihr Geheimnis groß ist" (Eph 5, 32). So ist für den heiligen Johannes Chrysostomos „die Ehe nicht das Bild von etwas Irdischem, sondern von etwas Himmlischem"[14]. Sie stellt das Gottesreich dar, und nur seine Gegenwart in der Vorausnahme rechtfertigt sie. Nach der Bibel ist die Frau nicht dienende Helferin, sondern Gegenüber. Dem Sohn Gottes steht die Tochter Gottes von Angesicht zu Angesicht gegenüber, eines vollendet das andere. „Im Herrn", sagt Paulus, „gibt es weder Mann noch Frau, noch die Frau ohne den Mann" (1 Kor 11, 11). Jetzt versteht man auch schon eher die berühmte Unterwerfung der Frau unter ihren Gatten im Paulinischen Denken. Eine Unterwerfung, mit der in der Geschichte soviel Mißbrauch getrieben worden ist! Es handelt sich keineswegs um eine bloße und einfache Unterwerfung: jede Frau, insofern sie ein schwaches Wesen ist, ist dem stärkeren Manne unterlegen, eine Situation, die sich aus dieser physiologischen Tatsache ergibt. Im Gedanken des heiligen Paulus aber ist die Frau dem Manne so unterworfen wie die Kirche Christus (Eph 5, 22—24). Das trifft also lediglich dann zu, wenn der Mann wirklich den Herrn darlebt und bereit ist, sein Leben für die Frau zu geben. Angesichts der Hingabe also seines ganzen Selbst, und gegenseitig, und innerhalb ihrer gemeinsamen Funktion im Reiche Gottes! Außerdem verlieren die Beziehungen auch jede juristische Eigenschaft, wenn sie diese kirchliche Resonanz erreicht haben.

In ihrer Prägung durch eine vom Heiligen Geist getragene Liebe bedeutet die Unterwerfung im Sinne des Gesetzes nichts mehr. Darüber hinausschreitend wird sie das „Ganz-andere" des Reiches Gottes, denn: Wo der Geist ist, da ist die Freiheit (2 Kor 3, 17).

6. Einer der allgemein am häufigsten wiederkehrenden methodischen Fehler würde es sein, die Frage nach der Frau aus dem Erfahrungsbereich heraus zu stellen: sie aus ihrer tatsächlichen Stellung in der Welt erklären zu wollen. Das hieße, aus einem Wesen, das auf sehr verschiedenen geistigen Ebenen lebt, eine soziologische oder biologische Kategorie machen, das Leben in fertige Formen pressen. Junges Mädchen etwa, Gattin, Witwe, soziale Gehilfin, emanzipierte Frau, Vamp oder die Frau im Verzicht! Diese Methode hat zu weitgehenden Untersuchungen geführt (in der Art von Kinsey [15]). Die überwiegende Mehrzahl unter ihnen kehrt die Prinzipien um. Die normativen Beurteilungen werden abgelehnt, als der Masse nicht anlegbar befunden — Quantität wird Qualität; und die üblen Gewohnheiten, die Krankheit, die Pathologie recken sich als das Gesunde, das Normale auf. Die Grundfrage bleibt offen: sind die durch die Geschichte geformten Frauentypen echt, entsprechen sie der metahistorischen Wahrheit der Frau, sind sie normativ? Die empirische Methode gibt keine Antwort, denn sie ist durch die geschichtlichen Tatsachen umgrenzt. Sie kann besten Falles die Verirrungen vervollkommnen, die sich im Laufe der geschichtlichen

Jahrtausende ergeben haben. Bedenken wir, daß die schnelle Entwicklung der soziologischen Bedingungen eine tiefe Wandlung der gesellschaftlichen Entwicklung hervorgerufen hat. Die Technik im Haushalt entlastet und befreit die amerikanische Frau und stellt der Gesellschaft eine ernste Frage: wie und in welcher Richtung ist diese Muße zu lenken, dieses riesige Reservoir an menschlicher Kraft, das auf einmal verfügbar wird? In einer ganz anderen Perspektive überschreitet die emanzipierte und unterrichtete afrikanische Frau die materiellen Möglichkeiten des afrikanischen Mannes, sie käuflich zu erwerben. Und sie verrichtet auch nicht mehr, wie ihre Vorfahren es taten, die körperlichen Arbeiten im Dienste des Mannes. Der Wechsel ist so tiefgehend, daß es den Mann aus der Bahn wirft und zu der ebenso aktuellen wie revolutionierenden Feststellung führt, daß das Schicksal Afrikas in den Händen der Frau liegt.

Während die Beziehungen zwischen den Klassen und Rassen noch auf alte Formen zurückgehen, sieht man sich die Gleichheit auf beruflicher Ebene im Sinne einer vielfältigen Verantwortung festigen. Die Frau sieht sich hier dem Manne im politischen, sozialen und wirtschaftlichen Leben an die Seite gestellt. Die Charta der Menschenrechte drückt den Entschluß der Vereinten Nationen aus, die Frau in den gleichen wirtschaftlichen und sozialen Stand zu setzen wie den Mann. Da liegt ein Versäumnis auf Seiten des Christentums. Die Kirche hat den Auftrag der Befreiung — aber die anderen „befreien". Wenn die Männer des Heils abdanken, übernehmen andere Kräfte dieselbe Aufgabe, aber mit einem anderen Koeffizienten und neuen Dominanten, die dem Christentum von Natur fremd sind. Die Frau des Orients tritt aus der Sklaverei heraus, und auf ihren Lippen sind andere Namen als der des Christus. Die Welt gewinnt an Schnelligkeit gegenüber dem Christentum.

7. Die Theologen bauen ein ganzes System von Ordnungsbezügen, von Unterordnung und Überordnung, diskutieren unaufhörlich, ob der Mann der Herr oder der Kopf ist. So entsteht einerseits eine endlose Diskussion von schrecklicher, intellektueller Trockenheit,

während sich die Frau andererseits einem verhängnisvollen Schweigen gegenübersieht. Die Muselmanen würden bezüglich der Unterwerfung dann logischer sein. Das wörtlich genommene Schweigen würde in der Bekehrungsgeschichte der Heiden auch alle die Frauen verdammen, die in den liturgischen Texten mit Ehrfurcht „den Aposteln gleich" genannt werden. Die biblischen Texte, die sich auf die Frau beziehen, sind seit langem klassifiziert, und ihre gute oder schlechte Exegese ist erstellt. Auf sich selber zurückgeführt, stößt die Exegese bald an ihre Grenzen, wendet um und tritt auf der Stelle, denn einige dieser Texte sind nur im Vorübergehen gesprochene Worte und haben niemals eine Theologie der Frau begründen wollen. Das zu beabsichtigen hieße die Heilige Schrift vergewaltigen.

Gewiß kann eine verdummende Vereinfachung sich bis ins Endlose von der Tatsache inspirieren lassen, daß die Frau aus dem Manne hervorgegangen und daß sie als erste gefallen ist. Daraus kann nur der Aberwitz den Schluß ziehen: Die Frau ist aus der Seite des Mannes gezogen — und auf dieser Seite hat die Welt mannigfachen Schiffbruch erlitten. Wenn man den Unterschied im Verhalten von Frauen und Männern feststellen will, so stellt sich die Frage nach dem Warum dieses Unterschieds, das heißt nach dem Sinn, der die Taten beseelt, dem Prinzip, das sie inspiriert, und dem Bilde, aus dem sie genährt werden. Die Frau hat ihre Art zu sein, die eigene Weise ihrer Existenz. Sie hat ihre Intuition, ihre Urteile, ihre Idealwelt, ihre Handhabung und ihr Eigensein in seinen Rückbezügen auf sich selbst und ihr Wirken auf die anderen. Ebenso wie sie psychologisch und soziologisch durch die Welt bestimmt ist, so ist sie es auch durch das Geheimnis ihres eigenen Wesens, durch das Zeichen ihres „Schleiers" (1 Kor 11). Sexuelle Partnerin des Mannes, Mutter seiner Kinder, soziale Mitarbeiterin, ist das schon alles? Gibt es da nicht einen absolut eigenen und einleuchtenden Bezug auf die Welt, der von spezifisch weiblichen Mysterien zeugt? Der Mann ist ein-fach — aber die Frau? Die List der Schlange und die Unschuld der Taube! Und es ist gewiß nicht umsonst, daß die Frau in den mystischen Meditationen häufig „Sitz der Weisheit" genannt wird.

Das menschliche Wesen ist ein kosmisches Wesen, es löst sich nicht von diesem Hintergrunde, sondern nimmt teil an ihm. Der Pulsschlag erklärt einen Teil seines Seins. Die Biologie macht aus dem polaren Gegensatz, aus seiner Spannung selbst die Bedingungen des Lebens. Klages[16] preist die wahre Methode, nicht von den autonomen Hälften, sondern von den Polen auszugehen — von dem aus Polen bestehenden Einen! Er erweist das männliche Wesen als vom weiblichen durchdrungen und das weibliche vom männlichen. Aber der romantische Geist von Bachofen begeht hier sofort eine fatale Verschiebung: ebenso wie der Mond all seinen Glanz von der Sonne empfängt, so empfängt die Frau ihren Wert aus dem In-Bezug-stehen zum Mann.

Man muß wählen. Entweder besitzen Mann und Frau selbst in ihrer Verschiedenheit gleichermaßen, aber eben jeder seiner Natur gemäß, den Schatten und das Licht, das Positive und das Negative, das Schweifende und das Geortete und erweisen sich somit als glückliche Ganzheit (Fähigkeit zu logischer Analyse, Fähigkeit zu direktem, intuitivem Begreifen), oder sie stehen in unverrückbarem Gegenüber von Yang und Yin, dem Passiven und dem Aktiven, von Erde, Nacht, Chaos auf der einen Seite und Luft, Tag, Ordnung auf der anderen Seite. Die simple Methode des Kontrastes mündet unversöhnbar in den endlosen Konflikt (das Sonnenwesen stellt sich ewig gegen das Erdenwesen), in der totalen gegenseitigen Abhängigkeit eines vom anderen (die Frau Mondwesen) oder in eine Autonomie und völlige Unabhängigkeit der entgegengesetzten Sphären. Diese Autonomie wird im „Zweiten Geschlecht" der Simone de Beauvoir behandelt. Es ist ein durch seinen Ernst und seine starken Thesen bemerkenswertes Buch, aber als Ganzes ins Irrtümliche verkehrt, denn es untersucht die Frau nur in ihrem eigenen Bereich, ganz auf sich selbst gestellt. Die Autorin erhebt sich gegen die historische Künstlichkeit, die Konstruiertheit im Leben der Frau, aber sie selbst baut ihr Bild der Frau darauf auf. Sie verwirft in der Tat völlig jeden metaphysischen Ursprung, wie er z. B. im Mythos Platos oder im hebräischen Midrasch aufgezeigt wird. „Im Anfang hatten Mann und Weib einen Körper, aber zwei

Gesichter. Gott hat sie getrennt, indem er jedem einen Rücken gab", heißt es hier symbolisch, ebenso wie gleichermaßen symbolisch in der biblischen Fassung: Eva ist aus dem Adam entsprungen. Es will besagen, daß das menschliche Wesen ursprünglich eine geistige Einheit darstellt: Mann-Weib, und aus dieser Weisheit geht ihre getrennte Existenz hervor. Simone de Beauvoir weist jede Innerlichkeit schlechthin ab, in der Gott dem Menschen in seinem Inneren vertrauter ist als er sich selbst. Jede vorbestimmte Essenz, welche die geschichtliche Existenz von innen her prägt und das menschliche Wesen über seine geschichtliche Begrenztheit hinausträgt! Ihr zufolge ist alles in dieser Welt beschlossen, und der Mensch ist nichts als Will-kür, ist frei von jeder Vorherbestimmung durch die Welt der sogenannten normativen Werte. Es ist leidenschaftliche Verneinung dieser Ordnung bei Simone de Beauvoir, ist die Zerstörung jeder Bindung an das Absolute als Methode der Erkenntnis und Stufenfolge der Dimensionen. Und endlich ist es die Phänomenologie eines hermetisch verschlossenen und von keinem „*kairos*" aufhellend durchkreuzten Zeitraums, das den eigentlichen Inhalt der Philosophie von Sartre und Simone de Beauvoir ausmacht. Die Autorin des „Zweiten Geschlechts" lehnt sich gegen die brutale Tatsache auf, daß das Männliche mit dem menschlichen Wesen schlechthin gleichgesetzt wird. Auf dem Hintergrund des geheimnislosen männlichen Wesens erscheint die Frau, welche augenscheinlich kein eigenes Schicksal hat und nur ein konstitutives Element dieses männlichen Wesens ist. Vom Manne ausgehend, wird die Frau bestimmt, und diese Bestimmung ist notwendigerweise negativ. Für Simone de Beauvoir liegt die „Andersheit" der Frau in ihrer Körperlichkeit, und aus der erotisch-sexuellen Verschiedenheit entstehen die seelischen Differenzen. Der Mann besitzt in seiner Leiblichkeit eine Eroberungstendenz der Welt gegenüber – die Frau erleidet die Welt in ihrer Unterworfenheit unter ihre Leiblichkeit.

Simone de Beauvoir weigert sich, in der Frau das Geheimnis zu sehen, das die Dichter preisen, weist insbesondere jeden sakralen Symbolismus des „Schleiers" zurück und reduziert das weibliche Wesen auf ein einfaches, schlecht gelöstes Rätsel. Diese Anthropologie ist aus entwaffnender Einfachheit auf metaphysischer Leere begründet und vollendet sich in einem jeden Gehaltes beraubten Widersinn — dem ver-nichtenden Nichts! Und was dann? . . . Das menschliche Wesen ist nichts anderes als was es schafft, es besitzt nichts, das das Erfahrungsgemäße überschreiten könne. Alle Transzendenz ist in die engen Grenzen dieser Welt eingeschlossen, in die tückische Endlosigkeit menschlichen Planens. Es gibt kein Übersteigen dieser engen Einheit nach dem „anderen" hin, denn dieses „andere" existiert nicht. Und vor allem ist der Mensch in ihren Augen nicht der Entwurf Gottes. Aller Wesensinhalt, alle Essenz liegt im bloßen Dasein. Der Mensch in seiner reinen Subjektivität ist nichts, er ist nur ein Gebrest auf der glatten Oberfläche des Nichts. In einer solchen Hölle kann der Friede nur der Langeweile und dem Schlaf gleichkommen, es bleibt nur der Kampf der Verzweiflung, der Kampf zweier Andersartigkeiten. Das einzige vis-a-vis ist das der beiden Sexualpartner und die einzige Ekstase die der „kleinen Ewigkeit des Genusses", wo jeder sich zwar als notwendig, aber am Ende doch völlig nutzlos [17] erweist.

Soll eine phänomenologische Analyse Wert haben, so muß sie möglichst nahe an das Innere des menschlichen Wesens herangeführt werden, in die Wechselwirkung zwischen diesem und der normativen Ordnung der Werte — an die Ebene der Urbilder. Die Wahrheit über die Frau drückt sich nicht so sehr in diesem oder jenem weiblichen Wesen aus, und sei es noch so sehr durch seine menschlichen Eigenschaften ausgezeichnet, sondern vielmehr im geistigen Entwurf der Gnadengaben im Urbilde des Weiblichen, der eben die Wahrheit ist, weil er alle Formen der Weiblichkeit umschließt und erklärt. Er allein überschreitet das Klischee treuer Gattinnen, frommer Witwen und ganz allgemein nur auf die einzige Ebene der „Dienstbarkeit" zurückgeführter Frauen, die nur aus einem historischen Bezugspunkt, dem Patriarchat, der Herrschaft des Mannes heraus dargestellt sind. Gegenüber einer riesigen Literatur über die Frau gibt es keine Werke über den Mann als solchen. Und es genügt, dieselbe Methode auf den Mann zu übertragen, um sofort das Lächerliche zu ersehen, in dem das Prinzip sich selbst tötet. Kann

man von dem unberührten, dem verheirateten, dem verwitweten oder dem einer Pfarrgemeinde zugehörigen Manne sprechen? Selbst wenn die Frau das „Produkt" der männlichen Zivilisation ist, der Mann wäre es doch in der gleichen Weise. Das männliche Wesen stellt genau dasselbe Problem. Der Mann ist keine „natürliche Spezies", sondern eine „geschichtliche Lüge", bemerkt mit Nachdruck Merleau Ponty [18].
Es handelt sich sicherlich nicht darum, eine „Kameradin" aus der Frau zu machen, eine vermännlichte Amazone. Andrerseits kann man sich ihrer auch nicht nur auf der im weitesten Sinne des Wortes „hauswirtschaftlichen", d. h. auf die einfachsten Handreichungen beschränkten Ebene kirchlichen Dienstes bedienen. Es handelt sich hier vielmehr auch wieder um einen in sich vollständigen, charismatischen Zustand in dem, was die Frau innerhalb der gesamten menschlichen Wirklichkeit an konstitutiven Elementen zubringt. — Selbst im klassischen Glauben kann man die Spuren der Verzeichnung feststellen. Der Kult der Theotokos, der Gottesgebärerin, ist wie ein Pfeil emporgestiegen. Man hat aus ihr eine Art von drittem Wesen jenseits aller Wirklichkeitsbezogenheit gemacht. Sie ist die Jungfrau und Mutter, aber sie ist nicht Frau. Zwischen der Jungfrau und dem teuflischen Truggebilde, das die Eremiten in Versuchung führte, scheint kein Mittelwesen möglich. Selbst in ihrem Wunder der Jungfrau-Mutter scheint sie mit menschlichen Gegebenheiten nicht vereinbar. Das bedeutet den Bruch auf der ontischen Ebene. Alle Vereinfachung ist hier nur scheinbar, ist mit der Verwirrung der Tiefe bezahlte Klarheit.
Man wird z. B. im weiteren sehen, daß die Frage nach dem Priestertum der Frau ihre Lösung nicht auf physiologischer, sondern auf charismatischer Ebene findet. Ebenso zeigt die „Tiefenpsychologie" den Irrtum der Flucht vor dem Weiblichen auf: die Absonderung ändert nichts, denn der Mann findet das Weibliche in seiner eigenen Seele („anima", die weibliche Seite) und in seinen Neurosen.
Der Sündenfall hat das Gift unglückseliger Erkenntnis erzeugt. Das Weibliche und das Männliche sind in falsche Polarität, in einen Konflikt des Widerspruchs getreten, der bis zur Verzweiflung, bis

zur Verkrampfung der Kontrahenten führt. Eine alte Überlieferung (im 2. Klemensbrief enthalten) führt ein Wort des Herrn über die letzten Zeiten an: „Das Reich Gottes wird kommen, wenn Zwei Eins sind, und das Männliche sich im Umgang mit dem Weiblichen verändert haben wird." Es ist die Zeit der äußersten Integration und der Harmonie der Teilhaber. „Siehe, ich mache alles neu" (Apk 21, 5). Das steht noch genauer in einer anderen Überlieferung (Epistel des Barnabas): „Siehe, ich mache den Letzten dem Ersten gleich." Die Gegenspieler verstummen im Gegensätzlichen und erheben sich in ihre „Koinzidenz". (Die *coincidentia oppositorum* kennzeichnet nach Nikolaus von Cues das Göttliche.)
„Finis amoris ut duo unum fiant!" Endziel ist, daß Zwei Eins seien. Im Lichte des Endes bezieht sich dieses Wort auf die Einheit des Männlichen und des Weiblichen und erhebt sich im Zeichen der letzten Dinge über dem menschlichen Schicksal — im Zeichen des Herannahens Gottes, dessen Gestalt es sichtbar macht [19].
Wir gehen von Christus, dem Alpha aus, in welchem es weder Mann noch Frau gibt (das bedeutet, daß jeder sein Urbild in ihm findet), und wir bewegen uns als Mann, als Frau auf Christus, das Omega zu, in dem es weder Mann noch Frau gibt. Denn hier ist der Unterschied im *corpus Christi* aufgegangen, die Fülle des Menschlichen völlig in Christus geeint. Im Geschichtlichen sind wir dieser Mann und jene Frau. Jedoch ist diese Situation nicht dazu angetan, sich in ihr einzurichten, sondern sie als Übergang zu betrachten.
Das Ziel ist nicht, geschlechtslos zu werden, sondern, nach jener zitierten Überlieferung, die Beziehung zwischen dem Männlichen und dem Weiblichen von dem erstrebten Ziel her zu sehen, „das Ganz-andere" daraus zu machen. Im Reiche Gottes vermählt man sich nicht. „Man ist wie die Engel" (Mt 22, 30). Dieselbe Verwandlung strebt das Gesetz des Alten Testaments an: seine Vervollkommnung läßt es dann von innen heraus zerspringen. Seine Überschreitung ist seine aus der Wirklichkeit der neuen Gnade heraus gerechtfertigte Verneinung. Aber um diese Vervollkommnung zu erreichen, mußte das Gesetz durchschritten und es mußte bis zum

weitestmöglichen Punkt erfüllt werden. So geht in der irdischen Existenz jeder durch den Kreuzungspunkt seines Eros — zugleich mit tödlichen Giften wie mit himmlischen Offenbarungen beladen, um schon den gewandelten Eros des Reiches Gottes vorauszuahnen. Man versteht hinsichtlich dessen, daß die Frage nach dem Fortleben der Mönche und der verheirateten Leute in einer zukünftigen Welt ein falsch gestelltes Problem ist. Ohne etwas vom Reichtum gültiger, lebendiger Liebe zu verlieren, wird man nicht Mann angesichts des Weibes sein, sondern das Männliche angesichts des Weiblichen — die beiden Dimensionen der einzigen Fülle des Christus! Die Person wird ihren negativen Pol verlieren, die Kraft ihrer Ab-neigung und ebenso alles, was Begrenzung ist, Isolierung, Besitzinstinkt und dadurch dunkle Opposition. Und sie wird ihren positiven Pol behalten, ihre Anziehungskraft und alles, was Annahme, Transparenz, universelle und gegenseitige Durchdringung ist, um dann völlig in der reinen Freude unbegrenzten Wachsens im Sein aufzugehen. Jeder Teil wird unablässig das Sein und das Ganze in der totalen Kommunion vermehren, „wo Gott alles in allem sein wird" (1 Kor 15, 28). Dadurch wird jedes in seiner Eigenart herabgemindert sein, aber eines durch das andere, das Männliche durch das Weibliche und das Weibliche durch das Männliche werden eins sein in der vollkommenen Unschuld.

Heute ist der Konflikt auf seinem Höhepunkt, die männliche Herrschaft im Zeichen des Patriarchats wirft die Frau aus dem Gleichgewicht. In der Zeit des Rittertums besingt noch der Mann, sich listig mit dem Kult der Madonna deckend, seine „Herzensdame" und setzt seine Sklavin auf den Thron. Die Frau antwortet mit derselben List, und der „Kavalier vom Dienst", wie er so treffend auf Francesco Cassas „Triumph der Venus" dargestellt wird, erscheint kniend in Ketten. Man kennt die glänzenden Aperçus von Schopenhauer, für den die Liebe nur eine List der Art, des Geschlechts, ist, dem sie den Fortgang sichert. Die ketzerische Doktrin der Katharer geht viel weiter und erklärt die Ehe für ein Werk des Teufels. Die Poesie der Troubadours besingt die platonische

Liebe. Aber ihre Dichtung ist auf Grund ihres Romantizismus schwankend — brünstig, obwohl platonisierend, nicht geistgetragen, und unfähig, sich auf dem hohen Gipfel der Reinheit zu erhalten. Sie kapituliert vor einem seichten, libertinistischen Sarkasmus und besingt den Tod.

Das ist auch der Sinn in der sonst so erhebenden Vision des Don Quichotte. Etwas atemlose, exaltierte Ritterlichkeit, so urteilen leichthin die klassischen Kommentatoren. Grandiose Nachahmung Christi, denkt umstürzlerisch Unamuno. Seine Interpretation ist genial, weil sie die Symbole zerreißt, die Szenerie des Lebens ins Ungemessene vertieft und dazu zwingt, seine Rolle gewissenhaft hier im gemeinsamen Schicksal zu suchen. Aber wer hört das?

Ein übertriebener Feminismus übersteigt den Begriff der Vereinheitlichung und bringt seine „platten Formen" der vermännlichten Frau hervor. Die „rationelle" und die „hygienische" Liebe reißt den „Schleier" herunter und entwürdigt die Wesen zu „Männchen" und „Weibchen", entkleidet sie ihres Mysteriums.

Andrerseits interessieren sich die Asketen überhaupt nicht für ein Gebiet, das es in der Regel in ihrem Leben nicht gibt. Um so mehr kann dann das erbitterte innere Ringen von Verachtung zum Haß entarten, vom versucherischen Element zum offenen Kampf werden. Bestimmte Formen des Asketentums schreiben vor, sich selbst von seiner Mutter abzuwenden; und sogar von den Tieren weiblichen Geschlechts sprechen sie als wie von Fehlformen. Dieser Bruch erklärt die Meinung einiger Lehrer der Kirche über die eheliche Liebe, die, wie es scheint, aus den Handbüchern der Zoologie stammt, wo die geschlechtliche Vereinigung nur unter dem Gesichtspunkt der Erzeugung und der Aufzucht gesehen ist — eine rein soziologische Vorstellung! Solche Auffassungen können höchstens einen Beitrag zum Studium der Psyche ihrer Autoren liefern, aber dem Bilde der Frau als solcher nichts hinzufügen. Die Scholastik legt das Schwergewicht auf die Zeugung und verringert das der Liebe. Die Frage nach dem höchsten Ziel der ehelichen Liebe ist bis heute offen geblieben, und das zeigt eine rechte Verlegenheit auf.

Die Geschichte hat mancherlei Gut im kollektiven Unterbewußten zurückgelassen. Jedes menschliche Wesen umgreift innerhalb seines Zeitalters auch noch dasjenige von Adam und trägt seinen Anbeginn in sich.

Isaak der Syrer sagt, Gott habe die Engel „im Orte des Schweigens" erschaffen. Die Erschaffung des Menschen gleicht weder der der Engel noch der des Kosmos. Auf der Grenze zwischen dem Geistigen und dem Sinnlichen vereinigt der Mensch alle Ebenen des Universums in sich, und das ergibt: eine Harmonie, die aus verschiedenen [20] Klängen entstanden ist. Christus als das göttliche Urbild anschauend, erschuf Gott das menschliche Wesen in seiner Gesamtheit. „Das Ganze heißt Mensch", sagt Gregor von Nyssa. Die Unterscheidung von männlich und weiblich wurde erst später verwirklicht. Es ist eine „Teilung, die das göttliche Urbild nicht berührt", so ergänzt es noch Gregor [21]. Der Archetyp – das Ur-bild –, der Christus ist das Bild des einigen Gottes, ist das Bild seiner Ganzheit. (Und daher ist sein Bild auch der menschlichen Einheit aufgeprägt.) Aber Gott ist auch dreifaltig. Der Vater, der Monarchos, offenbart sich als Quelle und Ziel der Dreieinheit, und darum ist er auch das dritte Glied in jeder Liebe.

Demzufolge steht die männliche Erscheinungsform (des Menschen) im Seinsbezug zum Logos, zum Wort, und die weibliche im Seinsbezug zum Heiligen Geist. Die Zwei-einheit von Sohn und Geist ist im Vater wiedergegeben. Gott setzt seine Heiligkeit aus in die Welt, und sein Bild formt sein Volk, das allgemeine Priestertum des Männlichen und des Weiblichen. Eine bildhafte Anthropologie führt vom universellen göttlichen Ur-bild zu den Urbildern des Männlichen und des Weiblichen. Diese zeigen völlige Komplementarität und bestimmen in ihrer Wechselwirkung die sehr eindeutigen Gnadengaben, die es erlauben, das Schicksal jedes einzelnen und konkreten Wesens daraus abzulesen.

Unser Versuch wird seine Rechtfertigung darin finden, ein ökumenisches Gespräch herbeizuführen, eine Gegenüberstellung der Anthropologien. Die gleichlaufenden, jede von ihrer Tradition her betonten Studien werden eine reichere Schau aller möglichen Gesichtspunkte geben. „Es muß Trennung unter euch geben, damit die Klugen sich festigen" (1 Kor 11, 19). Die „Klugen", die der Vervollkommnung der Wahrheit gegenüber „sensibel" sind, haben allen Grund, zu hoffen, daß sie bis zu einem Kreuzungspunkt geführt werden, wo sie vielleicht mit Erstaunen das Wort des heiligen Athanasius erleben werden: „Als die vom Heiligen Geiste Durchtränkten trinken wir den Christus."

Erster Teil

ANTHROPOLOGIE [22]

EINFÜHRUNG

Es handelt sich hier nicht darum, eine erschöpfende Anthropologie zu erstellen. Unser Ziel ist vielmehr, die im Dienste unserer Sache unerläßlichen Elemente aufzuweisen. Die schöpferische Vereinigung des Denkens der Väter mit den umgestalteten Elementen der Tradition und den Ergebnissen der verschiedenen Zweige der Wissenschaft zu einer kraftvollen Synthese wird vielleicht einmal das größe Werk des 20. Jahrhunderts genannt werden können.
Um die Gedanken der östlichen Theologie greifbarer zu machen, scheint es uns unerläßlich, einige Dinge ein wenig zu stark zu betonen, die vielleicht nur eine Nuance darstellen, auch einzelne Gesichtspunkte leicht zu vereinfachen, um Unwägbarkeiten überhaupt in den Griff zu bekommen.
Es gibt keinerlei Anthropologie bei den Kirchenvätern. Ihre vornehmlich die auf Gott bezüglichen Wahrheiten herausarbeitende Theologie spricht vom Menschen nur hinsichtlich seiner Entsprechung des Bildes. Nur Gregor von Nyssa hat eine Abhandlung „De opificio hominis" geschrieben. Bei den anderen findet man lediglich einzelne Feststellungen oder Abschnitte anthropologischer Natur.
Neben der Theologie gibt es „die Stimme der Wüste", das Erfahrungswissen der Asketen in seiner besonderen Empfindsamkeit ge-

genüber den Abgründen der Verworfenheit. Das ist praktische, angewandte, unmittelbar über den „unsichtbaren Kampf" um die Wahrheit über den Menschen unterrichtende Anthropologie. Endlich erschaffen Maximus der Bekenner, Simon der Neue Theologe und noch andere, die mit der besonderen Gnade „poetischer" Durchdringung ausgestattet sind, große Synthesen aus ihrer mystischen Betrachtung heraus.

Photius, der Patriarch von Konstantinopel († 891), überliefert den tiefsten Sinn der Tradition, wenn er sagt: Gott geruht in seinem vor aller Zeit liegenden Ratschluß, den Logos in den Menschen zu versenken, auf daß der Mensch in seinem Innersten selbst den Zugang zum Rätsel der Theologie [23] erschließe. Durch seine Beschaffenheit als Abbild des zugleich einigen und dreifaltigen [24] Gottes stellt der Mensch sich selbst als lebendiges theologisches Rätsel dar — er wird im wahren Sinne des Wortes zum theologischen Ort erster Ordnung.
Das „Bild" als Grundlage der Erkenntnis bietet zwei methodische Möglichkeiten: die aufsteigende und die absteigende. Wenn Augustinus die menschliche Seele und das ihr eingeprägte Bild erforscht, so steigt er, Gott vom Menschen her er-bauend, zur Konzeption Gottes auf. Vom methodischen Standpunkt aus schafft er eine Anthropologie Gottes.
Gregor von Nyssa betont stark das Prinzip der Konformität. Er geht von Gott als dem Urbild aus, um das Abbild des Menschen zu erfassen und sein Wesen im Maße seiner Ebenbildlichkeit gegenüber Dem-der-da-ist zu umreißen. Er erbaut sich den Menschen vom Göttlichen her. So erarbeiten die Kirchenväter des Ostens die Theologie des Menschen. Diese ihrerseits ist abhängig von dem Zeitpunkt, an dem man den Beginn der Menschheitsgeschichte setzt. Man kann den Menschen von seinem Sündenfall her ansetzen und sein Schicksal nur innerhalb der Klammern der Geschichte betrachten. In diesem Fall geht die Bibel vom 3. Kapitel der Genesis aus und endigt beim Bericht über das Jüngste Gericht. Augustinus, Lehrer des Satzes von der Urschuld, hat in seiner pessimistischen Be-

hauptung von der *massa damnata* den stärksten Nachdruck auf die radikale Verderbtheit der menschlichen Natur gelegt. Eine solche Ansicht fordert in tragischer Zuspitzung ihre Konsequenz heraus, und das ist die Lehre von der Prädestination, der Vorausbestimmung. Wenn sie der Bischof von Hippo, vor ihren beklagenswerten Folgen erzitternd, in der Besorgnis seines Hirtenamts zurückhält, so haben sie andere zur Zeit der Reformation mit wütendem Mut bis zum logischen Schluß vorgetrieben: der zweifachen Vorherbestimmung [25]. Das bedeutet, daß Christus in „seiner Barmherzigkeit" sein Blut nur für die Auserwählten vergossen habe und daß Gott selbst in den Schöpfungsakt der Welt schon die Urspaltung eingefügt habe. Daß er mit der Hölle, dem Orte der Verdammten, begonnen und gleich eine menschliche Kategorie geschaffen habe, sie zu bevölkern! So offenbart er jener Lehre nach „seine Gerechtigkeit"!
Bezeichnenderweise hat die Orthodoxie niemals die letzten Dinge in ein Dogma gefaßt. Dieses Geheimnis bleibt glücklicherweise unaussagbar, und jede schon in sich schwache Spekulation über Zeit und Ewigkeit verhält vor dem Wort der Schrift „Äon der Äone". Dieses ermangelt so sehr jeglicher genauen Festlegung, daß es höchstens ein gewisses Zeitmaß bedeuten kann. — Auf der anderen Seite verewigt die Vorstellung von der ewigen Fortdauer, von Hölle und Paradies den Dualismus von Gut und Böse. Ist er auch nicht von Anfang her, so ist er doch für immer. Gilt die Sünde als Verderbtheit, so bleibt diese ganze Anthropologie, die vom dämonischen Ursprung der menschlichen Natur ausgeht, in feste, ihr immanente Grenzen eingezwängt: am Anfang der Engel mit dem flammenden Schwert, den Zutritt zum Paradies verwehrend, und am Ende das furchtbare Gericht mit dem Flammenmeer. So würden Paradies und Reich Gottes im Bruch der Seinsstufen vom menschlichen Dasein abgetrennt sein — weit über dem Geschick der auf Menschenebene Weilenden [26]! In Ermanglung einer gut fundierten Lehre vom Bilde Gottes und seiner grundlegenden Stellung in der Anthropologie wäre es hier Will-kür Gottes: in der Gestalt des inkarnierten Christus und durch das Mittel der Gnade *(gratia irresistibilis)*, den Menschen zu überwältigen. Die Gnade würde aus Bereichen zu ihm

kommen, die weit über denen des Menschen liegen und die ihm fremd und unheimlich sind.

Im Orient ist das göttliche Element in der menschlichen Natur ganz ausdrücklich Bild Gottes — *imago Dei.* Es liegt der Anthropologie zugrunde, und es geht der Urschuld voraus. In der Tat ist es bei den Vätern immer das göttlich geplante Urgeschick des Menschen, der Zustand im Paradies, der selbst nach dem Sündenfall das menschliche Wesen bestimmt und sein Erdenschicksal prägt. Die Eschatologie wohnt als existentielle Dimension der Zeit der Geschichte inne. Sie erlaubt die mystische Erfassung der ersten und der letzten Dinge und setzt somit eine gewisse Immanenz des Paradieses und des Reiches Gottes voraus. „Das Paradies ist dem Menschen wieder zugänglich geworden"[27], sagt Johannes Chrysostomus. Dem angeborenen Heimweh nach dem verlorenen Paradies der Unsterblichkeit, das immer die wahre Menschennatur prägen und daher Quelle allen Heimwehs sein wird, entspricht die wirkliche Gegenwart des Reiches Gottes. Liturgische Zeit ist daher schon Ewigkeit, und der liturgisch geprägte Zeitraum ist schon Gottes Reich[28].

Das Jüngste Gericht gehört noch der Zeit an. Der Geschichte zugewandt, betrachtet es die Vergangenheit. Die Anthropologie öffnet sich eschatologisch auf ihr Endziel hin: das *sacramentum futuri,* die Einbeziehung aller Erdendinge in das Himmelreich! Das Ziel der orthodoxen Geistigkeit, die *theosis,* die völlige Durchgöttlichung des menschlichen Wesens, überschreitet jeden Bereich geschichtlicher Zeit durch die Erfahrung der Gotteserscheinungen, durch die Einbrüche der *kairoi* — der Gnadenzeiten — und durch den Anbeginn der Zustände des Reiches Gottes in der Heiligkeit der Kreatur.

Es ist keineswegs nur Lyrismus, wenn die Liturgie die Jungfrau „Paradies" nennt, „Pforte des Himmels", „Himmel". Der liturgische Realismus gibt der Geschichte die sehr konkrete Wirklichkeit, die sich in diesem Namen ausdrückt, zur Achse. Nach den Vätern ist „die christliche Seele die Rückkehr zum Paradies", und die Geschichte „das Erzittern der Seele (der Menschheit) vor den Pforten des Reiches Gottes"[29].

Die endlos abgewandelte Lehre von der Unterschiedlichkeit zwischen Gott und Mensch in den Theologien steigt hier auf zur wahren Vorstellung Gottes, zur echten Natur seiner Beziehung zum Menschen. —
Die Inkarnation selbst kann den deterministischen Akzent eines Beschlusses erhalten, auf den alles vom Alpha bis zum Omega hingeordnet wurde. Der Christus wird zum Erretter, weil er zur Sendung des Retters vorausbestimmt ist, ebenso wie Judas zu seiner Rolle des Verräters. Die Gnade des Heiles handelt „über" ihn trotz und aus der Notwendigkeit heraus, „gegen" ihn zu handeln. Das ist jenes Heil aus der Gnade allein, wo die *felix culpa* insofern *felix* ist, als sie die Ausschüttung der lebendigen Gnade der Kirche hervorruft.
Das Teil des Menschen, sein Anteil am Werke seines Heiles, wird immer eine antinomische, paradoxe Seite haben. Auf der einen Seite heißt es: „Wenn Gott das Verdienst ansehen wollte, käme niemand ins Reich Gottes" (Markus) [30], und auf der anderen: „Gott kann alles, außer den Menschen veranlassen, ihn zu lieben." — Gleicherweise verneint ein Asket sich subjektiv aus der Demut heraus, ist für sich selber ein Nichts; aber objektiv, für die Welt und für die Engel ist er Neue Kreatur, ist er unschätzbarer, menschlicher Wert. Jeder Versuch, dieses Mysterium zu rationalisieren und seine Teile zu wägen, zerstört es und verfälscht sofort alles. „Rechnen steht nur den Händlern an", sagt Johannes Chrysostomus. Das Geheimnis ist im Dogma des Duothelismus (dem Zusammenklang der zwei Willen in Christus) sehr fein aufgezeigt. Es bejaht die Fülle des menschlichen Willens in Christus. Diese ist „ohne Wandel", weil sie dem „ohne Wandel" des göttlichen Willens frei folgt und es widerspiegelt. Was dort Determinismus ist, erscheint hier durch dieses „ohne Wandel" im Licht der inneren Dialektik der Liebe — ist der paradoxeste Ausdruck der Freiheit! Die Freiheit besitzt eben ihre eigene, aber ausschließlich innere Notwendigkeit — nämlich diejenige, sich als Freiheit zu verwirklichen! Je mehr sich die Liebe allen bestimmenden, interessierten Charakters enthält, um so mehr befindet sie sich von innen her durch den ihr eigenen Geist des Ver-

zichts und des Opfers bedingt. Aber wer nur völlig von der Hingabe an sich selbst inspiriert ist *(inspirare)*, der kann dem anderen nicht mehr Bestimmung sein. Es muß jegliche Begrenzung (zwischen Du und ich) aufgehoben werden, denn das Opfer ist die eigentliche Formel der Freiheit, der Ort ihrer Entflammung.

„Ihr werdet die Wahrheit erkennen, und sie wird euch frei machen" (Jo 8, 32). Man kann die Wahrheit nur in Freiheit erkennen, aber umgekehrt gibt diese jeder Art von Freiheit ihren positiven Inhalt und befreit dadurch wirklich [31]. Die noch negative und leere Freiheit, das „Freisein von", geht über in die positive Freiheit des „Freiseins für". Die Freiheit ist die Form der Wahrheit, und diese ist der Inhalt der Freiheit. Wenn man sagt, der Inhalt der Freiheit sei der der Wahl, der Willkür *(liberum arbitrium)*, dann findet sich die Freiheit ihres Inhalts beraubt, denn sie fällt in diesem Zusammenhang mit ihrer Form zusammen: freie Freiheit, erkorene Willkür! Auf der anderen Seite kann ihr positiver Inhalt, die Wahrheit, nur ein Aufruf, eine Einladung zum „Gastmahl der Werte" sein. Eine Einladung, die die Möglichkeit der Ablehnung umgreift! Die *tsedeqa*, Gerechtigkeit, hat keinen Rechtscharakter in der Bibel; sie ist bezeichnend für die Wahrheit unseres Bezogenseins auf Gott und die Höchste Liebe. Der Glaube ist jenes tiefe und geheime Ja, das der Mensch gegenüber der Quelle des eigenen Seins ausspricht. Und hier ist er dann „gerechtfertigt durch den Glauben" (Röm 3, 28).

Im Akt des Glaubens entfaltet der Mensch sich zu sich selbst. Er setzt sich ungezwungen und völlig in seine eigene religiöse Freiheit ein — und die Gerechtigkeit bestätigt, rechtfertigt ihn. Aber nachdem man die Höhen des Apophatismus [32] verlassen hat, wirft die Vernunft das Netz ihrer eigenen Ermessungen über das Mysterium und setzt es gefangen. Schon die Vorsilbe *prae* in *prae-scientia* und *prae-destinatio* verlegt die Weisheit Gottes in die Kategorien der Zeit und verkürzt die Inkarnation zur Soteriologie (reine Heilslehre). Wenn man die *felix-culpa* zu sehr als einzige Ursache erachtet, wird sie dann nicht dadurch zu einer anderen Auslegungsweise dessen, was hinter dem Zögern der Reformatoren steht (Supralapsismus), die Freiheit Adams vor dem Sündenfall anzuerkennen?

Ist in diesem Fall Adam nicht das ganze Urbild des Judas, der die Taten Gottes auslöst? Die gelungene Freiheit würde dadurch in ihren Folgen ärmer erscheinen als die mißlingende. Ohne die culpa gäbe es hier keine Inkarnation, die Menschwerdung Christi sähe sich zum bloßen Mittel der Rettung herabgedrückt.
Sehr bezeichnenderweise bringt uns der Orient durch Isaak den Syrer (7. Jahrhundert) nicht nur die Konzeption allein, sondern auch die Erfahrung eines großen Asketen, dessen Worte zwar die ganze Trockenheit der Wüste atmen, aber dennoch die lebendigen Spuren jener „Flammen der Dinge" tragen, deren großer Visionär er war. In der Erdenmission des Christus schaut er dessen unendliches Mit-leiden mit den Menschen an. Die Liebe des Philantropen [33], des Freundes der Menschen, überschreitet für ihn unendlich den Heilandsaspekt und erreicht die bestürzende Fülle der Inkarnation, „die selbst ohne den Sündenfall [34] stattfinden würde". Der tiefe Grund der Inkarnation liegt nicht im Menschen, sondern in Gott. Er ist in seinen vor der Zeit liegenden und unausdeutbaren Wunsch eingesenkt, Mensch zu werden und daraus eine *„theophanie"* zu machen.
Nach Methodius von Olymp ist „der Logos vor der Zeit in Adam herabgestiegen" [35]. Athanasius bricht mit der „spärlichen" Christologie (Philon, die Apologeten, Origines)! Der Logos ist nicht durch die Welt, sondern allein durch Gott bedingt. Die großen Synthesen von Maximus dem Bekenner [36] unterstreichen diesen Punkt und setzen die Linie von Irenäus [37] und Athanasius [38] fort. „Gott hat die Welt geschaffen, um in ihr Mensch zu werden und damit der Mensch dort Gott werde durch die Gnade und an den Bedingungen des göttlichen Seins teilhabe." „In seinem heiligen Rat beschließt Gott, sich mit dem menschlichen Wesen zu vereinigen, um es zu vergöttlichen." Das hat mit Vergebung und Heil kaum etwas zu tun! Die Schöpfung kann nur an dem Gott-Menschen abgelesen werden: die Welt ist in seiner Menschwerdung entworfen und geschaffen. Hoch über der möglichen Kurve des Sündenfalls meißelt Gott das Angesicht des Menschen — dabei in Seiner Weisheit die himmlische und ewige Menschheit des Christus anschauend [39]!

Wenn die Inkarnation vom Südenfall her bestimmt wäre, dann hätte sie der Böse, hätte Satan sie bedingt. Serge Boulgakoff[40] lenkt die Aufmerksamkeit auf die Formulierung des Credos von Nicäa: der Christus kommt vom Himmel und inkarniert sich „für uns Menschen und für unser Heil". Die Dichtigkeit der Worte des Credos schließt jeden Gedanken an unbegründete Wiederholung aus. Das „für unser Heil" bezeichnet die Erlösung und „für uns Menschen" die Durchgöttlichung — eines wie das andere der Menschwerdung Christi Rechnung tragend. Die Theologie des Heiligen Geistes, der Herrlichkeit und der Heiligkeit nötigt dazu, den negativen Aspekt der Reinigung von der „Existenz in Satan" zu überschreiten und sich auf der positiven Seite des „Lebens in Christus" festzulegen. Das Königliche Priestertum in der Nachfolge unseres Vorläufers[41], des Christus, dringt von jetzt ab hinter den Vorhang in das Heiligtum, um an der liturgischen Funktion des Hohen Priesters teilzunehmen. In der Eucharistie wird die himmlische Wirklichkeit Christi die unsrige. „Auf daß der Rest durch Schweigen verehrt werde", sagt Gregor von Nazianz[42] und stellt uns vor das Aufleuchten einer Erkenntnis, einer Erleuchtung, die keine Zergliederung mehr duldet. Die Inkarnation trachtet danach, „alle Dinge in Christus zu vereinen, sowohl die im Himmel als die auf Erden" (Eph 1, 10) angesichts „der Weisheit Gottes im Geheimnis, der verborgenen, die Gott vor aller Zeit bestimmt hat zu unserer Herrlichkeit" (1 Kor 2, 7). Die Heilsordnung steht über aller Wahl der Menschen oder Engel, über der Wahl Luzifers oder Adams. Die Inkarnation umfaßt den äußersten Grad von Gemeinschaft. Sie ist schon in der Konzeption der Vergöttlichung gegeben, die sie voraussetzt und deren Vollendung sie ist. Dem Sündenfall entspricht die Vertreibung und das Gericht. Dem treibenden Grund der Inkarnation entspricht nur das Reich Gottes, denn dieses ist ihre Vollendung. Daraus läßt sich innerhalb der Kirche das organische Ganze des Heiles ersehen, sein Weg und seine sakramentalen Mittel — aber auch schon das Heil selbst in der Zeit: die Ankunft des Reiches Gottes!

Eine auf ihre extremsten Strömungen reduzierte Anthropologie beginnt bei der Ursünde und mündet im Gericht aus zweifacher Praedestination — welches in diesem Falle nicht einmal echtes Gericht ist, weil es auf der praestabilierten Ebene nichts zu richten gibt! Das göttliche Urbild — berufen, um das Ganze zusammenzufassen — sieht sich von einem seiner Teile getrennt.

Die orthodoxe Anthropologie in ihrer äonenhaften Fülle nimmt ihren Ursprung im Paradies und mündet in der Fülle des Reiches Gottes, in das Mysterium der endgültigen Wiederherstellung [43] des Neuen Himmels und der Neuen Erde.

DIE KONSTITUTION DES MENSCHLICHEN WESENS

Die biblische Auffassung des Geistes und des Leibes

Die Ausdrücke der Bibel tragen das Gepräge der Epochen und Autoren. Infolgedessen fehlt einiges an der Genauigkeit des technischen Vokabulariums, und manchmal ist eine scheinbare Unstimmigkeit zwischen den Büchern, ja selbst zwischen den Testamenten unvermeidlich. Um die biblische Anthropologie zu verstehen, muß man zunächst allen klassischen, griechischen Dualismus oder modernen Cartesianismus ausscheiden: den Dualismus zwischen Leib und Seele, zwischen zwei sich bekämpfenden Substanzen: „Der Leib ist das Grab der Seele" *(soma-sema)*. Der biblische Konflikt spielt sich unter einem ganz anderen Gesichtspunkt ab: der Plan des Schöpfers, seine Wünsche, stehen im Gegensatz zu den Wünschen der Kreatur. Die Heiligkeit steht im Gegensatz zum Zustand der Sünde, die Norm zu dem der Verkehrtheit. Das Fleisch, *basar, sarx,* bezeichnet das Ganze, den Gesamtzusammenhang: lebendiges Fleisch. Der Mensch kommt als „lebendige Seele" aus den Händen Gottes. Er hat keine Seele, er ist Seele, er ist Leib, er ist Psyche, *Nephesch.* Wenn die Seele verschwunden ist, verbleibt nicht der Leib, sondern Erdenstaub: „Der Staub kehrt zum Staube zurück."
Alles, was geschaffen ist, ist sehr gut (Gen 1, 31). Nicht der eigentlichen Beschaffenheit kreatürlichen Seins entwächst das Böse. Seine

Quelle bleibt dem menschlichen Wesen, das gut in seiner Anlage ist, fremd. Und das Böse kommt nicht von unten, sondern von oben, vom Geiste her. Sein Ursprung ist das Reich der Engel und der Bereich der Wahlfreiheit des menschlichen Geistes. In zweiter Linie erst wird das Böse in die Ritzen des in seiner Integrität gespaltenen und in seinem hierarchischen Aufbau zerstörten Wesens eindringen.
Diese Voraussetzungen sind wesentlich, um den biblischen Personalismus zu begründen. Die Vielheit des menschlichen Wesens, die Aufspaltung seiner Einheit stammt nicht aus dem sogenannten Sündenfall in die Materie (eine gnostische Idee), und das Heil besteht weder in der Lösung von der Materie noch in der Rückkehr zu dem „Einen" des Neuplatonismus. Die ideale Ordnung der Natur fordert das Anwachsen zur Fülle auf allen Ebenen und aller konstitutiven Elemente des menschlichen Wesens — eine Integration im „pneumatischen" Prinzip der Person, im apophatischen Abgrund des Herzens. Der Charakter der Integrität bewirkt, daß alle Erkenntnis im biblischen Sinne niemals zur selbständigen Ausübung eines einzigen Vermögens des menschlichen Geistes wird, sondern an ihrem Gesamtgefüge teilhaftig ist (die Juden dachten mit dem Herzen). Und deshalb wird dieses Denkvermögen oft mit dem Akt der Begattung verglichen (eine Frau ehelichen heißt vor allem, sie „erkennen"). Dieser hochzeitliche Ausdruck unterstreicht auch die gegenseitige Abhängigkeit: der Mensch ist zur Gnosis, zur höheren Erkenntnis Gottes geboren durch die Erkenntnis, die Gott von ihm in seiner „Vermählung" mit ihm gewinnt — und ganz allein aus seiner Gotteserkenntnis heraus erkennt der Mensch auch sich selbst.
Das Pneuma, *ruah*, der Geist, der göttliche Hauch macht sich zum Organ der Vereinigung mit dem Höchsten, was nur in Ausübung der „Wesenskommunion" mit jenem geheimnisvollen Etwas in uns geschehen kann, welches erlaubt, zu sagen, „daß wir seines Geschlechtes sind" (Apg 17, 29). Die Achse des johanneischen Denkens, das Innewohnen des „Heiligen Geistes", setzt dasjenige im menschlichen Wesen voraus, das ihn empfängt und dann mit ihm übereinstimmt, den menschlichen Geist, pneuma. „Der Geist gibt unserem Geiste Zeugnis, daß wir Gottes Kinder sind" (Röm 8, 16). Dieser

Vorstellung der Kindschaft bei Paulus (die göttliche Seite) entspricht bei Petrus seine grundlegende Versicherung der Teilhabe (die menschliche Seite desselben Aktes). „Auf daß ihr Teilhaber von Gottes Natur werdet" (2 Petr 1, 4). Man kann also sagen, daß das *pneuma* den himmlischen Ursprung des Menschen kennzeichnet und den Anbeginn des Reiches Gottes in ihm enthält. Der Mensch muß bekennen, „Pilger und Fremdling auf Erden" zu sein (Hebr 11, 13) — Anwärter der Himmlischen Stadt! *Homo viator,* er ist im „Stande des Durchgangs" zum zukünftigen Ostern, vielmehr er ist dieses Ostern, denn pesah bedeutet Durchgang.

So ist es der Geist, jenes vorgeschobene Wesensglied des Menschen, der sich dem Jenseitigen vereinigt und, eben seiner Wesensstruktur „im Bilde" entsprechend, daran teil-nimmt. Gregor von Nazianz drückt das sehr stark aus, indem er alles unabhängige Menschliche verneint, das etwa „aus seinem eigenen Bilde" käme. — Es hat kosmische Nachwirkungen, daß der Mensch, der seinem Wesen gemäß Durchgang ist, seine Angleichung an das Göttliche oder Dämonische verwirklicht. Der Mensch zieht die gesamte materielle Ebene zu sich selbst hinauf.

So kommt die biblische Gegenüberstellung aus einer ganz anderen Tiefe, als es der einfache Bezug Leib-Seele ist. Diese Gegenüberstellung hat ihren Bezug im „Meta-physischen" zwischen dem Erdreich und dem Himmel, zwischen dem *homo animalis* und dem *homo spiritualis* in ihrer Gesamtheit. Sie enthüllt den ontischen Abgrund zwischen einem Gläubigen und einem Ungläubigen — grenzt die beiden Äonen gegeneinander ab.

Um des Reichtums der Lehre willen mußten die Kirchenväter dem hebräischen Genie das griechische gegenüberstellen. Das geschah aber durchaus in schöpferischer Anpassung — durch Erneuerung des Verstandes und seiner Kategorien, von denen Paulus [44] spricht. Die genaue Entfaltung der geoffenbarten Schrift erfordert ein ihr angepaßtes Denken in stufenweiser Erleuchtung und mit eigener Dialektik. Schon die Sprachen, denen die Enthüllung anvertraut ist (zuerst das Hebräische und später das Griechische) setzen durch ihren eigenen Sprachgenius [45] eine bestimmte Interpretation voraus.

Die dogmatische Erläuterung durch die Konzilien und durch das Denken der Väter aber ist vor allem eine gute Übertragung der biblischen Vorstellungen, eine schöpferische Übersetzung in ihrer Bemühung größtmöglicher Annäherung an das lebendige Wort. Die Philologie allein genügt niemals, den ganzen Sinn der heiligen Texte wiederzugeben. Es bedurfte der genialen Einfühlung der Väter, um in den Geist der biblischen Substanz vorzustoßen. Es bedurfte der Epignose, was Horn[46] sehr glücklich mit „Sinn Gottes" übersetzt. Das erklärt Schwankungen in der Terminologie gegenüber der biblischen Ebene. Bei Paulus nehmen die ontologischen Ausdrücke oft einen ethischen Charakter an. So der „neue" und der „alte" Mensch — der äußere und der innere, der seelische und der geistige. Der *nous* nähert sich sowohl dem Geiste als auch der Erkenntnis. Der Dichotomismus (Leib-Seele) steht neben dem Trichotomismus (Leib-Seele-Geist). Man kann allemal sagen, daß in der Bibel die Seele den Leib be-lebt, die „lebendige Seele" daraus macht und daß der Geist das gesamte menschliche Wesen spiritualisiert. Als religiöse Kategorie ist der Geist ein qualifiziertes Prinzip. Er legt die Betonung auf das Jenseitige, setzt sich durch gegenüber dem Psychischen und dem Materiellen und färbt beide durch seine Gegenwart. Zu weitreichend in seiner Funktion und Ausdehnung, kann er deshalb nicht als hypostatischer[47] Mittelpunkt angesehen werden. Allein durch sein Dasein ist er die Vergeistigung selbst — ebenso wie die Empfänglichkeit, das Geöffnetsein gegenüber dem Göttlichen. Das Seelische und das Leibliche sind ineinander verflochten, aber jedes wird von seinen eigenen Gesetzen geleitet. Indessen ist das Geistige keineswegs die dritte Sphäre, die dritte Etage im menschlichen Bau, sondern das Prinzip, das sich im Seelischen und im Leiblichen ausdrückt und sie beide vergeistigt. Besonders im Asketentum findet sich die geistige Durchdringung des Menschen durchgeführt, die Transparenz von Leib und Seele gegenüber dem Geist verwirklicht. Im Gegensatz dazu kann der Mensch „den Geist auslöschen" (1 Thess 5, 19), kann fleischliche Gedanken haben, willentlich im sündigen Fleisch entarten.

Die biblische Auffassung des Herzens

Johannes von Damaskus nennt den Menschen Mikrokosmos, das Universum in der Zusammenfassung, denn in ihm sind alle Ebenen beschlossen. Das menschliche Wesen vereinigt die stufenweise Schöpfung der fünf Tage, deren vollendender sechster Tag es ist. Aber es besitzt darüber hinaus noch ein eigenes Prinzip, das es einzigartig macht: es ist das Sein im Bilde Gottes. Als solches ist der Mensch *microtheos*, „kleiner Gott".

Um seine Innerlichkeit genauer zu umreißen, muß der biblische Ausdruck Herz, *leb, cardia*[48], eingeführt werden. Dieser fällt durchaus nicht mit dem emotionellen Zentrum der Psychologen zusammen. Die Juden dachten mit dem Herzen, denn es vereinigt in sich alle Fähigkeiten des menschlichen Geistes. Der Sympathie und dem Auswählen des Herzens sind Verstand und Intuition nicht fremd. Der Mensch ist ein heimgesuchtes Wesen. Die Wahrheit bewohnt ihn und arbeitet von innen her an der Quelle seines Seins. Sein Bezug zum Inhalt des Herzens, dem Orte der Einwohnung, festigt sein sittliches Bewußtsein, in dem der Logos spricht. Der Mensch kann sein Herz „taub zum Glauben" machen (Lk 24, 25), verschlossen, hart bis zur Zerspaltung aus der Kraft des Zweifels (Jak 1, 8) und selbst bis zur dämonischen Auflösung in mehrere Ich (Mk 5, 9). Ist die transzendente Wurzel einmal durchschnitten (nach einer schönen Definition Platos ist der Geist mit seiner Wurzel im Unendlichen aufgehängt), so entsteht Wahn-sinn im Sinne der Bibel: „Der Unvernünftige sagt zu seinem Herzen, es gibt keinen Gott." So bleibt nur die Anhäufung „kleiner Herzen", „kleiner Ewigkeiten des Genusses" (Kierkegaard). Auf diesen krampfhaften Zustand des Herzens antwortet das Gebet: „Durch Deine Liebe binde meine Seele." Das erlöst das Herz aus der Vielzahl seelischer Befindlichkeiten. In demselben Sinn erbittet Paulus „die Einfalt des Herzens" (Kol 3, 22), und der Psalmist singt: Herr, einige mein Herz (Ps 86, 11).

Das Herz ist der ausstrahlende und das Ganze des Menschen durchdringende Mittelpunkt. Gleichzeitig ist es in seiner eigenen Tiefe verborgen. „Erkenne dich selbst", richtet sich vor allem auf diese Tiefe. „Tritt bei dir selber ein und finde dort Gott, die Engel und das Reich Gottes", sagen die Spirituellen. Der Grund des Herzens ist unerreichbar. Tatsächlich habe ich Selbsterkenntnis, habe mir zugehöriges Selbstbewußtsein, kann aber mein eigentliches Ich weder erreichen noch ergreifen [49]. Das Ich überschreitet noch seine Selbstbezeugungen [50]. Das Bewußtsein ist in seiner ganz bestimmten Ausdehnung, die es nie überschreiten kann, verankert. Meine Gefühle, Gedanken und Taten und mein Bewußtsein gehören mir, sind die „meinen", ihrer bin ich mir bewußt. Aber das Ich ist noch oberhalb des meinen. Allein die mystische Intuition enthüllt es, denn sie geht von Gott aus und prägt sein „Bild" dem Menschen ein. Das Symbol des Herzens bezeichnet es. „Wer kann das Herz erkennen?" fragt Jeremias, und er antwortet: „Gott prüft das Herz und die Nieren" (Jr 17, 9—10). Gregor von Nyssa drückt das Geheimnis sehr gut aus: „Unsere Natur" (die geistige) „existiert nach dem Bilde des Schöpfers, sie gleicht dem, was über ihr ist. In der Unerkennbarkeit ihres Selbst bezeugt sie das Gepräge des Unzugänglichen." [51] Petrus spricht vom *homo cordis absconditus*, vom Menschen des verborgenen Herzens. Das heißt, in der Tiefe des Herzens verborgen ist, was das eigentliche menschliche Ich darstellt. Dem *Deus absconditus* entspricht der *homo absconditus* der apophatischen Theologie, die apophatische Anthropologie [52].

„Da, wo euer Schatz ist, ist auch euer Herz" (Mt 6, 21). Der Mensch wird vom Inhalt seines Herzens her bestimmt, vom Gegenstand seiner Liebe. Seraphim nennt das Herz „Altar Gottes, Ort seiner Gegenwart und Organ seiner Aufnahme". Entgegen Descartes sagt der Dichter Baratyncky: *amo ergo sum*. Das Herz hat den hierarchischen Primat im Aufbau des menschlichen Wesens [53], in ihm ist der Ort, wo das Leben gelebt wird, es besitzt eine eigene, magnetische Zielstrebigkeit wie die Nadel eines Kompasses: „Für Dich hast Du uns geschaffen, Herr, und in Dir allein findet unser Herz Friede" (Augustinus).

Die menschliche Person

Das Herz zeigt die unaussprechliche Tiefe des *homo absconditus* an. Auf seiner Ebene liegt der Mittelpunkt der persönlichen Ausstrahlung: die Person. Diese Tiefe erklärt es, daß selbst der stärkste philosophische Personalismus niemals zu einer befriedigenden Ausdeutung der Person kommt. Renouvier sagte: „Schaffen und sich schaffend erschaffen." Aber Gabriel Marcel formuliert vom richtigen Gesichtspunkt aus: Existieren heißt für die Person, sich im Überschreiten erschaffen. Seine Devise ist nicht „*sum*", sondern „*sursum*" [54]. Die Metaphysik berührt die Mystik, und Gabriel Marcel bezweifelt selbst, daß es zwischen beiden eine festlegbare Grenze gibt [55].

Die griechische Philosophie kannte sehr wohl die Vorstellung des Individuums, hatte aber keine Vorstellung von der Person im modernen und vor allem im psychologischen Sinn. Bei den Kirchenvätern ist diese Vorstellung schwankend. Sie festigt sich erst auf trinitarischer Ebene, und erst nach dem Konzil von Chalcedon geht sie in die Christologie und Anthropologie über. Die Väter sprachen von den göttlichen Personen, verwarfen aber die philosophische Manier der Verbegrifflichung. Ihre Thesen sind über-begrifflich und wie jede dogmatische Formel verschlüsselte Zeichen der göttlichen Transzendenz. So sind die drei Hypostasen nicht drei Götter, sondern drei Prinzipien — drei bewußte Mittelpunkte der einen Existenz, in der zugleich die Unterscheidung und die Identität, die gegenseitige Nicht-zurück-führbarkeit und die Wesensgleichheit bejaht wird. Bei den Kappadocischen [56] Vätern wird nach dem Konzil von Nicäa der Ausdruck „Hpostase" oder Person in Unterschied zu „*ousia*", Natur oder Wesenheit, gebraucht. Aber diese Unterscheidung entspricht keineswegs dem Unterschied zwischen dem Einzelwesen und der Art, zwischen dem Besonderen und dem Allgemeinen. Die Hypostase wird durch ihre Beziehung — Vater, Sohn, Heiliger Geist — bestimmt. Sie ist auch die einzig mögliche Weise eines jeden ihrer Träger, sich eine „Natur" anzueignen und in dieser am einzigen göttlichen Leben teilzuhaben. Aber, sie ist zugleich auch alles das, was jene Beziehung in sich selbst überschreitet: das in sich selbst Einmalige. Dieser Begriff einer unauflöslichen und unvergleichlichen Einheit, welche aus jedem Individuum ein einmaliges Wesen macht, es zur Person erhebt, kommt aus dem Dogma. Diese Einheit entzieht sich jeder verstandesmäßigen Begriffsbestimmung und kann nur durch ein unmittelbares Erlebnis erfaßt werden, entweder intuitiv oder in mystischer Enthüllung. Die Person ist eine Weise der Existenz, die das Gesamt eines Wesens durchdringt und es „persönlich" macht. Sie ist zugleich Inhalt und Träger dessen, dem das Wesen angehört und in welchem es lebt. Jedes existierende Wesen muß in einer Person hypostasiert[57] sein, in Erscheinung treten (so wie die menschliche Natur Christi im Logos hypostasiert ist). Die Person ist das Integrationsprinzip, das alle Ebenen in einem gemeinsamen Ausdruck vereinigt. Sie ist ebenso eine völlige Durchdringung der drei Personen Gottes, oder Perichorese, wie sich etwa vergleichsweise der Leib vergeistigt und die Seele das Leibliche darlebt.

Die Formel von Chalcedon[58] gebraucht zwei griechische Ausdrücke: *Hypostase* und *Prosopon*. Sie bedeuten beide die Person, aber in verschiedener Abstufung: Prosopon ist der psychologische Aspekt des Wesens, das der eigenen inneren Welt zugewandt ist, dem Bewußtsein seiner selbst. Als solches folgt es dem Gang der Entwicklung, durchläuft die Phasen seines Selbsterkennens und die Grade der Aneignung der Natur, deren Träger es ist. — Die Hypostase aber hat den Aspekt des dem Ganz-anderen zugewandten, auf Gott zu geöffneten und zu ihm hin sich überschreitenden Wesens. Dieser zweite Aspekt ist entscheidend zur Erlangung der theandrischen Dimension der Person — ohne dabei jemals zu vergessen, daß Person im absoluten Sinn nur in Gott ist und daß alle menschliche Person nur sein Bild ist.

Person überschreitet Individuum, ist nicht darauf rückführbar. Andrerseits ist sie auch nichts, das sich der Gemeinsamkeit Leib-Seele-Geist nur anfügt, sondern vielmehr jenes Gemeinsame, das sich auf sein Sub-jekt, seinen Träger, sein Lebensprinzip versammelt sieht. Und hier wird der durch „Hypostase" ausgedrückte Aspekt grundlegend für das Schicksal eines menschlichen Wesens. Die Hypostase ist das Überschreiten des Ich-selbst, des Allein-Menschlichen. In diesem Sinn erschafft sich die Person, indem sie sich überschreitet (G. Marcel). Das Mysterium der Person, insoweit sie Hypostase ist, liegt im Akt ihrer eigenen Transzendenz zum Ganzanderen hin: „In Ihm leben wir, bewegen wir uns und sind wir" (Apg 17, 28). Schon durch die Vermittlung eines anderen Menschen entdeckt der Mensch sich selbst und schafft an seiner Person, aber er erlangt erst die volle Wahrheit über sich selbst, wenn er zu dem Bewußtsein gelangt, das Gott von ihm hat, und wenn er in der persönlichen Weise des göttlichen „Du" an den Gipfel der Erkenntnis rührt. In dieser Tiefe ist das Ich am allerintimsten, ist „eine Einheit aus Gnade" (Maximus der Bekenner), welche uns nicht aus Eigenem heraus gehört, sondern die wir durch Gnade erhalten. Jedes menschliche Wesen besitzt ein winziges Stück von Personhaftigkeit, ein seelisches Integrationszentrum, das alles um das metaphysische Selbst kreisen läßt und sein Selbstbewußtsein formt. Das ist das allen zugehörige Prosopon als natürliche Gegebenheit der Substanz. Im Gegensatz dazu gelangen, selbst wenn alle geladen sind, im tiefsten Bereich nur wenige Auserwählte dazu, Hypostase zu werden. Die Hypostase ist jener äußerste vorgeschobene Ort des Bildes Gottes, Organ und Ort der Vereinigung mit Gott, welcher die gott-menschliche Struktur nach dem Bilde des Christus sichert. „Im Zukünftigen", so sagt Johannes, „werden wir ihm ähnlich sein" (1 Jo 3, 2).

Diese Gott-Menschlichkeit ist im Bilde Gottes schon anlagemäßig enthalten. Je nach dem Grade ihrer Aktualisierung geschieht ein Keimen und Entfalten vom Prosopon zur Hypostase. Es erwächst der Übergang vom natürlichen zum christlichen Sein und im folgenden die große sakramentale Einweihung, in der die menschliche Struktur völlig zu einem Abbilde nach ihrem Urbilde, dem Christus, gewandelt wird. In Christus vereinigt sich Gott mit dem Menschlichen, und die Vereinigung ist eine höchste und vollständige, eben weil ihr Ort der Logos ist. Es ist die göttliche Hypostase, die die menschliche Natur hypostasierend umgreift. In jedem Menschen

„nach dem Bilde Christi" ist seine menschliche Person der Ort der Vereinigung, der in Christus seine theandrische Gestalt empfängt, Hypostase wird. Im Inneren des Selbstbewußtseins des Menschen ruht sein Gottesbewußtsein und verwirklicht sich die Gott-Menschlichkeit: „Wir werden kommen und Wohnung nehmen" (Jo 14, 24). „Nicht ich lebe, sondern Christus in mir" (Gal 2, 20). Aus seinem priesterlichen Anliegen heraus spricht Paulus jenes: „Auf daß Christus sich in uns bilde" (Gal 4, 19).

„Der Mensch", sagt Basilius, „ist eine Kreatur, die den Auftrag empfing, Gott zu werden [59]." Diese Vorstellung ist mit großer Klarheit bei Maximus dem Bekenner [60] ausgedrückt. Die Person *(prosopon)* ist aufgerufen (Hypostase zu werden) „durch die Liebe, die erschaffene Natur mit der unerschaffenen zu vereinigen... durch Erlangung der Gnade". Man sieht, daß der Mensch in seiner erschaffenen Hypostase das Göttliche und das Menschliche im Bilde Christi durch Gnade vereinigt. So wird er erschaffener Gott, wird „Gott" durch Gnade. Die Hypostase läßt sich als die Person auf der Stufe des göttlichen Seins bezeichnen. In Christus ist die menschliche Natur vergöttlicht und in eine göttliche Person hypostasiert. Im vergöttlichten Menschen sieht die erschaffene Person in eben dieser Vergöttlichung ihre Natur mit der Kraft Gottes vereinigt. So ist die Hypostase die persönliche, einzige und unvergleichliche Weise gottmenschlicher Existenz eines jeden Christen. Hier muß die radikale, mystische, die natürliche Wesenheit überragende Abgrenzung zwischen dem „alten" Menschen und der „neuen" Kreatur gemacht werden. Ja, hier steigt alle phänomenale Analyse ins Trans-phänomenologische über, in das über dem unmittelbar Gegebenen Liegende, die Heiligkeit. Das Individuum ist eine soziologische, biologische Kategorie, welche ganz der Natur angehört. Es ist Teil des einen natürlichen Ganzen und hebt sich von dem anderen durch Gegenüberstellung, durch Abgrenzung und Vereinzelung ab. Im natürlichen Zustand verschmilzt das Prosopon mit dem Individuum und ist nur eine Potenz der Person. Soll es verwirklicht werden, so fordert es seinen Übergang zur Hypostase. Die Hypostase ist pneumatische Kategorie — nicht Teil. Sie enthält das Ganze in sich, und dadurch ist auch ihre Fähigkeit, etwas in Hypostase hinein zu verwandeln, erklärt.

Das Individuum, von dem man sagt, daß es eine starke Persönlichkeit hat, repräsentiert nur eine besondere Mischung von natürlichen Elementen mit einigen ausgeprägten Zügen und ruft trotz der letzteren den Eindruck des „schon da Gewesenen" hervor. Ein Mystiker verblüfft die Welt durch sein einmaliges Gesicht, durch seine immer persönliche Ausstrahlung. Man hat ihn nie zuvor gesehen.

Die Freiheit

Der Theandrismus läßt noch andere Verknüpfungen namentlich im Gebiet des Willens und der Freiheit zu. Das christliche Dogma sieht im Willen eine Funktion der Natur. Deshalb trachtet das Asketentum vor allem nach dem Verzicht auf den eigenen Willen, auf die Lösung von jedem Bedürfnis, das von der Welt und der Natur herkommt. Allein gerade in dem Verzicht auf den natürlichen Willen vollendet sich die Freiheit, welche ihrerseits Attribut der Person ist. Sie befreit diese von jeder individuellen und natürlichen Bindung und macht sie „katholisch", ins Unendliche erweitert, all-umfassend. Im äußersten Fall strebt die wahrhaft freie Person danach, die ganze menschliche Natur im Abbild trinitarischen Lebens gleichsam in sich zusammenzufassen. Denn das Christentum ist, nach Gregor von Nyssa, eine „Nachahmung der Natur Gottes" [61]. „Gott hat dem Menschen die Ehre erwiesen, indem er ihm die Freiheit verliehen hat", sagt Gregor von Nazianz [62], „auf daß das Gute zunächst dem gehöre, der es erwählt, nicht weniger aber auch demjenigen, der die Grundlagen desselben in die Natur eingesenkt hat." Der Mensch ist frei, denn er ist das Abbild der Freiheit Gottes, und darum hat er die Fähigkeit, zu wählen. Maximus hingegen sieht gerade die Unvollkommenheit in der Notwendigkeit, zu wählen, denn die freie Wahl ist die unausbleibliche Folge des Sündenfalls. War der Wille zunächst von der Schau her bestimmt, so urteilt er nunmehr aus dem folgernden Verstand heraus. Demgegenüber folgt das Vollkommene dem Guten unmittelbar — es steht über der Wahl. Interessanterweise läßt sich dieselbe Auffassung im modernen Denken des Philosophen Lavelle feststellen. Für ihn liegt die Existenz vor allem „in der Ausübung eines Aktes der Freiheit, welcher, wenn er nicht ausgeübt wird, unser Wesen auf den Stand eines Dinges herabdrückt" [63]. Das Unterscheidungsvermögen wählt zwischen mehreren Möglichkeiten, um das Wahre zu verwirklichen. Aber „man definiert die Freiheit fast immer als Wahl". In ihrer höchsten Form ist sie „eine Wirksamkeit, die sich ihre eigenen Gründe schafft, anstatt sie zu erleiden" [64]. So erhebt sich die Freiheit auf eine Ebene, wo die freiesten und zugleich vollkommensten Akte die sind, die der niederen Ebene der Wahl enthoben sind [65].

Die Person verwirklicht sich in der Freiheit. Die Angst, die sie empfinden kann, kommt aus der immer möglichen Will-kür. Diese bedroht die Person, denn sie ist es, die das Leben zurückweisen — das Dasein verneinen kann. Der Mensch schwebt in jedem Augenblick zwischen seiner eigenen Verwirklichung und dem Nichts, aus dem er selber kommt. Das große und edle Wagnis allen Daseins und die höchste Anspannung seiner Hoffnung liegt zwischen Sich-leeren und Sich-erfüllen. Freiheit erfindet die Werte nicht, aber diese erhalten ihr Leben. Sie inkarnieren sich durch unsere persönliche Entdeckung. Auf unserer Seite ist diese Entdeckung immer Schöpfung. Schöpfung einer Beziehung zu den Werten, Schöpfung, weil diese nie zuvor gewesen ist! Und in diesem Sinn kann man sagen, daß der Mensch das ist, wozu er sich gestaltet. Die Weisheit Gottes geht der Existenz des Menschen voraus, und jeder Mensch trägt ein Leitbild in sich, seine eigene Sophia — ist ein lebendiger Entwurf Gottes. Der Mensch muß das Bild entschlüsseln und seinen eigenen Sinn frei erobern — sein Geschick bauen. So ist Dasein die Spannung zur eigenen Wahrheit hin, die entdeckt und gelebt werden soll. „Ich kenne die Wahrheit erst, wenn sie in mir lebendig wird", sagt Kierkegaard [66].

Es gibt keinerlei Vollkommenheit noch irgendeine mögliche Wiederholung im Leben. Um es genau zu sagen: es gibt keine Präzedenzfälle, sondern nur ewigen Beginn jeweils einmaliger Akte. „Nie

zweimal, denn es ist mein Tun!" Jeder Morgen des menschlichen Lebens hebt an wie der Schöpfungsmorgen der Welt — ein reiner, göttlicher Entwurf —, und die Treue, die ich ihm entgegenbringe, trägt mich in jedem Augenblick immer neuer Zukunft entgegen — auf das schlechthin zu Ersehnende und das schlechthin Unberührte zu.
Die Beziehung zum Transzendenten ist keineswegs als Kantische „Heteronomie" zu bezeichnen; es gibt kein hetero in der göttlichen Gesetzmäßigkeit. Die Abhängigkeit von Gott offenbart sich in ihrem Innesein, in der Einwohnung des Logos: „Ich nenne euch nicht mehr Diener, sondern Freunde" (Jo 15, 15). Hingegen kapselt jede Eigengesetzlichkeit den Menschen ein, verschließt ihn in sich selbst. In der Askese umschreibt Antonius drei Arten des Willens, die sich im Menschen gegenüberstehen. Da ist der Wille Gottes, heilsam und von innen heraus wirkend, er ist Gottes Gesetzlichkeit, der sich der Mensch in völliger Gleichrichtung verbindet, die er zu der seinen macht. Da ist der Wille des Menschen, der, ohne unheilbar böse zu sein, unstet und zwiefältig ist, hier ist die Eigengesetzlichkeit. Und da ist endlich der teufliche Wille, der dem Menschen entgegengesetzt ist; er ist Heteronomie, Fremdgesetzlichkeit.
Aber wenn andrerseits die Freiheit bloße Unterwerfung sein sollte, die gleichsam im Inneren der Tat Gottes erstarrt und sich darauf beschränkt, zu wiederholen, zu kopieren, dann freilich bedeutet es nichts, nach dem Bilde von Gottes Freiheit selbst frei zu sein. Über die Ethik der Sklaven und Söldner stellt das Evangelium die der Freunde Gottes. Das christliche Dogma der Einheit der beiden Naturen Gottes in Christus wird deutlich im Dogma der beiden Willen und setzt zugleich deren Einbeziehung in die „Einheit der beiden Freiheiten".
Jede Vermengung der psychologischen Bezeichnung Willen mit der metaphysischen Bezeichnung Freiheit muß vermieden werden. Die Freiheit ist die metaphysische Verankerung des Willens. Der Wille ist noch an die Natur gebunden, er ist unmittelbaren Notwendigkeiten und Zielen unterworfen. Die Freiheit stammt aus dem Geist, aus der Person. Wo sie sich zu ihrem Gipfel erhebt, begehrt sie nur noch die Wahrheit und das Gute — eben in Freiheit! In der zu-

künftigen Fülle werden das Gute und die Wahrheit, in der Abbildhaftigkeit der göttlichen Freiheit stehend, dem entsprechen, was sie begehrt. Das ist der erhabene Sinn dessen, worauf Kierkegaard mit dem paradoxen Wort abzielt: „Die Subjektivität ist die Wahrheit — das Bewußtsein schafft aus sich heraus, was wahr ist", bis hin zu der starken Gleichsetzung: „Die Wahrheit ist der Akt der Freiheit."
Gerade wenn sich unsere Freiheit im Tun Gottes einbettet, hört sie doch niemals auf, die wahre Freiheit zu sein. Das fiat der Jungfrau entspringt nicht allein der Unterwerfung ihres Willens, sondern ist Ausdruck der erhabenen Freiheit ihres Geistes. Auf diese Tat hin zielte ihr voraufgegangenes Leben „im Tempel" und im Schatten jener brennenden Sehnsucht und Erwartung, die von den Ikonen der Verkündigung so gut dargestellt wird. Sie zeigen nicht nur ein Wesen in Überraschung und Staunen gegenüber dem Unerwarteten, sondern vielmehr einen Menschen erzitternd in der Überwältigung durch sein eigenes Mysterium in der Spannung des Augenblicks seines Hereinbrechens. Der verkündende Engel und die aufhorchende Jungfrau schwingen im Gleichklang einer großen Symphonie. Hier ist die Weltgeschichte im Abriß, ihre Theologie in einem einzigen Worte geborgen — das Schicksal der Welt und selbst Gottes —, am Aufbrechen dieses Wortes hängend. Seit jeher hat die Jungfrau nichts anderes gewollt und ihrer Freiheit keinen anderen Inhalt gegeben als den durch ihr fiat ausgelösten: die Geburt Gottes!
Gott findet die Wahrheit nicht, er denkt sie. „Er spricht es aus, und es geschieht" (Ps 148, 5). Die Freiheit des ebenbildlichen Menschen ist es, dieses Hervorbrechen der Wahrheit ab-bildlich wieder hervorzurufen.
Der sich verleiblichende Christus hat uns befähigt, sein Leben nicht nachzuahmen, sondern wieder-zu-leben, uns seinem Wesen anzugleichen — so wie die Sakramente und der Verlauf der Liturgie es uns lehren. „Gott ist nicht eine Idee, die man beweist — er ist Wesenheit, und man lebt aus der Verbundenheit mit ihm." „Beweise suchen ist Gotteslästerung, und das Christentum wahrscheinlich machen ... heißt, es zerstören" (Kierkegaard). Man muß wählen zwischen Leben und Dasein im stärksten Sinn des Wortes, und man

muß sein Schicksal in die Dialektik, das Zwiegespräch mit der „zweiten Person", dem göttlichen Du stellen. Der Glaube ist niemals eine einfache, intellektuelle Zustimmung, sondern Treue der irdischen Person gegenüber der göttlichen Person. Ich tue alles andere als mich unterwerfen, wenn ich mit meinem ganzen Sein liebe und mich hingebe. Ich höre die Stimme meiner eigenen Tiefe, und alle Welten klingen damit zusammen und reden zu mir. Hier gibt es keine Unterwerfung mehr. Christus unterwirft sich dem Gesetz nicht, sondern er erfüllt es, und er verwandelt es in Erfüllung. Das sind die hochzeitlichen Beziehungen, und das ist das hohe Lied der Hochzeit. Die Bibel kommt jedesmal darauf zurück, wenn es sich um die Beziehungen zwischen Gott und dem Menschen handelt. In der Erfahrung der großen Spirituellen findet die Eucharistie ihr Bild in der ehelichen Vereinigung. Wenn ich das fiat ausspreche, vereinige ich mich mit dem geliebten Wesen. Der göttliche Wille schießt in meinem Willen empor und wird zu dem meinen: „So aber lebe nicht ich, sondern Christus in mir" (Gal 2, 20). Gott verlangt vom Menschen, daß er den Willen des Vaters erfülle, als ob es sein eigener wäre. Das ist der Sinn des Wortes: „Seid vollkommen, wie euer Vater im Himmel vollkommen ist" (Mt 5, 48). Liebe läßt sich nicht aus Büchern erlernen. Nur die Dichtung kann ihr die Stimme leihen, so wie es das Hohe Lied tut. Ein arabischer Dichter erzählt: „Ein Mensch klopfte an die Pforte des Geliebten. Der Geliebte fragte ihn: Wer bist du? Und der Mensch antwortete: Ich bin es. Der Geliebte sprach: Gehe, es ist noch nicht Zeit, einzutreten. Nach einer langen Reise kam der Arme wie vom Feuer verbrannt zurück und näherte sich dem Hause des Geliebten. Er klopft an, der Geliebte fragt: Wer ist an der Tür? Der Mensch antwortet: Du bist es. Sagt der Geliebte: Da du nun ich bist, tritt ein."[67]
Wie der Sohn in Ewigkeit geboren ist, so ist auch der Mensch, der die Wahrheit erwählt hat, in aeternum geboren. Er erwählt sie ewiglich und lebt sie immer neu dar. Das einzige, das Freiheit jemals suchen und wünschen könnte, wäre, das „Unumschließbare" zu umschließen — etwas völlig außerhalb des Verstehens Liegendes — ohne Begründung hier in der Welt, und eben deshalb völlig unvernünftig.

So wie uns ohne Grund „Gott zuerst geliebt hat" (1 Jo 4, 10) und uns schon etwas von seiner göttlichen Freiheit vorausahnen ließ! Gott in seiner Liebe liebt uns völlig grund-los und frei, ohne jedes Verdienst, und dadurch ist seine Liebe schon eine Gabe, die die Freiheit unserer eigenen Antwort auslöst.

In den schwindelerregenden, grandiosen Bildern, im Entzücken des „göttlichen Spiels" (Spr 8, 31) „mit den Menschenkindern" kann sich die Weisheit Gottes nur Wesen „seiner Art", eben „Götter" vorstellen. „Gott vereinigt sich nur mit Göttern", sagt Simeon. Sie erhalten alles und noch darüber hinaus von Gott. In der Wirklichkeit ihrer Person haben sie etwas für sich zum Geschenk erhalten, das nur aus der freien Bewegung ihres Herzens kommt, aus jener Freiheit heraus, die sie allein mit dem Festgewande der göttlichen Hochzeit umgibt. Im Übermaß des Staunens ruft Gregor aus: Der Mensch ist das Spiel Gottes [68].

Es ist kein vorausbestimmtes und gesetztes Ziel, sondern der unergründliche Grund der Freiheit, die ihre eigenen Gründe hervorbringt, anstatt sie zu erleiden. Die Freiheit ruft aus: Dein Wille geschehe! [69] Und zwar deshalb, weil wir — ebenso, wie wir ja sagen, auch nein sagen könnten: Dein Wille geschehe nicht! Die beiden Freiheiten kommen zum Einklang. In Gott ist nach 2 Kor 1, 20 nur das Ja. Das ist eine gute Erklärung für Mt 18, 19: „... wenn zwei ihre Stimme vereinigen..." Man kann sich wahrhaft nur im Willen Gottes vereinigen, in Überschreitung jeder Begrenzung — im Ausbruch jener neuen Wirklichkeit des göttlichen Leibes, deren unmittelbarer Ausdruck das Gebet ist. Hier gibt es keine Verbindung mit irgendwelchen möglichen Geboten. Dieses „Ja" muß im geheimen und an der Quelle unseres Seins geboren werden. Und darum ist diejenige, die es für alle ausspricht, die Jungfrau, die Mutter der Lebendigen.

Man kann jetzt verstehen, warum Gott keine Gebote erläßt, sondern Einladungen, Rufe aussendet: Höre, Israel... (Dt 6, 4). Auf die Befehle eines Tyrannen antwortet geheimer Widerstand — auf die Einladung des Herrn des Gastmahles die freudige Annahme dessen, „der Ohren hat". Der Auserwählte ist derjenige, der die

Einladung annimmt, der seine Hand über der empfangenen Gabe schließt. „Sie kommen und jubeln auf der Höhe Zions, sie strömen herbei zum Korne und zum neuen Wein. Ihre Seele ist wie ein bewässerter Garten" (Jr 31, 12). „Er hat ihnen Weizen des Himmels gegeben" (Ps 78, 24). Gott hat seine Freiheit „in irdene Gefäße" gelegt (2 Kor 4, 7) und sein Schöpferbild in ihnen geborgen; und er kommt, sich darin zu betrachten. Der Mensch lebt in der Zeit, und die Zeit wurde mit ihm geschaffen, weil er kein voll-endetes Wesen ist. Seine Erschaffung sieht eine Frist voraus, in der er aufgerufen ist, sich zu bearbeiten, sich zu erschaffen, ja, sich zu erfinden nach dem Bilde dessen, der da ist. „Wir sind Gottes Mitarbeiter" (1 Kor 3, 9), Mit-Liturgen in der gleichen Liturgie, der gleichen Theurgie. Wenn auch Niederlagen eintreten können und die Möglichkeit der Verirrungen im Schöpferakt Gottes mitenthalten ist, so deshalb, weil die Freiheit der „Götter", ihre freie Liebe dem Wesen der menschlichen Person zugrunde liegt. „Ich werde dich für immer mit mir vermählen, und du sollst Jahwe erkennen" (Os 2, 21). „Ich habe dich mit ewiger Liebe geliebt, Jungfrau Israel" (Jr 31, 3—4). „Seid fruchtbar, mehret euch, traget Frucht" (Gn 1, 28; 9, 1). Man muß den Ruf hören und ihm den weitesten Sinn unterlegen: den Aufbruch der neuen Kreatur, die Quellen der Heiligkeit.

In ihrer horizontalen Ausdehnung ist die menschliche Person fähig, alles Menschliche zu umgreifen. In dieser Allgemeinheit ihres Gefüges ist sie wahrhaft „Person", *prosopon*. Aber ihre hypostatische Begründung erhält sie in der vertikalen Ausdehnung ihres gottähnlichen Gefüges. „Auf daß Christus in euch Gestalt werde" (Gal 4, 19). In dieser neuen Wirklichkeit seines Selbst „wächst der Mensch in das Vollmaß Christi hinein" (Eph 4, 13). Inhaber der Freiheit oder jeglicher Form der Erkenntnis ist also niemals der Mensch als solcher allein, sondern als dem mystischen Leibe Christi Innewohnender. Daraus geht klar hervor, daß das Wesen des Menschlichen seiner Natur nach „kollegial"[70] und theandrisch ist. Dieser letztere Ausdruck ist eine Prägung des Pseudo-Dionysius: „die theandrische Kraft" in Christus ist die Einheit der beiden Willen und der beiden Arten von Freiheit in einem Akt, wobei der Nachdruck auf der Einheit liegt — ohne indessen die Eigenständigkeit eines jeden im geringsten zu schmälern.

Ist der Christus der Mittelpunkt, in dem die Linien sich kreuzen [71] (Maximus der Bekenner) und indem er „seinen Leib aus dem einen wie dem anderen erbaut" [72] (Johannes Chrysostomus), so sind die menschlichen Personen demgegenüber vielfältig. Die Person als solche darf nicht aufgelöst werden — die Idee des Leibes vielmehr muß durch die „Katholizität" *(sobornost)* der Personen vervollständigt werden. Der Christus nimmt die Leibesgestalt an und vereinigt damit die Menschheit in der Einheit seines Leibes. Der Heilige Geist überträgt sich auf die Personen und läßt sie in der Begnadung persönlicher Gaben erblühen. „An jenem Pfingsttage senkten sich einzelne Zungen auf sie herab" (Apg 2, 3)! In der Einheit des Leibes hat jedes Glied sein Antlitz und seinen Namen: „Wir sind zu einem einzigen Leib verschmolzen, aber doch geteilt, unterschieden in Persönlichkeiten" (Kyrill von Alexandrien [73]). Im Schoße der Einheit Christi schafft der Heilige Geist Vielfalt. „Vom Geist durchtränkt, trinken wir den Christus", sagt Athanasius.

Das lateinische Wort persona, ebenso wie das griechische prosopon, bedeutet ursprünglich Maske. Diese Bezeichnung enthält schon in sich allein tiefe Philosophie über die menschliche Person. Sie verneint eine eigengesetzliche Ordnung. Dasein heißt vielmehr, am Sein oder am Nichts teilhaben. In der Teilhabe verwirklicht sich der Mensch als das Bild Gottes oder die teuflische Fratze des Affen Gottes. Der Mensch hat kein nur auf sich selbst beschränktes Antlitz, kein nur menschliches Gesicht. In seiner Inkarnation ist Gott auch nicht mehr Gott allein: er ist Gott-Mensch. Diese Tatsache wirkt sich in zweifachem Sinn aus: Der Mensch ist nicht Mensch allein — sondern ein gott-menschliches oder ein teuflisches Wesen. Gregor sagt genau: „Die Menschheit besteht aus Menschen mit Engelsgesichtern und solchen, die die Maske des Tieres tragen." [74]

Das Herz, das das „Rätsel der Theologie" umschließt, die Verbindung zwischen Person und Natur, kurz der Komplex „Mensch", führt die Anthropologie zu der zentralen Vorstellung: erschaffen „nach dem Bild und Gleichnis Gottes".

DAS BILD UND DAS EBENBILD GOTTES

Das Bild Gottes

Seit dem 15. Jahrhundert spielt das Bild Gottes keine Rolle mehr in der Philosophie. Das moralische Gewissen bewahrt noch undeutlich die Erinnerung an eine ferne Stimme, aber die Willkür Kants löst diese vom Transzendenten. Manche theologischen Handbücher sprechen nicht mehr vom Bilde Gottes, sondern nur noch von seinem Verlust, und das auch nur in den Kapiteln von der Urschuld. Das ist so, als ob man nur mehr vom verlorenen Paradies spräche anstatt vom Reich Gottes, das den Gang der Geschichte bestimmt. Die Predigt — im Laufe der Zeit abgenutzt — verliert ihre Durchschlagskraft, versandet im schleichenden Pessimismus. Außerdem befindet sich die Lehre von der Person heute in einer großen Schwierigkeit in bezug auf folgende Frage: Wie ist es möglich, die Einheit des Bewußtseins im Sinne der Allseele, ihre metaphysische Universalität und die Vielheit der personalen Zentren, die sie gleichermaßen ausdrücken, miteinander zu koordinieren? Entweder ist der Mensch insgesamt durchströmt von der einen einzigen Realität des Bewußtseins, oder jeder hat sein eigenes Bewußtsein für sich. Ohne eine diese beiden Möglichkeiten integrierende Instanz zerstört man die eine, wenn man die andere annimmt.

Jedoch einigen sich alle Anthropologen glücklicherweise auf die gemeinsame Formel: der Mensch ist ein Wesen, das bestrebt ist, sich zu überschreiten. Ein Wesen, das sich ausstreckt nach dem Größeren, dem ihm gegenüber „Ganz-anderen"! Kind des Reichtums und der Armut: das „Arme" im Menschen dem „Reichen" verlangend zugewandt! Es bedürfte eines zu den Anthropologen sprechenden Paulus, um den neuen „Altar des Unbekannten Gottes" zu enthüllen und um jener großen Sehnsucht einen Namen zu geben, in welcher der Mensch das Tiefste in sich selbst auszudrücken sucht: das Bild Gottes. Das anthropologische Glaubensbekenntnis der Väter der Kirche [75] verkündet, daß jenes Bild kein ordnender oder irgendwie instrumentaler Begriff sei, sondern das konstitutive Prinzip im Menschenwesen schlechthin [76].

Die Reinheit des apostolischen Glaubensgutes ist immer lebendiges Anliegen der Kirche gewesen. Als Anker des Heils und Kristall des Wortes Gottes ist das Dogma erfüllt von der Frage nach dem rechten Heil [77]: einer Frage auf Leben und Tod. Um ein Beispiel zu geben: Ein einziges Wort „omoousios" — wesensgleich — berichtigt überlegen die Kurvenlinie ketzerischer Konstruktionen: Allein die Wesensgleichheit von Vater und Sohn begründet die Gottheit Christi, und unser Heil hängt an der Wesensgleichheit der Menschheit des Christus. Athanasius [78] erläutert die Versicherung des heiligen Irenäus [79]: „Gott wird Mensch, auf daß der Mensch Gott werde." Diese goldene Regel der östlichen Patristik ist durchweg bestimmend für ihre Anthropologie. Nach der Deutung von St. Johannes (1 Jo 2, 4—6) besteht die *anomia*, die Sünde und das Verderben, in der Überschreitung der für das menschliche Wesen festgelegten normativen Grenze. Die Sünde wird durch das Gesetz offenbar, dessen Aufgabe es ist, eine genaue Grenze aufzurichten zwischen dem, was *kata taxin* — mit der Ordnung übereinstimmend — ist, und dem, was Unordnung, Chaos, tiefe Verwirrung der Seins-Schichtung im menschlichen Wesen bedeuten würde. Die Psychiatrie ruft nach therapeutischem Handeln, das fähig ist, bis zu den Wurzeln der Perversion vorzudringen und die Heilung der Natur durch Wiederherstellung ihres Grundgefüges zu bewirken. Die ethische *catharsis* — Reinigung der Leidenschaften und Wünsche —

mündet in die ontische *catharsis:* die *metanoia* des gesamten Planes des menschlichen Wesens. Das bedeutet dann also wesentlich die Wiederherstellung des Ur-bildes, der *imago Dei.*
In seiner makellosen Reinheit ist es das Bild des Christus, den die Väter das göttlich-menschliche Urbild nennen. Im Augenblick der Inkarnation sucht der Christus, der „das Bild des unsichtbaren Gottes" ist (Kol 1, 15), nicht etwa irgendeine den Engeln gleichende oder ungewöhnliche Gestalt. Er nimmt vielmehr die menschliche Gestalt nicht nur wie etwas Fremdes an, sondern es ist nach den Vätern so, daß Gott bei der Erschaffung des Menschen den Blick ja schon in seinen Gedanken auf den urbildlichen Christus [80] gerichtet hatte. Der Christus, der „das Gepräge des Vaters" trägt, und der Christus des „Ecce homo" vereinigt das Bild Gottes und das Bild des Menschen in sich. Dem: „Der Mensch gleicht Gott" [81] antwortet seine Ergänzung „Gott gleicht dem Menschen." [82] Gott also inkarniert sich in seiner lebendigen Ikone. Aber Gott ist nicht im ihm Wesensfremden: der Mensch ist das menschliche Antlitz Gottes.
Imago ist der dritte Ausdruck der Gemeinschaft, der Gleichheit der Gestalt, der Entsprechung; er läßt Gott so sehr im Menschen und den Menschen in Gott erschauen, daß man die gebräuchlichste Deutung, die Inkarnation sei durch den Sündenfall bedingt, zu verwerfen vermag und sagen kann, ursprünglich, im Anfang, im Prinzip geschah die Erschaffung des Menschen nach dem Bilde Gottes schon angesichts der Inkarnation, der dadurch ermöglichten Durchgöttlichung des Menschen, und demnach war seine Begabung mit Geist „In-spiration", wesenhaft theandrisch.
Obwohl Psychologe, gibt Jung doch eine sehr richtige Bestimmung auf theologischer Ebene. Die Imago ist von seiten des Menschen nicht allein durch ihre Funktion des Bindegliedes zwischen dem Modell und seiner Wiedergabe bestimmt, sondern sie erweist sich gleichzeitig als Organ, das den Menschen auf seine ihm mögliche Voll-endung, die Erlangung seiner Fülle hin vorbereitet. Die Imago hat die prophetische Aufgabe des Vorläufers, der die Inkarnation erwartet und herbeiruft. Sie ruft das auf, wofür sie da ist und wohin sie sich sehnt, und dadurch zieht sie in einem gewissen Sinne

das Ereignis der Inkarnation an. Von göttlicher Seite offenbart sie den Wunsch Gottes, Mensch zu sein. „Der göttliche Eros", sagt Makarius, „hat Gott zur Erde herabsteigen lassen"[83], hat ihn gezwungen, „den Gipfel des Schweigens" zu verlassen. Göttliches und menschliches Begehren kulminieren auf den historischen Christus hin, indem Gott und der Mensch sich gegenseitig wie im Spiegel betrachten und sich erkennen.

Man findet bei den Kirchenvätern keine Einhelligkeit in Hinsicht auf das Bild. Der große Reichtum seines Inhalts erlaubt, es mit den verschiedenen Fähigkeiten unseres Geistes anzugehen und es zu betrachten, ohne es auszuschöpfen. Athanasius besteht, wenn er von dem Bilde spricht, auf dem ontischen Charakter der Teilhabe am Göttlichen. Gerade weil das *kat'eikona* (nach dem Bilde) keine moralische Setzung ist, drückt sich seine Wirkung in der Erleuchtung der menschlichen Vernunft *(nous)*[84] aus und vermittelt ihr die Fähigkeit der Gotteserkenntnis. Basilius unterstreicht eine gleiche Erleuchtung der Erkenntniskraft: „Wie in einem Mikrokosmos wirst du in dir selbst das Siegel von Gottes Weisheit schauen."[85] Es ist jedoch keineswegs eine begriffliche Konzeption, denn der Verstand kommt darin nicht auf seine Rechnung, sondern ist Wunschrichtung: Trachten nach Gott. Wir begegnen hier der klassischen Auffassung der östlichen Theologie als Erfahrungsweg der Bewußtseins-Vereinigung. Die Sehnsucht nach der Vereinigung ist eingeboren: Von Natur her besitzen wir das dringende Verlangen nach dem Schönen ... alles lechzt nach Gott[86].
Gregor von Nazianz entwickelt noch den weiteren Gesichtspunkt: „In meinem irdischen Wesen bin ich dem Leben hier unten verbunden, aber da ich auch Teil Gottes bin, trage ich das Verlangen nach dem zukünftigen Leben in meiner Brust."[87] So bedeutet „nach dem Bilde sein" den Beginn der Charismen. Das Bild übereignet die unzerstörbare Gegenwart der aller menschlichen Natur innewohnenden Gnade. „Der Strahl der unsichtbaren Gottheit" gibt der Seele die Empfänglichkeit für die Teilhabe an Gottes Wesen. Der Mensch ist nicht allein moralisch bestimmt, durch Gebot auf

das Göttliche ausgerichtet, sondern er ist auch vom Genos, vom Geschlechte Gottes: Das Bild bestimmt ihn voraus zur Vergöttlichung.

Für Gregor von Nyssa erhebt die Schöpfung „nach dem Bilde" den Menschen auf den Gipfel seiner Würde, Gottes Freund zu sein, aus den Bedingungen des göttlichen Lebens heraus zu leben. Des Menschen Klugheit, seine Weisheit, sein Wort, seine Liebe sind nach dem Bilde derselben Machtvollkommenheiten in Gott geschaffen. Aber das Bild geht noch tiefer in der Wiedergabe des unaussprechlichen Geheimnisses der Dreieinigkeit, bis zu jener Tiefe, in welcher der Mensch sich selbst ein Geheimnis ist: „Es ist leichter, den Himmel zu kennen als sich selbst." Der Mensch entdeckt sich, nachdem Gott, der „Unerkennbare", sich ins Geschaffene übertrug, in dieser Übertragung selbst als *absconditus*. Gregor verweist auf jene schwindelerregende Fähigkeit, sich frei zu entscheiden [88], jedwede Wahl und Bestimmung aus sich selbst heraus treffen zu können: *autexousia*. Aber das heißt gerade: Sich aus seiner eigenen Verfassung heraus nach dem Bilde bestimmen. Beurteilung und Unterscheidung im Licht der Werte macht den Menschen zum regierenden Herren über seine eigene Natur und über alles, was geschaffen ist. Und so zeigt sie ihn in seiner Würde des kosmischen Logos. Zwischen Gott und dem vergöttlichten Menschen des Reiches Gottes besteht der Unterschied: „Das Göttliche ist unerschaffen, während der Mensch sein Dasein durch Schöpfung besitzt." [89] Kraft des Bildes ist das Christentum als „Nachahmung der Natur Gottes" [90] definierbar, und umgekehrt definiert sich die Trinität durch die Fülle der zur Einheit zusammengefaßten menschlichen Hypostasen.

Der transzendente Charakter dieser Würde läßt Theophilus von Antiochia sagen: „Zeige mir deinen Menschen, und ich werde dir meinen Gott zeigen." [91] „Gott wohnt im unerreichbaren Lichte" (1 Tim 6, 16). Das Bild bedeckt den Menschen mit demselben Schleier. Johannes von Damaskus und später Gregor Palamas zufolge ist der Mensch dadurch gekennzeichnet, daß er durch das ihm innewohnende Bewußtsein im Bilde Dessen-der-da-ist existiert. Darin berührt man die Unsagbarkeit seines Mysteriums.

Geistige Wachheit, die im Mittelpunkt der Anstrengungen des Asketentums steht, lehrt die wahre große Kunst, jeden Menschen in seiner Abbildhaftigkeit Gottes zu sehen. „Ein rechter Mönch", sagt Nilus von Sinai, „wird nach Gott alle Menschen wie Gott selbst achten."[92] Das erklärt die paradoxe Erscheinung, daß die Geschichte der großen Asketen durch ihren Jubel über den Menschen und dessen hohe Wertschätzung überrascht. In der Tat, wenn das Mönchtum den Höhepunkt eschatologischer Haltung repräsentiert (mit dem letzten Mönch steht das Leben auf Erden still und geht in das Reich Gottes über), dann ist es auch der Höhepunkt der Einsicht in die dreifache Würde des Menschen, seine dreifache Funktion kraft des Bildes: die prophetische, die königliche, die priesterliche[93].

Das große Geschlecht der Markarius von Ägypten[94], Isaak von Syrien und vieler anderer, hinterläßt uns keine Lehrsätze, sondern Erfahrungswissenschaft. Diejenigen unter ihnen, die als praktizierende Therapeuten den tiefsten Grund der menschlichen Seele gesehen haben, brauchen nichts mehr über den Abgrund der Entartung zu lernen (Andreas von Kreta definiert: Verfertigung des Selbst aus dem Selbst-Idol). Aber dasselbe Eindringen in die Tiefe schenkt ihnen noch eine ganz andere unmittelbare Kenntnis: Sie sehen den neuen Menschen ganz von Gott angetan. „Zwischen Gott und dem Menschen herrscht die stärkste Verwandtschaft" (Makarius)[95]. So gelangt man in diesem anthropologischen Wüstenlaboratorium zu einer erstaunlichen Einsicht in die Berufung des Menschen. Ganz wie im Gleichnis vom ungetreuen Verwalter bedient man sich hier weitgehend des Schatzes der Liebe Gottes, um „das Gute zu horten und das Gottesreich zu erbauen" (Maximus). Ein Künstler arbeitet mit dem Material der Welt — ein Asket wird aus sich selbst, meißelt sein eigenes Antlitz und webt sein ganzes Wesen aus dem Lichte Gottes.

Die Stellung des Menschen in der Welt ist einzigartig, er steht zwischen dem geistigen Bereich der Engel und dem stofflichen der Natur. In seiner Beschaffenheit umschließt er beide; was die besondere Aufmerksamkeit von Gregor Palamas erregt. Der Mensch unterscheidet sich dadurch von den Engeln, daß er im Bilde Christi, im Bilde der Menschwerdung geschaffen ist, sein „Geistwesen" inkarniert sich und durchdringt die gesamte Natur mit seinen „lebenspendenden" Kräften. Ein Engel ist gleichsam „Licht aus zweiter Hand", reiner Widerschein. Er ist Bote und Diener geistiger Werte. Dem Menschen ist das Bild des Schöpfers eingeprägt, um seine Werte aus dem Stoff dieser Erde hervorbrechen zu lassen, um die Heiligkeit zu schaffen und ihr Brunnen zu sein. Der Mensch wirft das Licht nicht zurück, er wird selbst Licht, wird geistiger Wert [96]. Und aus diesem Grunde dienen ihm die Engel. Der im Anfang gegebene Auftrag, Eden zu bebauen, erweitert sich zur großartigen Sicht der Bebauung, der Kultur dieser Erde. Diese überschreitet sich selbst in ihren kultischen Entfaltungen und mündet ein in die kosmische Liturgie, das unaufhörliche Lied „jeder atmenden Seele". „Ich singe dem Herrn mein Leben lang" (Ps 103, 33). Es ist ein Lied, das in der Fülle des Menschlichen erschallt — Erden-Präludium zur himmlischen Liturgie. Wie es Gregor von Nyssa so gut ausdrückt, der Mensch ist eine musikalische Ordnung, eine wunderbar komponierte Hymne von mächtiger Kraft [97]. Weit oberhalb der Linie der Sünde liegt das Gewicht der Gnade der ersten Bestimmung des Menschen auf seinem historischen Geschick und vollendet es nach dem Ausdruck des heiligen Basilius: „Der Mensch ist ein Geschöpf, das den Auftrag empfing, Gott zu werden."

Wenn man das riesige Feld des patristischen Denkens in seinem unendlichen Reichtum und in seiner Vielfalt durchläuft, wird man feststellen, daß die Väter jede begriffliche Schematisierung vermeiden und dadurch eine erstaunliche Fülle erreicht haben. Diese erlaubt ihnen dann, einige fundamentale Schlüsse zu ziehen. Vor allem muß dem Bilde des Menschen jede stoffliche Grundlage entzogen werden. Das Materielle hat keinen Wesensanteil an uns; vielmehr ist die Ganzheit des menschlichen Wesens nach dem Bilde Gottes geschaffen und aus ihr herausgemeißelt. Die erste Verwirklichung dieses Bildes besteht im hierarchischen Gefüge des Menschen, in dessen Mittelpunkt das geistige Leben aufquillt. Und aus dieser Mittelpunktstellung, aus diesem Vorrang des geistigen Lebens heraus ist das tiefe Sehnen nach dem Geiste, dem Absoluten bedingt. „Das ist das machtvolle Rückschwingen unseres ganzen Wesens zu seinem göttlichen Urbild hin", sagt Origines, und Basilius: „Das ist das unaufhaltsame Sehnen unseres Geistes nach Gott." „Der menschliche Eros in seiner Zielrichtung auf den göttlichen", so faßt es Gregor Palamas. Kurz, es ist der unauslöschliche Durst, die Heftigkeit des Gottesbegehrens, wie es Gregor von Nazianz wunderbar ausdrückt: „Für Dich lebe ich, für Dich rede ich, Dir gilt mein Lied." [98]

Man kann zusammenfassend sagen, daß jede Fähigkeit des menschlichen Geistes das Bild widerspiegelt. Aber das Bild ist ganz wesentlich jenes menschliche Ausgerichtetsein auf das Geistige hin, dessen Eigenart zugleich darin besteht, sich selbst zu überschreiten, um in den unendlichen Ozean des Göttlichen zu münden und dort die Befriedigung seines Heimwehs zu finden. Es ist der Zug der Ikone nach ihrem Ursprung, des Bildes nach seinem Urbild. „Kraft des Bildes", sagt Makarius von Ägypten, „ruft die Wahrheit den Menschen auf zum Sturmlauf ihrer Verfolgung."

Der Unterschied zwischen Bild und Gleichnis

Der Mensch ist *„betsalmenu kidemoutenu"*, zu Bild und Gleichnis geschaffen. Für den immer sehr konkreten hebräischen Geist besitzt *tselem* — Bild — den stärksten Sinn. Das Verbot, sich ein Abbild zu machen, ist aus der dynamischen Wirkung des Bildes heraus zu erklären; es vermittelt die unmittelbare Gegenwart dessen, den es darstellt. Die Ausdrücke *Demouth*, Ähnlichkeit, Gleichheit, umgreifen die Tendenz, sich als jemand anderen zu betrachten. Das Bild hingegen ist ganzheitlich, aus einem einzigen Guß, und kann keinerlei Abwandlung, keinerlei Veränderung dulden. Aber man kann es zum Schweigen bringen, es verdrängen und es durch Veränderung der Seinsbedingungen unwirksam machen.

Auch der hebräische Ausdruck *tsemach,* Same, Keim, muß noch erwähnt werden. Die Schöpfung, der Schwung, das Hervorbrechen des Lebens, die Urkraft der biblischen Zeit, das ist *tsemach* — Keim, der sich entwickelt, sich entfaltet, durch die Befruchtung hindurchgeht und die Zeit der Abnutzung und des Alterns verwandelt in die Zeit des Schaffens, die Zeit des Gebärens! Die zyklische Wiederkehr der kosmischen Zeiten wird zum Fortschritt, zum Wachstum. Das ist fruchtbare Spannung auf die Vollendung hin. In dieser fortschreitenden Bewegung, diesem Impuls, gibt es keine Neuschöpfung, alles ist vom Keim her, durch den Anfang, durch das erste Geschick geprägt, und die Väter unterstreichen mit Nachdruck, daß der Christus wieder aufnimmt, was durch den Sündenfall aus der Bahn geworfen war. Das Reich Gottes ist das Aufblühen des paradiesischen Keimes, der in seinem Wachstum durch die Krankheit des Sündenfalls aufgehalten war und den der Christus heilen will. (Das ist das gebräuchlichste Bild für die Heilung im Evangelium; es ist richtunggebend: Die Auferstehung ist die Heilung vom Tode.)
Die Schöpfung im biblischen Sinn ist wie ein Samenkorn, das hundertfach fruchtet, es kennt keinen Stillstand. „Mein Vater wirkt bis jetzt, und auch ich wirke" (Jo 5, 17). Die Schöpfung ist das Alpha, das sich auf das Omega zubewegt und es bereits enthält, wodurch jeder Augenblick der Zeit sehr klar zu einem eschatologischen wird, auf seine äußerste Voll-endung hin geöffnet und von da her beurteilt wird. Der Messias heißt *tsemach,* und die Vorstellung des Messias kommt aus der großen Fülle, dem Pleroma: Die Schöpfung verlangt nach der Menschwerdung, und diese vollendet sich in der endgültigen Wiederkunft und im Reiche Gottes. Die Welt ist mit der Zeit geschaffen, das heißt, daß sie „unvollendet" ist „im Keimzustand", um den Zusammenklang göttlichen und menschlichen Handelns zu fördern und zu führen bis an jenen Tag des Herrn, wo der Keim zu seiner endlichen Reife gelangt. „Das Ziel würde nicht erreicht sein, wenn nicht am Ende stünde, was in der Theorie schon am Anfang hätte sein sollen: eine göttliche Menschheit."[99] Dieser Gedanke von Bergson stellt fest, daß

es keinen ontischen Bruch gibt. „Siehe, ich mache den Letzten zum Ersten" (Apk 21, 5). Der Satz aus der biblischen Offenbarung zeigt den Zusammenfall von Anfang und Ende auf, des anfänglichen Planes mit seinem Ziel, seiner Vollendung. Dem Anfangswort: „Die Söhne des Höchsten"[100] (Ps 82, 6) entspricht die Endbezeichnung: „Ihr seid alle Götter" (Jo 10, 34). Der Weg führt durch die Eucharistie vom Baume des Lebens zum „unverschleierten Tisch" des Reiches Gottes. Ein Fortschreiten von der unbewußten Vollkommenheit des Anfangs zur bewußten Vollendung im Bilde des himmlischen Vaters! Die Ontologie der nach dem Bilde Gottes geformten Wesen — ihr Erschaffensein als Geschlecht Gottes — öffnet sich nach der zu vollbringenden Aufgabe hin: wirklich heilig, vollkommen und aus Gnade göttlich zu werden, Teilhaber am göttlichen Leben: unsterblich, unversehrt, „unberührt". Das Bild als vor-gegebener Grund ruft durch sein dynamisches Gefüge die persönliche Ebenbildlichkeit im Gleichnis hervor. Der Keim „der Erschaffung im Bilde" führt zur Entfaltung des Lebens nach dem Bilde.

Bei allen Vätern findet man einen wohl hervorgehobenen Unterschied, den Johannes von Damaskus zusammenfaßt: „Geschaffensein nach dem Gleichnis bedeutet Ähnlichkeit in der Tugend."[101] Die Überlieferung ist sehr bestimmt und sehr geschlossen: Nach dem Sündenfall verharrt das Bild unverändert, ist aber zum ontischen Schweigen verurteilt. Durch die Zerstörung ist das Bild jeder Fähigkeit beraubt, zur Ebenbildlichkeit zu führen, und so ist diese den natürlichen Kräften des Menschen absolut unerreichbar geworden. Gregor Palamas umreißt das: „In unserem Sein nach dem Bilde ist der Mensch über den Engeln — aber in der Ähnlichkeit ist er untergeordnet, weil schwankend." „Nach dem Sündenfall haben wir die Gabe der Ebenbildlichkeit verloren — aber das Sein nach dem Bilde haben wir nicht verloren."[102] Christus gibt den sakramentalen Akten ihre Kraft[103] zurück und stellt die Möglichkeit der Ebenbildlichkeit wieder her, wobei das Bild im Menschen wieder frei wird. Sein Strahlen wird bei Kindern und Heiligen wahrnehmbar. Von Gregor von Nyssa ist uns das Wort als Vermächtnis überkommen: Ein Wesen ist erst Mensch, wenn es vom Heiligen Geist bewegt wird, wenn es „ähnliches Bild" ist. Das Bild ist wesenseigen und maßgebend, es kann niemals verloren oder zerstört werden. Kraft der Gleichförmigkeit und Gottesförmigkeit bewahrheitet es das Wort: „Seid vollkommen wie euer Vater im Himmel vollkommen ist" (Mt 5, 48). Wenn „Gott alles in allem sein wird" (1 Kor 15, 28), dann werden die Tempel jenem Allgegenwärtigen gleichen, der sie erfüllt und belebt. Die biblische „Kindschaft" schließt jeden Gedanken an eine juristische Adoption aus. Deutlich zeigt die Christologie, daß in Christus die Söhne dem Vater wahrhaft gleichen. Obwohl Gott unvergleichbar ist, so enthält doch das menschliche Herz, das Gott allein ausloten kann, einen Schein von Einmaligkeit und zugleich Vergleichbarkeit, wie es Gregor von Nyssa so treffend sagt: „Etwas, das es Gott vergleichbar macht, denn, um an Gott teilzuhaben, ist es unerläßlich, etwas in seinem Wesen zu besitzen, das dem gleicht, an welchem man teilhat"[104] (1 Joh 4, 16). Dem Satz: „Gott ist die Liebe" entspricht der des Menschen: „Ich liebe, also bin ich."

ANFANG UND ENDE

DIE SCHÖPFUNG

Die Entstehungsgeschichte der Kreatur übersteigt alles natürliche Begriffsvermögen. Gott allein kann uns offenbaren, wie und warum er die Welt erschaffen hat. Durch seine Schöpfung *ex nihilo* stellt Gott ein ganz anderes Wesen neben sich: „nicht dem ‚Ort', sondern der Natur nach völlig verschieden" [105] (Johannes von Damaskus). „Gott hat alle Dinge vor ihrer Existenz schon erwogen, indem er sie sich in seinen Gedanken vorstellte. Nach diesem ewigen Denken, dem Willen Gottes, in welchem Vorbestimmung, Bild und Maßstab liegt, erhält jedes Wesen in einem bestimmten Augenblick sein Leben" [106] (Johannes von Damaskus). Der „Gedanken-Wille" des Schöpfers bezeichnet eine gezielte und normativ bewegliche Kraft, womit jeder starre Determinismus ausgeschlossen ist. Diese Gedanken, die *logoi*, die Wahrheiten der Dinge, befinden sich nicht in den Dingen, sondern sind ihr Ziel, in Form eines Anrufs, den jedes Wesen kraft seiner Freiheit die Macht hat, anzunehmen oder zurückzuweisen.

Zuerst schuf Gott die Idealsphäre der Welt, „die erschaffene Äonische Ewigkeit" (Maximus der Bekenner). Er schuf ihre lebendige Einheit, die man die erschaffene Sophia nennen kann, die *natura naturans,* die ihrerseits die ganz konkrete Einheit, die *natura naturata*[107] bedingt. Tiefer noch als diese äußere bewegte und wechselnde Erscheinung liegt ihr unbeweglicher Grund. Er verbindet die Vielheit zu einem lebendigen Kosmos. Im Zusammenwirken der Prinzipien erbaut sich diese Einheit der Welt unter den verschiedensten Aspekten, dem kosmischen, logischen, ethischen, ästhetischen, anthropologischen. Alle wirkliche Kenntnis der Welt richtet sich auf das Absolute, d. h. sie steigt von den erfahrbaren Dingen zu ihrem Idealgefüge auf und betrachtet das Urbild durch die Verhüllung der Welt hindurch.

Eine solche Anschauung, die man sophiologisch nennen kann, befestigt das organische Band zwischen der urbildlichen und der abbildlichen Seite der Welt. Sie zeigt aber auch ebenso die aus falsch verstandener Freiheit entspringenden Fehltritte auf wie die Verfehlungen der Kreatur im Überschreiten des ihr gesetzten Maßes. Was die Sophiologen das finstere Antlitz der erschaffenen Sophia[108] nennen, das ruft die tiefen Verwirrungen der Beziehungen zwischen Schöpfer und Geschöpf hervor. Die erschaffene Sophia ist das Abbild der himmlischen Sophia, der Weisheit Gottes, welche die Gedanken Gottes über diese Welt umschließt. Die irdische Sophia, als ideale Wurzel der Welt, muß dahin gelangen, ihr zu gleichen. Aber die will-kürliche Freiheit des menschlichen Geistes hat ihren Platz in der Hierarchie umgestoßen, die Zusammenhänge sophianischer Anfänge verwirrt. Das Übel tritt in den „Fehlerscheinungen" des Seins zutage. Es ist die Nährkultur einer Schmarotzerwelt, jener Mißwüchse, die eine Parodie der Sophia erstehen lassen, „die Nachtseite der Kreatur"[109], ihre dämonische Maske.

Die Sophiologie[110] ist die einzige, die dieses riesenhafte kosmische Problem aufrollt. Sie stellt sich allem entgegen, was glaubensgleichgültiger, rein idealistischer A-kosmismus genannt werden könnte — aller naturalistischen Entwicklungslehre — und sieht den Kosmos liturgisch. Die der Liturgie innewohnende Kosmologie erläutert Gottes Schöpfung. Sie läßt den vorbestimmten Einklang der Elemente der Welt mit ihrer idealen Norm: Gottes Gedanken erkennen. Der Mensch erkennt die Schönheit der Welt im Maße seiner Kommunion mit dem Heiligen Geiste. Gregor von Nyssa spricht von der „angeborenen Bewegung der Seele, die zur geistigen Schönheit emporführt"[111], und Basilius „von eingeborenem glühendem Verlangen nach dem Schönen"[112]. Der Heilige erschaut es unmittelbar und begreift die Welt sogar in ihrem jetzigen Zustand als vom Geiste getragen: „Himmel und Erde sind Deines Ruhmes voll" (Js 6, 3). Die Übereinstimmung in der Schönheit setzt die ontische Fähigkeit, Gott zu umfangen, voraus. „Der, den die Himmel nicht fassen können, geht ins menschliche Wesen ein" (Johannes Chrysostomus). Das Innere der Natur öffnet sich zur Unendlichkeit hin und bezieht auch sie mit ein in die große Einheit, deren Teile durch Zuneigung verbunden sind. Gleichwie Maximus in seinen „Zenturien" in dichterischer Form den göttlichen Eros beschreibt, der die Welt aus dem Chaos hervorbrechen läßt. Im Blickpunkt der kosmischen Liturgie bewegt sich die Welt auf Gott und Gott auf die Welt zu. Aber die königliche Freiheit dieser Begegnung erfordert im Angang eine Vollkommenheit, der die Möglichkeit des Versagens noch innewohnt.

Die Natur vor dem Sündenfall

In der orthodoxen Theologie wird die erschaffene Kreatur von Anbeginn her im Schöpfungsakt mit der Gnade verbunden gesehen. Fehlte die Gnade, so wäre das schlechthin undenkbar. Es würde eine tödliche Entartung der Natur bedeuten, dem „zweiten Tode" der Apokalypse vergleichbar (Apk 20, 14). Die Wahrheit der Natur ist es, Übernatur zu sein, „über" bedeutet gottähnlich und gotttragend. In seinem tiefsten Wesen ist der Mensch vom Bilde Gottes geprägt, und diese ontische Gott-förmigkeit erklärt es, daß die Gnade der Natur „natürlich" ist, gleicherweise wie die Natur der Gnade konform ist. Beide ergänzen und durchdringen sich gegenseitig. Eine existiert in der anderen durch Teilhabe. „Das eine ist im anderen in der vollkommenen Taube"[113] (Gregor von Nyssa). Dennoch war die paradiesische Seligkeit nur ein der Vollendung entgegenwachsender Keim: dem Zustand der Vergöttlichung. Der aus der Willkür des Menschen vollzogene Bruch der Gemeinschaft bringt die Gnade zum Versiegen. Die Inkarnation stellt die Ordnung wieder her und enthält das normative Prinzip der Einheit des Göttlichen und des Menschlichen „ohne Trennung und Vermischung". Das erlaubt Maximus, das Ziel des Lebens zu beschreiben: „Durch die Liebe die erschaffene Kreatur mit der unerschaffenen wieder vereinigen — sie durch Erlangung der Gnade in Einheit und Gleichheit erscheinen lassen." [114]

Der Mensch ist als Teilhaber an der Natur Gottes erschaffen (*spiraculum vitae* — Lebensodem: Gn 2, 7), und Gott ist in der Inkarnation Teilhaber an der Natur des Menschen. Der Vergöttlichung des Menschen entspricht die Menschheit Gottes. Das Bild Gottes im Menschen und das Bild des Menschen in Gott, das ist jenes dritte Begriffsglied, das die Inkarnation bedingt — die Seinsmöglichkeit der Begegnung beider Welten. Der Christus ist nicht *perfectus homo* — vollkommener Mensch —, eben weil seine menschliche Natur sich „natürlicherweise" mit der göttlichen Natur — *perfectus Deus* —, dem vollkommenen Gott in Gemeinschaft befindet. Es ist selbstverständlich, daß „natürlicherweise" hier nichts mit Naturalismus zu tun hat. Das Göttliche ist dem Menschlichen keineswegs natürlich. Zwischen beiden liegt eine Kluft, ein unüberschreitbarer Abgrund, der allein durch die Teilhabe am Göttlichen — insofern es Geschenk ist — überwunden werden kann. Diese Teilhabe ist Charisma. Dem gegenüber wohnt der menschlichen Natur die Potenz zum Empfang jener Gnade tief inne. „Wenn du rein bist, ist der Himmel in dir; in deinem Innern wirst du die Engel und den Herrn der Engel sehen." [115] Im Tiefsten seiner selbst wird der Mensch der Gegenwart Gottes in Seinem Bilde inne, dem Menschen vertrauter als er sich selbst. Paradoxerweise ist das Göttliche menschlicher als das rein Menschliche, denn dieses letztere ist nur Abstraktion. Das gottebenbildliche Gefüge des Menschen macht jede Lösung unmöglich, die das Schicksal des Menschen unabhängig von Gott betrachtet. Die Seele ist der Ort der Anwesenheiten und der Begegnungen. Ihre Natur ist „ehelich" — ob Verlobung oder Ehebruch, immer findet

Begegnung mit seinem „anderen" statt. Die Wahl liegt nicht zwischen Engel und Tier, sondern zwischen Gott und dem Teufel.
Die Inkarnation ist die göttliche Antwort auf sein eigenes Vorausgegebensein im Menschen, auf sein Bild. Darum handelt es sich in der Sühne für die menschliche Natur nicht so sehr darum, seinen Fehler, sondern sich selbst wiedergutzumachen. Der Logos verläßt „das friedliche Schweigen" angesichts der vergöttlichenden Kommunion. Er verleiblicht sich in der reinen ursprünglichen Natur (wunderbare Geburt) und vollendet diese Natur damit endgültig. In ihr erweitert sich das Paradies schon zum Reich Gottes. „Das Reich Gottes ist nahe gekommen" (Lk 10, 11). Und jedes in Christo dem Haupte eingegliederte Wesen stärkt sich selbst und schreitet dem *status naturae integrae* entgegen. Deshalb wird in den bezeichnendsten Veröffentlichungen des Ostens die Sühne mehr mit physisch-ontischen als mit ethisch-juristischen Ausdrücken belegt. Das Ziel ist hier nicht der „Loskauf", nicht einmal das „Heil" (in einem individuellen, seligmachenden Sinne), sondern die Apokatastase, die allgemeine Erneuerung und Heilung [116]. Die Fleischwerdung und die Vergöttlichung ergänzen sich. Das macht ersichtlich, daß in der Urgerechtigkeit des ersten Menschenpaares kein geschenktes Vorrecht, sondern die Wurzel des Seins liegt, die dem Willen Gottes, sich im Menschen wiederzufinden, entspricht. Um dieses Zieles willen ist das Wesen des Menschen nach dem Bilde Gottes geprägt.

DER SÜNDENFALL UND DIE HEILSORDNUNG

Der Sündenfall drängt das Bild Gottes tief zurück, ohne es zu zerstören. Die Ähnlichkeit, die Möglichkeit der Ebenbildlichkeit ist im tiefsten Grunde verletzt. In der westlichen Auffassung bewahrt der *homo animalis* auch nach dem Sündenfall doch den natürlichen Grund des wesentlich Menschlichen — selbst wenn er der Gnade verlustig ist. Für die Griechen geht, auch wenn das Bild nicht völlig verdunkelt wurde, doch die Zerstörung der Urbeziehungen zwischen dem Menschen und der Gnade so tief, daß das Wunder der Sühne allein den Menschen wieder in den Stand seiner Wahrheit zu setzen vermag. Im Sündenfall scheint der Mensch nicht allein seiner Gnadenausstattung entblößt zu sein, sondern sogar seiner wahren Natur selbst. Das erklärt die Behauptung der Väter, daß die christliche Seele wesentlich „Rückkehr ins Paradies" ist, Hoffnung auf den Idealzustand ihrer Natur.

Für die Abendländer umgreift die menschliche Natur das intellektuelle und das animalische Leben. Und es ist das geistige Leben — die Übernatur —, die sich überhöhend anfügt und sich in gewisser Weise über die rein menschliche Seinsordnung erhebt. Für den Osten bestimmt der „Mensch nach dem Bilde Gottes" genau das, was der Mensch seiner Natur nach bedeutet. Das Bild umgreift das intellektuelle und das geistige Leben, es vereinigt *nous* und *pneuma*, und dem fügt sich das kreatürliche Leben zusätzlich an [117]. Dieses animalische Leben, das vor dem Sündenfall quasi außerhalb des Menschen als solchem war, befand sich erst dann, als es sich auf ihn selbst zurückwandte, in Erwartung seiner Vergeistigung. Der Fall in die Sinnlichkeit beschleunigt die Ereignisse und fügt dem Wesen des Menschen das animalische Leben hinzu. Die Erzählung der Bibel von der verbotenen Frucht zeigt den eucharistischen Wert der Früchte der beiden Bäume auf, denn es handelt sich hier um die Einverleibung ihrer Prinzipien. In der „teuflischen Eucharistie" — der Einverleibung der verbotenen Frucht — treten das kosmische Element (Frucht) und das teuflische (Überschreitung des Gebotes) in die menschliche Natur ein. Das Sakrament der Taufe zeigt es deutlich im Ritual des Exorzismus. „Nachdem wir das aus Tierhäuten verfertigte Gewand, mit dem wir bekleidet waren ... ich verstand unter diesen Häuten den Zustand der animalischen Natur, in die wir durch unsere Verquickung mit dem sinnlichen Leben eingehüllt waren ... verwerfen wir mit ihm alles, was uns durch diese tierische Haut zugefügt worden ist" (Gregor) [118]. Die in der Taufe empfangenen weißen Kleider zeigen die Rückkehr zum „geistigen Leibe" an. Das rein Biologisch-Animalische, durch das Tierfell ausgedrückt, ist der wahren Natur des Menschen fremd, da es ver-

früht[119], vor seiner Vergeistigung, seinem Wesen eingefügt wurde, ehe der Mensch — der dazu berufen war, die kosmische Natur zu kultivieren — die Macht und Herrschaft des Geistigen über das Stoffliche erlangt hatte. Die in sich gute animalische Natur verursacht jetzt, infolge der Zerstörung der Hierarchie der Werte, eine Entartung des Menschen. „Nicht das Begehren an sich, sondern ein bestimmtes Begehren (das lüsterne) ist böse"[120] (Didymus der Blinde). Mit dem Sündenfall ist die axiologische Fähigkeit der Bewertung, der Geist der Unterscheidung erlangt (Maxismus). Ohne Gott gleicht sich der Verstand dem der Tiere und Dämonen an und begehrt, von seiner eigentlichen Natur entfernt, das ihm Ungemäße[121] (Gregor Palamas).
Der großartige Sinn der Askese liegt im Trachten nach der wahren Natur. Ihr Kampf gilt nicht dem Fleisch als solchem, sondern seiner Sündhaftigkeit und deren Prinzip. Von da her handelt es sich weniger um Vergebung oder Wiedereinsetzung der Gnade als um Wandlung, um völlige Heilung. Der asketische Zustand der „leidenschaftslosen Leidenschaft" nimmt das zukünftige Zeitalter voraus. Auch die Unterwerfung wilder Tiere unter die Heiligen spricht machtvoll von einem anderen Äon.
Die Quelle ist vergiftet, denn die Norm des Seins wird vom Geiste her verletzt. Für Gregor Palamas sind die von der Natur her kommenden Leidenschaften weniger schwerwiegend. Sie sind lediglich Ausdruck der lastenden Gewalt des Stoffes, die durch das Unheil seiner falschen Vergeistigung hervorgerufen wurde. Die Quelle des Bösen liegt in der Zweiteilung des Herzens, in dem Gut und Böse geheimnisvoll nebeneinander liegen, „Werkstätte der Heiligkeit und des Verderbens"[122] (Makarius). In der Funktion des „Bildes" sucht der Mensch immer das Absolute, aber alle „Ebenbildlichkeit" außerhalb des Christus bleibt machtlos, die Sünde verwirrt die Zielrichtung der Seele. So sucht sie das Absolute bei den Idolen und möchte ihren Durst mit Trugbildern stillen, ohne sich zum Ursprung erheben zu können. Wird die Gnade zum Zustand der Potenz herabgemindert[123], so kann sie den Menschen nur auf übernatürlichem Wege erreichen; übernatürlich nicht in Beziehung zur Natur,

sondern in Beziehung auf seinen sündhaften Zustand. Die Wahrheit des Menschen liegt vor seiner Zweiteilung, und sie wird wieder beherrschendes Moment, sobald der Mensch in Christus geortet ist. Die Sicht „von unten" muß durch die Sicht „von oben" vervollständigt werden, aus der heraus erhellt, daß die Sünde wie alles Negative sekundär ist. Kein Böses kann jemals das Urmysterium des Menschen auslöschen, denn es gibt nichts, das in ihm die unauslöschliche Gottesprägung je tilgen könnte.

Im Paulinischen Denken realisiert das Gesetz die Sünde gerade dadurch, daß es das Innesein der Norm in Christus aufzeigt: die Heiligkeit. „Ihr werdet sein wie Gott" (Gn 3, 5) ist kein bloßer Wahn, denn die Versuchung nimmt die Wahrheit jenes anderen Wortes zum Sprungbrett: „Ihr seid alle Götter" (Ps 82, 6). Gerade die Urgerechtigkeit aber, wenn sie auch verloren ist, bleibt unzerstört; sie profiliert die Gewissensbisse und ruft zur Buße auf. Das Beerdigungsritual sagt es klar; man begreift das Elend des zur Leiche gewordenen Menschen erst, wenn man sich in den Glanz seiner ersten Bestimmung versetzt. Eine Karikatur ist nur im seinshaften Gegensatz zu ihrem Gegenpol — der Ikone — dämonisch.

Jetzt versteht man eher die Bedeutung des erstbestimmten Schicksals in der griechischen Patristik. „Durch den Christus ist die Unversehrtheit unserer Natur wieder hergestellt, weil er im (Ur-)Bilde das darstellt, was wir sind"[124], und umgekehrt, was wir in seinem Bilde sein werden. Die Sakramente stellen die erste Natur im Menschen wieder her, und zwar durch den Heiligen Geist, der dem ersten Menschen „mit dem Leben" gegeben ist und uns wieder geschenkt wird in der heiligen Taufe und im Chrisam der Ölung. Die Strafe ist wesentlich Heilbehandlung, und die Eucharistie vermittelt das Ferment der Unverweslichkeit — *pharmacon athanasias*. Die Heiligkeit und die Wundertätigkeit zeigen dem Menschen die Rückkehr zu seiner ursprünglichen Macht an — die ebenso Charisma wie Richtmaß bedeutet. Der urbildliche Christus modelliert den Menschen wie eine Statue nach seinem Bilde. Die Gesamtheit der Liturgie mit dem Ostergeheimnis nimmt den *status naturae integrae* nicht nur voraus, sondern führt schon in ihn ein.

DIE ANTHROPOLOGIE DER VERGÖTTLICHUNG

Die positive Theologie bricht das unaussprechliche Geheimnis Gottes im Prisma des Denkens. Aber selbst die Engel, die im Lichte der dreifachen Gottessonne baden, haben hier keinen Zugang. Die Hand Jahwes verbirgt das Antlitz, das „niemand sehen kann ohne zu sterben" (Ex 33, 20). „Gott von hinten sehen" (Ex 33, 23) bedeutet, seine Werke, seine Kraft betrachten — niemals seine Wesenheit. Der Unterschied zwischen Wesenheit und Kraft innerhalb des Seins Gottes (grundlegender Unterschied schon für Basilius [125] und dann Dionysius [126], Johannes Damascenus [127], Gregor Palamas [128] berührt keineswegs die göttliche Ein-heit. Nur ist diese für die Orientalen kein Begriff, der den Gesetzen der Logik unterliegt. Gott in sich steht über jedem Begriff des Seins, und die ihm durch die Logik zugesprochenen Eigenschaften sind seiner Größe nicht adäquat und können ihn nicht begrifflich ausschöpfen.

Für die westliche Theologie fallen Wesenheit und Dasein Gottes zusammen. Gott ist, was er hat. Das ergibt sich logisch aus der absoluten Einheit des Ursprungs — und so verbietet sich von daher die Trennung von Wesenheit und Kräften. Unter diesem Gesichtspunkt kann das Ziel des christlichen Lebens nur die *visio Dei per essentiam* sein. Nachdem die völlige Durchdringung von göttlichem und menschlichem Wesen einmal in jeder Weise ausgeschlossen ist, erweist sich die Durchgöttlichung des Menschen als unmöglich. Der Mensch ist auf Seligkeit ausgerichtet, und alles ist auf die Gnade der *visio beata* angelegt.

Die Anthropologie ist hier wesentlich moralisch. Auf das höchste Gut — Gott selbst als höchstes Gut der Seligkeit begriffen — hin als Mitte ausgerichtet, fordert sie zu seiner Erlangung seligmachende Taten im Aktionsbereich der kämpfenden Kirche, um die Welt zu erobern [129].

Im Osten dagegen entspricht die Theosis, der durchgöttlichte Zustand des menschlichen Wesens, seine Durchgeistigung durch göttliche Kräfte, der Natur jener Kräfte Gottes, die sich an einem ihrer Gegenwart würdigen Ort verwirklichen wollen und ihn durch ihre

Gegenwart verwandeln. Auf diese Weise ist die orthodoxe Anthropologie nicht moralisch, sondern ontisch. Sie ist Ontologie der Durchgöttlichung schlechthin. Sie ist nicht auf die Eroberung dieser Welt, sondern auf den „Raub des Reiches Gottes" ausgerichtet (Lk 16, 16), auf jene innere Umwandlung der Welt in das Reich Gottes, auf ihre fortschreitende Durchstrahlung von göttlichen Kräften.

Die Kirche erscheint als jener Ort der Wandlung durch Sakrament und Kultus. Sie offenbart sich wesensmäßig selbst als Eucharistie [130], das göttliche Leben in das menschliche hinein versenkend — Erscheinung und Ab-bild himmlischer Wirklichkeit. Und unter diesem Gesichtspunkt, dem der *Ecclesia orans,* weiht und heiligt die Kirche mehr als sie lehrt.

In dieser Perspektive kirchlicher Wirklichkeitstreue stehend, vertiefen die Väter die Paulinische „Kindschaft" durch die Johanneische Interpretation: Sohn ist derjenige, in dem Gott Wohnung nimmt. Das ist die „Einwohnung" des Göttlichen. Der Heilige Geist führt uns in Jesus Christus zum Vater, verleibt uns ein (Eph 3, 6). — Ein sichtlich der Eucharistie entnommenes Bild! Kyrill von Jerusalem betont mit Nachdruck die Tatsache, daß die Teilhabenden an der Eucharistie, am Leibe Gottes „Ferment und Brot der Unsterblichkeit", ihrerseits des Christus Teilhaber an Leib und Blut werden. Das nach dem heiligen Abendmahl verlesene Gebet des Simeon Metaphrastos unterstreicht das: „Du hast mir Dein Fleisch zur Nahrung gegeben. Du, der Du ein Feuer bist, das die Unwürdigen verzehrt, verbrenne mich nicht, o mein Schöpfer, ergieße Dich vielmehr in meine Glieder, in alle meine Gelenke, in meine Nieren und mein Herz. Tilge das Ärgernis aller meiner Sünden, reinige meine Seele, heilige mein Herz, stärke meine Knie und meine Gebeine, erleuchte meine fünf Sinne und befestige mich ganz in Deiner Liebe." Der Mensch ist „durchchristet". Der „aus Lehm Gemachte ... erhält königliche Würde ... verwandelt sich in die Substanz des himmlischen Königs" (N. Cabasilas) [131].

Es besteht eine genaue Entsprechung zwischen dem Gang der sakramentalen Handlung und dem Leben der Seele in Christus [132]. Die durch die drei großen Sakramente bewirkte Einweihung vollendet sich in der Eucharistie und besteht gleichermaßen neben dem Gipfel mystischer Erhebung: der Theosis. Sie erhellen sich gegenseitig. Sie stellen in mystischer Identität dasselbe Ereignis dar. Hier verwirklicht sich die goldene Regel des gesamten patristischen Denkens: „Gott macht sich zum Menschen, auf daß der Mensch Gott werde." Hier berührt man den Herzpunkt orthodoxer Geistigkeit: „Der Mensch wird durch Gnade, was Gott seiner Natur nach ist." Das asketische Leben führt durch stufenweises Emporsteigen zur Theosis, im Ersteigen der Stufen der Leiter zum Paradies (Johannes Klimakus). Hingegen bietet das sakramentale Leben seine Gnaden in je plötzlicher Überwältigung dar. Eine Homilie von Johannes Chrysostomus, die an den Ostermetten verlesen wird, drückt diesen unermeßlichen Überschwang aus: „Tretet alle ein zur Freude eures Herrn, empfanget die Belohnung, die Ersten wie die Folgenden, Reiche und Arme, jubelt mit einander, Enthaltsame wie Faule, ehret diesen Tag. Die ihr gefastet habt und die ihr nicht gefastet habt, freuet euch heute ... Das Fest ist gerüstet, nehmet alle teil daran." Johannes Chrysostomus sagt (in der Homilie zu 1 Kor) außerdem, daß Christus in der Eucharistie „sein Fleisch in uns ergießt"! Und alle Spirituellen bestehen auf dem „Feuer", das wir im heiligen Abendmahl verzehren. Das Wort: „Ich bin gekommen, ein Feuer auf die Erde zu bringen" (Lk 12, 49) spricht von eben dieser eucharistischen Flamme. Im Bild von Brot und Wein wird der Mensch Teil der vergöttlichten Natur des Christus. Das Ferment der Unsterblichkeit, die Kraft der Auferstehung vereinigen sich mit unserer Natur, und die göttlichen Energien durchdringen sie vollständig [133].

Man kann sagen, daß das asketische und mystische Leben das immer vollständiger werdende Ergreifen des Bewußtseins sakramentalen Lebens zur Folge hat. Die Beschreibung beider unter demselben Bilde der Hochzeit zeigt ihre Einheit auf.

Die liturgische oder doxologische Anthropologie

Die orthodoxe Konzeption kennt keine Brüche. Zwar gibt es eine Vielzahl der Ebenen und der Äonen, aber immer in geheimnisvoller Aufeinanderfolge und in genauer Entsprechung. Die orthodoxe Vorstellung sieht selbst in der Geschichte ein religiöses Phänomen, denn das Heidentum heißt liturgisch: die sterile, unfruchtbare Kirche — aber immerhin Kirche! Seit sie vom Sündenfall sprechen, ist das Bild der durch die Sünde „in kleine Stücke zerbrochenen Einheit" [134] den Vätern sehr vertraut. Aber in seiner unendlichen Geduld verbringt Gott seine Zeit im Wiederbeginnen, die getrennten Teile „wieder zusammenklebend", um die ursprüngliche Einheit herzustellen. Das regt die Väter an zu ihrer großen Idee der „Folge" in der Geschichte der Religionen und der Missionsgeschichte. Sie sprechen von den „Besuchen" des Logos vor seiner Fleischwerdung in religiösen Welten, die der christlichen Offenbarung fremd sind. Der Logos offenbart sich hier in einer des Göttlichen mehr entäußerten, verborgenen Weise, in der unsichtbaren, der heidnischen Kirche.

Die Kontinuität der Ebenen nähert die Welten der Engel und Menschen einander an, und diese sehr intime Nähe der himmlischen Kräfte inspiriert den Übergang vom ersten schwachen Versuch bis zur Vollendung, von der Leere bis zur Fülle der Gnade: *gratia plena*. Aus dieser Nähe heraus ist eine Anthropologie, die das Heilige zur Erscheinung bringt, in ihren Gesichtspunkten liturgisch und doxiologisch bestimmt.

Der „kleine" und der „große Einzug" in der orthodoxen Liturgie haben die Hierarchie der Engel zum Gegenstück. Der Mensch schließt sich ihrem Gesang zunächst im Trishagion an: „Heiliger Gott, Heiliger Starker, Heiliger Unsterblicher!" Der Vater, Quelle der Heiligkeit, der Heilige — der Sohn, der Starke, der über den Tod Triumphierende — der Heilige Geist, der Lebensspender, der Hauch des Lebens! Und das zweite Lied, das Sanctus, faßt das Thema der Anaphora zusammen: die dreifache eucharistische Anbetung:

Der Dienst der Menschen und der Dienst der Engel vereinigen sich von neuem im gleichen Sturm der Anbetung: „Heilig, heilig, heilig ist der Herr der Heerscharen. Himmel und Erde sind seines Ruhmes voll" (Js 6, 3). „Seid heilig, seid vollkommen" bezeichnet dieselbe Fülle, den vollen Inhalt des zukünftigen, hier unten schon anhebenden Zeitalters. Ein Heiliger ist kein Übermensch, sondern einer, der die Wahrheit seines Menschseins im Maße seiner Verankerung in der Liturgie gefunden hat und sie lebt. Die anthropologische Bestimmung des Menschen findet ihren vollsten und genauesten Ausdruck in der liturgischen Anbetung: das echte menschliche Wesen, eben der Mensch des Trishagion, der Mensch des Sanctus. „Ich singe meinem Gott, solange ich lebe" (Ps 103, 33). Um dieser „Tat" willen ist der Mensch „ausgesondert" (geheiligt worden). Seinem Gott singen ist seine einzige Sorge, seine einzige „Arbeit". „Und alle Engel... die Greise und die vier Lebewesen... warfen sich auf ihr Angesicht vor dem Thron und beteten Gott an", sprachen: „Amen, Halleluja – Und es kam eine Stimme vom Throne, die sprach: Lobet Gott, alle, die ihr ihm dienet" (Apk 7, 11; 19, 4). Das häufigste Bild in den Katakomben ist das einer betenden Frau – „Die Anbetende". Sie versinnbildlicht die einzig wahre Haltung der menschlichen Seele. Es genügt nicht, das Gebet zu „haben", man muß selbst Gebet werden, Gebet sein, seine Gestalt in der des Gebetes errichten, die Welt in einen Tempel der Anbetung wandeln – wandeln zur kosmischen Liturgie [135]. Ein sehr beliebtes Sujet der Ikonographie vereinigt den gesamten Dienst am Evangelium in dem einzigen Wort: *ave*. Erneuert euch und betet an, „auf daß alle Kreatur, die da Odem hat, Gott die Ehre gebe" (Ps 150, 5). Das ist die wunderbare Erleichterung der Last der Welt und der des Menschen: „Der König der Könige, der Christus naht", und eben das ist das Eine, Notwendige. „Lasset uns, mystischerweise die Cherubim darstellend, lasset uns der lebenspendenden Dreieinigkeit die Hymne des Dreimal Heilig singen! Stellen wir alle Sorge der Welt hintan, um den unsichtbaren, von allen Scharen der Engel begleiteten König aller Dinge zu empfangen. Halleluja, Halleluja, Halleluja!" Wie in dem „Amen, Amen, Amen" im Eucharistischen Hochgebet [136]. Es ist das trinitarische Siegel; und wir finden es wieder im Gebet des Herrn, wie es die Ost-Kirche betet: „das Reich, die Kraft und die Herrlichkeit". Dieses Reich, diese Herrschaft, ist nicht allein im Kommen (man „er-innert" sich dessen, der kommt). Vielmehr ist die liturgische Zeit, die Wiederkehr, schon angebrochen. Und in Beantwortung jener Berufung zu liturgischem Sein ist der Mensch charismatisch, ist er Träger des Geistes: „Ihr seid vom Heiligen Geist erkauft und Gott hat (seine Menschen, die durch den Heiligen Geist gesiegelt sind) zum Ruhm seiner Herrlichkeit erworben" (Eph 1, 14). Man könnte das liturgische Schicksal des Menschen nicht genauer umreißen. „Dir singend, schreite ich vorwärts", ruft Johannes Climachus aus und läßt in wunderbarer Weise jene Freude erkennen, die durch die beflügelten Worte Gregors von Nazianz tönt: „Dein Ruhm, o Christus, ist der Mensch, den Du wie einen Engel gehalten hast, und der Sänger Deines Strahlenglanzes... für Dich lebe, rede und singe ich... das ist die einzige Gabe, die mir von allen meinen Besitzungen verblieben ist." [137] Und noch ein Wort von Gregor Palamas: „... in der Erleuchtung erreicht der Mensch die ewigen Hügel... und schon hier auf Erden wird alles zum Wunder. Selbst ohne im Himmel zu sein, wetteifert er in seinem unaufhörlichen Gesang mit den Kräften des Himmels." „Er leitet alle Kreatur dem Himmel zu, indem er sich auf Erden wie ein Engel führt." [138] Die Kirche ist im tiefsten mystagogisch. Sie führt „auf Gnadenwege" durch die Dimensionen der liturgischen Zeit und ihres Raumes. Ihre Einheit bedingt den Kultus, der alle Augenblicke im Leben des Herrn wiederholt und die Gläubigen daran teilnehmen läßt. Ihre Wundertat ist es, ihre Erfahrung allen anzubieten: „In Deinem Tempel weilend, sehen wir uns im Lichte Deines Ruhmes", singt die Ost-Kirche, und sie erklärt zugleich: „Ich bin das Bild seines unaussprechlichen Glanzes, obwohl ich die Schwären meiner Sünde trage."

ASKESE UND MYSTISCHE ERFAHRUNG

Die Askese und die Psychologie

Nachdem die Grundlagen des menschlichen Wesens genau umrissen sind, wenden wir uns der Wissenschaft vom Leben und seinen leitenden Gesetzen zu. So wird es möglich sein, seine Bestimmung und Berufung besser zu erfassen.

Die schnelle Entwicklung und Vermehrung der einzelnen Zweige der modernen Psychologie haben die Kenntnis von der menschlichen Seele weitgehend zum Umsturz gebracht. Die Psychologie strebt danach, von einer abstrakten Wissenschaft funktioneller und assoziativer Beschreibungen zur Wissenschaft des gesamten Menschen zu werden. In ihren therapeutischen Maßnahmen stellt sie die brennende Frage nach dem seelischen Gleichgewicht des modernen Menschen. Die Psychiater suchen die Gesundheit und feste Norm für ihre Patienten, ohne diese jedoch selber genau definieren zu können. So verzichtet Karl Jaspers in seinem berühmten Werk über die Psychopathologie darauf, ein Kriterum des Pathologischen zu geben und die Grenzen zwischen Gesundheit und Wahnsinn zu ziehen.

Der Mensch lebt in einer tiefen Verwirrung und kennt die Prinzipien nicht, die den „Haushalt" seines Inneren regieren. Allein gelassen, vergräbt er sich in seine Neurosen. Es gibt keine gesellschaftliche Einrichtung, die ihn in den Augenblicken seiner Einsam-

keit beschützt und die auf dem Grunde seiner Seele zusammengeballten Konflikte löst. Es ist nicht verwunderlich, daß Freud in den seelischen Erkrankungen die Tendenz gefunden hat, von ihrer eigentlichen Quelle abzulenken — nach einem Ventil für im Leben nicht zu bewältigende innere Dissonanzen zu suchen.
Die Unkenntnis der tiefsten Gesetze und Hinzuziehung okkulter Lehren führt zu Lösungen und Vereinfachungen, wobei das Übel auf bloße Unvollkommenheit und der asketische Kampf auf Fragen leiblicher Bedürfnisse zurückgeführt wird. Ein interessantes — und wie symptomatisches! — Buch, „Moral ohne Sünde"[139] betitelt, führt das lang aus. Das 6. Oekumenische Konzil[140] aber verkündet: „Die Krankheit der Seele ist die Sünde." Man weiß heute: „Der Wahnsinn ist der Verlust des Wirklichkeitssinnes." Paulus bittet um den Geist des rechten Unterscheidungsvermögens, die werttheoretische Einschätzung (Phil 1, 10). Er faßt dabei gerade den Wirklichkeitssinn ins Auge und kommt so zur geistigen Vorbeugung. Die am tiefsten eindringenden Psychiater erfassen hinter den seelischen Krankheiten die geistige Unordnung — das Fehlen einer Stufenfolge der Werte —, die Unfähigkeit, zu unterscheiden und eine bestimmte Wahl zu treffen. Immer wird die Vereinfachung, ein System ohne Mysterium, und darum nur in sich selbst befangen, ihre verführerische Kraft behalten. Der Mensch aber, ob er wolle oder nicht, lebt nur aus seiner Verbindung zum Absoluten. Er nimmt in der Neurose das Transzendente — das über ihm Seiende — nicht einfach an, sondern verabsolutiert das Immanente oder setzt sich selbst absolut. Deus non est, Deus est!
Jede Analyse der menschlichen Seele begegnet früher oder später einem der reinen Erfahrungswissenschaft, dem nur Psychologischen unauflöslichen Rückstand.
Paulus stellt fest: „Ich verstehe nicht, was ich tue" (Röm 7, 15). Er findet das innere Gesetz, das gegen das Gesetz der Vernunft ankämpft (Röm 7, 23), und bildet daraus das Gesetz des irrationalen Widerstandes. Auch die Psychoanalyse kennt dieses Gesetz gut und sucht auf dem Umweg über das Unterbewußte einzuwirken. Sie glaubt das seelische Leben durch jene Bilder genährt, die das Grund-

streben: die *libido*, verraten. Diese Bilder haben eine Gemütsseite, die man abtrennen und an eine andere Vorstellungsfolge binden kann. Das ist die klassische Methode zu Beginn der Behandlung. Man kann auf das Unterbewußte nicht durch Befehl einwirken, sein Tendieren widersetzt sich jedem direkten Befehl. So entdeckte man die große Macht der Bilder. Über sie dringt man am wirkungsvollsten in den Bereich der Vorstellungen ein. Die delikateste Frage, von der die Heilung abhängt, ist aber die Bewertung des Natürlichen, der Quelle jener Macht: der libido.

Die Sublimierung setzt das Erhabene voraus, die Bewegung auf das Hohe, ja auf den Höchsten hin — auf die Tröstung, den Tröster. Man muß wählen zwischen einer Gebrauchsidee, einer zwar nützlichen, aber letztlich doch unwirksamen verstandesmäßigen Konstruktion und dem Prinzip, das alle Macht in sich vereinigt. „Niemals noch hat ein Mensch gesprochen wie dieser" (Jak 7, 46). Wenn das Gesetz des Evangeliums für Freud nicht zur Wirklichkeit werden kann, so liegt das daran, daß er es ohne die Gnade sieht, und er sieht infolgedessen einen unauflöslichen Widerspruch zwischen Individuum und Gesellschaft, zwischen *eros* und *ananke,* Liebe und Schicksal. Sein Pansexualismus vollendet sich dann zwangsläufig in Bitterkeit und Pessimismus.

Die libido Freuds ersetzt Adler durch den Willen zur Macht und den Wunsch nach Kompensation. Seine New-Yorker Schule sucht augenblicklich nach einem Verfahren, den neurotischen Menschen durch stufenweise Wiedergewinnung des Selbstwertgefühls zu steuern. Das entspricht der asketischen Definition der Demut, „sich genau an seinem Platze zu sehen". Jung[141] stellt die grundlegende seelische Energie in den Vordergrund. Seine „Psychologie des Unterbewußten" entdeckt an der Seite des individuellen das kollektive Unterbewußte. Die die Reaktionen auslösenden Urbilder — Reste aus den Mythologien aller Völker — leben in der Seele und veranlassen analoge Verbindungen. Sehr wichtig ist ihm auch die genaue Festlegung von Introversion und Extraversion im Gefüge des menschlichen Wesens, ebenso wie die Bisexualität, wobei die Anima die Polarisation der männlichen Seele auf die Frau hin und der Animus die Polarisation der weiblichen Seele auf den Mann hin bedeutet. Die zu findende Norm sucht das Gleichgewicht zwischen den verschiedenen Tendenzen. Das geschieht mittels seelischer Kraft, deren Intensität und Zielstrebigkeit in genauer Wechselbeziehung stehen, wenn sie recht gesteuert sind. Dr. Frankl in Wien bemüht sich, über das Seelische hinaus ins Geistige vorzustoßen und die Person im unterbewußten Geistigen da zu erreichen [142], wo sich der Verkehr zwischen dem menschlichen Ich und dem göttlichen Du abspielt. Dr. Caruso [143] arbeitet im selben Sinne. Für ihn ist die Neurose Fehlgriff im Suchen nach der eigentlichen Berufung und demzufolge auch in der Gestaltung des persönlichen Schicksales. Diesen Fehler sieht Wilfried Daim [144] darin, daß dem Absoluten falsche Deutungen unterstellt werden. Die Behandlung muß die Umwertung der Werte bewirken, die Relativität der zahllosen Idole durch Kontaktaufnahme mit dem wahren Absoluten finden lassen.

Diese kurzen Bemerkungen zeigen, bis zu welcher Tiefe die moderne Psychologie sich in der Auffassung der menschlichen Gesundheit mit der christlichen Askese begegnet. Alle beiden weisen auf den „unsichtbaren Kampf" hin, die Dunkelheiten der untersten Ebene des Unterbewußtseins zu erhellen und über die *metanoia* zur Verwandlung zu führen. Die Psychiater suchen nach dem „schönen Bilde" – für die Asketen ist es die Vorstellung der „ersten Gestalt" – *imago Dei* –, die Gott gegenübergestellt ist. Aber das schwierigste Problem für die Psychiater ist es, zu wissen, wie das Vertrauen zum Leben wieder hergestellt werden kann, zum einmaligen Eigenschicksal des Menschen und zum Sinn jedes einzelnen Lebens [145]. Es ist das große Geheimnis des „persönlichen Kreuzes" in dem Evangelium.

Dr. Nodet [146], aus der Freudschen Schule, sucht innerhalb der analytischen Behandlung nach „psychologischer Moral". Die Gesundheit setzt moralische Grundlagen voraus und sogar ein gewisses Wertesystem, „das notwendigerweise eine gewisse Moral und endlich auch eine gewisse Metaphysik" einschließt. Diese Feststellung umgreift die Forderung, das Metaphysische in die Behandlung einzubeziehen. Für Dr. Nodet ist die verpflichtende und zugleich auch den Behandelnden selbst einbeziehende Norm die selbstlose Liebe zum anderen, die Bindung an das Gute um seiner selbst willen — das Gefühl des eigenen einzigartigen Wertes, und endlich die Wiederauffindung der objektiven Wahrheit. Trotz des sehr großen Gewichtes dieser Bezeugung enthält sie doch tragischerweise nur Forderungen — kein Menscheninneres wird ihnen jemals entsprechen können. Freud selbst verschließt sich, das Trügerische seiner eigenen Träume vom Glück der Menschheit[147] wohl einsehend, in Resignation. Allein genommen ist die Psychotherapie eben nur Technik, Methode. Um Ethik zu begründen, stellt sich klar die Forderung nach dem Überirdischen.

Woher kommt der Mensch und wohin geht er? Das ist die Grundfrage, die ihn zu allen Zeiten begleitet. Ohne hier klar zu sehen, kann der Mensch niemals Vertrauen zum Leben haben. Seine Würde wird niemals kleine Wertmaßstäbe annehmen, jene „kleinen" und flüchtigen inneren „Ewigkeiten". Allein das Evangelium gibt die genaue Antwort: „Ich komme von meinem Vater, und ich gehe zu meinem Vater" (Jo 16, 28). Angesichts der vom Menschen gefürchteten Einsamkeit ruft er nach dem Heiligen Geiste, seinem Anwalt und Tröster (Jo 14, 16). In der Hinwendung zu Gott findet er den Einen, den er sucht, den er von „Anbeginn" gesucht hat. Das ist die natürliche Wendung zur Sonne, sein Heliotropismus. In der Bibel herrscht ein gewisser Optimismus. Der Mensch liebt das Gute, sehnt sich nach dem Licht, nach Erkenntnis, nach Steigerung des Seins. Nur unter den von Paulus beschriebenen wesentlichen Bedingungen kann er leben und Freude finden: „In Gott ist nur das Ja" (2 Kor 2, 20) — hier gibt es nur Bejahung, Unversehrtheit, Wachstum ohne Ende. „Da, wo euer Schatz ist, ist euer Herz" (Mt 6, 21). Aber das Herz zielt in der Unermeßlichkeit seines Durstes nur auf das äußerste Wünschbare, wovon die Apokalypse spricht.

Die Psychoanalyse bemüht sich, die „häßlichen Bilder" in der kranken Seele aufzudecken und sie davon abzulenken — bemüht sich, „schöne" dort einzupflanzen. Diese Kunst erfordert eine tiefe Kenntnis der Ein-Bildungskraft — Phantasie. Synesios, der Bischof von Ptolemais, setzt die Vorstellungkraft und ihre Bilder zwischen Zeit und Ewigkeit. Und wir gelangen dank dieser Bilder und dem

sie bewahrenden Gedächtnis zur Erkenntnis. Aber, so fügt er hinzu, auch die Dämonen haben ihren Vorteil davon und nähren sich von unserer Vorstellungswelt. Jung seinerseits in seinen „Psychologischen Typen" [148] vermerkt: „Die Komplexe gleichen in hohem Maße den Dämonen."
Der Mensch stellt sich die Welt vor, stellt sich seine eigene Wirklichkeit, ja sich selber vor [149]. Die hohe Bedeutung der Einbildungskraft führt in die Problematik der Wirksamkeit des Bildes. Man kann das Gesetz achten, lieben kann man es nicht. Man kann keine persönlichen Beziehungen zu einer Idee haben. Deshalb baut alle Religion sich um eine lebendige Person auf [150]. Sie allein vermag zu sagen: „Stehe auf und gehe umher" (Mt 9, 5). Der Mensch sucht den Erretter, um gerettet zu werden, er erwartet den Tröster, um das Vertrauen zum Leben wiederzugewinnen. Darin liegt die ganze Bedeutung des Heiligenkultes. Ehedem kamen die Volksmengen in die Wüste, die Säulenheiligen zu betrachten, um ihrem Gedächtnis den Anblick der Macht des Geistes über die Materie, über die Unbeständigkeit des Lebens einzuprägen. Die Leute trugen noch ein wenig ungeschickte Zeichnungen, Vorbilder der Ikonen mit heim, um sich immerwährend der vom Menschen zu erreichenden Größe zu erinnern, sich das Bild des wahren Sieges über das Böse vor Augen zu führen. Gerade das Asketentum wirkt im Gegensatz zur Selbstgefälligkeit des üblichen Lebens in Mittelmäßigkeit mächtig auf die Einbildungskraft. Deshalb spricht die Apokalypse von der „Frau, die mit der Sonne bekleidet ist" (Apk 12, 1), und der liturgische Kult nährt die Seele mit den großartigen Bildern der geistigen Welt. Allein „grundsätzliche" Moral, so ganz ohne Bilder, ohne gegenwärtige Wesen, ja selbst ein Ästhetizismus ohne Wurzel im Metaphysischen, das alles kann niemals die Konflikte des Daseins lösen, kann keine Wunder wirken und zur „Wiedergeburt" in Freuden führen. Jung versichert: „Nur das religiöse Symbol sublimiert den Menschen völlig." Und wir fügen hinzu: es ist das Symbol des Glaubens, das in der Liturgie bekannte Credo, denn es stellt uns in die Gegenwart der angerufenen göttlichen Person, und allein das erschüttert uns wahrhaft.

Die äußerste Nüchternheit des orientalischen Asketentums, das Verbot, sein Gebetsleben mit Bildern zu bereichern, „die Wachsamkeit des Geistes" stellen eine verfeinerte Kultur des Vorstellungsvermögens dar. In der Tat handelt es sich vor allem darum, die Macht des Bildes durch die Reinheit des Herzens zu läutern. Der Abt Philemon sagt: „Das reine Herz sieht Gott wie in einem Spiegel, denn sein Verstand ist nach oben hin geöffnet."[151] Darin liegt die Kultur des gezielten Strebens: „Sieh durch deine Ein-Bildungskraft in das Innere deines Herzens."
Die Anweisung dazu kommt aus der Liturgie, in welcher Riten, Dogma und Kunst eng miteinander verbunden sind. Die Bilder der Liturgie sind Symbole. Der Blick bleibt nicht an ihnen haften, er nimmt sie aber zum Startpunkt, um sich in die Höhe des Unsichtbaren zu erheben. Die byzantinische Liturgie bietet den Gläubigen eine Gesamtikone aller biblischen Geschehnisse dar, um damit das Bildgefüge der Himmlischen Liturgie in Andeutung zu berühren. Die Ost-Kirche verwirft jegliche visionäre Vorstellung aus der Befürchtung des Überschwanges, aber sie umgibt sich mit Ikonen, denn gerade die Ikone unterdrückt völlig jede naturalistische und sinnenhafte Note und hebt den Blick zum rein Geistigen. Sie vermittelt die Gegenwärtigkeit des Dargestellten, aber ohne sie zu „verdinglichen". Nach Johannes von Damaskus ist die Ikone nicht Darstellung, sondern Offenbarung, Enthüllung des Verborgenen. Ihre höchste Macht liegt im Eröffnen des alle Bilder Überschreitenden[152]. Jung sagt: „Wer sagen kann, daß er religiöse Erfahrung hat, ist der allerglücklichste Mensch, und niemand kann die Wirklichkeit dieser Erfahrung leugnen, denn sie hat das Gesamt eines Lebens verändert." Ist das eine bloße Suggestion? Wenn das Symbol nur ein instrumentaler Begriff ist, nützlich unter dem Gesichtspunkt psychologischer Bewährung, wenn es nur ein *esse in anima* ist, eine Befindlichkeit innerhalb des seelischen Bezirks, so verliert es alle Macht. Das Religiöse ist keine Spiegelung des Inhaltes der Seele, sondern die Kultur des geistigen Gehörs. Die „von Gott Belehrten"[153] (Makarius) erhalten die stärkste Eingebung, denn Gott selbst ist es, der ihnen etwas ein-gibt. Während jedoch Opium vergewaltigt,

fordert die Eingebung Gottes zur Wahl auf: „Siehe, Ich habe Leben und Tod vor dich gestellt — wähle also" (Dt 30, 15). Die Umwertung, wie W. Daim es nennt, ist ein äußerst feiner Begriff, denn er führt zu einer Einsicht, welche die echten Idole, die eigentlichen Opiate demaskiert.

Im Albdruck des Iwan Karamasow erzählt Dostojewski die Geschichte eines Professors mit fortschrittlichen Ideen, der an nichts glaubte und „wissenschaftlich" davon überzeugt war („Opium Wissenschaft"), daß er sich nach dem Tode auflösen werde. Aber im Augenblick seines Hinscheidens offenbart sich das zukünftige Leben, und der entrüstete Professor ruft aus: „Das widerspricht meiner Überzeugung, das nehme ich nicht an." Er ist dazu verdammt, vier Millionen Kilometer in der Finsternis zurückzulegen: „das Bild der Hölle", die von jeder Suggestions-Hypnose unabtrennbar ist. Das Verderben kann sich noch verhärten im verzweifelten Stolz eines „Unschuldig-Schuldigen"[154], und es kann sich andrerseits zur geistigen Kategorie des „Sünders" hin öffnen. Der „große Sünder" (Dostojewski) schreit aus der Tiefe, er ruft und zieht das Heil herbei. Das Problem der Übertragung stellt sich hier. Die Psychoanalyse sucht jede Übertragungstendenz des Kranken da zu vermeiden, wo sie eine Übertragung auf den Arzt bedeuten, ihn zum Opfer des Vorganges machen könnte. Aber der Arzt kann gemeinsam mit dem Patienten nach einem neuen Morgen ausschauen und im Mystischen Lamm das Geheimnis göttlicher Übertragung erspüren.

DAS ASKETENTUM

Das Wunder der Hochzeit von Kana, die Verwandlung von Wasser in Wein, bietet das klassische Bild für die Verwandlung der menschlichen Natur, auf die alle Anstrengungen der Askese gerichtet sind. Das ist die *metanoia*, der Umsturz der gesamten Ordnung der menschlichen Natur, oder die Wiedergeburt in die Welt des Geistes. Sowohl das Ritual der Taufe als auch das des Exorzismus brechen die Macht des Fürsten dieser Welt. Und das Ritual der Tonsur zeigt, daß der ganze Mensch ein anderer geworden ist, bis in die Natur hinein unterschieden. Es ist der radikalste Bruch mit der Vergangenheit, ihr wirklicher Tod und die nicht minder wirkliche Ankunft der neuen Kreatur: „Siehe, ich mache alles neu" (Apk 21, 5). Wie N. Cabasilas es ausdrückt, wenn er vom Ritus der Entblößung spricht: „Man geht auf das große Licht zu, ohne etwas mit sich zu führen ... wir verlassen die Kleider aus Fellen, um dem königlichen Mantel entgegenzuschreiten ... das Wasser der Taufe zerstört ein Leben und schafft ein anderes."[155] Das Asketentum schließt sich dicht an den Gang der Sakramente an. In dieser Ordnung bedeutet jeder Aufenthalt einen Rückschritt: wer sich zurückwendet, ist nicht geeignet für das Reich Gottes. Der Impuls dieses neuen Lebens trägt an das Äußerste, an das Unmögliche heran — bis zur Torheit gegenüber dem gesunden Menschenverstand dieser Welt.

Von Natur besteht ein Unterschied zwischen Asketentum und Moralismus. Dieser regelt das Leben, indem er es moralischen Geboten unterstellt. Aber jede Konstruktion, die nur auf natürlichen Kräften beruht, ist schwach, und der ethische Vordergrund kann dazu dienen, das Pharisäertum des „Stolzes der Einfältigen" zu verbergen. „Tugend" aber ist nach den Asketen jene starke menschliche Kraft, die durch die Gegenwart Gottes ausgelöst wird. Zum Thema des verlorenen Groschens sagt Cabasilas: „Der Herr selbst hat sich zur Erde geneigt und sein Bild wiedergefunden." Die Gnade aber setzt die Freiheit des Willens voraus. Die menschliche Freiheit und die Gnade befruchten sich in ihrem vollkommenen Zusammenwirken gegenseitig. „Die Arbeit und der Schweiß"[156] asketischer Anstrengung (N. Cabasilas) sind unser Los und vermindern nicht im geringsten das unverdiente Voraufgehen der Gnadengaben und ihren Vorrang. Die „Werke" bedeuten für die östliche Geistigkeit keine moralischen Taten (im Sinne der protestantischen Opposition vom Glauben und seinen Werken), sondern theandrische Kraft, menschliches Handeln innerhalb des göttlichen Handelns.

Negativ und von unten her gesehen ist das Asketentum der unaufhörliche „unsichtbare Kampf" ohne Atempause. Positiv und von oben gesehen ist es die Erleuchtung, die Aneignung der Geistesgaben, der Gnadenstand. Nach dem Kommentar des Seraphim von Sarow[157] waren die törichten Jungfrauen des Gleichnisses im Evangelium voller Tugenden, denn, obwohl töricht, waren sie doch „Jungfrauen" — aber sie ermangelten der Gaben des Heiligen Geistes. Deshalb fleht das Gebet, das sich an den Heiligen Geist wendet: „Reinige mich von allen Flecken" und „Komm und nimm Wohnung in uns". Ein Asket beginnt mit der Anschauung der eigenen menschlichen Wirklichkeit „Erkenne dich selbst", denn „niemand kann Gott erkennen, er erkenne denn zuvor sich selbst"[158] (Antonius der Große). „Wer seine Sünde gesehen hat, ist größer, als der die Toten auferweckt" und „wer sich selbst gesehen hat, ist größer, als der die Engel gesehen hat" (Isaak der Syrier)[159]. Man begreift die Größe einer solchen Schau, denn das Allerparadoxeste des Bösen ist, nach Gregor von Nyssa, sein Dasein in das Nichts zu tauchen. Der atheistische Existentialismus macht eine Philosophie der Sinnlosigkeit daraus: „Das Sein ist ohne Grund, ohne Ursache, ohne Notwendigkeit."[160] „Alles Seiende ist ohne Grund geboren, setzt sich durch Schwäche fort, stirbt durch Zufall."[161] Man erkennt hier die drei Schranken der Sünde, von denen Cabasilas sagt, daß der Christus sie aufgehoben habe: das natürliche Unvermögen, den verderbten Willen, und endlich den Tod. Ohne Christus bleibt es bei einem nicht existentiellen Aufstand (Camus, Bataille) gegen die Sinnlosigkeit — undurchführbar im Grunde, weil ja am Ende die Vernichtung durch das Nichts wartet. Schon Kiriloff in den „Besessenen" von Dostojewski verkündet es: „Die Todesangst wird in den Fieberwahn einer ‚gräßlichen Freude' verwandelt, die sich in einem wilden und unmenschlichen Gelächter kundtut."[162]

Im Gegensatz dazu führen der während der großen Fasten verlesene Kanon des Andreas von Kreta und der im Totenritual enthaltene Kanon des Johannes von Damaskus in das vollkommene Wissen um die menschliche Seele ein und stellen eine Art asketischer Korkweste dar, die es ermöglicht, in die eigenen Tiefen hinabzutauchen und sie zu erforschen.

Nach diesem Blick in den eigenen Abgrund, erfüllt von diesem furchtbaren Anblick, sehnt sich die Seele wahrhaft nach der göttlichen Barmherzigkeit. („Vom Abgrund meiner Verderbnis rufe ich den Abgrund Deiner Gnade an.") Aber die Erhebung erfolgt stufenweise, sie hat die Gestalt einer Leiter. Die „Paradiesesleiter" des Johannes Klimakus entrollt ihre aufsteigende Bewegung in Stufen, deren letzte die Gestalt der göttlichen Liebe zeigt. So warnt die asketische Weisheit vor der Gefahr der Leichtfertigkeit jeglichen Spiels mit der Liebe, vor dem Irrtum einer verfrühten Gleichsetzung. Die wahre Liebe ist immer die Frucht geistiger Reife.

Das Klima einer mehr und mehr vertieften und kultivierten Demut umhüllt den gesamten Werdegang des asketischen Lebens. Antonius hat es im Augenblick seines Todes, schon ganz vom Licht umhüllt, ausgesprochen: „Ich habe mit der Buße noch nicht einmal begonnen." [163] Sie ist die einzige Macht, die jeden Geist des Grolles, der Forderung und des Egoismus von Grund auf zu zerstören vermag. „Je leerer der Mensch ist, desto mehr ist er von sich selbst erfüllt", erklärt Puschkin.

Die Demut ist die größte Kraft, denn sie verlegt die Achse des menschlichen Lebens in Gott. Der Mensch läßt nicht mehr das Universum um sein Ich kreisen, sondern er setzt sich in den heiligen Mittelpunkt der Gottesnähe und befindet sich damit genau an seinem Platz.

Im unsichtbaren Kampf wird die Aufmerksamkeit auf die geistige Quelle des Bösen gerichtet. Die Sünde kommt von oben, vervollständigt sich im Geist und drückt sich dann lediglich vermittels des Seelischen und Fleischlichen aus.

Die Askese führt auf die Hierarchie des Seinsgefüges zu, wo sie die Herrschaft des Geistigen über das Stoffliche bewirkt. Sie ermöglicht eine Ehrenrettung der Materie. Diese ist ebenso wie die „Leidenschaften gut in der Hand der Meister des geistlichen Lebens". Bei Maximus dem Bekenner kann selbst die *epithymia*, die Begehrlichkeit, zum brennenden Begehren des Göttlichen gewandelt werden.

Das Asketentum führt die Zielrichtung der Leidenschaften wieder zur Höhe, „orientiert" sie durch die Reinigung des Herzens und durch die Kultur der „Wachheit des Geistes". Ihm innewohnend formt nach Origines Christus das Herz nach seinem Bilde um. Die

Geistigkeit „der Großen" prägt den Seelen das Gefühl ihres angeborenen Adels ein, die hohe „Würde ihrer Gotteskindschaft" (Makarius). Diese Konzeption steigt auf zur Ebenbildlichkeit mit dem urbildlichen Menschenfreund, der sie dem ganzen Geschlechte Adams zurückerstattet.

Die asketische Anstrengung entwickelt das Denken an den Tod, das ein machtvoller Anruf und Heimweh nach der Ewigkeit ist, die Gabe der Tränen, die das Wasser der Taufe fortsetzen [164] (Buße) — die geistige Wachheit und das unaufhörliche Gebet als einen immerwährenden Zustand. Der Mensch erlebt sich gleichsam schwebend, seiner Erdenschwere enthoben, von seinem alten Adam befreit. Die Welt, in der ein Asket lebt, ist die Welt Gottes. Erstaunlich lebendig, denn es ist die Welt des wiedererstandenen Gekreuzigten. Im Lichte der Flamme, die auf dem Grunde seines Herzens brennt, erschaut man in einem „Armen" das, was das Evangelium den „Reichtum in Gott" nennt (Lk 6, 20). Mit allem, was „Haben" ist, geht der Mensch zum „Sein" über. Der Mensch wird zum verleiblichten Gebet.

Gott ist ein-fach. Das Herz des Vaters ist Einheit. Das Böse ist kompliziert und zer-streut die Menschen. Das Asketentum fügt zusammen und einigt zur Vollendung hin „im Bilde" der göttlichen Einfalt. In der Einheit seiner inneren Welt betrachtet ein Asket „die Wahrheiten der Dinge" und die Gedanken Gottes. Durch die Macht seiner eigenen Einheit richtet er den irdischen Plan auf seine letzte Bestimmung aus. Er ist das Lob Gottes — ist Liturgie.

DIE MYSTISCHE ERFAHRUNG UND DIE BEGEGNUNG VON ANGESICHT ZU ANGESICHT MIT DER HEILIGKEIT

In seiner „Göttlichen Komödie" stellt Dante die drei Partner des göttlichen Spieles vor: Gott, Satan und den Menschen. Das kennzeichnet die drei konstitutiven Elemente des geistigen Lebens, das Göttliche, das Teuflische, das Menschliche [165].

Das göttliche Element erweist sich als unverdiente Gnadengabe. „Nicht Fleisch und Blut haben dir das offenbart, sondern mein Vater im Himmel" (Mt 16, 17). Die göttliche Gegenwart, reine Gnade, ist von Grund auf überirdisch: „Das kommt nicht aus euch, sondern ist die Gabe Gottes" (Eph 1, 18), sagt Paulus. In zweiter Linie dann ist das teuflische Element „Mörder von Anfang an, Vater der Lüge" (Jo 8, 44). Es bringt die Hindernisse herbei und bestimmt den erbitterten Kampf eines jeden Augenblickes. „Wachet jeden Augenblick, wachet, denn euer Widerfahr, der Teufel, geht umher wie ein brüllender Löwe und sucht, wen er verschlinge" (1 Petr 5, 8). Hier ist der Mensch aktiv Handelnder, und die Technik des Kampfes ergibt sich aus der Askese. — Und endlich stützt sich das Mystische auf die menschliche Empfänglichkeit. „Siehe, ich stehe vor der Tür und klopfe an. Wer auf meine Stimme hört und die Tür öffnet, bei dem werde ich eintreten und das Mahl mit ihm halten, und er mit mir" (Apk 3, 20). Dieser Text hat seinen Ursprung in der eucharistischen Ideenwelt, und man muß den Zug in ihm unterstreichen, der ihn liturgisch, ja zur „verinnerlichten Eucharistie" macht. Schon die Kirchenlehre ist wesenhaft dieser Art: „Unsere Lehre ist im Einklang mit der Eucharistie, und diese festigt sie ihrerseits" (Irenäus) [166]. Nicolaus Cabasilas schreibt eine Abhandlung über die Sakramente und nennt sie „das Leben in Christus". Johannes von Kronstadt erzählt seine eucharistische Erfahrung in seinem Buch „Mein Leben in Christus". Die Erleuchtung des Menschen durch das Licht der Teilnahme an der Kommunion stellt das Wesentliche mystischer Erfahrung dar.

Das Wort „mystisch" entstammt abendländischem Sprachgebrauch, die Orthodoxie spricht von Teilhabe, Durchgeistigung, Erleuchtung, Theosis. Aber wenn auch jeder Mystiker stets ein Asket ist, so ist nicht jeder Asket ein Mystiker. Die Theosis, die Durchdringung des Menschen mit göttlichen Kräften, ist niemals Belohnung. „Gott ist unser Herr und Schöpfer. Er mißt und wägt seine Werke nicht nach ihrem Preis" (Markus) [167]. Der Mensch bietet sein Herz dar und all seinen asketischen Drang zu Gott [168]. Was von Gott kommt, ist Gnadengabe. „Wenn Gott Verdienst ansehen wollte, käme niemand in sein Reich" (Markus). Die Seele ist nicht so sehr auf Heil ausgerichtet (im Sinne von privatem Gnadenerwerb oder individuellem Heil), sondern auf die Antwort, die Gott vom Menschen erwartet. Im Mittelpunkt des riesigen Dramas des biblischen Gottes steht nicht das Wechselspiel von Gnade und Sünde, sondern die Menschwerdung Gottes: die Begegnung der herabsteigenden Liebe Gottes mit der emporklimmenden Liebe des Menschen. Wenn etwas in der Welt gerettet werden muß, dann ist es nicht in erster Linie der Mensch, sondern die Liebe Gottes (1 Jo 4, 10.19). Die Liturgie stellt in der stärksten Weise Gott — das göttliche Handeln — in den Mittelpunkt und löst den Menschen von sich selbst ab. Ihr Blick ist nicht darauf gerichtet, was mit dem Menschen, sondern was auf seiten Gottes geschieht. Bei der Inkarnation liegt der Nachdruck nicht auf dem Menschlichen, das den Unfaßbaren enthält — sondern auf dem Unfaßbaren, der im Menschlichen Wohnung nimmt.

Mystik ist nicht mit Kontemplation allein gleichzusetzen. Sie ist nur eine ihrer Formen. Das mystische Leben ist seinem Wesen nach das Leben im Göttlichen. Und das Göttliche ist im Osten nicht nur über alles menschliche Vermögen erhoben, sondern die Quelle schlechthin, aus der die neue Kreatur und das neue Leben entspringt [169].

Die Verinnerlichung regelt die Frage: Handeln oder Zustand der Schau? Seraphim von Sarow antwortet darauf: „Erringe du den inneren Frieden, und eine große Anzahl von Menschen um dich herum werden ihr Heil finden." [170] Alles ist durch die Gegenwart Gottes und die Kommunion bestimmt, die mit Gott erfüllt. Sogar vor der Schriftlesung gibt Ephraem den Rat: „Vor allem Lesen der Bibel, bitte und flehe zu Gott, daß er sich dir offenbart."

Die Liturgie gestaltet und regelt das Leben und läßt das Licht Gottes in unaufhörlichen Gotteserscheinungen herabgelangen. Die dauernde Verbindung mit der gottbringenden Gnade umgreift den charismatischen Beginn des Geschöpfes, das sich auf das Ende seines übernatürlich-natürlichen Zustandes vorbereitet: die *enosis-theosis*, die vollkommene Vereinigung. Darin liegt die ganze pneumatologisch-trinitarische Doktrin der Väter der Kirche: zum Vater im Sohne durch den Heiligen Geist. Weil der Mensch Geistträger geworden ist, wird er Christusträger. Der Geist vereinigt mit dem Sohn und durch diesen mit dem Vater — und so wohnt Gott in uns. In den Evangelien ist das Reich Gottes „Gabe des Heiligen Geistes" und deckt sich sogar mit dem Heiligen Geist selbst. In einer anderen Form des Gebetes des Herrn (Lk 11, 2) steht die Bitte um den Heiligen Geist anstelle der Bitte um das Reich[171]. Die durch Gnade ermöglichten Werke des Aufsteigens über die drei Phasen des mystischen Lebens entsprechen den drei Hauptsakramenten: der Taufe, der Ölung und dem Altarsakrament. In ihnen verwirklicht sich „die göttliche Adoption" (Eph 1, 5), von der Paulus spricht. So werden wir „Gott und Söhne des Aller-Höchsten" (Ps 82, 6).

Aber so wie sich der Mensch seiner ganzen Freiheit als Kind Gottes erfreut, ist Gott seinerseits königlich frei in der Überfülle seiner Gnaden — daher besitzt das mystische Leben keinerlei „Technik". (Die Technik ist das Gebiet der Askese.) Gott wählt geheimnisvoll die Gefäße seiner Bevorzugung und füllt sie mit Licht, so wie er Petrus, Jakobus und Johannes zu Zeugen seiner Verklärung machte. Nach Gregor Palamas war diese Verklärung hauptsächlich eine solche der Apostel: für einige Augenblicke konnten sie den verborgenen Glanz Christi sehen. Durch eine Umwandlung ihrer Sinne gingen die Jünger des Herrn vom fleischlichen Bereich in den geistigen über[172].

Mystische Liebe ist das am allerwenigsten „Organisierbare". Das Herz öffnet sich im ganzen Ausmaße seiner Empfänglichkeit. Jedoch ist das Leben eines Mystikers bis in sein Empfangen hinein dogmatisch bestimmt. Außerhalb der Kirche gibt es keine Mystik. Das mystische Leben reicht empor bis zum Gipfel der Freiheit, aber innerhalb ihrer ist es durch das im Sakrament lebende Dogma getragen. Das schützt die Mystik vor der seelischen Verworrenheit der Sekten.

Aber der Ausdruck der mystischen Liebe: „Auf daß Zwei Eins seien"[173] steht über jedem Fachausdruck des christologischen Dogmas.

Nachdem er in Wachsamkeit und Nüchternheit an der Vereinheitlichung seines inneren Leben gearbeitet hat, stellt der Mystiker das unaufhörliche innere Gebet, das man das „Gebet Jesu"[174] nennt, in den Mittelpunkt seines Wesens. „Schlage deinen Gegner mit dem Namen Jesu, es gibt keine mächtigere Waffe im Himmel und auf Erden" (Johannes Klimakus). Die Tradition der sinaitischen und hesychastischen Mystik baut sich um die Verehrung des Namens auf: „Herr, Jesus Christus, Sohn Gottes, habe Mitleid mit mir Sünder." In diesem Gebet liegt die gesamte Bibel, ist ihr ganzer Auftrag zu wesenhafter Einfachheit zusammengefaßt. Bekenntnis zur Herrschaft Christi, zu seiner Gottessohnschaft — also auch zur Trinität! In ihm liegt der Abgrund des Sündenfalls und die Anrufung des Abgrundes göttlicher Barmherzigkeit. Anfang und Ende sind in seinem einzigen machtvollen, gleichsam sakramentalen Wort in der Gegenwart des Christus in seinem Namen zusammengefaßt. Dieses Gebet klingt unaufhörlich in der Seele wider und nimmt den Rhythmus des Atems an. Der Name Jesu ist gewissermaßen an den Atem gebunden. Der Name gräbt sich tief in den Menschen ein, und dieser wandelt sich um in den Gottesnamen, in Christus. Der Mensch wird in die Erfahrung des heiligen Paulus eingeweiht: „Nicht mehr ich lebe, sondern Christus in mir" (Gal 2, 20). „Den Versuchungen im offenen Kampfe zu begegnen, eignet nur den Mächtigen in Gott — so wie etwa St. Michael. Uns Schwachen bleibt nur die Flucht in den Namen Jesus" (Johannes der Prophet)[175].
Die fortlaufende Anrufung des Namens Jesus führt zur Gegenwart Gottes: „Mache Du ein Sakrament aus meinem Gebet"[176], fleht der Gläubige unablässig. Das ideale Gebet bannt die zerstreuenden Elemente, die *logismoi*, und wird zu einem einzigen Wort: *monologia* — und das ist der Name Jesu[177].
In dieser Tradition gilt der Name als Ort der Gotteserscheinung. Die Kraft der göttlichen Gegenwart ist eine Größe in sich: „Siehe, ich sende meinen Engel vor dir her — ... hab acht in seiner Gegenwart ... denn mein Name ist in ihm" (Ex 23, 20). Der Name ist in dem Engel niedergelegt, und von da an ist er der mit Ehrfurcht zu behandelnde Träger der Gegenwart Gottes. Man erkennt es

deutlich in der Bibel, daß, wo immer über einem Lande oder über einer Person der Name Gottes ausgesprochen wird, diese dann in besonders enge Beziehung zu Gott treten. Von heiligen Erschauern umhüllt konnte der Gottesname nur am Tage Kippour im Allerheiligsten vom Hohen Priester angerufen werden.
Jesus-Jechouah heißt Retter. *Nomen est omen* — ist Vorzeichen. In Verschlüsselung enthält der Name die ganze Person des Christus und ihre schicksalbestimmende Macht. Hermas[178] sagt: „Der Name des Sohnes Gottes ... unterhält die ganze Welt, denn er ist gegenwärtig in seinem Namen, und darin beten wir ihn an."

Das an der Quelle der Liturgie getränkte und vom Dogma geführte asketische Leben beeindruckt durch sein vollkommenes Gleichgewicht. Im Gegensatz zu aller romantischen Gefühlsseligkeit, aller „inneren Musik", aller Seelenhaftigkeit ist dieses Leben wesenhaft nüchtern und anspruchslos. Seine „leidenschaftslose Leidenschaft" schließt unnachsichtig alle Gefühlsmomente und alle Visionen aus. „Selbst die Extase, die landläufig als Kennzeichen mystischer Zustände angenommen wird, ist Sache der Novizen, nicht der Meister", sagt Simeon. Eingeweihte pflegen den Novizen[179] den Rat zu geben: „Wenn dir ein Engel erscheint, so verweigere dich der Vision. Demütige dich und sage, ich bin unwürdig, sie zu sehen." Und dem Satan, der die Gestalt des Christus angenommen hat, erklärt ein Mönch: „Ich will den Christus hier nicht sehen, aber später im Zukünftigen." „Strenge dich nicht an, während des Gebetes ein Gesicht oder eine Gestalt zu sehen", sagt Nilus von Sinai[180]. Die seltenen echten Erscheinungen kommen wie eine Gnade und überwinden dann auch die instinktive Abwehr der Mystiker. Visionen des unerschaffenen Lichtes — oder das Leuchten des eigenen Körpers und seine Levitation! Aber keine blutenden Wunden — kein Gefühlsüberschwung der Frömmigkeit! Die Ikonen, in ihrer Nüchternheit bis zu einer gewissen Trockenheit in der Ausführung gehend, unterdrücken das Gefühlsmoment im Schema der langen, schmalen Körper und der bewußt düsteren Antlitze. Sie machen jede Spur von mystischer Erotik zur Unmöglichkeit. Sehr bezeichnend ist die Tatsache, daß die orthodoxe Frömmigkeit die Stigmatisierten[181] ignoriert. Jede Zurschaustellung, jede Dramatisierung des menschlichen Leidens des Christus, jede Versenkung in den Schmerz bleibt der orientalischen Geistigkeit ewig fremd. „Von allem entblößt dem bloßen Christus folgen." In der mystischen Elevation, dem Emporgehobensein von der Erde, handelt es sich nicht darum, Christus nachzuahmen, sondern „Christusträger" zu werden, seinen Glanz darzustellen. „Dein Angesicht leuchtet in Deinen Heiligen" (liturgisches Gebet). Der Orient verehrt das Kreuz nicht so sehr als Holz der Qual, denn als den paradiesischen Baum des Lebens, der neu ergrünt inmitten dieser Welt. Das Kreuz als Zeichen des Sieges, alle Welt mit seinen Armen umschließend, sprengt die Pforten der Hölle. Unendlich viel mehr als bloße Erwartung und Hoffnung — nein, in unmittelbarer Erfahrung des Verklärten und Auferstandenen bricht der Schauer österlicher Freude hervor.

Der Orient kennt die im Abendland so beliebten Bekenntnisse, Memoiren und Selbstbiographien nicht. Da liegt ein deutlicher Unterschied im Ton. Der Blick des Ostens richtet sich niemals auf die leidende Menschheit des Christus, sondern dringt durch den verbergenden Schleier des Irdischen. Der westlichen Mystik des Kreuzes und dem Kult des Heiligen Herzens entspricht im Osten die Mystik des versiegelten Grabes, aus dem das Leben hervorbricht. Deswegen wird der Aspekt der mystischen Nacht, der Nacht der Sinne, im Osten wenig gepflegt. Der Osten sieht in ihr nur die Läuterung des rein Menschlichen — hier liegen die Anfänge asketischen Wissens und Bemühens. Die kontemplative Gotteserkenntnis wird Herr über den Eros. Aber diese Gotteserkenntnis ist unaussagbar; die große Anbetung bricht unmittelbar aus der Seele. Sie schweigt. Die Mystiker sprechen nicht vom Gipfel — allein das Schweigen offenbart ihn. In dem Wenigen, das sie in ihren Schriften hinterlassen haben, unterscheidet sich die Sprache der Mystiker von der der Theologen. Die Mystiker sprechen in Ausdrücken der Erfahrung und der Teilhabe. Es ist unmöglich, sie in ein logisches System zu übertragen. Angelus Silesius wendet sich an Gott: „Ich bin so groß wie Du, Du bist so

klein wie ich." [182] „Wenn ich zunichte werde, gibt Gott die Seele auf."
Solche Worte haben keinen Platz in einem theologischen System.
Die mystische Erfahrung liegt nach Dionysius Areopagita oberhalb
allen faßbaren Wissens. „Selbst oberhalb des Unwißbaren bis zum
höchsten Gipfel der mystischen Heiligen Schriften — da wo die einfachen, eindeutigen, der Theologie unbestreitbaren Wunder sich im
„überlichten Dunkel des Schweigens" [183] enthüllen. Die Koinzidenz
der Gegensätze, der Einklang des Entgegenstehenden ist nicht
logisch — aber erlebbar und erfahrbar. So sagt Makarius [184]: „Gott
ist Schöpfer, und die Seele ist Geschöpf — zwischen beiden gibt es
nichts Gemeinsames", und im selben Atemzug beschreibt er das
mystische Leben als „Wandlung der Seele in Gott". „Der an der
göttlichen Strahlungskraft Teilhabende wird selbst irgendwie
Licht" [185], versichert Gregor Palamas und erklärt damit das Prinzip:
„Wir müssen zweierlei Dinge zu umgreifen vermögen und diesen
Widerspruch als ein Kriterium des Glaubens erachten." [186]
Man sieht, daß der Zustand, in dem der Mystiker sich befindet,
durch die Teilhabe am Göttlichen über die Bedingungen des
Kreatürlichen hinausführt. Gott wohnt dem Menschen stärker inne
als er sich selbst, und das Leben im Göttlichen ist dem Menschen
seiner Übernatur nach natürlicher als das Leben im Menschlichen.
In einem Getauften ist Christus eine innere Wirklichkeit. Das ist die
den Widerspruch des absoluten Seins und absoluten Nichts übergreifende Erfahrung. Ohne die Kluft des Seinsabgrundes zu verwischen, erfüllt „Der das Sein ist" doch alles mit seiner Gegenwart.
„Ich bin Mensch von Natur und Gott durch Gnade." Ein Wesen
kommt aus dem Nichts und lebt in der Weise göttlichen Lebens.
Gott überschreitet seine eigene Transzendenz. „Er kommt sofort und
ohne Aufschub, er vereinigt sich mit mir ... Meine Hände sind die
eines Unglücklichen — ich wende meine Hand, und sie ist ganz die des
Christus" [187] (Simeon). Dieses Herabsteigen, die Wiedererscheinung
Christi in der Seele, formt sie nach seinem Bilde. „Wenn du rein bist,
so ist der Himmel in dir — in dir selbst wirst du das Licht, die Engel
und den Herrn selber sehen." Johannes von Damaskus [188] nennt dies
„die Umkehr des Naturwidrigen zu dem, das ihr eignet" [189].

Von oben her gesehen ist ein Heiliger schon ganz von Licht durchwebt, aber von unten gesehen hört der erbitterte Kampf nie auf. „Wir werden dereinst nicht beschuldigt werden, keine Wunder vollbracht zu haben", sagt Johannes Klimakus, „aber wir werden Gott sicher Rechenschaft dafür ablegen müssen, nicht über unsere Sünden geweint zu haben." [190] Und der heilige Isaak: „Die Reue ist das Erzittern der Seele vor der Pforte des Paradieses." [191] Der unablässige Kampf fordert den Menschen heraus, in seinen Abgrund hinabzusteigen. „Wer seine Sünde sieht, ist größer als wer Tote erweckt" [192] (Isaak). Aber er darf sich nicht dabei aufhalten. „Sage nicht, daß Gott ein Gott der Gerechtigkeit ist — wäre es so, dann lebtest du nicht mehr." Gerade aus der Bescheidenheit heraus gibt Isaak den Rat, das anzusehen, was größer ist als die Sünde und was sie zudeckt: die Gnade, damit es in dieser Gesamtschau wahr sei, zu sagen: „Wer würdig befunden worden ist, sich selbst zu sehen, der weiß mehr als der die Engel gesehen hat." Denn er sah sich so, wie Gott ihn sieht! Ohne sich die unmögliche Nachahmung Christi anzumaßen, folgt der Mensch dennoch Christus. Er schafft sein Bild in seinem Inneren. „Die Reinheit des Herzens ist die Liebe der Schwachen, die fallen." [193] Die mystische Seele dehnt sich aus und entfaltet sich in der kosmischen Barmherzigkeit — sie erlebt das alldurchdringende Böse — beschreitet den Garten von Gethsemane und erhebt sich zu jener anderen Schau, die sie von allem Urteilen über andere fernhält. „Wer gereinigt ist, der sieht die Seele seines Nächsten" (Johannes Klimakus). Gleich und gleich schaut sich an. Das Auge eines Spirituellen stellt nicht nur fest, es erleuchtet gleichzeitig, denn er selbst ist Lichterwecker. „Wenn jemand alle Menschen gut sieht und niemand ihm unrecht erscheint, dann kann man sagen, er ist wahrhaft reinen Herzens." „Wenn du deinen Bruder sündigen siehst, wirf den Mantel deiner Liebe über seine Schulter." [194]
In dieser klaren Luft der Höhe gibt es dann keinen Übergang mehr von Leidenschaft zur Enthaltsamkeit, von Sünde zu Gnade, sondern nur noch den Übergang von Furcht zu Liebe. „Der Vollkommene verwirft die Furcht und verschmäht den Lohn — er liebt von ganzem Herzen." Welches ist das barmherzige Herz? Es ist das Herz, das in

Barmherzigkeit für die ganze Schöpfung entbrennt, für den Menschen, für die Vögel, für die Tiere, für die Dämonen — für alle Kreatur! Es betet selbst für die Reptilien, bewegt vom unendlichen Mitleiden, das in den Herzen derer lebt, die sich Gott anzugleichen vermochten." „Ein sicheres Zeichen, an dem man jene zu erkennen vermag, die zu solcher Vollkommenheit gelangt sind, ist folgendes: Wenn sie sich zehnmal am Tage aus Liebe zum Nächsten den Flammen überantworten würden, so wäre ihnen das nicht genug." [195] Die Seele entäußert sich der Sinne, verwirft das Begriffsdenken, erhebt sich über alles Vorgezeichnete, steht über jeder Vorstellung und jedem Vorbild. Die Menge des Wissens weicht dem „Einen" und Ein-fachen. Das Leben der Seele, die Abbild und Spiegel Gottes war, wird zum Leben der Seele, in der Gott wohnt. Das ist die unmittelbare und immer gegenwärtige Erfahrung aus der innersten mystischen Erhebung, die uns auf das Himmelreich ausrichtet: „Wenn das Eigentliche der Weisheit in der Kenntnis der Wirklichkeit bestehen sollte, so kann keiner weise genannt werden, der nicht auch zugleich die zukünftigen Dinge umfangen hat" (Gregor von Nyssa) [196]. „Ein Spiritueller der letzten Zeiten", sagt Isaak, „empfängt die Gnade, die ihm entspricht." Das ist die ikonenhafte Schau der „ewigen Liturgie".

Der Chor der Engel, in dem „das verlorene Schaf" Menschheit seinen Platz findet, steht vor dem Mystischen Lamme der Apokalypse, umgeben vom dreifachen Kreis der Sphären, die von ihren eigenen Kräften schwebend gehalten werden. Vom reinen Weiß der himmlischen Welten sticht das königliche Purpur der Passion ab und wandelt sich zur Pracht eines Mittags ohne Untergang. Dieses Rot ist die sinnbildliche Farbe für die Liebe Gottes im menschlichen Gewande. Es ist die Rückkehr des Menschen zu seiner himmlischen Würde. Schon die Stunde von Christi Himmelfahrt entlockte den Engeln den Ruf: Wer ist dieser König der Ehren? Und nun verharren sie in tiefstem Verwundern vor dem größten Mysterium: das Lamm wird eins mit dem Hirten. Das Hohe Lied besingt die Hochzeit des Lammes mit der Taube. Die Liebe ist eins mit dem Liebenden — von immer größerer Kraft gezogen wirft sich die Seele in das leuchtende Dunkel Gottes. Dieser Durchgang zum Inneren und zum verborgenen Herzen hüllt die Seele immer mehr in ewige Gegenwart ein. Gott bewohnt den Mittelpunkt, bleibt aber unfaßbar. Das Innewohnen seiner Gegenwart in seinen äußeren Wirkungen löscht niemals die Transzendenz seines Seins in sich selbst. Man fühlt die Ohnmacht solcher Worte wie: leuchtendes Dunkel, nüchterne Trunkenheit, Brunnen lebendigen Wassers, unbewegliche Bewegung.

„Du bist schön geworden, da du mir nahe kamst — dein Kommen hat dir teil an meiner Schönheit gegeben." „Sich dem Lichte nähernd, wird die Seele zu Licht" (Gregor von Nyssa)[197]. Auf dieser Ebene handelt es sich nicht darum, sich über Gott zu unterrichten, sondern ihn zu empfangen und sich in ihm zu wandeln. „Wissenschaft wird Liebe", und diese Wissenschaft ist ganz eucharistischer Natur. „Der Wein erfreut das Herz", heißt seit der Passion „das Blut des Weinstockes", und „der mystische Weinstock" schenkt „nüchterne Trunkenheit" (Gregor)[198]. „Die Liebe ist Gottvater, der den Pfeil versendet — seinen eingeborenen Sohn, nach dem er die drei Glieder der Spitze mit dem Heiligen Geist benetzt hat. Die Spitze ist der Glaube, der nicht nur den Pfeil eindringen läßt, sondern zugleich auch den Schützen."[199]

Die in die Taube des Lichtes verwandelte Seele steigt unaufhörlich. Alles Erreichte wird zum neuen Ausgangspunkt — Gnade um Gnade. „Hast du einmal den Fuß auf die Leiter gesetzt, an die Gott sich lehnt, so höre nicht auf, zu steigen, denn jede Stufe mündet auf einer höheren[200]. Auf der Jakobsleiter steigen nicht nur die Engel herab, sondern auch der Herr der Engel."

„Aber was soll ich reden über das Unsagbare, das kein Auge gesehen und kein Ohr gehört hat, das auch nicht in das Herz des Menschen gedrungen ist? Wie könnte ich Worte dafür finden!"[201]

Jede Bewegung hört auf — selbst das Gebet wechselt seine Natur. Die Seele betet außerhalb ihrer selbst[202]. Das ist die Ruhe des Hesychasmus, das Schweigen des Geistes. Sein Ruhen ist über jeder Anbetung. Der Friede, der allen Frieden übersteigt! Es ist das Von-Angesicht-zu-Angesicht in der Ewigkeit, „wenn Gott in die Seele kommt und die Seele auswandert zu Gott"[203].

DAS KÖNIGLICHE PRIESTERTUM

Die Kirche erhält in Ausübung ihrer die Wiedergeburt des Menschen bewirkenden Kraft eine neue Daseinsform. Trotz ihrer äußeren Erscheinung, die man sachlich beschreiben kann und die sich augenscheinlich mit den Formen sozialen Lebens deckt, ist ihr eigentliches Herz, das sie durchströmende Prinzip der lebenspendende Geist. Ist auch ihr ganzer Leib „der Ordnung entsprechend" erbaut und jede Funktion durch disziplinarische Satzungen geregelt, so gibt es doch noch einen eigenständigen Rest, der unfaßbar bleibt. Hier ist alles Eingebung, Bewegung, Lebensschöpfung — nicht zu formen und nicht zu organisieren —, Einsetzung und Ereignis an sich. Beide ergänzen einander und hängen voneinander ab. Lebendiges Geschehen vollzieht sich ohne Unterlaß im Inneren jener Einsetzung. Abgesehen von den Sakramenten ist jede Gnadenbekundung begründet in der eucharistischen Quelle (Quelle der Kirche) mit apostolischer Bezeugung — im Bischof. Er bescheinigt die Rechtsgültigkeit des Ereignisses und ordnet einen jeden und jegliches Geschehen innerhalb des Wunders der Kirche auf einander zu.
Jeder Gläubige ist „Laie", lebendiges Glied des Volkes Gottes — *laos theou* —, und um diese Würde zu bekleiden, geht er durch die Wiedergeburt und die dreifache „Einweihung" der Taufe, der

Firmung und der Eucharistie. Er ist „neue Kreatur", und das Neue besteht in jener Begnadung, die jede private Selbstvervollkommnung ausschließt, wie das Paulus ausdrückt. Vielmehr ist alles Gnadengabe, Dienst zum „Bau der Kirche" (1 Kor 12, 14). Außerhalb der Kirche gibt es kein Dasein. Wer kein Charisma hat, steht außerhalb ihres Geistesträgertums. Die Kirche ist wesenhaft Sakramentsgemeinschaft. Durch die Taufe aufgenommen, verleibt sich der Gläubige ihrer Fülle in der Kommunion völlig ein.

Im Inneren des aus den Gliedern zusammengesetzten Leibes hat jedes Glied sein Maß und seine eigene Gabe im Dienste der Gemeinschaft aller. „Es gibt Verschiedenheiten unter den Gnadengaben... unter den Diensten..., aber es ist derselbe Geist Gottes, der in jedem wirkt und der ihm zum Wohl des Ganzen gegeben ist (1 Kor 12, 4—8). In gleicher Weise von starrer Verhärtung wie von dem Erleuchtungswesen der Sekten entfernt, wird die rechte Linie der Kirche gefunden, wenn man die Verlängerung von ihrer Quelle her genau durchzieht. Denn „alle unsere Fähigkeit kommt von Gott..., der uns befähigt hat, Diener zu sein" (2 Kor 3, 5—6).

Der lebendige Geist steht nicht dem Buchstaben als solchem, sondern „dem Buchstaben, der tötet" entgegen. Der Glaube in der alleinigen Form des Alten Bundes hat getötet, hat seinen Inhalt — das Prinzip — ans Kreuz geschlagen. Und deshalb bleibt die Synagoge gegenüber der Kirche eben nur Versammlungsraum — Synagoge —, unfruchtbare Kirche.

Jede Erfüllung des Gesetzes ist Wachstum in Selbstüberhöhung. Andererseits führt anarchisches Verneinen der Vorschriften nicht zur Überhöhung, sondern ist reine Negation im Verhältnis zum Sein überhaupt. Es führt außerdem zur verhängnisvollen Vermehrung der Sekten, der „sterilen Kirchen". Jede Abweichung erzeugt Entartung; sowohl die Forderungen der Laien auf der Ebene einer demokratischen Angleichung wie auch der Klerikalismus selbst, dessen Machtgefüge weder Wesen noch Weihe der Kirche besitzt.

Jeder Dienst und jede hierarchische Ordnung sind innerhalb der Kirche auszuüben — niemals „über" oder oberhalb der Kirche. Denn jeder Dienst schließt einen anderen in sich, setzt ihn voraus: sie bestehen einer im anderen. Opposition ist undenkbar — weder von seiten des Weihepriestertums noch des Laienpriestertums, denn alle Christen sind Glieder desselben Leibes. Das Bischofkollegium sichert die apsotolische Fortdauer der Tradition in Hinsicht auf die Umwandlung des Menschen in „Gläubige und Brüder" mit dem Ziel, das Volk Gottes zu gründen. „Das Königreich der Priester — das königliche Priestertum!" Um dieses höchsten Zieles willen hat Christus aus jedem einzelnen von uns und aus allen zusammen „Könige und Opferpriester" gemacht. Er legt nicht eine Vielzahl von Menschen, sondern den Priesterstand als solchen in die Hände des Vaters. „Christus hat uns zu einem Königreich von Priestern für Gott, seinen Vater, gemacht" (Apk 1, 6) und „das Ende wird sein, wenn Christus dem Vater das Reich wieder überantworten wird" (1 Kor 15, 24). Das ist das Priestertum, das im Reiche aufgeht. Das Kollegium der Priester wird Gott das gesamte Universum zu Lob und Opfer darbieten.

Die Gaben sind in ihren Befugnissen und Grenzen sehr genau umrissen. Das Wort des Tertullian: „Wo es keinen Priester gibt, sei du selbst einer"[204] erweist sich unmittelbar als falsch, denn jedes Amt entspricht genau seiner Gabe — da ist keine Vertretung möglich. Ein Laie ist auf dem Gebiet des Priestertums nicht handlungsmächtig[205]. Die Sakramente haben nur in der Kirche ihren Platz. Sie sind nur in der Machtvollkommenheit der Kirche und vermittels der Bischöfe zu handhaben. Nur diese sind zu Organen dieser Macht bestellt. Die Kirche ist im Bischof, und der Bischof ist in der Kirche. Der Bischof umgreift als solcher in seiner Person die Menge der Menschen im liturgischen Leib, und dieser Leib anerkennt den Bischof in seiner Vorrangstellung. Er wurde durch göttlichen Willen dazu bestimmt, die Eingliederung zu bewirken.

Das kanonische Gefüge der Konzilien, der Bistümer, der Pfarreien regelt jede Form kirchlichen Lebens und gründet sie auf eucharistischer Ebene. Aber die Kirche ist auch fortgesetztes Pfingstereignis, das sie in die Welt hinein verlängert. Sie ermöglicht und schenkt, was nicht „organisierbar" ist: die Heiligkeit, das persönliche mystische Leben, die *ecclesia domestica*, königlicher Opferdienst, der dem Herzen der Welt eingepflanzt ist. Er soll die apostolische

Sendung des Zeugnisses in Gegenwart und Leben vollenden. Die Hierarchie als Mittel sakramentaler Gnade vollendet sich im Priestertum der Gläubigen. Ohne Bruch, Vermischung oder Trennung verwirklicht sich die Kirche in der Gegenseitigkeit aller.

Das Reich Gottes, die Kirche und die Welt sind alles Stufen des gleichen Erhebungswillens. Die drei Gnadengaben des bischöflichen Priestertums — Priesteramt, Lehramt, Hirtenamt — machen die Kirche zur Keimzelle des Reiches Gottes. Tatsächlich ist die Welt Christus nicht unmittelbar unterstellt. Hier verwirklicht sich das Priestertum der Gläubigen in der ihm eigenen Mittlerwürde. Die Stellung der Laien ist es, Kirche und Welt zugleich zu sein. In der Kirche nehmen sie auf ihre Weise am liturgischen Leben teil und sind als Kirchenvolk die Mitfeiernden des Bischofs. Sie sind, was die Verwaltung anbetrifft, in ihrem Bischof gegenwärtig. Sie bilden den „consensus" der Aufnahme. In der Schulunterweisung und in der wissenschaftlichen theologischen Arbeit bzw. Verarbeitung theologischen Gedankengutes sind sie die Aktiveren. Ist ihre Pflicht die Gabe der Unterscheidung, der Wertung irdischer Reaktion angesichts der Bekenntnispredigt der Kirche, so ist das wechselseitig: der Bischof ist besonders berufen, über die Anstrengungen im Tun und Denken der Gläubigen zu richten, um den Besitz der Tradition rein zu erhalten.

Der tiefgehende Wandel in den Beziehungen zwischen Kirche und Welt stellt uns vor die unumstößliche Tatsache, daß sich die Mission des Christentums in der Welt ohne die Laien nicht mehr bewältigen lassen würde. Auf der einen Seite steht man einem ohnmächtigen Klerikalismus gegenüber und auf der anderen der völligen Verweltlichung des Lebens — so ist die Gemeinschaft zwischen Kirche und Welt zerbrochen. Nur weil es eine Laienschaft gibt, kann das königliche Priestertum des Christus noch im Raum der Geschichte wirken. Das ist der Dienst „aktiver Eschatologie" — die Vorbereitung der Welt auf die Wiederkunft Christi.

Die Tradition unterscheidet die Gnadengaben der beiden Weisen des Priestertums sehr genau und duldet keine Verworrenheit. Sie versichert die natürliche Gleichheit aller Völker. Insbesondere sind sie insgesamt gleiche Glieder des Volkes Gottes; und erst aus dieser Gleichheit heraus ergibt sich dann die genaue Unterscheidung der Gaben und der Dienste. Christus allein ist Priester — aber alle anderen sind Priester in der Teilhabe —, einige davon sind Bischöfe und einige Älteste. Zwei verschiedene, aber voneinander abhängige Weisen der Teilhabe am Priestertum Christi! Der göttliche Ursprung beider gibt ihnen den Ort in der sakramentalen Heilsordnung der Gnade. Der Christus ist das Alpha, das sich auf sein Omega zu bewegt. Er ist sein Leib. Der hohe Priester bewegt sich auf das priesterliche Königtum seines Leibes zu. In der Ausfächerung der Gnadengaben verwirklicht sich der eine Christus. Die Väter bezeugen einmütig die Zusammenfassung im Namen Christi. Er bedeutet den durch Salbung zu dreifachem — königlichem, priesterlichem und prophetischem — Dienst Geweihten. Im Unterschied zur Ordnung des Alten Testaments, wo die Dienste immer getrennt waren, erhebt sich die Zusammenfassung der drei Dienste in dem einen Sohn Davids zum unbezweifelbaren Kriterium seiner Messianität. Das Pauluswort: „Wir sind Teilhaber Christi geworden" (Hebr 3, 14) hat die Väter zu dem Schluß geführt, daß jeder Christ mit dem dreifachen Dienst betraut ist: dem königlichen, dem priesterlichen und dem prophetischen. Das Bild Gottes im Menschen spiegelt das Königtum des Vaters wider sowie das Priestertum des Sohnes und das Prophetentum des Heiligen Geistes. Bei der Weihe des Heiligen Chrismas wird dieses „Öl der Freude" genannt — bestimmt zum Sakrament der Firmung, das aus jedem Gläubigen ein gesalbtes Kind des Heiligen Geistes macht. Die Priester sind berufen, diesen Dienst mit bebenden Händen zu tun, denn der Text sagt: „In diesem Augenblick breitet nach dem Willen Gottes der ganze Chor der Apostel seine Hände mit uns aus." Das sehr alte Gebet über den Hochzeitskronen der Vermählten sagt: „Kinder, die ihnen werden, mache, o Herr, zu Priestern, Königen und Propheten." [206] Dieselbe Auffassung der dreifachen Würde geht auch in den koptischen Ritus der Trauung und der letzten Ölung ein [207].

Das Sakrament
des allgemeinen Priestertums

In der patristischen Epoche trugen die drei gleichsam zu einem einzigen Gebund verflochtenen Sakramente der Taufe, der Ölung und des Altarssakramentes den Namen Einweihung und entsprachen den drei Graden des mystischen Lebens: Reinigung, Erleuchtung, völlige Vereinigung. Die dreifache Schranke der natürlichen Unvollkommenheit, des verderbten Willens und des Todes ist darin überschritten. Die Taufe gibt die Passion und Ostern wieder – die Firmung ist Pfingsten, und die Eucharistie ist die eschatologische Ausgießung des Himmlischen Reiches.

Die Taufe bringt uns die Gabe des wiedergeborenen Seins und stellt die Person des Menschen wieder her. In ihr wird nach Petrus der innere Mensch wiedergeboren, der „verborgene Mensch des Herzens". Auf diesen neugeborenen Menschen steigt der Heilige Geist in der Firmung herab, um ihm das Geschenk göttlicher Kräfte zu verleihen, die Gaben der Tat. Sie ist das Sakrament der Kraft, die uns zu Streitern und Athleten des Christus macht, damit, wie es die Synode von Elvira so prachtvoll ausdrückt, „wir Zeugnis geben ohne Furcht und Zittern". Nach dem Erwachen vom Todesschlaf in der Taufe vermittelt uns die Firmung Kraft und Beweglichkeit. Ihre Bedeutung wird uns durch Kyrill von Jerusalem in seinen Unterweisungen für Katechumenen bewundernswert erklärt: „Im Augenblick eurer Erleuchtung vergeßt nicht den Heiligen Geist anzuflehen, daß er eure Seele mit einem Siegel zeichne. Er gibt euch das himmlische und göttliche Siegel, das die Dämonen erzittern läßt. Er wird euch für den Kampf bewaffnen und euch Kraft geben ... er wird euer Schutzengel und euer Verteidiger sein. Wie über die eigenen Streiter wird er über euch wachen."[208] Es ist wichtig, das Bild des Streiters, des Soldaten und Athleten, zu umreißen. „Jeder Gläubige ist Soldat und Athlet."[209] Das Gebet fleht im Höhepunkt des sakramentalen Ritus um den Heiligen Geist und umreißt sein Ziel: „daß er willig sei, Dir zu dienen mit jeder Tat und jedem Worte". Es ist wahrhaftig die Weihe „des ganzen

Lebens" im Laiendienst ohne jeden nur möglichen Rest, ohne der „furchtbaren Eifersucht Gottes" das geringste zu unterschlagen. Der so ausschließliche Charakter dieses Dienstes wird in der Zeremonie der Tonsur ebenso offenbar wie bei dem feierlichen Eintritt ins Mönchtum. Das Gebet dieses Rituals lautet: „Du Herr, der Du uns gelehrt hast, alles zu Deinem Ruhme zu tun, segne Deinen Diener, der herbeigeeilt ist, um Dir als Erstlingsgabe die Tonsur der Haare seines Hauptes darzubieten." Dieser Dienst bedeutet, das Ganze seines Lebens anzubieten [210]; dem Herrn mit jeder Tat und mit jedem Wort zu dienen, den gesamten Inhalt seines Daseins Gott zu überantworten. Man sieht, wie weit sich das königliche Priestertum in seiner reinsten Prägung dem inneren Gehalt des Mönchstums angleicht. Der eschatologische Zug des folgenden Gebets verstärkt die Totalität des Opfers: „Auf daß Dein Diener Dir Ruhm erweise und er alle Tage seines Lebens die Güter des himmlischen Jerusalem vor Augen habe." Die Gnade erweitert dieses Zeitmaß „aller Tage", die Augenblicke der geschichtlichen Dauer zur Unermeßlichkeit des zukünftigen Zeitalters.

Das Wort Mönch, im Altslawischen *inok*, kommt von *inoi* und bedeutet der andere; es entspricht dem Symbolismus der Wiedergeburt. Wenn auch das Mönchtum der treffendste Ausdruck dafür ist (bezeugt im Wechsel des Namens), so ist doch jeder Getaufte, der die Tonsur angenommen hat, geistig gesehen Mönch in seinem Innern. Er ist anders, ist unterschieden, von neuer Art. Der Mönchstand auf der einen Seite und auf der anderen der Ehestand bilden die beiden Formen des königlichen Priestertums (die nicht ordinierten Mönche sind Laien).

Die Berührungen bei der Heiligen Firmung sind von der Formel begleitet: gesiegelt mit der Gabe des Heiligen Geistes. Sie symbolisieren die feurigen Zungen des Pfingstereignisses. Ein gefirmter Christ wird „in seinem ganzen Sein" zu einem begnadeten Wesen. Nach der Firmung, sagt Kyrill von Alexandrien [211], „sind nun alle zu Christen geworden". Um den Sinn dieses Gnadenstandes zu erfassen, muß man die während der Riten verlesenen Heiligen Schriften genau studieren. Ihre Auswahl macht immer ersichtlich, wie die Auslegung der Schrift durch die Tradition bestimmt ist. Hier ist der Text der Episteln derjenige vom Karfreitag und der Text des Evangeliums der des Karsamstags. Diese Abschnitte zeigen in der Reihenfolge ihrer Lesung den Höhepunkt der liturgischen Erhebung an. In ihrem Ansturm gewaltig mitreißend, bezeugen sie die Größe des Ereignisses. Der Text von Römer 6, 3—12 spricht vom Begräbnis des alten Menschen und der Geburt des neuen mit Christus, dem Auferstandenen. Das ist genau die Geburt aus der Teilhabe an Jesus-Christus — die monastische Weihe der Gesamtheit eines Wesens — den Gegebenheiten der Fülle seiner Gnade gegenüber. Das Evangelium des Matthäus erklärt im 28. Kapitel, Vers 16—20, das Ziel des neuen Lebens. Die Gaben des Heiligen Geistes sind Gewähr für Sendung und Aufgabe. Die liturgische Wahl dieses Wortes, das in den Ohren aller gefirmten Christen Widerhall findet, ist selbst schon ein entscheidender Hinweis und richtet sich nicht allein an die Apostel und direkten Missionare, sondern an jedermann. Das Sakrament bietet ihm seine Gnadengaben, damit er der Weisung zu entsprechen vermöge: „Geht und lehret alle Völker." Raban Maurus[212] spricht es klar aus: „Die Firmung ist verordnet, damit der Mensch durch den Heiligen Geist gestärkt werde, den anderen das zu predigen, was er selbst in der Taufe empfangen hat." Die Lehre ist nicht allein an die mündliche Form gebunden. Der Auftrag richtet sich an jeden Menschen, der eine lebendige „Christuserscheinung" darstellt — einen Ort der Ankunft Christi (Paulinische Fassung: „den Christus anziehen" — „Christus in sich bilden"). Und eben diese Christophanie richtet die mächtige Zeugenschaft seiner Anwesenheit auf. Der Mensch kommt nicht für sich selber auf die Welt, sondern für eine genau umrissene Aufgabe: „auf daß die Welt glaube" (das Hohepriesterliche Gebet Christi Jo 17, 21 für den Dienst des apostolischen Zeugnisses zum Heil der Welt). Nachdem der Mönch das Wort der Liturgie vernommen hat und „Fleisch und Blut" empfangen, wird er seinerseits der Welt als wandelnde lebendige Liturgie dargeboten — ein gefüllter Kelch der Anwesenheit Christi. Bei der Weihe des Heiligen Chrismas bittet der Bischof für die zukünftigen Gesalbten: „O Gott, präge sie mit dem Siegel des unbefleckten Chrismas, so werden sie Christus im Herzen tragen, um die Wohnung des dreieinigen Gottes zu sein." Das „einzig Notwendige", wovon das Evangelium spricht, ist nicht das individuelle Heil, sondern lebendiges „stürmisches" Forschen nach dem Reiche Gottes — und dieses schließt die Menschen ein. Der Befehl des Herrn: „Geht hin und lehrt alle Völker" bedeutet: bietet Christus an, verwandelt euch in den Ort seiner Enthüllung und macht euer Zeugnis daraus. Verlaßt den sakralen Raum geweihter Dinge und tretet ein in den personalen Raum lebendiger Zeugen und Märtyrer — seid Heilige [213].

DIE WÜRDE DES PRIESTERTUMS DER GLÄUBIGEN

Makarius von Ägypten enthüllt die sehr hohe Würde des Priestertums der Gläubigen. „Das Christentum ist nichts Mittelmäßiges, denn es ist ein großes Mysterium. Bedenke deinen Adel — du bist zu königlicher Würde berufen worden. Das Geheimnis des Christentums liegt weit ab von dieser Welt." [214] Und er fügt noch ein furchtbares Wort hinzu: „Wenn wir noch nicht königliche Priester sind, dann sind wir noch Schlangen und Otterngezücht." [215] „So wie selbst zu Zeiten der Apostel die Ölung etwas sehr Köstliches war, insofern sie den Gesalbten an seiten der Priester und Apostel stellte, so werden jetzt die Geistigen, die mit dem himmlischen Öl Gesalbten zu Königen, Priestern und Propheten des himmlischen Geheimnisses." [216]

DIE KÖNIGLICHE UND PRIESTERLICHE WÜRDE

In der syrischen Anaphora des Johannes Chrysostomos erbittet der Priester „einen Geist, der uns nach der königlichen Würde verlangen lasse." [217] Die unmittelbare Bedeutung dieser Worte fordert die asketische Herrschaft des Geistes über das Stoffliche, die königliche Befreiung von aller Bestimmung durch diese Welt: „König über das Reich unserer Leidenschaften" (Oekumenius) [218]. Die Seele zeigt ihr Königtum in freiem Verfügen über ihre Wünsche — eine solche Haltung wohnt nur dem König inne. Alles zu überragen ist die wahre Natur des Königs. Aber alle „Freiheit von" ist gleichzeitig „Freiheit für". Vom „Wie" des Daseins, von seiner Qualität, nur „frei von" zu sein, ist der Mensch aufgefordert, zum „Wofür" seines Lebens überzugehen, zu seinem positiven Inhalt — und das führt ihn hin zu seiner priesterlichen Würde.

Paulus fordert uns auf, „unsere Leiber zum lebendigen Opfer zu geben — im vernünftigen Dienste Gottes". Origines gibt dazu einen bemerkenswerten Kommentar: Alle, die durch die Salbung vom heiligen Öl durchdrungen sind, wurden Priester... jeder trägt sein eigenes Opfertier in sich selbst und legt selbst das Feuer an den Altar... auf daß er sich verzehre ohne Unterlaß. Wenn ich auf alles verzichte, das ich besitze, wenn ich mein Kreuz trage und Christus folge, habe ich ein Opfertier am Altare Gottes dargeboten, oder wenn ich meinen Leib ausliefere... und den Ruhm der Märtyrer erlange... habe ich mich am Altar Gottes als Opfer dargeboten, und so werde ich Opferpriester [219]. Gregor von Nazianz beschreibt seinerseits die rechte Haltung des Opferpriesters: „Niemand kann am Opfern teilhaben, es sei, er habe zuvor sich selbst als Opfer dargeboten." [220] Theodor Studites fügt hinzu: „Was das Heil anbetrifft, so wird jeder zu seinem eigenen Priester." [221] Johannes von Damaskus legt der Jungfrau die Bezeichnung bei: „die ausgegossene Salbung" und sieht die Form ihres königlichen Opfers in der Hingabe ihrer Demut [222].

Während der Liturgie im Augenblick der Opferung sagt der Priester: „Wir bieten Dir dar, was Dein ist, das wir von Dir empfangen haben." Der Gläubige des königlichen Priestertums fährt da fort — er verlängert diesen Akt *extra muros*. Er feiert die Liturgie durch sein tägliches Leben, dem Gebete der Firmung entsprechend: „dienen in jedem Tun und in jedem Wort". Die Firmung heiligt jeden Gläubigen und beruft ihn zum Priestertum in seiner priesterlichen Funktion der Vermittlung zwischen dem Kosmos und der Welt außerhalb der Kirche. Die Elemente des Priestertums sind hier: Opfergabe, Opferung und Darbringung seiner selbst [223].

DIE PROPHETISCHE WÜRDE

Ein Prophet ist kein Wahrsager, der Ereignisse voraussagt. Ein Prophet ist jemand, der empfindsam auf die Zeichen Gottes in der Welt reagiert und der sich der unerbittlichen Forderung seiner Begnadung unterstellt. Eusebius von Cäsarea schreibt in seinen „Demonstrationes Evangelicae" zum Thema der priesterlichen Salbung der Gläubigen: „Aller Orten verbrennen wir Duft des Prophetentums und weihen Ihm die wohlriechende Frucht der Theologie." [224] Das ist eine ausgezeichnete Definition des Laientums im Blick auf seinen prophetischen Dienst. Hier: die Verleiblichung des Dogmas im praktischen Leben — dort: zeitloses Schauen in der neuen Wahrheit des Daseins: Oecumenius sagt: „Könige durch die Herrschaft über unsere Leidenschaften — Priester, um unsere Leiber zum Opfer zu bringen — Propheten als Mitwisser der großen Geheimnisse [225]. Und im selben Sinne Theophylactus: „Prophet, weil er sieht, was kein Auge gesehen hat" [226], die Funktion des vergegenwärtigenden Glaubens. Das Christentum in der Größe seiner Bekenner und Märtyrer ist messianisch, revolutionär und explosiv. Im Reiche des Cäsar ist uns zu suchen befohlen, was sich dort nicht findet: das Reich Gottes. Aber das heißt gerade, daß wir das Gefüge dieses Cäsarenreiches und seine vorübergehende Form ändern sollen. Und die Welt ändern heißt: von dem übergehen, was die Welt noch nicht hat — gerade deswegen ist sie „Welt" — zu dem, wohinein sie sich wandeln könnte, „anders werden" — Gottes Reich! „Der Heilige Geist", sagt Cabasilas, „vermittelt uns die Kraft, zum Ruhme Gottes zu handeln."

Man spricht gern vom Königtum und vom Priestertum der Gläubigen, denn diese Feststellungen verpflichten zu nichts, so sehr ist ihre Bedeutung vage und zur reinen Rhetorik geworden. Aber man spricht recht wenig vom Prophetentum. In die Geschichte einbezogen, beunruhigt es. Es richtet unumstößlich durch seine bloße Gegenwart und stört jede Verschanzung im Irdischen. Und trotz dessen atmen die biblischen Schriften seinen Geist. Das Prophetentum ist das Herz des allgemeinen Priestertums; und wenn es eine Gnadengabe gibt, die den Gläubigen ganz besonders verliehen wird, so ist es diese.

In eben dieser Feinfühligkeit gegenüber dem Willen Gottes konnte die Macht der Reinheit und der Heiligkeit erwachsen, Gott zu empfangen und zu gebären. Der Logos kommt heim, und „die Seinen" nehmen ihn auf und sind seine Diener. Um ihretwillen sagt der Herr: „Die Weisheit Gottes rechtfertigt sich in ihren Kindern" (Mt 11, 19). Aber die Inkarnation ist schon die Wiederkehr im Keim, und die Kinder der Weisheit sind auch die Diener der Wiederkehr. Sie sind jene „Gewalttätigen", die das „Königreich an sich reißen" und sich der zum Gastmahl Geladenen annehmen. Das Evangelium zentriert sich nicht vornehmlich um das Wohl des einzelnen, sondern um das Reich Gottes. Der vom persönlichen Heilsstreben herrührende Egoismus ist kirchlicher Nominalismus. Die theandrische Wirklichkeit wird dadurch zerstört. Neben den nach innen gerichteten asketischen Bemühungen steht der Kampf gegen die Kräfte des Bösen in der Welt — die Durchdringung der Welt mit den Mächten des Guten und das prophetische Handeln in Wahrheit und Gerechtigkeit, die beide vom Reich Gottes untrennbar sind. Der Dualismus des Sakralen und des Weltlichen, den das Zeitalter der Väter nicht gekannt hat, erzeugt einen Bruch in den Seinsstufen der Welt — nach den biblischen Gleichnissen ist das eben ihr Schicksal, daß Heilige und Sünder voneinander abhängen.

Der äußerste christliche Dienst der letzten Zeiten und die christliche Hoffnung erwachsen aus dem Priestertum der Gläubigen. Diese Zeit setzt den Durchbruch durch alle Verbegrifflichung voraus, durch alles, was nur Zeichen oder Bild ist — den Durchgang durch das riesige Museum der unwirksamen Werte der Kultur auf den wahren Wandel der Welt zu. Sie verheißt die Erleuchtung der Wesen und ihrer Beziehungen zueinander, die Schaffung lebendiger Gemeinschaften, organischer Zellen der Kirche, Keimzellen des Geistes, die durch ihr Leben das Leben im Zukünftigen vorwegnehmen. Hier erst wird man Berufung und Dienst des Männlichen und des Weiblichen genau erkennen.

DIE KIRCHE IN DER WELT UND DIE LETZTEN DINGE

Die Kirche und die Welt

Geht hin und lehrt alle Völker", sagt der Herr (Mt 28, 19). Die Kirche kümmert sich um einzelne Menschen, aber auch um die Menge der Völker. Im Wechselspiel der geschichtlichen Verhältnisse kann sich die Kirche im Mittelpunkt des nationalen Daseins befinden oder an die Peripherie des völkischen Lebens gedrängt sein. Jedenfalls kann sie niemals auf ihre theokratische Mission verzichten, ohne sich selbst untreu zu werden. Als Salz des Lebens würzt sie alle Geschehnisse, verleiht sie jeder Epoche ihren Wert und enthüllt ihre verborgene Bedeutung. „Wer mich verwirft und mein Wort nicht aufnimmt, ist schon gerichtet. Das Wort, das ich verkündet habe, wird ihn am Jüngsten Tag richten" (Jo 12, 48). Die Kirche ist dieses Wort, das der Welt als ihr unmittelbarer Richtspruch innewohnt.

Jedes Volk bemächtigt sich einer Aufgabe und schart sich um sie — aber diese Aufgabe ist einbegriffen im Plan Gottes. Das Gleichnis von den Talenten zeigt, daß kein Werk in der Welt verloren ist. Wenn einer der ihm Dienenden zurücktritt, so wird das Werk einem anderen anvertraut; aber es entsteht eine beklagenswerte Verzögerung.

Jede Macht kommt von Gott. Sie kann wohl entarten, aber sie hat nur Bestand aus ihrem Bezug zum Absoluten. Diese tiefe Verbindung bleibt selbst in bewußter Leugnung dennoch bewahrt — und zwar als ein drohendes Urteil, das jede Neutralität ausschließt. Es ist der Geschichte nicht gestattet, ihren Voraussetzungen auszuweichen. Ihr transhistorischer Koeffizient verleiht ihr schon das positive oder negative Vorzeichen. Deshalb fordert trotz seiner scheinbaren Einfachheit ein Wort wie das: „Gebt dem Kaiser, was des Kaisers ist, und Gott, was Gottes ist" einen Akt unerschütterlichen Glaubens.

Der Staat, die Gesellschaft, die Kultur oder Zivilisation werden nicht Kirche, aber sie vollenden sich in der Kirche — werden durch sie in ihre eigene Wahrheit hineingeboren. Jeder manichäische oder nestorianische Dualismus, ebenso wie jeder blutarme Monophysmus müssen radikal und endgültig unterdrückt werden. Sonst verliert man die Urkraft biblischen Denkens und verirrt sich im Sande häretischer Konstruktionen. Das Evangelium ist unerbittlich: das menschliche Dasein ist in seiner Gesamtheit dem Reiche Gottes als einzigem Ziel unterworfen. Das soziale Leben kann sich nur auf dem Dogma aufbauen. „Das Christentum ist die Nachahmung der Natur Gottes" (Gregor) [227]. Wenn die Diener des Guten schwach werden, wird das Werk von gegensätzlichen Kräften aufgenommen und mit dem entgegengesetzten Zeichen versehen. So bricht die Verwirrung aus. Der Auftrag des Evangeliums, das Reich Gottes zu suchen, verweltlicht sich und entartet in Utopien vom Paradies auf Erden. Der furchtbare Totalitarismus des apokalyptischen Tieres zeichnet sich im Gewimmel menschlicher Vereinigungen ab. Heute ist die Christenheit nicht mehr der aktiv Handelnde der Geschichte, sondern ohnmächtiger Zuschauer bei Vorgängen, die sich ihrer Einwirkung entziehen. Diese Prozesse enthalten die Tendenz, die Christenheit zum Ausmaß und zur Bedeutung einer auf sich selbst bezogenen Sekte am Rande der Geschicke der Welt herabzudrücken. Die sozialen und wirtschaftlichen Reformen, die Befreiung der Völker und Hebung der sozialen Klassen geschieht in Machtvollkommenheit dieser der Kirche entrückten Welt.

In der Geschichte hat das Ringen um die Gleichgewichtslage zwischen den geistlichen und den weltlichen Mächten sehr verschiedene Lösungen gefunden. Im Mittelalter liegen beide Schwerter allein in der Hand des Papstes. Die Reformation hat sie dort fortgenommen und in die Hand der Fürsten gelegt. Die Orthodoxie hat eines der beiden Schwerter in die Hand des Patriarchen und das andere in die Hand des Kaisers gelegt. Aus der Einheit des Zieles wuchs die Einheit der beiden Gewalten.

Das ist die berühmte „byzantinische Symphonie", von der die 6. Novelle des Kodex Justinianus spricht. Die geistliche Macht der Kirche und die weltliche Macht des Staates sind zwei durch denselben göttlichen Willen gebotene Gaben und infolgedessen zum Einklang, zur Symphonie bestimmt. Der Staat schützt die Ehre der Kirche, und die Kirche durchgeistigt die Grundlagen des sozialen Lebens. Die Kirche ist der Kompaß, der dem Staat die Richtung gibt. Und der Staat hält das Steuer des weltlichen Lebens der Völker in der Hand. Der Epanagog des 15. Jahrhunderts spricht von dieser Einheit im Bild von Leib und Seele. Der Kaiser herrscht über den Leib und der Patriarch über die Seele. Die dem christlichen Glauben innewohnende christliche Prägung des nationalen Lebens und die Durchdringung aller Dinge mit dem Licht Christi sind die Gesichtspunkte, aus denen die Anthropologie der Kirche organisch abgeleitet wird. Wie nie zuvor liegt das heilige Erbe der apostolischen Sendung mit seinem ganzen Gewicht heute auf der geschichtlichen Wirklichkeit. Die orthodoxen Völker haben von Anfang an eine Prägung der Innerlichkeit erhalten. Ihre Seele ist aus den Wassern der Taufe aufgestiegen, und sie können — ob sie nun wollen oder nicht — nicht davon loskommen. Den Fall einer geradezu ungeheueren Entartung ausgenommen, bleibt selbst die seelische Verfassung eines Atheisten mystisch. Tragischerweise ist durch die Ereignisse der neuesten Zeit die Botschaft der Kirche aufgehoben — ist suspendiert. Vielleicht geschieht das aber gerade um der besseren Herausbildung in naher Zukunft willen — um etwas auszusagen, das noch nie gesagt ist und das nicht mehr von geschichtlichen Formen abhängt. — Ja, um es mit einer Autorität zu sagen, die dann nur aus der Freiheit der Kirche kommen könnte!²²⁸ Die Situation von heute hat die geschichtlichen Gegebenheiten des Problems empfindlich gewandelt. Durch die Macht der Ereignisse gezwungen, lebt die Kirche fast überall in der Trennung vom Staat. Sie paßt sich dieser neuen Situation an, ohne dabei innerlich etwas von der ihrer Natur unabtrennbar verbundenen universellen und totalen Aufgabe verlieren zu können. Aber ihr Theokratismus wirkt innerlicher. Die Kirche sieht sich als allgegenwärtiges Gewissen an, dessen Stimme frei erklingt — eine Stimme, die sich trotz allen weltlichen Gebotes an die Freiheit richtet. Was sie in Ermanglung von staatlichen Mitteln an äußerer Wirkungsmöglichkeit verliert, das gewinnt sie an sittlicher Kraft durch die fürstliche Unabhängigkeit, die sich ihr Wort errungen hat.

Im Klima der Gleichgültigkeit oder selbst offener Feindseligkeit und vor allem im Wettbewerb um den Neubau der menschlichen „Gesellschaft" kann die Kirche sich nur noch auf die gesunden Teile der Gesellschaft, auf das Volk Gottes²²⁹, stützen. Aber die Kirche ist auf alle Fälle stärker denn je im Bewußtsein ihrer allumfassenden Berufung. Immer werden Staat und Gesellschaft im Sendungsbereich der Kirche verbleiben, denn sie sind ihrer Natur nach religiös. In jedem Augenblick der Geschichte entfaltet sich gebieterisch die Notwendigkeit der Wahl zwischen Gottesherrschaft und Satansherrschaft. Aber augenblicklich mehr denn je durch die immer mehr ausgeprägte Eigenart — die immer deutlicher werdende Profilierung — der beiden Reiche! Es handelt sich keineswegs um soziale Praxis oder Anpassung, sondern um eine dogmatische Frage, und infolgedessen kann keine sektiererische und die Inkarnation leugnende Theologie etwas an der Glaubensregel ändern.

Der Sündenfall hat nichts am ursprünglichen Plan der Inkarnation geändert. Nur eine allzumenschliche Sicht bemüht sich darum, die gewaltigen, dynamischen Texte der Schrift abzuleiten, zu verkleinern und abzustumpfen. Die Lehre von den letzten Dingen hebt nichts von der Wirklichkeit der Geschichte auf, im Gegenteil stellt sie das Problem erst im eigentlich geschichtlichen Sinn — aber in seinem ganzen Umfange. Es ist der Maximalismus der Mönche, der die Geschichte am tiefsten rechtfertigt. Wer diesem Maximalismus nicht zustimmt, dem unmittelbaren Ende aller Dinge und dem brüsken Übergang in ein zukünftiges Zeitalter, der muß das auf seine eigene Verantwortung nehmen und die Geschichte positiv erklären, als eine Sphäre, die sich aus eigenen Tiefen heraus zum Reich Gottes verwandelt. Jedes Anhalten und jedes Sicheinrichten im geschichtlichen Raum wird vom mönchischen Radikalismus unmittelbar verurteilt. Sein „Salz" tilgt die Unfruchtbarkeit des Allzumenschlichen, das sich in den „kleinen Ewigkeiten" verliert. Übrigens erträgt die Geschichte ihre eigene Leere nicht; ohne Ausrichtung gelassen, verfertigt sie die Utopien des Ersatzes. Ihr schlimmer Weg führt zur apokalyptischen Endabrechnung, denn nicht das Menschliche allein ist ja im Spiel, sondern der Gott-Mensch und seine Herrschaft. Nietzsche hat ganz recht, zu sagen, daß der Mensch schlechthin eine Kategorie ist, die überwunden werden muß. Das aber ist nicht anders möglich als im Überschreiten des Menschen zum Teufel oder zum Heiligen hin. Und es läuft logischerweise auf eine Bestimmung der beiden Torheiten hinaus. Man muß gleicherweise töricht werden, um die ewige Wiederkehr der Dinge bei Nietzsche anzunehmen — wie die „Torheit des Kreuzes" beim heiligen Paulus. Das Problem des Menschen am Ende aller Dinge wird von der Geschichte selbst gestellt.

Jeder große Sünder — wie der Schächer zur Rechten in der Kreuzigungsgeschichte — kann sich unmittelbar zum Äon der Ewigkeit bekehren. Im Gegensatz dazu zersetzt sich der Böse und zersetzt gleichermaßen das Dasein in das subjektiv Vergängliche — das Höllische. Beide von ihrer Existenz her bestimmte Zustände bringen das Ende nahe — und was zwischen ihnen liegt, fällt unter „das Stroh der Geschichte", in die Lauheit, von der die Apokalypse als dem Auszuspeienden spricht (Apk 3, 15—16). Die Heiligen, die Helden und die Genies der Geschichte stehen auf dem äußersten Grenzpunkt in der einzigen und alleinigen Wirklichkeit. Wahre Kunst, die Ikonen, die Liturgie, echte Schöpfungen in allen ihren Formen sind das unmittelbare Paradies, während im Gegensatz dazu aller Kult des Entarteten, Bösen sich in unmittelbare Hölle entlädt. Es ist der Vorzug apokalyptischer Zeiten, daß sie das Verborgene ans Licht bringen. Während das Übel eine konstante Größe ist — schlechte Unendlichkeit —, ist das Reich Gottes konstantes Wachstum, echte Unendlichkeit.

Innerhalb des 13. Kapitels des Johannes-Evangeliums ist die Fußwaschung eine symbolische Handlung. Sie veranschaulicht die Liebe Gottes und führt wie ein Präludium zum Heiligen Mahle hin — bis zu jenem „es ist vollbracht". Das Bild ist ergreifend und von höchster Spannung. Die Kirche mit Christus im Mittelpunkt ist um das messianische Mahl herum errichtet. Ihr Gegenüber ist die Gegenkirche, Judas, in den der Satan eintritt, um Wohnung in ihm zu nehmen. Zwischen diesen beiden Polen aber befindet sich die Welt.

Eine eigenartige Verwerfung findet sich in dem Gespräch Jesu mit Judas — sein Wort über den Verrat wird jäh abgebrochen und die Trauer, die Christus dabei erfüllt, unterstreicht noch dessen Wichtigkeit. Der von einem Pol zum anderen von der Kirche zur Anti-Kirche wandernde Blick Christi verweilt auf dem Schicksal der Welt, die zwischen ihnen liegt. Das Wort, das Christus hier ausspricht, ist wohl das ernsteste, das je an die Kirche gerichtet wurde. „Wer einen aufnimmt, den Ich sende, der nimmt mich auf — wer aber mich aufnimmt, der nimmt den auf, der mich gesandt hat." Wenn die Welt, ein Mensch, unser Gegenüber, jemanden von der Kirche, von uns aufnehmen, so verweilt der Aufnehmende schon in der fortschreitenden Bewegung der Kommunion — steht nicht mehr außerhalb ihres geheiligten Kreises. Das Schicksal der Welt hängt von der Haltung der Kirche ab, von ihrer Kunst, sich willkommen zu machen, von der Freude und Barmherzigkeit ihrer Heiligen.

Das 1. Kapitel des ersten Johannes-Briefes beginnt mit der Liebe. Sie geht allem voran und übersteigt jede Antwort. In ihrer Tiefe erscheint die Liebe selbstlos wie die Freude des Freundes des Bräutigams. Eine Freude, die in sich selbst beruht, der reinen Lust und dem Sonnenlicht vergleichbar — eine Freude von vornherein ausgegossen für alle! Johannes 14, 28 fordert Jesus von seinen Jüngern, froh zu sein, von jener großen Freude getragen, deren Begründung weit über dem Menschen in Gottes Dasein selbst liegt. In dieser klaren, reinen Freude entspringt das Heil der Welt.

THEOLOGIE DER GESCHICHTE[230]

Gibt es einen Zusammenhang zwischen Theologie und Geschichte, zwischen der Offenbarung Gottes, dem Eingreifen seines Willens und der Geschichtswissenschaft? Was bedeutet die Zeit zwischen Himmelfahrt und Wiederkunft? Wir können die Augenscheinlichkeit des Handelns Gottes bejahen und das Tun des Menschen feststellen. Die Gabe des Reiches Gottes ist sehr geheimnisvoll mit den Bemühungen des Menschen verbunden, aber dieses Band entzieht sich jeder wissenschaftlichen Untersuchung. Das Gewand des Irdischen verbirgt die göttliche Gegenwart, und das Zusammenwirken verschiedenster Kräfte unterbindet die Vollkommenheit der Überschau. In dem Streit zwischen Inkarnationisten und Eschatologisten, d. h. zwischen einer Blickrichtung, die mehr den Christus in der Welt und einer, die stärker die letzten Dinge erfaßt, neigt die Theologie der Geschichte stärker der Ordnung der Zeugenschaft, dem Plan intentionaler Erfassung unmittelbar einleuchtender Glaubenswahrheiten zu.

Noch in der Gegenwart findet man Theologen, deren Geschichtsdenken dem des Augustinus in seiner Civitas Dei gleicht. In Wirklichkeit ist das Geschichtsgefüge außerordentlich verwickelt, und es erscheint heute unmöglich, nur die reinen Kategorien des Heiligen und des Weltlichen darauf anzuwenden. Übrigens ist auch die Objektivität eines jeden Historikers sehr bedingt, man muß stets zwischen verschiedenen Lesarten wählen. Es ist unmöglich, eine gerade Linie des Aufbaus durchzuhalten. Selbst im Fortschreiten der Wissenschaft gibt es Strömungen im Bereich der Synthesen, und seit Eduard Meyer, Spengler und neuerdings Toynbee kann man die Diskontinuität, das Nebeneinander anstelle der Aufeinanderfolge der Kulturen aufweisen. Nach dem „Jahrhundert des Lichtes", das vielmehr jenes der Verfinsterung genannt werden sollte, ist der Rhythmus zerstört. Der Mythos von der Verwestlichung des Planeten ist vom 20. Jahrhundert an nicht mehr aufrecht zu erhalten. Neue Welten zeichnen sich ab; der Osten nimmt eine immer beachtlichere Stellung ein. Man kann eine gewisse innere Bezogenheit feststellen zwischen *kairos* (Einbruch des Transzendenten) und dem Eintritt eines Geschehnisses (Endpunkt einer Entwicklung) — besonders angesichts des vereinfachenden Dreischritt-Schemas von Bossuet: Schöpfung, Sündenfall, Heil. In weltlicher Sicht verabsäumt man den Ursprung der Schöpfung und legt alles Gewicht auf ihr Endziel, das zur Antriebskraft wird, um den Fortschritt der Geschichte zu sichern. So wird Geschichte in ihrer Hochform konstruiert (als Glück z. B. oder soziale Gerechtigkeit oder wirtschaftliche Gleichheit). Es handelt sich dabei weder mehr um die Stadt Gottes noch um das verlorene Paradies, noch um die Versöhnung zwischen Gott und dem Menschen — es handelt sich einfach um den Menschen als Erbauer seines eigenen Geschicks. Es gibt im allgemeinen keinen Historiker mehr, der Geschichte ohne Berücksichtigung des Endziels schreibt, aber die zu unbefangene Endorientierung läuft doch Gefahr, kurzschlüssig zu werden (marxistisches Paradies, existentialistische Spannung). Im Grunde bleibt das Dilemma, der Doppelschluß: von oben oder von unten her gesehen.

Welches ist der wahre Gesichtspunkt? Die Bibel gibt ihn uns; aber jeder menschliche Versuch, die Apokalypse historisch zu deuten, scheitert. Man hält die beiden Enden einer Kette in der Hand — das schicksalmäßige und das fortschrittliche —, oder anders ausgedrückt: die Geschichte und die Metaphysik. Gewiß wird man an Tiefe gewinnen, wenn man dem Mysterium, wenn man dem Unaussagbaren seinen Platz einräumt. Die im 20. Jahrhundert sehr beliebte Geschichtsphilosophie macht der Geschichtstheologie Platz. Anstelle ethischer Prinzipien von Gut und Böse entdeckt man Gott und den Satan, und die Gottesidee tritt in die lebendige Gegenwart ein. Der Gott der Geschichte wird Gott in der Geschichte. Der geschichtliche Raum wird völlig verändert durch die Menschwerdung des Christus. Die Geschichte hat ihren Angelpunkt in Christus.

Alles, was ihm voraufgeht, ist nur Vorform, und alles, was nach ihm kommt, ist Ausdehnung seiner Inkarnation — das Zeitalter der Kirche. Das Leben der Kirche erweist sich als eine neue Dimension des Lebens überhaupt; die Fähigkeit einer neuen Bewertung der Geschichte, weil sie nach dem Äußersten, Höchsten zu geöffnet ist. Es ist die große Wiederentdeckung der Eschatologie. Unter diesem Gesichtspunkt muß gesagt werden, daß die Geschichte — ohne vorher bestimmt zu sein — nichtsdestoweniger von außergeschichtlichen Faktoren bestimmt wird. Tatsächlich besitzt die Geschichte ihren Anfang, und sie wird auch ihr Ende haben. Aber sie ist nicht eigengesetzlich, sie besitzt ihre Vor-Geschichte und wird auch ihre Nach-Geschichte haben. Diese Werte leben und wirken in ihr, und sie bedingen die zu allen Zeiten gleichbleibende historische Aufgabe. Es ist dem Menschen nicht gegeben, das Thema seiner Existenz zu wechseln, sein Schicksal zu fliehen. Er kann nur das Vorzeichen eines Geschichtsgefüges auf positiv oder negativ stellen. Das erklärt zur Genüge, daß die Geschichte weder unendlich dauern, noch willkürlich angehalten werden kann. Wir stehen vor der Frage nach ihrem Ende, das sich aus dem transzendenten Element (der Schöpfertat Gottes) und dem immanenten der inneren Reife der Geschichte ergibt. Es zeigt, daß die Eschatologie eine geschichtliche Forderung anmeldet, ihre historischen Voraussetzungen und ihr menschliches Maß der Verwirklichung besitzt — aber alles unter Teilhabe himmlischer, engelhafter und teuflischer Mächte! Bleibt sie auch im Verborgenen, so gibt es doch einen Sinn in dem allen, und er lenkt die geschichtlichen Phasen. Aber wir können diese sehr allgemeine Behauptung noch weiter vorantreiben: Christus ist der absolute Träger der Geschichte, und in ihm allein ist auch die Menschheit — insoweit sie sein Leib, die Kirche ist — Träger der Geschichte. Aber ist Christus auch König der Geschichte? Ja, nach der im Evangelium dargestellten Weise seines Einzugs in Jerusalem, zwar in kenotischer Weise (im Schleier der Demut versteckt, den Sinnen verborgen), aber um so mehr offenbar und ersichtlich für den Glauben. — Das Gleichnis vom Weizen und vom Unkraut zeigt die Verwechslung zwischen Erscheinung und Tiefengrund der Dinge (Mt 13, 24–30).

Der Streit, welcher die Welt in zwei Pole auseinanderreißt und in den Kampf stürzt, ist nicht der zwischen Geist und Stoff, sondern zwischen Geistern verschiedener Natur (Apk 12, 19). Kapitel 13 der Apokalypse spricht von zwei mit ungeheurer Zerstörungskraft ausgestatteten Mächten: der grenzenlosen Gewalt, die der eines diktatorischen Staates über die Lebenden gleicht, und den falschen Prophezeiungen. Die Kennzeichen der Anti-Kirche: Betrug, Schmarotzertum, Nachäffung verwirklichen sich. Das Böse stiehlt das Sein, lebt parasitär und setzt seine Elemente auf teuflische Weise wieder zusammen: Nachahmung Gottes mit dem umgekehrten Vorzeichen – was das Wesen aller Parodie ist. Als Gegenstück wird in der dogmatischen Bezeugung des kalzedonischen Konzils das Ziel aufgestellt: Die Menschheit in der Vollgestalt göttlichen Reichtums zu verwirklichen.

Die einander ausschließende Gegensätzlichkeit der beiden Herrschaftsprinzipien macht das Ende als Zusammenbruch ersichtlich. Es handelt sich nicht um gradlinige Entwicklung, sondern um „Fortschreiten ins Katastrophale".

Ohne sich auf einzelne Daten, Namen und Epochen festzulegen, kann man in der Geschichte folgenden Doppelprozeß unterscheiden: einerseits mehr oder weniger starke Entmenschlichung und andererseits Predigt des Evangeliums in der ganzen Welt, Heiligkeit in ihren neuen Erscheinungsformen, die Bekehrung Israels. Es ist begründet anzunehmen, daß eine der beiden Strömungen von Christus in seiner Wiederkunft zur Vollendung geführt werden wird, die andere vom Antichrist. In Christus ist die Geschichte vollendet. Nichts kann mehr hinzukommen. Man kann nicht über Christus hinaus. Jedenfalls vollendet die Wiederkunft Christi die Geschichte als Ende der Kenose – des göttlichen Daseins im verbergenden Schleier der Menschlichkeit. Eschatologie ist der kosmische Widerhall seines Ruhms. Am Pfingsttag ist das Christentum schon in Tat umgesetzte Eschatologie: die Wiederkunft hat sich der Welt genähert.

Die Lehre von den letzten Dingen

Es gibt keine ausführliche dogmatische Gesamtschau eschatologischer Grundwahrheiten. Außer den Artikeln des Glaubensbekenntnisses von Nicäa, die von der Wiederkehr, einem Gericht und der Himmelfahrt sprechen, besitzt die Orthodoxie keine dogmatischen Formulierungen. In bezug auf eine Reihe von durch die Schrift bestätigten Ereignissen sind sowohl die theologischen Erläuterungen als auch die Überlieferung nicht genügend klar und übereinstimmend. Das liegt darin, daß die eschatologische Bilanz nicht allein die Geschichte, sondern darüber hinaus auch die Weisheit Gottes umgreift. Schon Paulus versichert die Unvereinbarkeit göttlicher und menschlicher Weisheit. In einem gewissen Sinn kann allein „des Menschen Torheit" die unerforschlichen Wege Gottes erahnen. Wir stehen vor dem innersten Geheimnis des göttlichen Heilsplanes. Wie kommen Gottes Liebe und seine Gerechtigkeit zum Einklang? — Wir fassen es nicht. Die Bilanz zu ziehen erfordert antinomisches Denken; das ganze scholastische, rationalistische Lehrgebäude entstammt rein menschlichem Denken. Das, was Boulgakoff „Buß-Theologie" nennt, ist die vereinfachende Lösung, die am Rande der Liebe Gottes einen juristischen Kodex aufbaut. Man gewinnt an Klarheit, aber gerade sie ist zweifelhaft. Hier ist es am Platz, sich des Paulus-Wortes zu erinnern: „O Tiefe des Reichtums, der Weisheit und der Erkenntnis Gottes! Wie undurchdringlich sind seine Urteile und unbegreiflich seine Wege" (Röm 11, 33).

„Die Gestalt der Welt vergeht" (1 Kor 7, 31). „Die Welt vergeht mit ihrer Lust, wer aber den Willen Gottes tut, der bleibt in Ewigkeit" (Jo 2, 17). Es gibt Dinge, die vergehen, und solche, die bleiben und überdauern. Wir stehen vor einer Umwandlung der Elemente. Mythologie und Wissenschaft wissen es gleichermaßen. Das Feuer ist das gebräuchlichste Bild. Das Feuer schmilzt die Materie um, indem es sie reinigt — aber dieser Übergang zu einem anderen Zustand kann nicht mit Entwicklung bezeichnet werden. Da ist ein von Gott gesetzter Einschnitt: die Kluft vor dem transzendenten Handeln Gottes. Der Jüngste Tag ist ein ganz besonderer Tag: er wird nie der gestrige, weil er kein Morgen mehr hat. Er schließt die geschichtliche Zeit ab, aber er hat nicht teil an ihr. Er steht nicht auf dem Kalender, und deshalb kann man ihn nicht voraussagen. Das ist so wie der Tod eines Sterbenden, der nur für seine Umgebung ein Datum hat. Aber am Ende der Welt wird diese in der Zeit verbliebene Umgebung auch nicht mehr sein, denn es gibt die Zeit selbst nicht mehr. Wenn wir lesen, daß „vor dem Herrn ein Tag ist wie tausend Jahre und tausend Jahre wie ein Tag" (Ps 90, 4), so zählt hier nicht das Verhältnis 1:1000, sondern das Maßbild unzählbarer Äonen. Dieser jenseitige Charakter des Endes kann nur Gegenstand des Glaubens und der Offenbarung sein; und deshalb ist der Zweifel — logisch [231].

Man kann paradoxerweise sagen: der Tod ist die größte Qual unseres Daseins, aber zugleich: der Tod errettet uns aus der Seichtigkeit, in die wir immer Gefahr laufen, uns zu verlieren. Er schenkt uns den Sinn für das Geheimnis und die Tiefe des Lebens. Der Atheismus ist in doppelter Weise sinn-los: indem das Leben vom Nichts, vom Nicht-sein abgeleitet wird und indem der Lebende im Augenblick seines Todes vernichtet wird. Aber das Leben ist kein Element des Nichts, sondern vielmehr ist der Tod ein Element des Lebens. Man kann das Todesproblem nur im Zusammenhang mit dem Leben verstehen. Das Nichts und der Tod an sich können nicht sein — es sei denn als ein Aspekt des Lebens und des Seins. Als eine sekundäre Erscheinung, so wie die Verneinung der Bejahung nachgeordnet ist. Man kann den Tod nicht als einen von Gott her kommenden Verlust betrachten, denn er vernichtet das Leben nicht. Das Gleichgewicht ist zerstört, und von daher empfängt das Todesschicksal der Sterblichen seine logische Einordnung. So gesehen ist der Tod natürlich, wenngleich er gegen die Natur ist. Daher die furchtbare Angst der Sterbenden. Aber die Heiligen erlebten den Tod mit Freuden, im Jubel, von der Last des Erdenlebens befreit zu sein. „Wenn das Herz vom Glanze Gottes versehrt ist" (Macarius)[232], „überschreitet die Liebe alle Angst" (Antonius der Große)[233].

Der Tod wird in der Liturgie Schlaf genannt. Das menschliche Wesen hat eine schlafende und eine wachbewußte Seite. Das drückt sich in der Scheidung von Geist und Leib aus. Im Tode übt die Seele ihre Aufgabe, den Körper zu be-seelen, nicht mehr aus. Aber sie wohnt als Bewußtseinsorgan dem Geist inne. Schon während der irdischen Existenz leitet das Leben in Christus die Vereinigung mit der himmlischen Welt ein (Jo 1, 51), und der Tod ist die große Einweihung im Geistigen [234]. Nach der orthodoxen Lehre ist das Dasein zwischen dem Tod und Jüngstem Gericht ein Zustand, den man Purgatorium nennen kann — weniger ein Ort als ein Zwischenzustand der Reinigung. Das Gebet für die Toten ist von altersher sicher überliefert. Berichte von der Verklärung, im Beispiel von Moses oder Elias, oder das Gleichnis vom armen Lazarus und dem Reichen scheinen zu beweisen, daß die Toten vollkommenes Bewußtsein besitzen. Das den Tod nur durchschreitende Leben setzt sich fort. (Das Geschick abnormaler Kinder und das der Heiden findet seine Lösung in der „Predigt in der Hölle"). Es gibt ein sehr tiefes Wort des heiligen Paulus 1 Kor 3, 22: „Selbst der Tod ist eine Gabe, die Gott dem Menschen zur Verfügung stellt."

Die Himmelfahrt setzt die Wiederkunft voraus. Christus ist derselbe, aber nicht mehr vom Schleier der Armut verhüllt, sondern offenbar für alle in seiner Herrlichkeit. Es wird unmöglich sein, ihn nicht mehr zu erkennen. Deswegen liegt allein schon in der Tatsache der Wiederkehr das Gericht für alle, die zweifeln. Jene Schau setzt einen Wandel in der Natur des Menschen voraus. Es ist nicht die geschichtliche Welt, die die Wiederkunft Christi erschauen wird, denn diese Fähigkeit ist an die Wandlung gebunden. Die letzten Dinge — der Einsturz von Himmel und Erde — liegen noch im Schoß der Geschichte.

Die Auferstehung ist allgemein (Jo 5, 28), ihr Empfang aber ist verschieden. Die einen erwarten sie mit Freuden, die anderen fürchten sie, einige widerstehen beinahe. Die Seele findet ihren Leib wieder. Nach Paulus gibt es eine Kraft im Weizenkorn, wie die Kraft des Samens, die Gott wieder hervorbrechen läßt (1 Kor 15, 39—50). Unnütz, nach Form, Zustand oder Alter zu fragen. Man kann nur sagen, daß der auferstandene Leib in seiner ganzen Gestalt aufblühen und daß er mit sich selbst identisch sein wird. Gregor von

Nyssa [235] spricht von dem Siegel, von der Prägung, die sich auf die Gestalt des Leibes bezieht und die es erlauben wird, das bekannte Gesicht zu erkennen. Der Leib wird dem des auferstandenen Christus ähnlich sein: keine Schwere und keine Undurchdringlichkeit mehr. Die schon in diesem Leben geübte Askese führt stufenweise zum Zustand der Vor-Auferstehung. Im zweiten Korintherbrief 3, 18 spricht Paulus davon, sich mit unverhülltem Antlitz zu sehen. Das Gericht wird den ganzen Menschen so sehen. So spricht Isaak auch vom Gericht durch brennende Liebe. „Die Sünder sind der Liebe Gottes nicht beraubt." [236] Aber die Entfernung von der Quelle, die innere Armut, die Leere des Herzens machen es unmöglich, der Liebe Gottes zu antworten, und erzeugen Qual, denn man kann, nachdem Gott offenbar wurde, nicht umhin, Christus trotz des inneren Verstummtseins zu lieben.

Das Evangelium gebraucht das Bild der Trennung von Schafen und Böcken. So wie es keinen vollkommenen Heiligen gibt, so lebt auch in jedem Sünder etwas Gutes. Das erlaubt nach Serge Boulgakoff [237] eine Verinnerlichung der Vorstellung des Gerichts, eine Trennung nicht nach Menschen, sondern im Innern des Menschen. Unter diesem Gesichtspunkt würden gleicherweise die Worte von der Zerstörung, Vernichtung, vom zweiten Tod sich nicht auf die menschlichen Wesen, sondern auf die teuflischen Elemente in ihnen beziehen. Der Sinn des Todes ist also nicht so sehr Strafe wie Reinigung und Heilung. Die Abtrennung führt nicht zum völligen Verschwinden des Menschen, sondern zum Leiden um der Verminderung des Bösen willen. Nach der Gerechtigkeit müssen alle durch die Hölle gehen, aber in jedem sind Anteile der Hölle und des Paradieses. Das göttliche Schwert dringt in die menschlichen Tiefen und bewirkt dort die Lostrennung. So werden die göttlichen Gaben, die nicht angenommen und zum Wachstum gebracht wurden, offenbar. Denn in dieser Leere des nicht zur Wirkung Gebrachten besteht das eigentliche Wesen höllischen Leidens: die nicht verwirklichte Liebe, die tragische Kluft zwischen Bild und Abbild. Der Komplex der absoluten Unlösbarkeit von Gut und Böse beraubt das Gericht der Möglichkeit der Wahl. Wir stehen vor dem größten Geheimnis göttlicher Weisheit. Ist Hölle ewig? — Zunächst einmal ist Ewigkeit kein Maß der Zeit und bedeutet vor allem nicht schlechte Unendlichkeit, Fehlen des zeitlichen Endes. Die Ewigkeit ist göttliche Zeit — eine Qualitätsbezeichnung —, und man kann sagen, daß die Ewigkeit des Himmels und der Hölle verschieden sind. Es ist unmöglich, die Ewigkeit als eine von ihrem Inhalt unabhängige Form zu betrachten (Mt 25, 34—41). Wenn schon hier in menschlicher Zeit *panta rei*, alles fließt und vorübergeht, so wird im zukünftigen Zeitalter das Leben sich im Sinn des Wachstums fortsetzen. Nichts wird vorübergehen, um zu verschwinden, denn alles wird ganz zum Guten sein — ewiger Dauer würdig.

Die landläufige Auffassung von den ewigen Leiden ist nur eine Schulmeinung, eine vereinfachte Theologie (Buß-Theologie), die Texte wie die folgenden außer acht läßt (Jo 3, 17; 12, 47). Ist es vorstellbar, daß Gott neben der Ewigkeit seines Reiches eine solche der Hölle bereitet habe, die in gewissem Sinn ein Scheitern seines Planes, einen zum mindesten Teil-Sieg des Bösen bedeuten würde? Paulus scheint in Kor 15, 55 das Gegenteil zu behaupten. Wenn Augustinus die „Barmherzigkeiten" verwirft, so richtet sich das gegen Libertinismus und Sentimentalität. Anderseits ist heute auch das pädagogische Moment der Angst nicht mehr wirksam und stellt das Christentum dem Islam an die Seite. Der Schauer vor den heiligen Dingen errettet die Welt aus ihrer Fadheit, aber „die vollkommene Liebe vertreibt die Angst" (1 Jo 4, 18).

Man könnte sagen, daß es Hölle weder in der Ewigkeit noch in der Zeit gibt, insoweit diese Zeitmaß bedeuten, aber gespenstisch anwesend in den Abgründen des eigenen Innern! Der 5. Ökumenische Rat hat die Frage nach der Dauer der Höllischen Leiden nicht untersucht. Der Kaiser Justinian unterbreitete dem Patriarchen Minus 543 seinen persönlichen Lehrsatz. (Er gleicht in diesem Falle den „Gerechten" in der Geschichte von Hiob, die enttäuscht waren, weil die Schuldigen keine Strafe erreicht hatte.) Der Patriarch arbeitete die Thesen gegen den Neu-Originismus aus. Papst Vigilius bestätigte sie. Irrtümlicherweise sind sie dem 5. Konzil zugeschrieben worden. Dieser Lehrsatz ist nur eine persönliche Auffassung, und die entgegengesetzte von Gregor von Nyssa ist niemals verdammt worden. Am Ende befindet sich Satan der Erde, dem Ziel seines Begehrens, beraubt und in sein eigenes Sein eingeschlossen. Dieses aber ist nicht unbegrenzt. Das Bloß-Satanische erschöpft sich, wenn das Subjekt kein Objekt mehr hat. Im Gegensatz dazu hat das Herz der Kirche — das Herz der Gottesgebärerin — keine Grenzen. Isaak spricht aus brennendem Herzen der Liebe für die Reptilien, ja sogar für die Dämonen. Die Sühne breitet sich über den ganzen Plan der göttlichen Schöpfung aus. Der zweite Tod bezieht sich auf die Urgründe des Bösen, die in Raum und Zeit ausgebreitet liegen: An dem ihnen gesetzten Ende rollen sie sich auf und verschwinden für immer. — Hat die Freiheit des Menschen sein vergängliches Verderben zugelassen — der Schluß steht in Gottes Händen.

DER HEILIGE GEIST IN DEN LETZTEN ZEITEN

Nach der Auslegung der Kirchenväter des 7. Ökumenischen Konzils bezieht sich das Wort des Evangeliums von der Todsünde auf den Heiligen Geist. Sie besteht im bewußten Widerstand gegen sein heiligendes Wirken — ein Widerstand, der die Weisheit Gottes ad absurdum führt. Das Gewicht solchen Geist-Wirkens erklärt die mystische Strömung, die mit dem „Ewigen Evangelium" des Joachim von Floris verbunden ist. Später preisen Fr. Baader, J. Boehme und selbst George Sand die drei Testamente, die drei geschichtlichen Zeitalter. Die Geschichte der christlichen Kirche ist mit Sicherheit schon die letzte Epoche, die die letzten Dinge umschließt, und man kann von dem besonderen Wirken des Geistes in ihr sprechen (Apg 2, 17—21). Das „Veni Creator Spiritus" wird zum eschatologischen Hochgebet; durch alle Geschichte hindurch wirkt der Heilige Geist und bereitet die Ankunft des Reiches Gottes. Und hier noch einmal heißt es klug zu sein und jede Vereinfachung zu vermeiden. Wir leben in einer Zeit schrecklicher Verwirrungen, hier herrscht nicht die kristallklare durchsichtige Luft des Evangeliums. Es ist die Zeit, von der das Evangelium sagt, daß die falschen Propheten erscheinen werden — die falschen Worte, die verfälschten Werte, die verkehrten Situationen.

Welche Haltung nimmt das Christentum gegenüber den geschichtlichen Werten ein? Das skeptische Asketentum läßt sich von den Worten inspirieren: „Liebt die Welt nicht, noch was in der Welt ist" (1 Jo 2, 15) und bedenkt, daß alles, was Kultur ist, früher oder später in den Flammen verderben muß. Geschichtlich gesehen ist die griechische Kultur für die Predigt des Christentums notwendig gewesen. Vielleicht ist ihre Rolle schon ausgespielt. So läßt zum Beispiel die Erzeugung in Gottes Gedanken Raum für die Jungfräulichkeit, das Aus-erster-Hand-Sein aller Dinge seit der Ankunft des Messias. Tatsache ist, daß Kultur kein organisches Element christlicher Geistigkeit ist. Es gibt sogar eine theokratische Nützlichkeitstheorie: Man bedient sich der Kultur weitgehend für apologetische Zwecke, um Seelen anzulocken. Wenn die Kultur aber zu fühlen beginnt, daß sie nur geduldet ist, daß sie ein Fremdkörper ist, dessen man sich aus Nützlichkeitsgründen bedient, dann wendet sie sich ab und wird schnell selbständig, weltlich, atheistisch. Selbst obgleich sich in ihrer eigenen Dialektik eine innere Schwierigkeit nicht verkennen läßt! Die Quelle der Kultur ist greco-romanisch. Ihr Prinzip ist das der im Endlichen vollendeten Form. Hat am Anfang das Christentum die Kultur besiegt, so hat diese es ihrerseits vollkommen durchdrungen, aber es verbleiben nicht aufeinander zurückführbare Elemente. Die Kultur widersetzt sich der Eschatologie, der Apokalypse ebensosehr, wie Klassik und Romantik das taten — die Kultur widersetzt sich dem Ende. Ihr geheimer Anspruch geht dahin, in der Geschichte weiterzudauern. Aber man kann die geschichtliche Leistung des Menschen nicht beurteilen, ohne ihre Bedeutung für das Ende zu untersuchen. „Die Gestalt dieser Welt vergeht" (1 Kor 7, 31). Die Warnung, sich keine Trugbilder zu schaffen, darf nicht überhört werden. Nicht in die große Illusion irdischer Paradiese zu verfallen, selbst nicht der, daß die Kirche das Reich Gottes auf Erden sei! Die Gestalt der sichtbaren Kirche vergeht genauso wie die Gestalt dieser Welt[238]. Andererseits beraubt jene Hyper-Eschatologie, die Todessucht, die über die Geschichte hinweg zum Ende der Dinge vorprellt und sich mit asketischer Verneinung verbindet, die Geschichte allen Wertes. Sie vermindert die Bedeutung der Menschwerdung Christi und höhlt die Geschichte aus. Die christliche Haltung ist durchaus keine asketische oder eschatologische Verneinung. Sie ist „eschatologische Bejahung". Die Kultur hat keine unendliche Entwicklung. Sie ist rein Selbstzweck. In reiner Versachlichung wird sie zum System der Zwangsmaßnahmen. In ihrer Wahrheit vor Gott aber ist sie der Bereich, in dem der Mensch seiner Wahrheit Ausdruck verleiht — einer Wahrheit, die über die gegenwärtige Zeit hinausragt und über die Gestalt dieser Welt. Deshalb überschreitet die Kultur auf ihrem Höhepunkt sich selbst und wird wesenhaft Symbol, Zeichen. Früher oder später machen das Denken, das moralische Bewußtsein, die Kunst und das Gesellschaftsleben Halt an ihren eigenen Grenzen. Und dann ergibt sich die Wahl: sich entweder in der schlechten Unendlichkeit einzurichten oder seine eigene Begrenzung zu überschreiten und das Unsichtbare in der Durchsichtigkeit seiner klaren Wasser widerscheinen zu sehen. Das Reich Gottes ist nur durch das Chaos dieser Welt hindurch zu ergreifen. Es ist keine fremde Aufpfropfung, sondern die Offenbarung der verborgenen Tiefen selbst dieser Welt.

Die Reiter der Apokalypse durchsprengen die Erde. Der weiße Reiter, der Sieger, Christus, umgibt sich mit seltsamen Gefährten: den Reitern, die Krieg, Hungersnot und Tod bedeuten. Ist die Christenheit nicht tragischerweise in dem Augenblick, wo die Welt sich zerstört, sich auflöst, mit schwerem Schlaf geschlagen? Weil die Christen nicht die triumphierende Gegenwart des Lebens sichtbar zu machen wissen, lebt die Welt in christlichen Häresien. Christus der Apokalypse, der von dem Christus in der Zeit zu unterscheiden ist, durchquert die Räume der Welt. Er bringt jene gewaltige Scheidung mit sich: das Gericht. In einem fahlen, unwirklichen Licht, unerwartet wie das Gericht über Hiob und seine Freunde! Die Brücken stürzen ein, aller Orten bricht es.

Es gibt etwas, das noch mehr in Todesangst versetzen müßte als der Turmbau zu Babel. Es ist heute nicht mehr die Verwirrung der

Sprachen, sondern die Verwirrung der Geister: man kann sich, in der gleichen Sprache sprechend, nicht mehr verstehen. Die Welt zieht sich auf sich selbst zurück und wird die Stimme Christi vielleicht nicht mehr hören; die Christenheit zieht sich auf sich selbst zurück und hat keinen Einfluß mehr auf die Dinge der Welt.
Wo ist heute angesichts von Malraux, Sartre, Camus ein ihnen Ebenbürtiger in der christlichen Literatur? Sie beschreiben den Menschen als ein aus der Richtung geworfenes, verächtliches Wesen. Aber es ist eben der von den Feldzügen und Bombardements geprägte, der durch Revolutionen geformte, in Leiden zum Tyrannen gewordene Mensch. Die Ungläubigen beschreiben das Gesicht des Menschen vielleicht genauer als andere. Sie zeichnen mit besonderer Hingabe das, was die Christen Ungeheuer nennen. Auf der anderen Seite haben wir die christlich inspirierte Literatur der Julien Green, Graham Green, Francis Stuart, De Coccioli. Bei diesen merkwürdigen Autoren zeigt sich die Gegenwart Gottes gerade da, wo man sie niemals zu entdecken geglaubt hätte. Der nichtgläubige Gelehrte Jean Rostand drückte kürzlich sein uns Christen beschämendes Erstaunen darüber aus, daß die Sehnsucht der Ungläubigen nach Gott oft viel stärker sei als die ihrem Gott von den Gläubigen dargebrachte Liebe. Wie tief erschütternd für uns alle! Ist dieses Heimweh Gott etwa nicht angenehm? — Der Geist der Unterscheidung, der Sinn für Werte ändert sich und paßt sich der Zeit an, in der wir leben, wo nach dem Pfarrer bei Bernanons „jeder Bereich nach dem Himmel hin offen ist". Christus selbst in denen zu erkennen, die dem Augenschein nach gegen ihn kämpfen, in Wirklichkeit aber gegen die Auffassungen und Worte anrennen, die fälschlicherweise als christlich gelten, sollte das nicht zu den vorwiegendsten christlichen Erfordernissen gehören? Die Christenheit hat sich in ihrer Zeit und in den allerkleinsten Problemen des täglichen Lebens zu häuslich eingerichtet. Sie ist so blind, daß die anderen sich um den Wiederaufbau der Welt kümmern und die große Synthese eines neuen Schicksals suchen müssen.
„Du erklärst nicht, Dichter, aber alle Dinge werden durch dich erklärbar" (P. Claudel). Die letzten Dinge können nicht immer theo-

logische Definitionen erhalten. Es kommt vor, daß sie sich dem Dichterischen in seiner äonischen Tiefe eher erschließen. „Ich erfinde nicht — ich entdecke", sagt Peguy. Wenn die Dichtkunst sich dem Ursprung der Dinge zuwendet, kann sie dort Verständnis dafür erwecken, daß Schönheit die Vollendung der Wahrheit ist und daß Lichtglanz immer den Augenblick anzeigt, „wo alles vollendet ist". Deshalb „ist es unerläßlich, daß die Wahrheit lichtstrahlend sei — der Glanz des Stiles ist kein Luxus, sondern eine Notwendigkeit" (Leon Bloy). Die sakrale Kunst ist der Gestalt gewordene Beweis für das Sein des Wahren. Um die moderne Kunst zu verstehen, müssen die Anfänge sakraler Kunst wieder entdeckt werden. Unter einer gewissen Hintansetzung der Form, unter Verzicht auf rein Artistisches zeichnet die Kunst der Katakomben die Formen des Heiles und die chiffrierten Figuren der Taufe und des Abendmahles. Eine der griechischen zeitgenössischen Inschriften in den Katakomben beschreibt die Sakramente des Heiles in derselben symbolischen Weise: „Ich bin, sagt Abercius, Schüler des heiligen Hirten, der die Herden auf den Bergen und in der Ebene weiden läßt ... Überall ist der Glaube mein Führer gewesen, und überall hat er mir den Fisch der Quelle zur Nahrung gegeben, den großen, reinen, den die makellose Jungfrau gefangen hat und den Freunden zu essen darbietet. Sie hat auch einen kostbaren Wein, mit Wasser gemischt, den reicht sie mit dem Brote ... Möge jeder derer, die wie ich denken und diese Worte verstehen, für Abercius beten." [239]
Die unbesiegbare Macht des Glaubens prägt auf Mauern und Sarkophage die ergreifende Botschaft des ewigen Lebens. Diese Zeitspanne bedarf keiner klassischen Kunst. Sie verzichtet auf sich selbst, geht durch ihren eigenen Tod und taucht unter in den Wassern der Taufe, um in Christus wiedergeboren zu werden. In der Morgenröte des 4. Jahrhunderts feiert sie Auferstehung in einer nie zuvor gekannten Kunst — den Ikonen. Brücke zwischen dem Sichtbaren und dem Unsichtbaren! Das Symbolisierte ist gegenwärtig im Symbol. „Was uns die Bibel im Wort sagt, zeigt die Ikone in der Farbe an und macht es uns gegenwärtig." [240] Ein bißchen Staub dieser Welt, ein Brett, ein paar Farben und Linien, das ist die ganze Schönheit. Im

großartigen Gesamt der Ikone ist „die Schau der Dinge, die man nicht sieht". Und noch mehr: Sie erweckt und bestätigt die Anwesenheit des Überirdischen. Sie ist der Ort der Gotteserscheinung. Aber ihr Weg ist durch Kreuz und Tod gegangen. Und das führt uns zur modernen Kunst.
Wie in der Zeit der Katakomben stehen wir zwischen dem Leben um des Todes oder dem Tod um des Lebens willen. Die moderne Kunst hat keine Möglichkeit der Entwicklung vor sich, denn sie ist ihrem Wesen nach erfrischende Zerstörung aller Ungeheuerlichkeiten der Jahrhunderte der Dekadenz. An ihrem weitest vorgetriebenen Punkt angelangt, findet die abstrakte Kunst die Freiheit wieder, unberührt von allen vorgeprägten Formen. Die äußere Form ist gesprengt, aber die Pforte zur inneren Form ist noch vom Engel mit dem flammenden Schwert verstellt. Sie wird sich nur im Durchschreiten zur Taufe öffnen. Und die Taufe — das ist der Tod. Der Künstler wird sein Priestertum nicht anders als in der Vollbringung eines Opfers wiederfinden, das Gott zur Erscheinung bringt. Den Namen Gottes, in dem er Wohnung nimmt, zeichnen, singen und in Stein hauen! — Das Verharren im Epigonentum, die ganze versteinerte und mumifizierte Kunst ist glücklich vorbei. Von der Nach-bildung des Impressionismus und der Auflösung der modernen Kunst heißt es zum schöpferischen Aufbau der inneren Form zu gelangen. Ihre volle Wahrheit kann allerdings nur in mystischer Schau erreicht werden. Es handelt sich nicht darum, einer Idee Gestalt zu verleihen, es handelt sich um die Inkarnation des Wehens des Heiligen Geistes, es handelt sich um eine Kunst, die transparent ist für Gott. Sie würde aufzeigen, daß die Geschichte von ihren Anfängen an schon auf die letzten Dinge ausgerichtet ist. Das absolut Neue wird aus dem Vorlauf auf die letzten Dinge erwachsen. Das ist die Kunst apokalyptischer Zeiten: man erinnert sich der kommenden Dinge.
Was die Wissenschaft des letzten Jahrhunderts betrifft, so versichert Berthelot: „Die Welt ist heute ohne Geheimnisse." [241] Edmond Bauer hat jüngst erklärt: „Die metaphysischen Ideen von Berthelot hatten in einem gewissen Maße hemmend auf die Wissenschaft ein-

gewirkt."²⁴² Man schiebt die eigentliche Schwierigkeit nur etwas weiter hinaus, wenn man eine Erklärung für diese oder jene Erscheinung findet.

„Das größte Mysterium liegt darin, daß überhaupt ein wenig Wissenschaft möglich ist" (L. de Broglie)²⁴³. „Das Unfaßbarste in der Welt ist, daß sie faßbar sein könnte" (A. Einstein)²⁴⁴. Die gesamte Wissenschaft als solche ist ein Mysterium. Selbst die Agnostiker bezeugen solch Geheimnis und zeigen ihm gegenüber eine religiöse Verehrung. „Die schönste Ergriffenheit, die wir erleben können, ist die mystische. Sie ist der Keim aller Wissenschaft" (A. Einstein). Der Heilige Geist kann bei einem aufrichtigen Gelehrten tatsächlich das „Staunen" im Sinne Platos hervorrufen und kann dem tiefer Eingeweihten die „Flammen der Dinge" im Stoff der Sakramente zeigen.

Auf philosophischem Gebiet übersteigt die Existenzphilosophie alles Begriffliche und bemüht sich, das hinter den gewohnten Kunstprodukten des Denkens Verborgene aufzufinden. Sie entdeckt von neuem, daß eine Wirklichkeit wiederaufgefunden werden kann, die so rätselhaft ist wie die moderne Kunst. Sie unterscheidet sich von dem für unsere Sinne Wahrnehmbaren ebenso wie von dem, das unsere Logik aufzubauen vermag. Vor dem Hintergrund der Intentionalität befreit sie das Wissen um das Mysterium. Und sie wird feinfühlig für eine gewisse Ausrichtung auf das Ende hin, auf die Zielstrebigkeit der Geschichte und des Schicksals. Das haben die Historiker den Philosophen eingeschärft. Zwischen beiden Polen herrscht eine Spannung, die leicht in das Dilemma von Nietzsche führen kann. Auch das philosophische Denken durchläuft einen Zerstörungsprozeß — das Gelände wird mehr und mehr explosiv. Man kann mit gutem Grund glauben, daß Heidegger sein Werk nie dem Anfang entsprechend beenden wird, und daß Sartre seine Ethik nie schreiben wird. Sie haben ihre Grenze erreicht. „Die geschlossene Hand ist der Tod."²⁴⁵ Man muß durch die Erfahrung des Lazarus gegangen sein, um das Hervorbrechen der Wirklichkeit aus dem Bibelwort „Es werde Licht" zu empfinden. Das eröffnet die Bibel und vollendet sie zugleich. Es handelt sich um das Licht des Reiches Gottes (Gen 1, 3; Apk 22, 5).

Das Christuswort über die Predigt des Evangeliums an allen Orten als Zeichen der letzten Zeiten kommentierend, findet der russische Philosoph Solowjeff besondere Bedeutung in Folgendem: Es wird einen bestimmten Zeitpunkt in der Geschichte geben, da jede neutrale agnostische Haltung verschwunden sein wird. Jeder wird sich entscheiden, wird wählen müssen — mit oder gegen Christus. Wenn man über die Tätigkeit des Heiligen Geistes gerade in letzter Zeit nachdenkt, so könnte man vielleicht sagen: der Dienst der Zeugenschaft. Alle Formen menschlicher Kultur werden in dieser äußersten, letzten Entscheidung zusammenschießen. „Die Hoffnung", so sagt Gott bei Peguy, „ist der Glaube, den Ich am meisten liebe." Und nach Paulus ist der Glaube „die Hoffnung auf die kommenden Dinge" (Hebr 11, 1). Die Hoffnung ist der eschatologische Aspekt des Glaubens, ist der Glaube in seiner Richtung auf das Kommende. Wenn der Glaube die hilfreiche Verankerung nach rückwärts in der Tradition ist, so findet die Hoffnung ihre Verankerung nach vorwärts in der Eschatologie. Nach der Apokalypse „tragen die Völker im Neuen Jerusalem ihren Ruhm und ihre Ehre herbei" (Apk 21, 24). Sie treten also nicht mit leeren Händen ein. Man kann glauben, daß alles, was den Menschen der Wahrheit auf dem Gebiete des Wissens näherbringt, alles, was er als endgültig in der Kunst ausdrückt und was er als Wahrheit erlebt, daß alle Gipfel seines Ingeniums in das Reich Gottes eingehen werden. Diese werden im Jenseits mit ihrer wahren Wirklichkeit zusammenfallen, so wie dort auch das Abbild mit seinem Urbild koinzidiert. Hier unten haben alle diese Dinge ihre Wahrheit nur symbolisiert und uns ihre Schau prophetisch vorausgegeben. Selbst die majestätische Schönheit verschneiter Gipfel, die Lieblichkeit des Meeres und das Gold der Getreidefelder werden zu jener vollkommenen Sprache, von der uns die Bibel kündet. Die Sehnsucht der Venus und die Traurigkeit Botticellischer Madonnen werden gestillt sein, wenn der Durst der beiden Welten gelöscht ist. Versetzt uns nicht das reinste und geheimnisvollste Element der Kultur, die Musik, schon in eine diese Welt verwandelnde Wirklichkeit? Auf dem Höhepunkt der Musik tilgt sie sich selbst und läßt uns im Absoluten zurück. In der Messe von Mozart hört man die Stimme Christi. Die innere Erhebung erreicht den liturgischen Wert seiner Gegenwart. Die Messe von Mozart ist eine in Tönen gemalte Ikone.

Ist Kultur echt, so findet sie, die vom Kult ihren Ausgang nahm, zu ihren Anfängen zurück. Jede Form wird durch die Gegenwart Gottes gesprengt. Weder diese seine Gegenwart noch die Gegenwart Christi in der Eucharistie oder das Licht der Verklärung sind dieser Zeit angehörig. „Suchet das Reich Gottes." Die Kultur ist ihrem Wesen nach Suchen in der Geschichte nach dem, was über sie hinausgeht, ihre Grenzen übersteigt. In dieser Sicht wird sie zum Ausdruck des Reiches Gottes in der Welt. Wie die historische Ankunft Christi seine Ankunft in der Herrlichkeit herbeiruft, wie die Eucharistie zugleich das Ende ankündigt und in dieser Ankündigung auch die Vorwegnahme des Bleibenden liegt, so verzichtet die Kultur auf ihrem Höhepunkt auf sich selbst, geht durch das Mysterium des Weizenkornes und nimmt die Gestalt Johannes des Täufers, des Verkünders und Vorläufers an. Im Feuer des Geistes wird die Kultur zum Zeichen, zum auf den Kommenden gerichteten Pfeil. Sie sagt mit der Braut: „Komm, o Herr" (Apk 22, 17).

Wie jeder nach dem Bilde Gottes erschaffene Mensch die Ikone Gottes ist, so ist die Kultur die Ikone des Reiches der Himmel. Im Augenblick des großen Übergangs wird der Heilige Geist diese Ikone mit leichten Fingern berühren, und ein Schein davon wird ihr ewig innewohnen. In der „ewigen Liturgie der zukünftigen Welt" wird der Mensch mit allen Elementen der Kultur, die durch das Feuer der Reinigung gegangen sind, den Ruhm seines Schöpfers singen. Aber schon hier unten feiern Menschen christlicher Gemeinschaften, feiert der Gelehrte, der Künstler und jeder Angehörige des allgemeinen Priestertums seine eigene Liturgie, in der die Gegenwart Christi sich verwirklicht im Maße der Reinheit des Ortes solcher Gegenwart.

Zweiter Teil

DIE BIBLISCHE EVA
UND DIE FRAU IN DER GESCHICHTE

VORBEMERKUNGEN

1. In ihrem Vorwort zur Geschichte der Menschheit stellt die Bibel von vornherein das Geheimnis des Menschen als das eines unlösbaren Gegenüber-Gestelltseins dar. Im Lichte dieses Prologs enthüllt sich unsere anomale Lage und fordert Erklärung. Erinnern wir uns als Wegweiser des philosophischen Grundsatzes, der für alle organischen Gebilde gültig ist. Im Anfang geht das Ganze in seiner noch undifferenzierten Geschlossenheit seinen Teilen vorauf. Daraus entwickelt sich in zweiter Linie die Vielfalt, um endlich wieder in eine Einheit einzumünden, innerhalb deren jeder Teil sich nun in seinem vollen Wert verwirklicht. Im Verlauf des Prozesses können in der Zwischensituation der Differenzierung, der Ent-faltung, Entartungserscheinungen auftreten. Das führt anstelle der Vereinigung am Ende zu Isolation, zu Einsamkeit und gegenseitiger Vernichtung. Das unglückliche, schuldbeladene Gewissen zeugt voller Heimweh vom „verlorenen Paradies", von seiner ursprünglichen Unberührtheit, von seiner Unbewußtheit — Zartheit —, damals als Gott nach der schönen biblischen Erzählung „in der Kühle des Abends in den Garten kam, um ihn zu betrachten" (Gn 3, 8).

Aber ist es überhaupt möglich, von einem unser heutiges Bewußtsein überschreitenden Zustand zu sprechen, von jener für unser Ge-

schick doch so entscheidenden Wahl, welche die Geschichte, so wie wir sie heute erleben, geprägt hat? Allein der Mythos der Bibel ist in der Lage, uns unendlich kostbare Hinweise zu geben.
Die landläufige Auffassung des „Mythos" mit ihrer Betonung des „Erdichteten" oder „Phantastischen" ist völlig überholt. Die modernen Forschungen auf dem Gebiet der Völkerkunde und Religionsgeschichte haben ergeben, daß dieser echte Mythos im Denken der Menschen eine fortdauernde Funktion von größter Bedeutung hat. Plato zeigt in „Phaidros", „Phaidon" und im „Gastmahl", daß der Mythos die höhere, oft einzig mögliche Form der Erkenntnis ist, unvergleichlich reicher als der Begriff. Hinter der Schlichtheit von Bildern, die einer Welt unmittelbarer Empfangsfähigkeit entstammen, verbergen sich die in unsere Sprache und in unser diskursives Denken unübertragbaren Urphänomene. Mit Hilfe der Symbole und der Urbilder erreicht der Mythos den hinter der Geschichte liegenden metahistorischen Bereich. Jakob Grimm sagt es eindeutig: Der Mythos umspielt die Anfänge der menschlichen Geschichte [246]. Und Berdjajew, für den der Mythos die Grundkategorie aller Geschichtsphilosophie bedeutet: In der unergründlichen Zeitentiefe werden die geheimen, im Innern des Menschen verborgenen Schichten vorgebildet [247]. Für das Geschehen des Rückerinnerns besitzen die Mythen tiefste Bedeutung und stehen daher im Mittelpunkt moderner psychologischer Forschung. Im Herzen eines jeden Mythos befindet sich ein Urbild, ein Archetyp. Die Bedeutung dieses Urbildes beruht darauf, daß auf dem Grund unserer Seele ruhende Archetypen den Mythenkomplexen Nahrung geben. Jung nennt sie Organe der Seele. Sie wohnen dem Unbewußten der Seele inne und liegen vorprägend vor der Individualität unserer Seele, insofern sie dem kollektiven Unbewußten unserer Seele angehören.
Im Sinn der Gestaltpsychologie geht das Urbild der Mutter allen Formen des Mütterlichen voraus. Die Züge der *Magna Mater* sind in allen Epochen die gleichen. Das Urbild Mann-Frau, *animus-anima*, Adam-Eva ruht im Grunde unseres unversehrten, sich selbst gleichbleibenden Unterbewußtseins, heute wie in den fernsten Zeiten.
Die kosmogonischen Mythen, die alten Mysterien, Geschichten,

Legenden und Träume umschreiben alle den Bereich des kollektiven Unbewußten und die verschiedenen Aspekte der Urbilder. Sie bilden in ihrer Gesamtheit einen großen Schatz an hoher Weisheit über die tiefsten Beziehungen zwischen Gott, dem Menschen und dem All. Im Nach-denken des Mythischen und im Bemühen, es dem Wachbewußtsein zuzuführen, findet man Verständnis für das Geheimnis unseres Selbst, so wie es in der Tiefe des göttlichen Schöpferwortes lebt. Man muß Wilhelm Vischer lesen: „Das biblische Denken ist totalitär. Es bezieht das Einzelereignis oder Wesen, sei es Sonne, Wurzel oder Frucht eines Baumes, ins Ganze ein." So erzählen uns die biblischen Geschichten nicht irgendwie seltsame Dinge..., sondern Tatsachen, die den Grund unseres ganzen Lebens bilden. Wer den Text der Bibel genau verstanden hat, der bekennt: Ich glaube, daß Gott mich geschaffen hat mit allen Kreaturen. Jeder Gläubige bekennt sich als Kind Adams und als mitverantwortlich an seiner Geschichte. Ist der gewöhnliche geschichtliche Bericht aus den Trauben der Tatsachen gewonnener Wein, so begegnet uns im Mythos der durch Destillation gewonnene Geist des Weins. Er ist in von tiefstem Sinn beladenen Hieroglyphen geschrieben und nicht mit dem gewöhnlichen Alphabet [248]. Unser ist es, diesen Sinn zu finden, den Mythos von Adam und Eva zu entschlüsseln. Indem dieser Mythos von einer Tatsache redet, die sich auf unserer Erde und in unserer Zeit vollzogen habe, erzählt er in Wirklichkeit Ereignisse aus einem anderen Äon, das den Anfängen unserer geschichtlichen Situation weit vorausgeht.

2. Greifen wir nur einige unser vorliegendes Gebiet betreffende Stellen heraus, ohne in eine ausführliche, exegetische Analyse der biblischen Texte einzutreten. Nehmen wir zunächst einmal wahr, wie erstaunlich das erste Wort ist, das der Mensch an sein Gegenüber richtet, die erste Erklärung des Mannes an seine Frau: „Siehe, da ist sie, die meines Fleisches und meines Beines ist" (Gn 2, 23).
Ist das nicht vielmehr ein Wort, das jede Mutter an ihr Kind richten könnte? Die poetische Einkleidung betont noch, daß die Erschaffung Evas keine Erschaffung als solche ist, sondern daß die

Ankunft Evas eine tatsächliche Geburt ist: Eva löst sich von Adam. Und das bedeutet, daß Adam in dem Augenblick, da der Schöpferakt Gottes ihn ins Leben rief, diese Eva als seinen Bestandteil enthielt — seine andere Hälfte Eva. „Jedermann trägt seine Eva in sich", sagt ein altes Sprichwort. Die Erschaffung Adams (und Adam ist im Hebräischen ein Kollektivausdruck) ist die Schaffung der menschlichen Urzelle, des Menschen als Mann-Frau, der männlichen und weiblichen Elemente in ihrer anfänglichen Verbindung, noch un-ent-faltet. Die Genesis sagt buchstäblich: „Laßt uns den Menschen machen (*ha adam,* Einzahl), und sie werden herrschen" (Mehrzahl). „Und Gott schuf den Menschen (Einzahl), und er schuf sie männlich-menschlich und weiblich-menschlich." Der Plural bezieht sich auf den Singular „der Mensch" (Gn 1, 27). Die völlige Trennung in männlich und weiblich als zwei hinfort voneinander geschiedene Individualitäten liegt diesseits, später als die Anfangswahrheit. Es läßt sich klar aus dem biblischen Bericht ableiten, daß die beiden Aspekte des Menschen in diesem Punkt untrennbar sind, nämlich daß ein männliches oder weibliches menschliches Wesen allein genommen und für sich betrachtet nicht „der Mensch" ist. Es existiert sozusagen nur eine Hälfte „des Menschen" in einem Wesen, das von seiner Ergänzung getrennt ist. Die Geburt der Eva erscheint also als der große Mythos der Wesenseinheit der sich ergänzenden Elemente des menschlichen Wesens — Mann-Frau. Das Urbild alles Menschlichen!

3. Aber wie kann die unmittelbare Wirklichkeit der menschlichen Natur — ihre eigentliche Wahrheit — zur Quelle so vieler Konflikte werden und sich in nie erreichbare und immer glühender begehrte Wunschträume verwandeln? Das Genie der Bibel läßt oft aus einem einzigen Wort ein blendendes Licht brechen und tilgt im grenzenlosen Reichtum der Schau die schmale Grenze zwischen dort oben und hier unten. Diese wechselseitige Verbundenheit enthüllt die auf beiden Seiten bestehende Gleichheit des objektiven Daseinsgrundes. Vom Ur-Hintergrund heben sich die unheilvollen Verirrungen schärfer ab. Das Hebräische gibt am stärksten von allen Sprachen

die Wirkkraft des göttlichen Wortes wieder und läßt es stets in seinem Tatcharakter erscheinen. Wie es im Psalm 33, 8 heißt: „Er spricht, und es geschieht." Das Wort Gottes ist ursprünglich und tat-gleich, eine lebensschäumende Woge: Myriaden von Welten, von Wesen, von Gegenwärtigkeiten! Für den, der lesen kann und nach den Worten der Bibel „Ohren hat", enthält das einzige Wort „Und Gott spricht" schon die ganze Bibel. „Als der Hohe Priester das Wort verlas: ‚Und Gott spricht', wurde der Rabbi Sussia von Ekstase ergriffen. Er schrie und gebärdete sich so wild, daß die ganze Tafelrunde durcheinandergeriet und man ihn fortschaffen mußte. Er blieb also im Vorraum, schlug an die Wände und schrie: Und Gott spricht. Er wurde erst ruhig, als der Hohe Priester seine Erklärungen abschloß." [249] Dieses eine Wort genügte ihm und führte ihn für immer und ganz über sich hinaus. „Und Gott spricht" bedeutet jenes bestürzende, überwältigende Ereignis, daß Gott nicht mehr allein ist. Daß der schon da ist, der ihn hört! Der Hörer taucht bei der ersten ausgesprochenen Silbe auf. Die Liebe erweckt durch ihre Natur ihren Gegen-stand, ein Dasein. Der Gott der Liebe ergießt sich in die erschaffene Welt. Gott spricht – und spricht Welt. Im gleichen Augenblick gehen das Wort und die Welt aus seinem Mund. Das Wort kann kraft seines Eigenwertes nicht im Leeren verharren, es schafft das Ohr und im gleichen Ansturm das Du, das es empfängt. Im Angesicht Gottes – hoch über der Abstraktion des Nichts, über dem Nicht-sein aller Dinge – enthüllt sich ein Antlitz, ein sehendes Auge, ein Ohr, das vernimmt. Die erste Gottbezogenheit ist reine Durchsichtigkeit.

Das Bild strahlt sein Urbild zurück. „Gott sah an alles, das er gemacht hatte, und er sah, daß es sehr gut war" (Gn 1, 31). Gut bedeutet in hebräischem Sinn: seiner Bestimmung ganz genau entsprechend. Das getreue Bild vermittelt die völlige Entsprechung. Gott schaut in sein Ab-Bild, sieht das klare Wasser der Entsprechung und bestätigt: gut. Er freut sich daran, sich im lebendigen Spiegel zu sehen. Von da an kann das Bezogensein des Menschen auf ihn nur noch in Ausdrücken aus dem Bereich des Lichtes beschrieben werden. Das Licht, von dem die Bibel spricht, ist keine optische, zur visuellen Kenntnisnahme unerläßliche Tatsache. Die optische Quelle des Lichtes erscheint bei der Erschaffung der Sonne; aber davor, „im Anbeginn", spricht das erste Wort nicht von Sonne, sondern von jenem anderen geistigen Licht, das sein Gegenüber enthüllt und ihm erlaubt, in seiner Gegenwart zu leben: das Du Gottes — das Du eines Nächsten. Dieses biblische Licht ist nicht der Finsternis, sondern der Ab-wesenheit entgegengesetzt. Es ist das geistige Prinzip der Kommunion — und hier bedeutet Finsternis Ein-samkeit. Es ist das Licht, das aus den drei Heiligen Personen Einen Gott macht und den Christus aus Gott und dem Menschen. Das Licht, das zwei Lebende eins werden läßt, aus Mann und Frau die Zweiheit Mensch macht! „Es werde Licht" (Gn 1, 3) bedeutet, daß die Gemeinschaft sich als göttliches Prinzip in das Menschliche einsenkt und von dort zurückstrahlt. „Dein Angesicht erstrahlt in Deinen Heiligen", singt die Kirche.

In all dem unendlichen Reichtum, der sich uns hier enthüllt, heißt also „Es werde Licht": „Es werde das dreisonnenhafte Licht — auf daß die Trinität der Lichter sich in Einem offenbare." „Es werde der Christus" bedeutet, „daß die Gott-Menschheit werde". Und die Kirche ruft es im Jubel der Liturgie aus: „Ruhm sei Dir, Der Du uns das Licht geoffenbart hast." „Das Licht Christi erleuchtet einen jeden Menschen, der in die Welt kommt" (Jo 1, 9). „Der Logos ist vor der Zeit in Adam herabgestiegen", verzeichnet Clemens von Alexandrien. So beginnt erschütternderweise die Bibel nicht mit der Schöpfung, sondern mit der Offenbarung der Vor-Inkarnation. Angesichts der ewigen Gegenwart Gottes ist die Schöpfung ein Werden — sie geht durch Abend und Morgen —, ihr Dasein ist „Gang unter den Augen Gottes". Es ist die Norm des Lebens, sich im Innern Gottes zu bewegen, im Gesichtsfeld Gottes, in seinem Lichtkreis, im Innern der durch den Heiligen Geist hergestellten Verbindung. „Ist dein Auge gesund, so steht dein ganzer Leib im Licht" (Lk 11, 34). Wenn dein Auge Gott sieht, so bist du ganz in seiner Gemeinschaft. Gleiches sieht Gleiches, denn die Sonne zu sehen, muß das Auge der Sonne gleichen, weil das Auge das Licht nicht nur aufnimmt, sondern gleicherweise sendet[250]. Es enthüllt und sieht sein Gegenüber, weil es dasselbe be-leuchtet. Deshalb sagt der biblische Realismus in einer äußersten Auslegung über das Du aus: wenn der Mensch Ich sagt, so ist das immer rückbezüglich. Es ist das Ich der Ikone, das heißt eines vor dem Angesicht Gottes stehenden Du. Es lebt allein aus Hören und Sehen, „denn das ist das ewige Leben, daß sie Dich erkennen, Dich, einzig wahrer Gott" (Jo 17, 3).

Aber ganz Abbild sein, heißt die göttliche Kommunion in der menschlichen Kommunion rückstrahlen. Und dieser Würde entspricht die Struktur des ersten Menschentums, jener Menschenzelle gleichsam, in der jeder als Gegenüber des anderen erschaffen wurde, angesichts des anderen! Ihre Freiheit bestand darin, dem Ja der gegenseitigen Existenz ganz innezuwohnen, in der gegenseitigen Versicherung ewiger Liebe. In einer gewissen Tiefe ausgesprochen, bedeutet „Ich liebe dich": „Wir werden immer leben." Im Ja der Zusicherung, getroffen vom Strahl des Ewigen Auges, tauschen zwei sich gegenüberstehende Wesen das Wort aus dem Hohen Liede aus: „Mein Freund ist mein, und ich bin sein." Ihr Dasein ist von gegenseitiger Durchsichtigkeit, es gehört Gott an. Diese Zugehörigkeit des Menschen Gott gegenüber wird bewirkt im Einer-durch-den-anderen und Einer-für-den-anderen.

An diese beiden in Wechselbeziehung Befindlichen wendet sich Gott, wenn er „Du" sagt: „Du darfst essen die Früchte von allen Bäumen des Gartens" (Gn 2, 16—17). Andernorts ist es die Mehrzahl des Du: „Wachset, mehret euch, herrschet über die Welt" (Gn 1, 26).

Das Wort Gottes hat die gegenseitige Bezogenheit gesetzt. Er wendet sich niemals an den Mann allein oder die Frau allein — Er trennt sie niemals.

So ist der Anfangszustand das Jenseits. Die Quellen sprudeln lebendige, klare, durchsichtige Wasser. Nichts trübt sie — alles ist „gut".

4. Wenn die Geschichte der Weltschöpfung in sechs Tagen die Finsternis erwähnt (Gn 1, 2), so meint dieser Ausdruck ursprünglich nur das Nicht-seiende, oder besser ein gutes fruchtbares Vermögen,

ein Muttergeheimnis. Das ist genauso wie der Ausdruck: „Die Erde war wüst und leer" (Gn 1, 6). Dieses Weder-Form-noch-Inhalthaben entspricht potentiellem Nichts. (Man muß es vom *ouk-on*, dem eigentlichen Nichts, als reinem Grenzbegriff gegenüber dem Sein unterscheiden.) *Tohu wa bohu* (Gn 1, 2) bezeichnet ein Chaos, das mehr ist als Nicht-Dasein. Deshalb bedeutet *bara*, das man mit „schaffen" (1, 1) übersetzt hat, eigentlich eher „gestalten, ordnen". Im Anfang ist nur das Licht, und seine Trennung von der Finsternis ist reiner Ausdruck des Kontrastes. Sein setzt eben Nichtsein voraus, ohne daß damit dessen virtuelles Sein erforderlich wäre. Wenn wir sagen, daß alle räumlichen Dinge ihren Schatten haben, so ist das nur ein Sprachgebrauch, denn es gibt keinen Schatten an sich. Das Nichts ist in dieser Weise der Schatten des Seins. Die Schöpfung läßt das Licht, das Sein, das Leben hervorbrechen. „Morgen" und „Abend" bezeichnen die Folge der Ereignisse. Aber die Nacht bricht nicht herein, sie hat keinen Raum in der Schöpfung Gottes. Sie ist nicht neben dem Licht geschaffen, sie ist nur negativer Pol, als reine Potenz erdacht.

Bei Johannes (1, 5) bezeichnet das Wort „Das Licht scheint in die Finsternis, aber die Finsternis hat es nicht aufgenommen"[251] eine völlig „andere Lage", den Umsturz, die Verkehrung der Ordnung. Jetzt — nach dem Sündenfall — ist das virtuelle Nichts bis zu einem Grade verdichtet, daß es einen relativ seienden Schatten an sich zu werfen vermag. Jetzt re-agiert die ausgebrochene, dinglich gewordene Finsternis, die paradoxerweise mit dem oukonischen Nichts verbunden ist. Sie kann das Licht empfangen oder verweigern, sich entgegenstellen und den Kampf aufnehmen. Das Teuflische nimmt Gestalt an. Der Hauch des Nichts erfüllt die Ritzen und Spalten des Seins. Nach Gregor von Nyssa[252] errichtet das Böse ein von Schattengestalten bewohntes Blendwerk eines Reiches auf. Die Welt dient ihnen als unerläßliche Stütze ihres eigenen Daseins und um einen vergänglichen und schmarotzerischen Bereich zu schaffen, der immer nur im Bezug auf das Zeitliche seine Wirklichkeit hat. Der Ausdruck „äußerste Finsternis" (Mt 22, 13) bezeichnet ein von außen durch Verrat eingeführtes Element, das eine schreckliche Ausgeburt, eine schmarotzerhafte Schimäre bleibt. Wie es das Gleichnis vom Weizenkorn und dem Unkraut sagt (Mt 13, 24—30), sind bis zu einem gewissen Augenblick Sein und Nichtsein miteinander verflochten. Die Verdichtung der Finsternis wächst. Sie erreicht ihren Höhepunkt im Judasgeschehen (Jo 13, 21—30). Judas verweigert die eucharistische Gemeinschaft mit Dem-Der-da-spricht: „Ich bin das Licht", und er tritt in Gemeinschaft mit dem Satan. „Satan tritt in ihn ein." Er kann nicht mehr im Lichtkreis des Saales verweilen. „Er stürzt hinaus", und Johannes sagt: „Es war Nacht." Die Nacht also ist das Symbol, die Landschaft seiner Seele. Die Nacht empfängt ihn wie etwas zu ihrer Einsamkeit Gehöriges. Sie bedeutet hier die Hölle, die ihn schon umschließt, und sie verbirgt das furchtbare Geheimnis seiner Begegnung mit dem Bösen.

Aber schon die erste Begegnung mit dem Bösen bewirkt gleich eine Verfinsterung des Lichtes. Der biblische Text (Gn 3, 11) nennt die Schlange, die „schlaue". Luther[253] vermerkt über diesen Ausdruck: *aphki* heißt im Hebräischen „jemand, der die Nase rümpft, der ironisch ist und sich lustig macht". Und ein liturgischer Text nennt die Hölle „den, der sich über alles lustig macht", den Verderber der Haltung, den Entweiher des Heiligen. Ehe überhaupt ein Wort gesprochen ist, drückt schon das Verhalten des gefallenen Engels die Verkehrung des göttlichen Prinzips aus. Die widernatürliche Wahl des von seinem „anderen Ich" getrennten Gesprächspartners bewirkt eine Trennung, ein ontisches Schisma. Denn während Gott sich immer an Mann und Frau zugleich wendet, trennt der Satan das Paar: „Er sagt zum Weib..." In seinem „Verlorenen Paradies" weist Milton, der intuitive Dichter, darauf hin. Er erzählt, daß Satan der schlafenden Eva einen schlechten Traum sandte, der sich am anderen Morgen in Eigensinn verwandeln sollte. So würde Eva sich also ganz allein um ihre Blumen kümmern, während Adam die Bäume verschneiden sollte. Die Schlange findet Eva allein. Und dann gleich das Wort: „Hat Gott wirklich gesagt?" „Ist das wahr?" Das pflanzt grausam Zweifel mitten in die Seele. Der Apostel Jakobus schreibt in seinem Brief (1, 8): „Wer zweifelt, ist ein Mensch mit geteiltem Herzen", ein Mensch mit zwei Seelen — ein

ent-zweiter Mensch. Goethes Faust spricht von zwei Seelen in seiner Brust, und Dostojewski [254] sieht in der Entzweiung, in der Auflösung der Einheit des menschlichen Wesens eine der fürchterlichsten und unheilvollsten Äußerungen des Bösen.
Das griechische „*symbolon*" bedeutet das, was eint, Brücke schlägt, versammelt; das Wort „*diabolos*", von gleicher Wurzel, bezeichnet, was trennt, veruneinigt, aus dem Gefüge bricht. Wenn wir die beiden folgenden Schrifttexte nebeneinanderlegen, sehen wir sofort die beiden Pole unseres Daseins: Einsamkeit, Finsternis — Erkenntnis, Licht. Als Jesus fragt: „Wie heißt du — wer bist du?" antwortet der Teufel: „Legion ist mein Name — denn wir sind viele." Die Einheit des Bösen ist nur Schein: „mein Name" (Singular). Angesichts des Christus offenbart er seine wahre Natur und zerstreut sich in Legion, in lasterhafte Vielheit. Paulus nimmt denselben Ausdruck wieder auf: „Weil es nur ein Brot gibt (Christus), bilden wir, die wir viele sind (vom Bösen auseinandergebrochen), einen Leib" (1 Kor 10, 17). Drückt das Brot, die Kommunion, sich im Licht aus, so ist der Ausdruck für die Zersetzung durch das Böse Hölle, *cheol* im Hebräischen, *aides* im Griechischen (*id* ist im Sanskrit die Wurzel des Verbes sehen — *videre*) [255]. Das ist die völlige Verfinsterung von Licht (Kommunion), der äußerste Ausdruck von Einsamkeit, von höllischem Leiden. Es ist die Unmöglichkeit der Rückstrahlung, des Bildseins. Das Antlitz Gottes ist verborgen für den Teufel — alles Von-Angesicht-zu-Angesicht, alles echte Gegenüber ist getilgt.

5. Der um das Böse Wissende lernt ein Dasein im Schatten Gottes kennen: „Ist das Auge nicht gesund, so ist der ganze Leib in der Finsternis" (Lk 11, 34), denn er entfacht kein Licht mehr, er strahlt nicht aus. Das kranke Auge sieht an Gott vorbei — es „schielt" —, es sieht das Äußere, das Gespenstige, die Finsternis [256]. Wie aber ist ein solches Dasein überhaupt zu ertragen möglich? Die Meister des geistigen Lebens lenken die Aufmerksamkeit auf die rettende spirituelle Verinnerlichung, von der das Evangelium häufig spricht.
„Wenn du betest, gehe in deine Kammer, schließe die Tür und bete zu deinem Vater, der an verborgenem Orte wohnt" (Mt 6, 6). Es ist

klar, daß mit der Kammer der tiefste Grund unserer Seele gemeint ist. Dort geschieht die Begegnung mit Gott, die Vereinigung mit Christus. Gleicherweise ist die Wüste, in der Geschichte von der Versuchung Jesu, der geheimste Ort, das Herz im biblischen Sinne dieses Wortes. Eine solche Verinnerlichung offenbart, daß sich der Sündenfall in den Tiefen des Geistes vollzogen hat. Im Innern des Menschen schwindet das Licht, der Mensch sieht sich auf sein Äußeres zurückgeworfen, auf seine Oberfläche, wo alles versteinerte Materie geworden ist, isolierender Raum, Zeit, die das Sterben mißt! Natur und ihre Notwendigkeit — Sinnlosigkeit und Nichts! Auch das Licht veräußerlicht sich und wird — versachlicht — zum rein optischen Element. Aber das größte Verhängnis vollzieht sich in der Struktur des menschlichen Wesens [257].

Die Trennung von Gott ist auch ein Riß im Innern des Menschen. Der Riß führt durch die ursprüngliche Einheit — das komplexe Sein —, das Aug in Auge mit dem Schöpfer. Er zerreißt diese Einheit und veräußerlicht die sie bildenden Teile.

Von hier ab wird aus der Einheit Mann-Frau das Männliche und das Weibliche in Pole auseinandergerissen und von Anziehung und Abstoßung erfüllt! Die Ausdrücke der Kommunion wechseln in solche der Polarisation: „Ich bin mein, und er ist sein." Die Entartung der Beziehungen läßt schlechthin alles zur Sache, zum Gegenstand werden. Sobald die Gemeinschaft zerbrochen ist, bildet sich das Bewußtsein von Herren und Sklaven heraus. Damit ist die Voraussetzung geschaffen, daß die Frau dem Mann zum Gegenstand der Lust oder despotischer Macht wird. Der Mensch fällt aus dem Gesichtsfeld Gottes heraus, er gerät in seiner Beziehung zu Gott in den Schatten — tritt in die Nacht ein. Und deshalb fragt ihn Gott: *Ayjecka!* — wo bist Du? (Gn 3, 9).

Ein fremdes Element dringt in alle Beziehungen ein — der Abstand. Das Gegenüber verliert sich in die verschiedenen Abstände, und von jetzt an wird im Laufe der Geschichte in jedem Augenblick einer zum anderen sagen: „Ayjecka"! — wo bist Du?

Diese Verwerfung in den Tiefenschichten der menschlichen Natur wird dadurch bestätigt, daß sich Gott zum erstenmal getrennt an jeden einzelnen wendet, ... zum Weibe sprach er (Gn 3, 16) ... und zum Manne sprach er (Gn 3, 17). So weisen die biblischen Angaben klar darauf hin, daß die Unterschiedlichkeit zwischen dem Männlichen und dem Weiblichen weder ein physiologisches noch seelisches, sondern ein geistiges Problem darstellt. Sie entspringt dem tiefen Geheimnis, von dem das menschliche Wesen insgesamt umgeben ist.

6. Die christliche Patristik zeigt in ihren Grundzügen, daß die erste Natur des Menschen die einzig wahre ist. Sie allein ist nach dem Willen Gottes, und sein Bild ist ihr eingeprägt. Der Theos-Anthropos, der Ur-Archetyp, wie die alten Geistigen sagen, offenbart sich als heilende, wiederherstellende Macht[258], die alles im Haupte einigt. Das symbolische Geschehen bei der Taufe (*photismos* — Erleuchtung) führt den Menschen wieder in die Licht-Gemeinschaft hinein, läßt ihn als Kind des Lichtes erscheinen[259]. Unter dem Gesichtspunkt dieser Wiederanschließung an das Haupt muß man die beiden auf den ersten Blick widerspruchsvoll erscheinenden Versicherungen des Paulus verstehen: „In Christus gibt es weder Mann noch Frau" (Gal 4, 28) und „Es ist aber im Herrn weder die Frau ohne den Mann noch der Mann ohne die Frau" (1 Kor 2, 2). Weder Mann noch Frau im Sinne von Entgegengesetztem und rein Männlichem oder Weiblichem, sind sie doch gleichzeitig keines ohne das andere und insofern die Einheit sich ergänzender Elemente. Die Wiedervereinigung der Zelle Mensch in Christus steht im Mittelpunkt des Hochzeitsgeheimnisses. Der Mensch vermag es im Maße seiner eigenen Geistigkeit darzuleben, vermag es aber nie ganz zu erreichen. Trotzdem behält dieses Geheimnis seine Wahrheit. Sie allein rechtfertigt die vergänglichen Formen ehelichen Daseins. Die Geschichte öffnet und schließt sich über diesem Geheimnis der menschlichen Natur und richtet es als Zeichen ihres Endes auf.

7. Der heilige Klemens von Rom führt ein bemerkenswertes Agraphon aus dem „Ägyptischen Evangelium" an[260]. Gelehrte wie Professor Zahn oder der Archäologe Grenfell sind stark der Ansicht, daß sie auf den Herrn zurückzuführen ist.

Auf die Frage der Salome: „Wann wird das Reich Gottes kommen", antwortet der Herr: „Wenn ihr das Kleid der Scham zerstören werdet und zwei werden eins sein — und das Männliche und das Weibliche werden nicht mehr männlich und weiblich sein." Die Scham ist ein bezeichnendes Gefühl, sie zeigt an, daß es etwas zu verbergen, etwas für sich zu behalten gibt. In der völligen Einheit von Mann und Frau würde die Scham unbegreiflich sein. Aber das Wissen um das Böse hat sein Gift verbreitet, die schlechte Männlichkeit und die schlechte Weiblichkeit erscheinen als trennende Grenze. Der deutsche Mystiker Jakob Boehme schreibt: „Adam hat die Jungfrau verloren und dafür die Frau erlangt." Er spricht im Blick auf die Unversehrtheit der menschlichen Natur nicht vom Ewig-Weiblichen, sondern vom Ewig-Jungfräulichen. Der Verlust der anfänglichen Jungfräulichkeit bedeutet die Zerstörung der Orientierung nach innen und die Veräußerlichung der in Pole auseinandergerissenen Elemente. Herr und Sklave, die so entstanden sind, wollen jeder sich selbst angehören. Wer dem einen angehört, kann nicht mehr des anderen sein! Die Krankheit wird zur Norm und die Scheu zur Tugend der Scham. Denn die bloße einfache Nacktheit ohne Unschuld entblößt, entschleiert und wird zur Schamlosigkeit. Außerhalb Edens prostituiert das rein Körperliche; der fleischlichen Einsamkeit überlassen, gerät der Körper in die Macht teuflischer Schimären. Nach Ansicht gewisser moderner Psychologen, die der aristotelischen Idee und der Hochscholastik folgen, „ist die Seele die den Leib formende Kraft". Ihres Geheimnisses (plastischer Ausdruck des jungfräulichen Innern) entkleidet, ist Nacktheit die zynische und seelenlos gesehene Entblößung [261], ist nur noch körperlicher Mechanismus, sexuelle Technik — die äußerste Entwertung des Menschen. Sie steht unter dem Tierischen und verursacht jenen Ekel, dessen sich die Helden Sartres mit so viel Beredsamkeit befleißigen. Die falsche Scham flicht ihre Feigenblätter: „Sie erkannten, daß sie nackt waren, und sie bedeckten sich" (Gn 3, 7). Sie richtet eine Schranke auf und kündet das Gesetz der Trennung an: *noli me tangere* — rühre mich nicht an.

Die materialisierte geistige Trennung bedarf des Schleiers. Die klare

Quelle des Daseins, das Mysterium, verkehrt sich, entartet in Heimlichkeit. Sorgfältig versteckt, erweckt es die Neugierde, wird zum aufdringlichen Gegenstand der Lüsternheit. Der Mensch lebt nur noch dem Wunsche, Schleier zu zerreisen und seine eigene Schande zu trinken. Nur der Unschuldige kennt keine Scham. „Sie waren nackt alle beide, aber sie schämten sich dessen nicht" (Gn 2, 25). Der sich schämt, weiß um seine Krankheit, er kennt die harte Tatsache, daß er nicht mehr normal ist, daß er nicht mehr im göttlichen Ordnungsgefüge steht, daß er in sich selbst eine Mittelpunktsverlagerung, eine Perversion angerichtet hat. Die Schamhaftigkeit ist zur sittlichen Tugend geworden, um dem Menschen das Wissen um sich selbst zu verbergen, um sein Fleisch vor seinen eigenen Augen zu verheimlichen. Am äußersten pessimistischen Ende des radikalsten Asketentums steht als Ausdruck eines Zustandes der Verzweiflung und des unausgesprochenen Wunsches der Zerstörung das Verbot, die Kleider abzulegen und sich zu sehen.

Hoch über dem Spannungsgegensatz zwischen falscher Scham und Zynismus schwebt die unantastbare Harmonie der Kinder der Freiheit, die nichts zu verbergen haben. Wenn der Engel der Apokalypse verkündet: „Es wird keine Zeit mehr geben", so kündigt er gleichermaßen „die Zerstörung des Kleides der Scham" an (Überlieferung von Klemens von Rom)[262]. Er bezeichnet den Übergang zu einer anderen Seinsdimension. Es ist der Übergang zur Wiederherstellung der Unberührtheit des menschlichen Wesens: wenn zwei eins sein werden *(agraphon)*. In der Geschichte ist die Ehe, wenn man nicht gerade ein Heiliger ist, nur eine Zelle im Gesellschaftsleben und ein friedvolles und erlaubtes Verbundensein zahlreicher braver Bürgersleute. Die schwindelnde Höhe der Würde, die ganze symbolische Bedeutung der Ehe offenbart sich erst in dem Wort des Herrn am Ende der Dinge. Sein Licht erfordert vorapokalyptische Empfänglichkeit und zugleich die Vertiefung der heroischen Zeit des Endes.

8. Im marxistischen Denken steht die Fabrikation des neuen Menschen durch die Maschine der sozialen Disziplin im Dienst der reinen Zukunft und einer vorausprojizierten absoluten Kausalität. Es

vollzieht sich eine bestürzende Umkehr der kausalen Ordnung. Die Ursache wird nicht vorausgesetzt, sondern nachgeordnet, sie folgt der Wirkung. Die vollkommene kommunistische Gesellschaft, in der Vernunft, Gerechtigkeit und Glück regieren, dieses erstaunliche Paradies, das es noch nicht gibt und das es auch niemals gegeben hat! Was der Zukunft im Bereich des Materiellen entspringen soll, das bahnt sich schon jetzt seinen Weg durch die geschichtliche Entwicklung.

Der Mensch des Glaubens besitzt sein Alpha und sein Omega. Der Mensch des Reiches Gottes ist die Vollendung der Geschichte — aber der des Paradieses. Er ist schon vollendet in Zeit und Raum in Christus Gott-Mensch. Wir stehen auf dem festen Boden der Offenbarung — der Inkarnation.

DAS MATRIARCHAT

1. Der Mensch des Paradieses wurzelt im Mysterium Christi. Die Väter der Kirche sagen, Gott habe, als er den Menschen erschuf, an das Urbild, die Christusgestalt gedacht. Karl Barth hebt diese Tatsache sehr glücklich hervor, wenn er sagt, daß allein Eph 5, 32 dem Schöpfungsbericht einen konkreten Sinn zu geben vermöge. Die gegenseitige Bezogenheit von Mann und Frau nach dem Plan Gottes ist in erster Linie die Beziehung zwischen Christus und der Kirche, sie ist tief in der Schöpfung verankert. Und deshalb ist auch die Beziehung zwischen Jahwe und Israel in der Form ehelicher Verbindung beschrieben, deren Bild sich mit solcher Größe im Hohen Liede abzeichnet. Im Bilde des Göttlichen also suchen wir die wahre Lösung für die menschlichen Beziehungen. Sei die Frau auch auf allen anderen Gebieten ein dem Mann unterlegenes Wesen, so ist doch gerade auf charismatischer Ebene die völlige Gleichheit von Männern und Frauen ersichtlich. Klemens von Alexandrien sagt: Die Tugend von Mann und Frau ist ein und dieselbe Tugend... eine gleiche Lebensregel [263]. Theodoret [264] erwähnt die Frauen, „welche nicht nur nicht weniger, sondern sogar mehr als die Männer gekämpft haben... mit einer schwächeren Konstitution haben sie mehr Entschlossenheit gezeigt als die Männer". Ihre Stärke ist

„die göttliche Liebe" und eine besondere Begnadung, für Christus zu entbrennen. Niemand hält sie für geistig unterlegen. Man erachtet sie für fähig, unter den gleichen Bedingungen wie die Männer den Nonnen geistige Führung angedeihen zu lassen. Eine charismatische, von Gott erfüllte und erleuchtete Frau erhält den Titel *Äbtissin* [265] oder geistige Mutter. Sehr oft sind sie Mütter ihrer Klöster, wie Pachomius Vater des seinigen war. Die Leute von draußen kamen, ihren Rat zu erbitten (die heilige Euphrosyne, heilige Irene). Um 1200 stellt ein Abt Jesaias ein Spruchbuch für Mütter unter dem Namen *Métérikon* [266] analog *Patérikon* zusammen. Außer der Sakramentsgewalt und der Unterweisung in der Kirche (Vorbehalt des Episkopates) hatten die Mütter die gleichen Rechte und Pflichten wie die Väter bei den Mönchen. Sie sind nicht die Mütter der Kirche, aber sie sind die geistigen Mütter und dürfen die gleichen Lehren verkünden. Die liturgischen Texte erwähnen diejenigen, welche sich „als den Aposteln gleich" offenbart haben (die heilige Helena und heilige Nina) [267]. Das *Gastmahl der zehn Jungfrauen* des heiligen Methodius beweist es. Das *Leben der heiligen Syneletica* gleicht dem des heiligen Antonius, und die Denksprüche der Mütter sind in denen der Väter alphabetisch eingeordnet. Der heilige Pachomius sendet seiner Schwester die Regel seines Klosters, damit die Nonnen „nach denselben Gesetzen" herangebildet würden. Gleicherweise setzen die Regeln des heiligen Basilius voraus, daß die Tugenden der Mönche der weiblichen Natur keinen Abtrag tun [268].

2. Das Wort „Gott" läßt sofort an ein Wesen denken, dem alle Macht eignet, dessen Machtvollkommenheit im Vordergrund steht. Jedenfalls besteht eine solche allein und ohne etwas, worauf sie sich bezieht. „Ich glaube an Gott, den allmächtigen Vater." „Ich glaube an einen einzigen Gott, den allmächtigen Vater, Schöpfer Himmels und der Erden." Die göttliche Allmacht wird unmittelbar als „väterlich" angesprochen. Vor allem und wesentlich ist Gott der Vater, und erst danach ist er Schöpfer, Richter und im Mittelpunkt christlicher Hoffnung: Retter und Tröster. Das ist er aber eben, weil

er Vater ist. So richtet sich im Mittelpunkt der Gottesvorstellung die Vaterschaft Gottes auf — die ewige Vereinigung von Vater und Sohn —, und im Mittelpunkt der Offenbarung die Vereinigung zwischen dem Vater und dem Menschen, seinem Kind. Das Hauptthema der Heilslehre ist das der Adoption, der Kindschaft. Das entscheidende Wort des christlichen Glaubens spricht der Heilige Geist im Menschen aus, wenn er Gott gegenüber *abba* — Vater — sagt (Gal 4, 7). So ist die grundlegende religiöse Kategorie die der Vaterschaft.

3. In seinem Wesensgefüge ist der Mensch nach dem Bilde Gottes erschaffen. Er gleicht dem, der seinem Wesen nach Vater ist. Und die merkwürdigste Entdeckung, die uns dann überrascht, ist doch die Tatsache, daß der Mann nicht in dem Maße über väterlichen Instinkt verfügt wie die Frau über mütterlichen. Eroberer, Abenteurer, Konstrukteur, ist der Mann nicht väterlich in seinem Wesen — da liegt ein starker Widerspruch. Es bedeutet, daß nichts der religiösen Kategorie der Väterlichkeit Entsprechendes in der Natur des Mannes liegt. Es bedeutet gleichfalls, daß das religiöse Prinzip innerhalb des Menschlichen in der Frau ausgedrückt ist. Die besondere Sensibilität für das rein Geistige gründet in der *anima*, und nicht im *animus*. Die weibliche Seele also ist den Quellen der Schöpfung am nächsten. Paulus trägt dieser Wahrheit unwillkürlich Rechenschaft, wenn er (Gal 4, 9) ein Bild der Mutterschaft für geistige Vaterschaft gebraucht. „Ich leide Schmerzen der Geburt, bis daß Christus sich in euch bilde." Das Theotokion (in der dritten Tonart) arbeitet die Analogie zwischen der Väterlichkeit des Vaters und der Mütterlichkeit der Theotokos, der Gottesgebärerin, heraus. „Du hast den Sohn ohne Vater geboren — diesen Sohn, den vor der Zeit der Vater ohne Mutter geboren hat." In seiner theologischen Aussage ist der Gedanke klar: die Mütterlichkeit der Jungfrau wird als Abbild der Väterlichkeit Gottes hingestellt.

4. Das religiöse Element ist der weiblichen Geistigkeit besonders zugeordnet. Damit erklärt sich, warum die Gegner des Religiösen

sowie etwa Celsus oder Nietzsche dieses beschuldigen, daß es weibisch mache. In ihrer Vorstellung von Humanismus erträgt Männlichkeit die mit den Werten des Glaubens engverbundene Weiblichkeit nicht. Je weltlicher eine Kultur wird, desto vermännlichter ist sie; je verzweifelter sie ist, desto weiter entfernt sie sich vom wahrhaft Weiblichen. In morbidem Genuß spürt der Pessimismus überall die Verdammnis auf, der gegenüber keine Rettung möglich ist. Ihn trifft kein Strahl der Hoffnung.

Das finstere Universum der *massa damnata* spiegelt sich im Jansenismus. Moderner Pessimismus der Verlorenheit schwebt über der Welt. Die Literatur der Verzweiflung, des Absurden von Kierkegaard oder Kafka ist mehr denn je gefragt, denn sie entspricht der seelischen Verfassung des heutigen Menschen. Julien Greene, Mauriac oder Graham Greene wählen Grenzsituationen aus, wo der Mensch sich in der tiefsten Ohnmacht zeigt, in die er — wie der Mensch in der antiken Tragödie rettungslos von seinem Schicksal geschlagen — verfällt. „Moira" ist der bezeichnende Titel eines Romans von Julien Greene. Im gleichen Ton sind die Werke von Sartre, Camus oder Anouilh gehalten. Aber ihre areligiöse Grundhaltung läßt tragischerweise auch jeden Schutz und Hilfe vom Mütterlichen her noch mehr zuschanden werden.

Ist der Christus Retter der Welt, so ist es seine Mutter, die ihn zu beschützen sucht und in sein „Außer-menschlich-sein" auf zarte Weise die Gnade einführt. Dostojewski durchquert den finsteren Abgrund, um sich in Freuden zu stürzen; er kann das tun, weil seine Sendung das Siegel ständigen Gebetes trägt: „Alle meine Hoffnung gründe ich auf dich, Mutter Gottes, gewähre mir deinen Schutz." Die alte Nonne in den „Besessenen" spricht eine Prophetie aus: „Die Mutter Gottes ist die Große Mutter, die große ‚feuchte Erde'" (Gn 2, 6). Diese Wahrheit enthält eine tiefe Freude für alle Menschen. Die feuchte Erde, die nährende Erde ist das Bild für den Mutterschoß. Die Erde nimmt durch die Jungfrau teil an der Geburt Gottes, sie ist das kosmische Bild der Geburt. Den folgenden liturgischen Texten wohnt die Annäherung zwischen dem Kosmos und der Jungfrau besonders inne. „Glückliche Erde — gesegnete Gottesbraut, die du das nicht gesäte Korn hast wachsen lassen, Retterin der Welt, gewähre mir, daß ich es zu mir nehme und das Heil erlange." [269] Die kosmische Freude Himmels und der Erden wohnt der Marienverehrung inne. Zahlreiche Gebete preisen die Jungfrau als „Freude aller Kreatur" und sagen „freue dich", denn sie ist das Antlitz der Weisheit Gottes. Durch sie erscheint die weibliche Geistigkeit als sophianische und ist als solche engstens mit dem Heiligen Geist verbunden.

Demgegenüber enthält aller Atheismus einen Keim tiefster Bitterkeit und erweist sich als eigentlich männlich in der Verkümmerung des Religiösen im Sinn des Vaters, einer göttlichen Vaterschaft in der Weise, wie sie gerade dem Weiblichen durch Gnade gegeben ist. Ist der militante Atheismus in seinen Anfängen nicht gerade durch seinen Spott über die Jungfrau-Mutter gekennzeichnet! Alle jene jüdischen und heidnischen Legenden über die Erdenfrau Maria, die der moderne Materialismus aufgreift! Die Quelle aller Sittlichkeit liegt im mütterlichen Prinzip: Reinheit, Selbstlosigkeit, Schutz gegenüber den Schwachen. In seiner ethischen Doktrin zerreist Kant die Verbindung zum Überirdischen und würdigt Gott zum Rang eines Postulats, eines sittlichen Gebotes herab. Folgerichtig behandelt er die Liebe als einen „sinnlichen und krankhaften Affekt", denn die Liebe ist irreal und folgt dem Willen nicht. Kant erweist sich somit als sehr männlich. Es gibt keine echten Frauen, die Kantianer sind. Im Gegenteil hat die intuitive und über emotionelle Erkenntnis zu erlangende Philosophie (Pascal, Bergson, Keyserling, M. Scheler) das größte Echo bei den Frauen. Gleicherweise kann man sagen, die Prädestinationslehre hätte niemals einer weiblichen Seele entspringen können. Die großen christlichen Gestalten weisen erstaunliche Gegensätze auf: der finstere, männliche Calvin, und auf der anderen Seite der heilige Franziskus mit dem Beinamen *stella matutina,* der sterbend noch fortfährt zu singen. Oder Seraphim von Sarow, „der Engel des Lichtes", den die Jungfrau als von ihrer Art bezeichnet hat. Und dann wieder Augustinus, der so hart gegen die Frau war, die sein Leben teilte, so abstrakt in seiner Abhandlung über Liebe und Ehe. Er spiegelt so recht das Zeitalter des

Patriarchats wider und entwirft bezeichnenderweise als erster die Lehre von der Prädestination. Ironisiert Kant die Liebe, so ist auch Augustinus außerordentlich sarkastisch gegen die Originesanhänger, die Prediger der Liebe seiner Zeit, und nennt sie „die Barmherzigen". Eine allzu männliche Gottesauffassung wird immer seine Gerechtigkeit und seine absolute Herrschergewalt auf Kosten seiner Güte betonen und aus dem Menschen ein Objekt der Macht Gottes machen. Die monotheistischen Religionen sowie der kriegerische Islam und der Judaismus in seinen ganz orthodoxen Strömungen, sind schlagende Beispiele dieser äußersten Männlichkeit. Im Gegensatz dazu bringt die mütterliche Zartheit, die vom Kultus der Gottesmutter herrührt, eine besondere Note von Sanftmut in den christlichen Humanismus und erweist den Ursprung weiblicher Feinfühligkeit bei den großen Mystikern. Es genügt, die Ikone der Gottesmutter von Wladimir (12. Jahrhundert) anzusehen, um zu begreifen, was die urbildliche Weiblichkeit dem religiösen Sinn zugebracht hat [270]. Hier ist keinerlei gefühlsbetonte oder süßliche Note, keinerlei Sentimentalität, aber vielleicht das vollkommenste fromme menschliche Gesicht, dessen Blick dem des Vaters auf der Ikone der Trinität von Roubleff ähnelt. Die Ikone und die Liturgie zeigen in ihrer Sprache an, daß der göttlichen Väterlichkeit die menschliche Mütterlichkeit entspricht.
Künstlerisches Feingefühl, kosmischer Sinn und Gemeinschaftssinn und eine tiefmystische Haltung dem Leben gegenüber sind die spezifisch weiblichen Züge des russischen Genius. Auf ihren Höhepunkten zeigt die russische Literatur die russische Frau als den reinsten Typus des Menschlichen — stärker noch als der russische Mann. Wenn man zwischen den Zeilen sowjetischer Romane liest, so läßt sich mit Händen greifen, daß die russische Frau die stärkste Gefahr für das marxistische Gefüge in seinen entmenschlichenden Entgleisungen bedeutet. Die Frau bleibt der Schutzengel religiöser und sittlicher Werte.
Die beiden ersten Heiligen, die von der Ost-Kirche kanonisiert wurden, St. Boris und St. Gleb, wurden um einer sehr russischen Art des Nichtwiderstehens gegenüber dem Bösen willen gepriesen.

Während in einem direkten Kampf das Böse fast immer siegt, nützt es sich gegenüber geduldigem Widerstand im Laufe der Zeit ab. Verhärtet sich der Mann gegenüber dem Leiden, so stürzt sich die Frau hinein. Aber ist nicht gerade sie es, die Leiden besser erträgt und überlebt? Die Weisheit einer alten Kultur von nichtmännlichem Charakter verkündet durch den Mund von Lao Tse: „Das Sanfteste siegt über das Härteste, das Wasser über den Felsen, das Weibliche über das Männliche." Genau in dem Sinne umreißt der Christus das geistige Prinzip. „Ich bin sanft und von Herzen demütig" (Mt 11, 29). Und er weist die männliche Lösung durch das Schwert zurück, wie er auch die männlichen Lösungen der drei Versuchungen in der Wüste ablehnt und das Opfer seiner selbst wählt: seine Darbringung, die Gestalt des dahingeschlachteten Lammes. Für den Mann heißt leben: erobern, kämpfen, töten — für die Frau: gebären, unterhalten, das Leben mit Hingabe schützen. Der Mann gibt sich hin, um den Sieg davonzutragen — die Frau rettet, indem sie reines Opfer wird. Die prometheischen, männlichen Kulturen steigen wie Meteore auf und erlöschen so schnell wie die Roms. Die östlichen Kulturen, wenig einheitlich, wie sie in ihrem historischen Gefüge auch sein mögen und so sehr sie gegenläufige Stadien in ihrem Inneren durchmachen, geben doch in ihrer Gesamtheit den weiblichen Lebenswerten weiten Raum und haben daher ein geschichtliches Dasein von langer Dauer [271].

5. „Eva" bedeutet genau „das Leben", aber der, der ihr in prophetischer Hellsichtigkeit den Namen gegeben hat, meinte damit unendlich viel mehr als einen einfachen biologischen Ablauf, mehr noch als ein Siegel „versprochener Gnade". Und mehr sogar als die Prophezeiung, daß aus dieser Art die mit „dem Golde von Ophir geschmückte Königin" hervorgehen solle (Ps 45, 10). Die biologische Gleichförmigkeit mit dem Leben der Art spiegelt die geistige Übereinstimmung im ewigen Leben wider. Die zweite Eva wird vom 3. Ökumenischen Konzil mit dem Namen Theotokos, Gottes-Gebärerin, belehnt. Die Gott gebären soll, die dem „Lebendigen" in der Menschheit das Leben gibt, ist unsterblich geworden. In diesem

großartigen Sinne wird Eva „Leben" genannt (Gn 3, 20). Man begreift nun, warum es die Frau ist, der das Heil verheißen wurde. An die Frau richtet sich die Botschaft der Verkündigung. Der Frau erscheint der auferstandene Christus zuerst — und sie, „mit der Sonne bekleidet" (Apk 12, 1), stellt das Neue Jerusalem dar. Die Bibel erhebt die Frau zum religiösen Prinzip in der menschlichen Natur. Sie ist der Mund der Menschheit, durch den das schlichte *fiat* der Dienerin Gottes dem Schöpfer-Fiat des Himmlischen Vaters antwortet. Sie ist das freie Ja der ganzen Menschheit, das sich dem Werk der Inkarnation als sein unerläßlicher menschlicher Grund einordnet.

Der das Wesen Gottes kennzeichnenden göttlichen Väterlichkeit, die den Sohn zeugt und den Geist haucht, entspricht genau die weibliche Mütterlichkeit als Besonderheit der menschlichen Natur. Das gottmenschliche Geheimnis vollendet sich in der *anima*. Im Liturgischen stellt der „Tempel des Ruhmes von Ewigkeit zu Ewigkeit", stellt die Jungfrau „größer als die Himmel" das Weltall dar, das den „Nichtzuumfangenden" umfängt. Josef seinerseits repräsentiert die Väterlichkeit des Menschen. Er verharrt in Schweigen vor dem Wunder, geht durch die Seiten des Evangeliums, ohne ein einziges Wort zu sprechen. Das fleischgewordene Wort ist das Kind des väterlichen Schweigens und des mütterlichen: Es geschehe! Karl Barth hat es bewunderswert in seiner „Skizze einer Dogmatik" gefaßt: „Geboren von der Jungfrau Maria... der Mensch als männliches Wesen ist ausgeschlossen. Er spielt keine Rolle bei dieser Geburt, die eine Art von Gericht Gottes über sich selber darstellt. Menschliches Handeln und Absicht sind in keiner Weise beteiligt. Das will aber nicht heißen, daß der Mensch als menschliches Wesen ausgeschlossen sei, denn da ist ja die Jungfrau. Der männliche Mensch in seiner besonderen Funktion des Handelns und als Schöpfer der menschlichen Geschichte — in seiner Verantwortung als Herr der Gattung sieht sich hier, wie es die rein passive Rolle des Josef erweist, in den Hintergrund verwiesen. Das ist die Antwort des christlichen Glaubens auf das Problem der Frau: Die Frau nimmt den ersten Platz ein oder genauer die Jungfrau — die Jungfrau Maria..."

6. Die Litaneien von Loretto nennen die Jungfrau „Morgenstern".
Das war der Name Luzifers. Nach einer bei den Vätern verbreiteten Auffassung war er das Wesen, das Gott am nächsten stand —
sein *alter ego* —, und diese Nähe macht den ungeheuerlichen Fall
in die Gier, Gott gleich sein zu wollen, begreiflich Die Jungfrau
nimmt nun seinen Platz ein. Daraus erklärt sich, daß sie liturgisch
das Haupt der Engelmächte ist. Leuchtender Mittelpunkt des Firmamentes, bereit, sich in die von Mittag hervorbrechende Sonne
zu stürzen! Das ist das kosmische Bild, das die Frau in ihrer Wesenheit genau beschreibt, und diese Morgenfrische ist auch gleichsam
Zeichen ihrer Unberührtheit. Im Griechischen bedeutet *sophrosyne*
Ganzheit und Unversehrtheit: es ist das religiöse Prinzip in seiner
Macht zur Vereinigung. In einem alten liturgischen Gebet wendet
sich der Mensch an die Gottesgebärerin und bittet: „Binde meine
Seele durch deine Liebe, lasse du mich in engster Bindung stehen.
Aus dem Zusammengefügten, der Fülle seelischen Seins lasse du die
Einheit, die Seele, hervorsprießen." Durch ihre religiöse Eigenart
stellt die Frau diese lebendige Tat der Vereinigung dar. Sie allein
ist fähig, sich dem Unternehmen der Zerstörung und Entmenschlichung entgegenzustellen, in welches das moderne männliche Genie
mehr und mehr verstrickt ist. In diesem Sinn will das Wort von
Berdjajew verstanden sein: „Die unendlich bedeutsame Rolle der
Frau, die einen hervorragenden Platz in der Geschichte von morgen einnehmen wird... im religiösen Erwachen unserer Zeit."

7. Man versteht diese Rolle, wenn man den metaphysischen Wert
der weiblichen Natur begreift. Im religiösen Bereich ist die Frau das
starke Geschlecht[272]. Der klassische Irrtum aller Kommentatoren
der Erzählung vom Sündenfall ist es, das Vorgehen Satans Eva
gegenüber als gegen das „schwache Geschlecht" gerichtet zu erklären, gegen den verwundbarsten Teil der Menschheit. Das Gegenteil ist richtig. Die Versuchung gilt der Eva als dem religiösen
Prinzip der menschlichen Natur, und in ihm vor allem mußte der
Mensch verwundet und verdorben werden. Ist das empfänglichste
Organ, das allerempfindsamste für die Vereinigung mit Gott, erst

einmal getroffen, dann geschieht der Rest von allein. Adam bereitet keinerlei Schwierigkeit, Eva zu folgen, denn in der Einheit mit ihr ist er der göttlichen Einrichtung ihrer beider zufolge ja schon jetzt außerhalb Gottes. „Sie sollen ein Fleisch sein" (Gn 2, 24).

8. Die geheimnisvolle Entsprechung des Weiblichen, sein Geöffnetsein gegenüber „den Mächten" führt zur Enthüllung des eucharistischen Blickpunktes bezüglich des Sündenfalls. Vorher konnte das Böse nicht menschliche Gestalt annehmen, es zeigt sich in Form einer Schlange, eines fremden und außerhalb der menschlichen Natur liegenden Wesens. So bleibt das Gespräch an der Oberfläche, an der Grenze der beiden sich gegenüberstehenden Äonen. Der Entartung des Menschen muß ein Akt des Eindringens vorausgehen. Ebenso wie das Bekenntnis des christlichen Glaubens sich im Verzehr von Fleisch und Blut vollendet — in der substantiellen Durchdringung mit Christus —, so stellt „die verbotene Frucht" sich in der Übertretung, in der Verkehrung der normativen Ordnung in der „Teufelsmahlzeit" dar. Das von außen vom „Fremden" her verzehrte Böse wird nun als das Intime im Sinn der Bibel „erkannt". Das Austreibungsritual der Taufe enthüllt in trauriger Wirklichkeit die finstere Gegenwart des teuflischen Elements im Herzen der Menschen.

Die entscheidendsten Faktoren für das menschliche Schicksal entfalten sich vornehmlich im religiösen Element — und das ist die Frau. Dieselbe Frau, die die Menschheit durch das dämonische Essen dem Bösen verbunden hat, und dieselbe — Kornähre —, die das Versprechen des Heils birgt „die Frau wird dir den Kopf zertreten" (Gn 3, 15) — diese Frau wird den Retter gebären.

9. Den beiden Gesichtern der Eva, dem hellen und dem finsteren (bei den Sophiologen das helle und das finstere Antlitz der Sophia), entsprechen die beiden weiblichen Figuren des Endes. Die Apokalypse beschreibt das Neue Jerusalem mit Ausdrücken des Lichtes: „Das ist das Weib mit der Sonne bekleidet" (Apk 12, 1). Am anderen Pol verdichtet sich die Finsternis im äußersten Augenblick

der Geschichte in der Hure von Babylon, und sie wird nicht im äußeren Fleischlichen, sondern in ihrem religiösen Wesenskern verdorben. Das Bild ist voll mystischer Todesangst[273], es ist der teuflische Abgrund schrecklichster Hurerei, wo das Gefüge des Geistes selbst, das gesamte Innere ohne Rest korrumpiert ist. Auf einem Tier sitzend, zerreißt das Weib seinen Schleier, und des Schleiers (Zeichen der Heiligen) entkleidet, entledigt sie sich des weiblichen Mysteriums, des *fiat*. Das sofort über sie hereinbrechende Gericht verhängt „sie zu entblößen", was nichts anderes sein kann, als die Enthüllung ihrer des eigenen Mysteriums beraubten Leere — ihr Nichts und ihre Ver-nichtung brechen aus.

Die Amazone, die vermännlichte Frau, hält einen goldenen Becher in ihren Händen; sie gibt sich für jemanden aus, der größer ist als ein König, sie ist der Hohe Priester, sie reißt die Gewalt an sich und verwirklicht den stärksten Betrug Satans. Im Lichte des Endes versteht man den Schrecken der Antike, der die Mären vom Matriarchat umgibt.

10. Nach dem Schweizer Juristen und Mythologen Bachofen[274] entsprechen die Etappen des geschlechtlichen Lebens denen der Religion und der Natur. Der wilden Vegetation der Sümpfe entspricht die Promiskuität. Die freie ungezügelte Mutterschaft waltet in den Gemeinschaften freier Liebe vor. Dann — mit dem Kultus der Erdmutter und dem Ackerbau, der von den Frauen erfunden ist und ausgeübt wird, bilden sich allmählich geregelte Formen der sexuellen Beziehungen heraus. Sie folgen dem Mutterrecht. Es ist die Zeit der Herrschaft der Frau, Gynaikokratie. Die Frauen leiteten die öffentlichen Angelegenheiten und führten Krieg, während die verweiblichten Männer sich um die häuslichen Dienste kümmerten. Im dritten Stadium erst erscheint das Patriarchat. Wenn die Beschreibungen Bachofens und die ihnen verwandten von Morgan heute nicht voll von den Soziologen geteilt werden, so behalten diese Ideen doch ihren Wert auf mythologischer Ebene als ein Weg der Annäherung an die Anfänge der Geschichte.

Der Ethnologe B. Malinowski weist in seinen Arbeiten[275] auf die unbestreitbar weibliche Geschlechterfolge im Mutterrecht hin (z. B. ist der Bruder der Mutter Familienoberhaupt). Das Mutterrecht wird durch kollektive Gemeinschaften aufrechterhalten, die aus der Frau ein geheiligtes Wesen machen, das an der Fruchtbarkeit der Erde teilhat. Heute noch untersteht der Mann bei gewissen Völkerschaften Australiens der Gewalt der Frau. Dort herrscht volle Promiskuität, und man kennt die physiologische Bedeutung des sexuellen Aktes nicht.

11. Für Bachofen spiegelt sich der Kampf der kosmischen Mächte zwischen Himmel und Erde im menschlichen Wesen. In der Geschichte steht Matriarchat gegen Patriarchat, im Dasein ist es der ewige Konflikt Mann-Frau. Aber jedes Wesen ist in seinem Innern doppelgeschlechtlich, besteht in der gegenseitigen Er-gänzung der unterschiedlichen Geschlechter. *Anima* und *animus* sind ungleich im Gesamt eines Wesens verteilt. In derselben Ungleichheit des Begabtseins erscheinen sowohl das Prinzip verstandesmäßiger Analyse und Unterscheidungskraft als auch das der Fähigkeit zur Aufnahme von Bezügen, von Gemeinschaft und zur Bildung einer Einheit zwischen Ich und Du, zwischen *logos* und *eros*. Der Mann findet das Dasein ebenso in sich selbst wie in seiner Partnerin und auch in allen übrigen Formen des Lebens in Pole auseinandergerissen. Die Anziehungskraft zwischen den Polen ist seelisches Gesetz, sie ist das schlechthin alles Leben bedingende Prinzip. Die beiden Gegensätze können zu verzweifelten Widersprüchen werden und sich in unbarmherzigem Kampf verlieren, aber sie können sich auch gegenseitig als ergänzende Teile einer erhabenen Einheit bestätigen. Hier liegt das ganze geistige Problem des Daseins. Der mütterliche Instinkt ist von der Quelle allen Seins her bestimmt, dem Alpha, und der väterliche vom Ziel, dem alles zustrebt, dem Omega. Jedoch kann der väterliche Instinkt im Polarisationsgeschehen, dem normalerweise alles unterworfen ist, auf Abwege geraten. Er kann der Versuchung unterworfen sein, zu verzichten und zur Nacht der Anfänge zurückzukehren. Das bedeutet dann Verzicht auf zielbedingtes Wollen, auf das sonnenhafte Prinzip

intelligibler Klarheit. Dieselbe Versuchung nimmt bei der Frau die Gestalt einer erdhaften Chaotik an und ist hier mit der schrecklichen Kraft begabt, den Mann mitzuziehen, ihn gewissermaßen in den Mutterschoß hineinzureißen — dem Anruf des finsteren und feuchten Abgrundes der Erde folgend — in bloßen Schlaf und Tierhaftigkeit. In die klare Freude des Sonnenhymnus des heiligen Franziskus, in den hervorbrechenden Lobgesang zum Ruhme Gottes, der sich in Symphonien von Tönen, Formen und Farben ergeht, mischt sich die unsagbare dionysische Traurigkeit, unauslöschlicher Durst und das Seufzen der Kreatur, die unter die Herrschaft der Sünde gefallen ist. Während des Winters ist die Natur von bleiernem Schlaf befangen, und die ewige Wiederkehr der Dinge hat keine Kraft, vermag nicht die unbewegliche Maske des Todes zu beleben. Das Matriarchat ist die Epoche, in der das kollektivistische und noch ungeformte kosmische Element in seltsamster Verworrenheit zwischen Mensch, Natur und Kosmos über das Prinzip der Persönlichkeit herrscht. Blinder panischer Schrecken steigt aus dieser Herrschaft auf.

Die Frau verbindet sich in ihrer Tiefe mit der *magna Mater Deorum* — jener Mutter der ebenso gnadenreichen wie schrecklichen alten Götterwelt: Isis in Ägypten, Istar am Ufer des Euphrat, Astarte im Lande Kanaan, Cybele in Vorderasien, Durga in Bengalen, Gaia bei den Griechen. Die große Mutter thront in Bergen und Wäldern, über dem Meere und in den Quellen. Sie hat Macht über Leben und Tod. Sie herrscht über die männlichen Gottheiten — Königin des Himmels und Fürstin der Unterwelt. Die ganze Epoche ist von großer Finsternis umgeben.

Besser bekannt sind die späteren Gynaikokratien bei den Iberern, den Kretern, Kaldäern, den alten Ägyptern. Die Frau herrscht über den Stamm, ist Priesterin unter den Druiden, überall tabu, Hexe und Magierin. Der Besitz vererbt sich über die Frau, das Kind gehört dem Clan der Mutter an und trägt dessen Namen — eine Tradition, die sich im Portugiesischen noch bis heute erhalten hat. In dieser Gesellschaft ist der Platz des Mannes minimal. Gebären ist sakrale Handlung — der Vater hat keinen Anteil daran.

Die Geister der Ahnen gehen um und treten in den Körper der Frau ein. Die ist ein tellurisches Wesen, der Erde vergleichbar, lebendiger Ausdruck ihrer Fruchtbarkeit. Bekleidet mit dunkler und schrecklicher Macht, ist sie die Erneuerungskraft des Lebens. Von hohem wunderschwerem Ansehen umgeben schreitet die Frau als das Vehikel einher, in dem der Ahne totemistisch überlebt und somit die irdische Zeit überschreitet. Nicht mehr die Natur allein hat ihre Fortdauer in der Frau — geheimnisvolle Strömungen gehen von ihrem Leibe aus und befruchten die verborgenen Quellen des Lebens.

12. Das verleugnete Männliche greift zur Wehr, und dieser erbitterte historische Kampf wird immer noch ins Bewußtsein der Einzelperson zurückgeworfen und verursacht tiefgehende seelische Störungen. In diesem Kampf werden in der Tiefe des individuellen Unterbewußtseins Komplexe gebildet, die dem kollektiven Unterbewußtsein entstammen. Die Libido als Grundenergie des menschlichen Wesens kann sich einem Urkomplex aufpfropfen. Dort kann sie dann ebenso tatenlos und verdrängt vegetieren, wie auch im Schatten des Unbewußten zu fürchterlicher Bedrängnis heranwachsen.

Einer der am meisten bezeichneten Komplexe ist der Ödipus-Komplex. Ödipus hat, ohne zu wissen was er tat, seine Mutter Jokaste geehelicht, nachdem er seinen Vater getötet hat. Als Jokaste erfährt, daß ihr neuer Gemahl ihr Sohn ist, erhängt sie sich. Der von den Göttinnen der Rache verfolgte Ödipus erleidet Furchtbares und nimmt sich selbst das Augenlicht. Im Bewußtsein des Tages gesehen, ist Ödipus unschuldiges Opfer eines grauenhaften Schicksals, aber im Unterbewußtsein hat er sich dem männlichen Vaterprinzip widersetzt, hat sich mit seiner Mutter, dem weiblichen Prinzip, zu vereinigen und zu verschmelzen gesucht. Die Erde ist gegen den Himmel, die Sonne, aufgestanden — das Kollektiv gegen das Prinzip der Person. Wenn der Mensch den Logos in sich verleugnet, läßt er sich vom Schlaf an der Mutter Brust anlocken. Unaufhaltsam setzt sich dann der Kampf gegen die geschichtliche

Entwicklung fort. Es ist der Kampf zwischen Apoll und Dionysos, zwischen dem Maß und dem Chaos, der gleichen und der ungleichen Zahl — *peiron* und *apeiron* —, der Monade und der Vielheit. Der Mann, befangen in der Überfülle ihn bezaubernder Möglichkeiten, widersetzt sich seiner Geburt als solcher. Er widersetzt sich allem, das ihn vom mütterlichen Schoß des Kosmos, vom Schlummer und Vergessen wegreißen könnte. Otto Rank hat die Ursache dieses Zustandes „Geburtstrauma" genannt. Freud spricht von Todesinstinkt, aber am besten ist er vielleicht mit den Worten des bekannten russischen Schriftstellers Rosanow ausgedrückt: „Ich bin wie ein Kind im Leib seiner Mutter. Ich möchte nicht geboren werden, denn ich bin so zufrieden im Warmen." Die Versuchung, zurückzukehren, vertreibt den Menschen aus seinen wahren Tiefen, und so löst er das in der Kraft des Geschlechts liegende Problem nicht [276]. Diese verdrängte sexuelle Kraft schafft Explosionen und ruft Verbrechen und Torheiten hervor.

Die Zivilisation tut ihr möglichstes, sie setzt Grenzen an, lehrt zu verbergen und zu vertuschen — und schafft so die Neurosen. Unser Zeitalter steht unter dem Zeichen sexueller Enthüllungen. Es liegt eine große Befreiung darin, aber sie ist von riesiger Gefahr begleitet. Die Untersuchung von Kinsey hat das klar erwiesen. Wenn auch die christliche Askese sich in der „Wüste" zu äußerster Anstrengung erhoben hat und zum Erfolg einer Reinheit kam, die nicht von dieser Welt ist, so verbleibt die „Stadt" doch unter tausendfachen Vorschriften und gesellschaftlicher Heuchelei. Das sexuelle Problem hat nie eine endgültige Lösung gefunden. Heute werden mit erstaunlicher Freiheit die Schleier heruntergerissen; das Geheimnis, die Heiligkeit der Liebe verschwindet. Niedere Leiblichkeit führt zur äußersten Zerstörung des Weiblichen. Außerdem beginnt die Frau sich überall als Konkurrentin des Mannes zu erweisen. Aber von daher kann die metaphysische Bedeutung des Matriarchats erfahrungsgemäß nicht zum tragenden geschichtlichen Faktor werden.

In ihren beiden unlängst erschienenen Romanen „Bonjour Tristesse" und „Un certain sourire" [277] beschreibt Françoise Sagan die Situation mit einem Realismus, den man bisher nur von erfahrenen

Männern wie Sartre oder Miller gewohnt war. Ein ganz junges Mädchen beschreibt ihre Erfahrungen. Das ist nicht Un-anständigkeit, das ist Scham-losigkeit. Das Unanständige verbirgt sich und kämpft, es ist aufreizend. Die Schamlosigkeit entkleidet sich ganz natürlich — sie kennt weder Geheimnis noch Schleier. Heute wird die Frau weder „genommen" noch „gegeben", sie läßt es sich aus Langeweile geschehen. Der alte biblische Befehl, sein Brot im Schweiße seines Angesichts zu essen, setzt sich in der Welt aller dieser jungen Mädchen um in: im Schweiße seines Angesichts die Liebe betreiben. Die Auflösung breitet sich über einer Langeweile aus, die tatsächlich zu nichts mehr hin führt; ein Leichnam ist hingestreckt, er rührt sich nicht mehr. Auf jeder Seite erscheint das Schlüsselwort, das Bekenntnis: Langeweile. Von Zeit zu Zeit wird diese undurchdringliche Zone der Langeweile von einem Strom primitiver Erotik durchbrochen. Schon Schopenhauer fand, daß man zwischen Leiden und Langeweile wählen müsse. Langeweile ist schlimmer als Leiden, sie hat weder Ende noch Tiefe. In einer Messe für die Traurigen, die sich an die Jungfrau richtet, wird sie „die die sündhafte Traurigkeit Zerstörende" genannt. Es gibt eine Traurigkeit, die Sünde ist. Sie kommt aus der Langeweile und mündet in die *acedia* — trübe Verdrossenheit.

Als Gesellschaftsform würde die Rückkehr zum Mutterrecht die äußerste Form menschlicher Degeneration bedeuten. Die Frau auf dem Platz des Mannes würde nichts Besonderes dahin mitzubringen haben; sie würde im Gegenteil nur den Sinn für echte Weiblichkeit und ihre eigene Berufung verlieren. Als religiöses Prinzip untersteht die Frau Engeln und Geistern. Sie ist stärker als der Mann allen magischen und dämonischen Mächten zugängig, und der Vernunft würde unter ihrer Herrschaft die Kontrolle versagt bleiben. Von diesem Gesichtspunkt aus ist das Matriarchat und sind die verschiedenen Formen der Gynaikokratien außerordentlich lehrreich, um den wahren Wert der Frau zu erfassen.

DAS PATRIARCHAT

1. In seinen geschichtlichen Arbeiten verzeichnet Engels die Zeitspanne des geschichtlichen Niedergangs des weiblichen Geschlechts. Im Übergang von Matriarchat zu Patriarchat, vom Allzuweiblichen zum Allzumännlichen hat die Frau tragischerweise immer diesseits oder jenseits ihrer wahren Wirklichkeit gestanden. — An einem bestimmten geschichtlichen Zeitpunkt erkennt der Mann plötzlich seinen eigenen Wert. Ist die Frau Gebärerin, ist er der Zeugende. Er trägt die volle Verantwortung dafür ohne Möglichkeit der Teilung. Die Kraft seiner Vernunft gewinnt die Überhand über alles Mysterium, verjagt alle Dunkelheit, verwirft jede Vorstellung von Halbdunkel und alles magische Handeln. Das Sonnenprinzip der Vernunft übersteigt das tellurische erdenhafte ebenso wie das chtonische unterirdische. Auch das Christentum verkündet „den Tod des großen Pan" und strebt als erstes an, die Menschheit vom gnostischen Einfluß zu lösen, aus der kosmischen Gewalt der Geister und Dämonen. Bis sich der Mensch vom Magischen getrennt habe, setzte die Gewissenhaftigkeit der Kirche aller Möglichkeit zur Kenntnisnahme der Mysterien des Lebens Grenzen und verschloß den Zugang zu den Pfaden der Gnosis. Die Kirche hat die Weisheit der Welt ausgetrieben, aber diese rächt sich in der modernen Ent-

wicklung von Wissenschaft und Technik für eine solche Nichtachtung, und sei sie auch aus pädagogischen Rücksichten erfolgt. Trotz des unermeßlichen Reichtums der authentischen Gnosis eines Klemens von Alexandrien, Origines, Gregor von Nyssa und Maximus des Bekenners wird von der Neuzeit an nur rein verstandesmäßige Naturerkenntnis zum Leitmotiv menschlichen Denkens gemacht [278]. Die dämonischen Kräfte wirken hier in Gestalt des mechanistischen Prinzips, das jede Beziehung zwischen dem Menschen und der Natur tötet. Der Mensch mechanisiert sich mehr und mehr und wird zu einem der äußeren Welt um ihrer Eroberung willen zugewandten Automaten. Um in ihr zu handeln und über sie zu herrschen, entwurzelt sich der *homo faber,* der immer geschäftige, der männliche Mensch. Er verliert seine tiefsten Bindungen zum Himmel, zur Natur und zur Frau als dem Geheimnis seines eigenen Wesens. Ins Abstrakte entgleitend, sieht der Mann sich die Dimension der Tiefe vor ihm verschließen. Er entwirft die großen Straßen der Zivilisation, alle sind klar, geräumig und abgemessen. Die unübersichtliche Frau aber ist von vornherein auf den Rang eines niederen Wesens verwiesen. Aus dem Instinkt der Selbstverteidigung und Erhaltung heraus schlägt der Mann sie in Ketten wie eine verderbliche Macht, wie die konstante Bedrohung, ihn seiner schöpferischen Aufgabe zu entfremden und ihm seine Freiheit zu nehmen. Dem Anschein nach und bei Gelegenheit erweist er der Frau alle Ehren, aber er stellt sie unter Bedingungen, unter denen sie ihm niemals schaden kann. Die Frau ist der überlegenen Gewalt des Herrn roh unterworfen, der unbestreitbaren Autorität des Mannes, ihres Herrn und Meisters. Bebel spricht von der Frau als einer Versklavten. Während in den ältesten Zeiten bei der Heirat der Mann in den Clan der Frau übergegangen ist, richtet sie sich jetzt unter dem Dach ihres Gatten ein. Es ist wahrlich eine Fremde, die da ihr Unterkommen findet und sich der unantastbaren ehelichen Gewalt unterwirft.
Der historische Übergang zur endgültigen männlichen Autorität ist mit großer Klarheit in den Mythen ausgedrückt. Der Gott überholt die Göttin: die *magna Mater Deorum* wird entthront. In Kreta

glaubt man an den Minotaurus, in Ägypten erscheint Horus gegenüber der Isis, Adonis, Astarte — Attis — Cybele ... Ra, der Gott der Sonne, Zeus, Jupiter regieren ohne ebenbürtige weibliche Gottheiten. In der Architektur und Ornamentik räumt das weibliche Geschlechtssymbol dem männlichen den Platz ein.

2. In einer auf das Tiefste erschütterten und bewegten Welt, die in Zukunft vom Mann her orientiert sein wird, zeichnen sich innerhalb des riesigen Schmelzungsprozesses neu prägende Typen verschiedenster Formen ab. Man kann sie nach ihrer Wertung der Frau einordnen. Die prometheischen, männlichen Kulturen enthalten eine riesige Kraft imperialistischer Zerstörung. Sie trinken aus der Quelle des Todes. Sie brechen hervor und erheben sich wie Meteore, aber sie erschöpfen sich bald. Sie zerstören sich von innen heraus und erlöschen. Glänzende Kämpfe, siegreiche Legionen, eine kurze Periode der Dekadenz und dann Sturz ins Nichts, das ist das Schicksal des römischen Imperiums. Dagegen haben die großen östlichen Kulturen die Achtung vor der Frau immer hochgehalten und haben deshalb eine lange geschichtliche Dauer. Sie trinken an der Quelle des Lebens und bewahren das *„mysterium tremendum"* gegenüber dem Heiligen und den Geheimnissen des Lebens.

Das noch in aller Erinnerung lebende Beispiel von Japan und China ist da sehr bezeichnend. Die Frau besaß keinerlei Zugang zu den Staatsgeschäften, aber der Mann fällte keinen Entschluß, sei es im persönlichen, sei es im völkischen Bereich, ohne vorher die Ansicht seiner Mutter eingeholt zu haben. Die Frau bewahrt den ganzen Reichtum ihrer Weiblichkeit und spielt unmerklich die große Rolle wahrer Herrschaft. Diese Tradition gibt den sie wahrenden Gesellschaften ein ganz besonderes Gleichgewicht. Die moderne Frau im Westen ist oft zuerst Frau und dann erst Gattin, und ihre Mutterschaft ist eben nur eine manchmal sogar unerwünschte Folgeerscheinung davon. Ihr gegenüber steht namentlich in Indien die Frau[279], die ganz wesenhaft Mutter ist; und als Mutter ist sie ein geheiligtes Wesen, lebendiger Ausdruck von Reinheit und Zärtlichkeit. Die Mütterlichkeit ist die Zärtlichkeit Gottes. Das Innere Gottes spricht durch die Frau. Das eheliche Verhältnis verändert die Lage der Frau in Indien nicht, solange sie nicht Mutter ist. Sie nimmt vorher nur zweiten Rang ein. Die außerordentlich große Wichtigkeit, die dem vorgeburtlichen Einfluß zugesprochen wird, verpflichtet eine Frau, sich immer im Zustand der Reinheit zu erhalten. Wenn Hindus nach Europa kommen, so sind sie von tiefem Erstaunen ergriffen gegenüber dem, was ihnen als die Schamlosigkeit der vermännlichten europäischen Frau erscheint. Die Hindufrauen[280] sind im besten Sinn des Wortes unendlich viel weiblicher. Auf die Hindufrau ist der Ausspruch Vinets anwendbar: „Der Wert eines Volkes entspricht dem seiner Frauen." Die Hindus haben der Frau ihre Kultur nationaler Unberührbarkeit und deren stets gleichbleibenden Ausdruck anvertraut. Die Frau spiegelt den Zustand des gesellschaftlichen Milieus ebenso wider, wie sie ihn ihrerseits durch die Ausstrahlung ihrer Person maßgeblich gestaltet. Sie symbolisiert das Geistige (hier verbinden sich die tiefsten hinduistischen Institutionen mit der christlichen Mystik), und weil dieser Geist in der Wahrheit ruht, weiß er auch die Wahrheit auszudrücken. In seiner Studie „Die Hindufrau" sagt Madhokor Baboji Musale ein Wort, das unsere ganze Aufmerksamkeit verdient: „Die führenden Persönlichkeiten unter den Frauen Indiens stehen deswegen so sehr hoch, weil sie vor allem anderen Frauen sind", und ferner: „In Indien liebt man die Frau um des ihr innewohnenden Geistes willen." Sowohl die Frauen als auch die Heiligen der Hindu steigen auf rein weiblichem Wege zum geistigen Bereich des Menschlichen auf.

Am Anfang der osmanischen Welt steht der Souffismus, ein asketischer Mystizismus, der den christlichen Zenobiten des Sinai nahesteht. Hier wird die Liebe zum höchsten Grade der Reinheit erhoben, und man gibt ihr die Größe der Gottesliebe[281]. Die Gedichte von Osmar Ibn Fariel (13. Jahrhundert) erinnern an das Hohe Lied der Bibel. — Im maurischen Spanien dann klingt die arabische Dichtkunst mit dem Lied der Troubadoure zusammen.

3. Jedenfalls muß ganz allgemein eine peinliche Paradoxie festgestellt werden, die in der inneren Lage der Frau besteht. Es hat

sich da eine schlimme Spaltung ergeben zwischen der Frau als menschlichem Wesen und dem Weiblichen als Kulturprinzip. Nachdem diese geistigen Werte erst einmal von ihrer lebendigen Quelle abgesondert sind, ist ihre Wirksamkeit vermindert.

Erst im Jahr 1950 wurde in China die Vielweiberei und der Frauenkauf gesetzlich verboten, zwei Ungeheuerlichkeiten, die allgemein Brauch waren. Gleicherweise sind die Kinderehen untersagt, und die Frauen dürfen nicht mehr ohne ihre Zustimmung verheiratet werden. Es liegt eine das christliche Gewissen schmerzlich berührende Tragik darin, daß einer der großen Hebel des kommunistischen Sieges in Asien die Befreiung der Frauen ist. In Vietnam hat die Frauenliga zwei Millionen Mitglieder. Auf dem letzten großen panasiatischen Kongreß wurde das Leben der Frauen als ein Frühling ohne Blüten beschrieben, als ein Tag ohne Sonne, ein wasserloser Fluß. In einem solchen Zustand äußersten Elends, wo nichts mehr zu verlieren ist, empfängt man Sonne, Blüten und Wasser mit Freuden, selbst wenn sie nur einen einzigen Frühling überdauern sollten.

Der Marxismus zielt darauf hin, daß es in der sozialistischen Gesellschaft, nachdem das patriarchalische Prinzip und der Besitzgeist einmal zerstört sein werden, nur noch gleichwertige Arbeiter beiderlei Geschlechts geben wird. Wenn auch der wirtschaftliche Monismus, der einem in Verwirrung und Unordnung geratenen Gebiet auferlegt wird, zunächst eine gewisse historische Berechtigung hat, so kann er doch niemals das einzige Hilfsmittel geschweige denn die voll befriedigende Lösung sein. Das wahrhaft Vernünftige liegt tiefer.

4. Seiner eigenen Dialektik überlassen, neigt das Patriarchat zu den radikalsten Formen. Im Augenblick, wo der Mann sich von der magischen Beeinflussung durch die Frau befreit sieht, wird diese ihm zum Besitztum wie sein Acker. Ist die Frau nicht das Symbol dieser Erde? So teilt sie von da an ihr Schicksal. Der Mann verwandelt alles die Frau Betreffende in Fluch, ihr leibliches Leben wie ihren Seelenzustand und ihre Gaben.

In der Gesetzgebung des Manou, des Solon, im Levitikus, im Codex romanus oder im Koran — überall wird die Frau als ein minderwertiges Wesen hingestellt, böse und rechtlos. Eine Pythagoreische Verlautbarung von mathematischer Klarheit drückt diese Meinung aus: Das gute Prinzip erschuf die Ordnung, das Licht, den Mann — das böse das Chaos, die Finsternis, die Frau. Gleichermaßen Aristoteles, wenn er sagt, daß die Materie weiblich ist und das Prinzip der Bewegung und Kraft männlich; das heißt, daß die Frau einer anderen Dimension, einer anderen Seinsebene angehört, daß sie kein aufbauendes Element der menschlichen Gemeinschaft ist, denn diese ist männlich. „Das Weibliche ist weiblich auf Grund des Fehlens einiger Eigenschaften." Es ist verschieden, ist anders. Nach Plato ist das Anderssein die Verneinung, das Böse. Und er dankt den Göttern, daß er frei, daß er ein Mann ist. Man versteht, daß es Pandora ist, die alle Übel entfesselt, denn just um sich an den Männern zu rächen, erfanden die Götter das Weib und führten so die Passivität, die Vielzahl, die Materie und die Unordnung bei ihnen ein.

Die griechische Frau war in das Frauengemach verbannt. Jeder Wunsch nach geistiger Bildung war ihr verwehrt, an der Spitze des Frauenideals stand Penelope. Der Absatz über die Schwächen der Frauen in Aristoteles' „Politeia" schließt mit dem Rat: „Das Schweigen ist ihr Ruhm." In „Lysistrata" von Aristophanes werden die dummen und unfruchtbaren Gespräche der Frauen mit systematischer Genauigkeit beschrieben. — Die Römerin sieht sich ihrer Hinfälligkeit und Schwäche wegen jeglicher nur möglichen Gleichstellung beraubt. Als „*res*", als Ding angesehen, ist sie den Bedürfnissen des Mannes ausgeliefert. Da sie zum „Inventar" gehört, besitzt der Ehemann ihr gegenüber das Recht über Leben und Tod.

Der Sittenkodex gewisser australischer Stämme gestattet zum Gebrauch für zwei junge Männer immer nur ein junges Mädchen. Die mongolischen Nakka töteten fast alle Mädchen bei ihrer Geburt und zwangen sie dadurch, schneller in ihrem folgenden Leben als Knaben wiedergeboren zu werden.

5. Der jüdische Antifeminismus wurde von dem Gedanken genährt, daß die Frau aus dem Manne gezogen war. Das levitische Ritual verlangte von einer Mutter die doppelte Reinigung nach der Geburt eines Mädchens, verglichen mit der eines Knaben. Die aus dem Manne gezogene Frau treibt ihn seiner Meinung nach ins Verderben. In ihren Gebeten (18 Segenssprüche) sagen die Juden: „Gesegnet seist du, Adonai, daß du mich nicht als Weib geschaffen hast." Viele Abschnitte der Bibel, ebenso wie die Schriften der großen jüdischen Lehrer, erwecken den Eindruck von Verachtung, ja, an Haß grenzender Feindseligkeit gegen ein als unrein und teuflisch anzusehendes Wesen. Selbst Paulus, der noch von rabbinischem Wissen durchtränkt ist, scheint bei dieser Tradition zu verharren, wenn er die Unterwerfung der Frau anordnet (Eph 5, 22—24). Und erklärt der Ekklesiast nicht: „Ich habe unter Tausenden einen wahren Mann getroffen, aber unter allen Frauen nicht eine" (Sir 8, 28)? In der Erzählung vom Gespräch Christi mit der samaritanischen Frau sieht man, wie sehr es die Jünger verwundert, daß Christus mit einer Frau spricht (Jo 4, 27).

6. In der Geschichte des Christentums begegnet man einer sehr ernst zu nehmenden Erscheinung: Das legalistische, finalistische Prinzip des jüdischen Denkens dringt ein und prägt das der Christen in hohem Maße. So laufen sie manchmal wirklich Gefahr, „sich auf den Stuhl Moses zu setzen" und einen Rabbinismus unter anderen Vorzeichen zu entwickeln. Ebenso gewinnt auch der Monophysismus, die Lehre von der „einen" Person Gottes — eine nach der Leichtfaßlichkeit hin tendierende Lösung —, die Oberhand und verbiegt das theologische Bewußtsein. Die Lehrer der patristischen Epoche konzentrieren ihre Sorge auf die Fragen der Dogmatik. Selbst Mönche und in der Mehrzahl unberührt, hatten sie weder die nötige Erfahrung noch genügendes Interesse für eine Theologie der Liebe. Diese an asketischen Abhandlungen sehr reiche Zeit geht am transphysiologischen Geheimnis der Geschlechter und an den gegenseitigen Beziehungen von Mann zu Frau vorbei. Die christliche Anthropologie ist nicht genügend durchgearbeitet, Liebe und Ehe

zu allermeist nur vom soziologischen Standpunkt aus studiert. Der Heroismus der Asketen hatte eine entscheidende Schlacht im Innern des Menschen geschlagen und die teuflischen Mächte von dort exorziert. Das aber um den Preis einer gewissen Ent-menschlichung der Beziehungen zwischen Mann und Frau! Und die Frau ist es, die diesen Preis bezahlt.

In den extremistischen Veröffentlichungen namentlich syrischer Herkunft, im Gegensatz zu den sehr viel milderen und menschlicheren von Ägypten, besteht das asketische Heil in der Flucht vor der Welt, genauer der Flucht vor allem, was Weib heißt. Man hat manchmal den Eindruck, daß es sich weniger um das Heil der Menschen als darum handelt, daß der Mann sich in erster Linie vor dem Weibe retten will. Da liegt noch ein Überrest einer gewissen Richtung der Gnostik vor. Erlösung bedeutet Befreiung vom Geschlechtlichen. Das ist so eine Art von Verlagerung, Vorläufer für die Freudsche Sicht, in der die Frau auf das rein Geschlechtliche zurückgeführt ist. Ein bestimmter Asketentyp kehrt sich selbst gegen seine Mutter und richtet seine unruhvolle Aufmerksamkeit sogar auf die weibliche Tierwelt. Merkwürdigerweise wird gerade bei den Eremiten die Frage nach der Frau vordringlich – das macht sie „brennend" und kompromittiert sie für alle Zeit. Einzelne Lehrer sind der Auffassung, die immer weitere Ausbreitung des menschlichen Geschlechts sei unnötig, und so setzen sie die Verminderung von „Unkeuschheit" zum Ziel der Ehe. Zu glühende Liebe innerhalb der Ehe bedeutet ihren Bruch. Wie aber läßt Glut sich wiegen? Die Frauen, die dem Wunsch nach dieser mißverstandenen Askese nachkommen, sind heute unter dem Namen „frigide Frauen" bekannt. Die Ärzte wissen, welche Dramatik diese Krankheit in den meisten Fällen im intimen Leben einer Ehe auslöst. Die Katharer treiben diese Auffassung auf die Spitze und nennen jede Ehe eine satanische Ungeheuerlichkeit.

Die eifrige Bewunderung der Jungfräulichkeit in einfältigen Gemütern grenzt ans Paradoxe. Sie scheint ausdrücken zu wollen, daß sich das Christentum im Zölibat erfülle, und macht aus der Ehe eine geduldete Ausnahme. In seinem tiefsten, bis an die Uranfänge zurückreichenden Geheimnis sieht sich der Mensch dann lediglich von der einfachen Physiologie und praktischen Soziologie her bestimmt. Man könnte fast meinen, das Evangelium habe da keine große Änderung gebracht. Es ist leicht zu verstehen, welche tiefe Beunruhigung für die empfindsame weibliche Seele einige Äußerungen der Lehrer der Kirche bedeuten. Sehr billige Äußerungen, wenn sie auch von im übrigen unantastbaren Autoritäten der Kirche herkommen [282]. Es ist ein Thema, das den Philosoph Ibn Nozim von Cordoba zu der Bemerkung veranlaßt, es werde oft zum Gegenstand von Leichtfertigkeit und Scherz gemacht, könne aber doch zu einer außerordentlich ernsten Angelegenheit, ja „von letztem Ernst" werden [283]. Zwischen der Spitze der Menschheit, der Jungfrau Maria, die „größer ist als die Seraphim", und einem „unvollständigen" und dem Manne unterworfenen Wesen gibt es, wie es scheint, keine mittlere Stufe. Eine erschreckende Entfremdung der Geschlechter hat sich in der Geschichte als normale Gegebenheit ausgebreitet.

7. Der Gesetzesstand der Frau ist in Europa bis ins 19. Jahrhundert fast überall unverändert geblieben. Zu dieser Zeit ist das Ideal noch wesentlich patriarchalisch: Der Ehemann regiert, die Frau verwaltet, die Kinder gehorchen. Der napoleonische Codex setzt die eheliche Gewalt des Mannes als oberste ein. Die Bezeugung einer Frau hat juristisch keinen Wert, ebenso wie die eines Irren oder eines Unmündigen. Prostitution ist als Schutz der Einehe gerechtfertigt. Um diesen Preis rettet die Gesellschaft — wenigstens dem Anschein nach — ihren soziologischen Bestand. Am Ende des Jahrhunderts ändert sich dann die Situation sehr plötzlich aus wirtschaftlichen und politischen Gründen. Der Sozialismus fördert jede Art von Emanzipation. Aber die größte Umwälzung kommt doch von der Maschine her. Körperkraft verliert durch ihren Gebrauch an Wichtigkeit, und so kann die Frau an der mechanischen Produktion teilnehmen. Andererseits wird sie durch die Fortschritte in der Geburtshilfe, künstliche Befruchtung und Geburtenkontrolle in der Erfüllung ihrer Pflichten der Fortpflanzung unabhängiger. Die industrielle Entwicklung, in deren Verlauf die Frau einbezogen ist,

schwächt den Familienzusammenhalt, und auch damit verliert das Patriarchat seine Kraft. So entwickelt sich die Frauenbewegung unter günstigen Bedingungen, und die Frau erobert in ihrem Verlauf endlich auch die politischen Rechte: 1906 in den skandinavischen Ländern, 1919 in Deutschland, 1928 in England, 1933 in Amerika und in Frankreich 1945. Vor dem Krieg hatte das Regime in Italien die Frau von neuem unterdrückt. Auch in Deutschland war sie dem Staate untergeordnet und hatte lediglich Züchtungsaufgaben. In Sowjetrußland ist es jetzt so, daß nach einer stufenweisen Sozialisierung der Frau das neue Familienrecht den Ehebruch wieder prinzipiell verurteilt. Die Verfassung von 1936 verkündet die politische Gleichheit der Geschlechter. — Von der UNO wird ganz allgemein die Befolgung des Rechts und die Einordnung der Frau in die bis vor kurzem männlich betonte Gesellschaftsordnung gefordert.

8. Zum Ende dieses Kapitels sei noch ein Blick auf das dichterische und philosophische Denken geworfen. Die Troubadours und Ministrells entwickelten einen Stil und eine Sprachweise, die eigens an die Frau gerichtet waren. Louis Gillet beschreibt die Fülle dieses Geschehens: „Indem die Formen der Liebe auf die des Dienstes und der ritterlichen Huldigung übertragen wurden, bewirkten sie dort einen Wechsel von unerhörter Neuheit. Es ist eine wahrhaft sittliche Neuschöpfung ... eine Art Liebe, die sich von der Fortpflanzung der Art völlig gelöst hat. Die Frau wird zur Religion." [284]
Gleicherweise besingt man in Norditalien in der Toskana, Dantes Umkreis, die Keuschheit als Licht der Welt. Die Liebe erhebt sich zu einer Höhe, wo das Frauenideal mit dem Kult der Jungfrau verschmilzt. In mystischen und esoterischen Kreisen trägt Sophia, die göttliche Weisheit, die Züge der ewigen Frau. Später wird Goethe sagen: „Das ewig Weibliche zieht uns hinan." Bei Dante löst eine Frau, Beatrice, den Mann Virgil ab, um ihm Führerin zu sein. Er beschließt sein Liebesbrevier, die „Vita Nuova", mit dem Versprechen, der Frau ein literarisches Denkmal zu setzen, wie ihr noch niemals eines errichtet wurde. Aber im Bemühen, sich so hoch

zu erheben, endet man schnell in einer Abstraktion. Das lebendige Frauenwesen verschwindet unter wirklichkeitsfremden ätherischen Konstruktionen. Schon lauert der Absturz in Enttäuschung verhängnisvoll an der Pforte. Durch die Häresie der Katharer kommt die finstere Note des Manichäismus zum Tragen. Nach dem Albigenser Krieg gewinnt dann die traditionelle klassische Lehre wieder die Oberhand, und die Asketen predigen gegen die Verherrlichung der Frau. Auch die Dichter ziehen wieder ein anderes Register auf und besingen die Liebe wie ehedem nach der klassischen Moral. Maifré Ermengaud beschließt das Kapitel mit der krassen Aussage: „Wer die Frauen besingt, betet Satan an." [285] Aber einer der letzten Troubadoure, Guirau Riguier, setzt doch die „Schöne Dame" poetischer Einbildung mit Unserer Lieben Frau, der Königin des Himmels, gleich [286]. Jedenfalls hinterläßt die Dichtkunst der Troubadours, die ritterliche Kunst des Languedoc des 12. Jahrhunderts, tiefe Spuren, die man noch in der Ritterlichkeit und Galanterie des 17. und 18. Jahrhunderts und in den Romanen des 19. Jahrhunderts und im breiten Strom der Romantik wiederfinden wird. War die Frau bei den Asketen „Pforte der Hölle", so wird sie bei den Romantikern zur „Pforte des Himmels". Sie wird im Bereich reinen Geistes angesetzt und zur Idee der Reinheit erhoben. Der Mann verlegt sein Jenseitsverlangen in sie, aber indem er nach dorthin transzendiert, überschreitet er zugleich auch die Frau als lebendiges Wesen, verzichtet auf jede wahre Gemeinschaft, jede Gegenseitigkeit. Kierkegaard sagt im Dialog des Viktor Eremita („In Vino Veritas"): „Es ist wichtig, daß der Mann vermeidet, in positive Beziehungen zur Frau zu kommen." Ihre Rolle im Leben des Mannes ist es, gerade in dem günstigen Augenblick zu erscheinen, wenn sie Innerlichkeit und Idealität in ihm wecken kann. Dann aber tut sie seiner Meinung nach gut, wieder zu verschwinden. „So manches Genie ist zum Genie, mancher Held zum Helden, mancher Dichter zum Dichter und Heilige sind zu Heiligen geworden unter dem Einfluß eines jungen Mädchens. Aber wer ist Genie, Dichter, Held oder Gelehrter geworden unter dem Einfluß seiner Frau? Durch sie wird man Kommerzienrat, General, Familienvater. Es ist

ein Geschäft von trauriger Ernsthaftigkeit: heiraten, Kinder haben, Gicht kriegen, die Theologie-Prüfung bestehen, Deputierter werden." Kierkegaard liebt Regine, er liebt das junge Mädchen in ihr — das junge Mädchen ganz allgemein als eine Abstraktion, etwas, das außerhalb ihrer Person ist —, und deshalb weigert er sich, sie zu heiraten. Er hat den metaphysischen Dialog gewählt, worin er seinen Überstieg findet, und er zieht das jedem wirklichen Kontakt zwischen konkreten und lebendigen Liebenden vor. Die Frau macht den Mann nicht schöpferisch — es sei im negativen Bezug. Alle Poesie ist Vergöttlichung der Frau, aber die Apotheose bezieht sich auf die Idee der Frau und nicht auf die Frau aus Fleisch und Blut.
„Das Unglück der Frau ist es, in einem Augenblick alles darzustellen und im nächsten nichts — ohne jemals zu wissen, was sie nun eigentlich als Frau selbst bedeutet." Dieses Wort von Kierkegaard ist vielleicht stärker als alles, was Simone de Beauvoir je geschrieben hat. In dem Augenblick, wo der Mann dieser Vision bedarf, stellt ihm die Frau die ganze Welt dar, und dann ist sie wieder nichts. Sie hat keinen Wert in sich selbst mehr, ist nicht menschliches Ich, Person. Kierkegaard ruft Plato zum Zeugen an und dankt Gott, daß er Mann und nicht Frau ist.
Die häufigste Exegese erfaßt den biblischen Schöpfungsbericht im männlichen Sinne: „Die Frau ist für den Mann geschaffen." Sie ergänzt ihn als seine Hilfe und Dienerin — sein Objekt. Nietzsche zieht daraus nur die logische Konsequenz: „Das Weib ist für die Entspannung des Kriegers da." Kierkegaards Flucht ins Metaphysische, das furchtbare Schicksal des Don Juan, die fast übermenschliche Einsamkeit Nietzsches enden schließlich in der praktischen Weisheit Goethes. Die Frauen begleiten ihn sein ganzes Leben lang und sind doch nur Instrument seines Kunstwerks. Das konkrete Wesen hebt sich als leuchtendster Stern in den Himmel — strahlend ist das Fest —, dann aber folgt der Niedergang. Balzac vermerkt in der „Physiologie du Mariage": „Die Frau ist eine Sklavin, die man auf den Thron zu setzen verstehen muß." Kierkegaard kommentiert die Genesis sehr originell: „Die Frau erscheint dem Manne als er erwacht — sie tritt aus seinem Traum — ist der

Traum des Mannes." Für einen Augenblick „bringt sie das Herz zum Schlagen" (Balzac), nachher aber ist sie nur noch eine poetische Form der Abwesenheit. Die Philosophen definieren sie in ihrem Bezug zum Manne. „Die Frau, das relative Wesen", sagt Michelet. Und Julien Benda: „Der Mann denkt sich ohne Frau. Die Frau denkt sich nicht ohne Mann." Die Frau kennt sich nur als die vom Manne Gesehene. Der Konflikt zwischen Mann und Frau, zwischen Schöpfung und Geburt, zwischen der Person, dem Einmaligen einerseits und Zeugung und Gattung andererseits, bleibt unlöslich. Der Mann sucht sich zu bestätigen, und er tut das im Überschreiten seiner Grenzen. Eine Frau ist eine Grenze. Überschreitet sie der Mann, so findet er seine eigene Freiheit als Einzelperson wieder. Der Mann kann sich den Schlaf an den klaren durchsichtigen Quellen der Mütterlichkeit wohl wünschen, er kann vom Gegenpol seines Wesens heftig angezogen werden, er wird dieses Erlebnis aber doch immer als eine Abwertung, als ein Gefängnis empfinden, das seinen Geist einschränkt; er wird immer wie Nietzsche den hellen Himmel und das freie Meer begehren. So ist die Geschichte [287]. Sie wird vom Mann nicht im Blick auf die biblische Offenbarung gemacht.
Denn der Apostel Paulus sagt: „Im Herrn gibt es keinen Mann ohne Frau, keine Frau ohne Mann" (1 Kor 11, 11).

DER FEMINISMUS. SEINE LÜGEN UND SEINE WAHRHEITEN

1. Der häufigste Einwand gegen die Frauenbewegung ist die Unfähigkeit der Frau zum Schöpferischen. Das Genie ist fast ausnahmslos männlich. Gibt es auch Frauen, die große Gelehrte und Künstler sind, so gibt es doch eigentlich keine weiblichen Komponisten. Aber um gerecht über den Anteil der Frau an der Kultur zu urteilen, muß man die historischen Bedingungen ins Auge fassen. In einem kleinen Roman [288] macht sich Virginia Wolf den Spaß, das Schicksal einer angenommenen Schwester Shakespeares zu erfinden: zu jener Zeit war es den Frauen verboten, genial zu sein. In England begegnete den schreibenden Frauen Feindseligkeit. Johnson verglich sie „einem Hunde, der auf den Hinterbeinen geht — das ist nicht gut, aber erstaunlich". Die Herzogin von New Castle [289] verzeichnet, „daß die Frauen wie die Schleiereulen leben und wie die Würmer sterben". Verlacht, schließt sie sich auf ihren Besitzungen ab und verliert fast den Verstand.

2. Ein Schmarotzerleben führend, wurde die Frau wenig und schlecht unterrichtet, und so bedurfte es ganz außerordentlicher Bedingungen, unter denen sich ihre intellektuelle und künstlerische Fähigkeit voll auszuwirken vermochte. Im alten Ägypten und auch

in Griechenland konnten die Frauen freie Berufe ausüben. Homer richtet ergreifende Worte an die in Weisheit und Schönheit erstrahlenden Frauen. Die schöne Arete, die Gemahlin des Alkinous, sieht, wie sich ihr aller Augen „wie einem Gotte" zuwenden. Aspasia von Milet, die Geliebte des Perikles, veranlaßte die größten Philosophen, sich vor ihr zu verneigen. Sie begeisterte den Sokrates, und Plato machte sie in seinem „Gastmahl" in dem Gewande der Diotima unsterblich. Die heilige Paula, eine Frau von großem Wissen, half dem heiligen Hieronymus in seinen Arbeiten zur Übersetzung der Bibel. Die englischen und isländischen Klöster im 6. und 7. Jahrhundert bildeten die Pflanzschulen gelehrter Frauen. Sie sind bewandert in der Theologie, im kanonischen Recht und schreiben in lateinischen Versen. Die heilige Gertrudis übersetzte die Bibel aus dem Griechischen.

Das 12. Jahrhundert bringt uns die köstliche Geschichte von Novelle, der Tochter eines berühmten Rechtslehrers aus Bologna. Das sehr gelehrte Mädchen vertrat seinen Vater, wenn er abwesend war. Aber sie war so schön, daß ihr Vater fürchtete, ihr Anblick könne die Hörer verwirren, er veranlaßte sie also, „einen kleinen Vorhang vor dem Gesicht" zu tragen. So bestieg sie den Lehrstuhl im Schmuck eines Schleiers und lehrte die Studenten das Recht. Außer wenigen Ausnahmen zeichnen sich selbst berühmte Frauen, wie die heilige Klothilde, die heilige Radegundis, Blanche von Kastilien, erst nach dem Tode ihrer Gatten aus. Heloise, Katharina von Siena, gar nicht zu reden von Jean d'Arc, sind Äbtissinnen oder Heilige.

Während der italienischen Renaissance genießen die Frauen die Vorteile der Tendenz zu individueller Entfaltung. Neben mächtigen Herrscherinnen wie Johanna von Aragon und Isabella d'Este steht als wahre Kriegerin die Frau von Girolamo Riario. Hippolyte Fioramenti befehligt die Heere des Herzogs von Mailand. Vittoria Colonna, die Freundin Michelangelos, Lukrezia Tornabuoni und Imperia weisen literarische Talente auf. Helene Cornavo empfängt den Doktorhut von Padua, und Marguerite d'Angoulême widmet sich mit hohem Eifer der platonischen Philosophie.

3. Indessen, wenn auch die Salons des 17. und 18. Jahrhunderts ebenso wie das Leben bei Hofe den Frauen die Mittel in die Hand geben, das politische und soziale Leben stark zu beeinflussen (Mme de Sévigné, Mme de Pompadour, Mme Dubarry), so bleiben sie doch in der Mehrzahl dem kulturellen Leben fern. Katharina die Große auf dem Throne Rußlands oder eine andere große Dame, die Prinzessin Dachkow, die der Akademie der Wissenschaften in Petersburg vorstand, können die Beurteilung der wahren Lage der Frau nicht ändern. Zur gleichen Zeit war das Domostroi (ein häusliches Sittenbrevier der damaligen Zeit) das Ideal: die Frau, die ihrem Mann völlig unterworfen ist. Körperliche Strafe wird lebhaft empfohlen, und um die Autorität des Mannes zu unterstützen, rät das Buch den Vätern, ihre kleinen Kinder ja niemals anzulächeln. Der Mann und Herr muß immer in unerreichbarer Höhe thronen, um den Abstand und die Verschiedenheit besonders zu unterstreichen. Sagte Bossuet nicht gar, die Frau sei nur der überzählige Knochen, nur eine Portion Adam und eine Art von Verkleinerung von ihm, und so verhielte es sich auch in ihrem Verhältnis zum männlichen Geiste?

Diderot sieht immerhin die Gründe der Minderwertigkeit mit Gerechtigkeit. Er stellt fest, daß die Frauen „nur wie törichte Wesen behandelt worden sind". Condorcet unterstreicht gleichfalls die Unterschiede in der Erziehung und in den gesellschaftlichen Lebensbedingungen. Damit ist die Grundfrage gestellt: Ist die Minderwertigkeit der Frau naturbedingt oder resultiert sie aus den seit Jahrtausenden unverändert gebliebenen Lebensbedingungen? Wie sehr spät ist tatsächlich die Teilnahme der Frau am Universitätsleben in Gang gekommen! 1849 erhielt eine Frau den ersten medizinischen Doktorgrad in Amerika. Die weibliche Mittelschulbildung in Frankreich stammt aus dem Ende des 19. Jahrhunderts, und die erste Universitätsprofessorin war Marie Curie. Es ist erst einige Jahre her, daß eine Frau, Dr. Bertrand-Fontaine, zum erstenmal als Chefärztin der Spitäler von Paris berufen wurde. Es ist in jeder Weise unmöglich, zu sagen, daß die Frau in der Geschichte ihr volles Maß an Kunst und Wissen ausgeschöpft habe, und es gibt darüber hinaus tiefe psychologische Gründe, die anzeigen, warum sie aus der Bahn geworfen und ihrer eigenen Wirklichkeit entfremdet ist.

4. Die moderne Psychologie gebraucht den Ausdruck Über-Ich, *super-ego*, welcher das kollektive Bewußtsein bezeichnet. Es besitzt einen sehr großen Einfluß auch auf das persönliche Bewußtsein und wird über Atavismus und Ur-rückerinnerungen auf familiärem, kulturellem und gesellschaftlichem Gebiet wirksam. Man kann den Begriff einer „Familien-Neurose" ausdehnen, kann auch von „sozialer Neurose", von männlicher und weiblicher Neurose reden. Die Komplexe werden immer in gleicher Weise im antiken Schicksalsinn wirksam, daß nämlich von einer finsteren Macht „ein Los ausgeworfen wird". Und so wird jede Tendenz der Natur auf ihre eigene Seinsbestimmung hin sofort als Schuld empfunden. Das Über-Ich aber wacht über dem scheinbaren Gleichgewicht und schließt alles aus, was die Angst des Schuldgefühls hervorrufen könnte. Der „Wiederholungszwang" wirkt sich dahingehend aus, die immer gleichen Situationen wieder hervorzubringen. Dieser Zwang hat die Übermacht über das individuelle Bedürfnis, und sein Fatalismus verurteilt von vornherein jede Anstrengung zur Befreiung zum Scheitern. So ordnet, jedem individuellen Wollen überlegen, das Über-Ich durch die Generationen der Geschichte die Frau dem Mann unter. Der „Wiederholungszwang" handelt in unwiderstehlichem Automatismus, verhindert die Frau, sich wirklich als Frau zu geben, und schließt sie in ihre eigene Mittäterschaft mit ihrem das geschichtlich gewordene Bild forderndem Über-Ich ein.
Man muß verstehen, daß einerseits ein konfliktvorbelastetes Leben ohne Über-Ich nicht lebenswert wäre, daß aber andererseits dessen Einwirkung auf das Unterbewußtsein nie heilend zur wahren Ursache vordringt, sondern lediglich die Angst und das Bewußtsein, das man von ihr haben könnte, überdeckt. Das Ziel des Über-Ich ist es nicht, das Übel zu überwinden, sondern es will nur das Bewußtsein vermitteln, verteidigt und beschützt sein, selbst dann, wenn das Übel unmittelbar und gewiß ist. Das männliche Geschlecht befestigt im Bestreben, sich für das Matriarchat zu rächen, seinen

Sieg durch die Schaffung des Mythos vom „Manne als dem Herrn". Es gestaltet die Vorstellungen vom Dasein und von den gegenseitigen Bezügen zwischen Mann und Frau.

5. Vom Himmlischen Vater her, dem die landläufige Vorstellung und die sehr schlichten Katechismen ausgesprochen männliche Züge verleihen, bis zum natürlichen Vater, der dem Kinde gegenüber die göttliche Autorität darstellt, ist die Frau gewöhnt, die männliche Kraft gerührt zu bewundern. Erzieher verfehlen nie, alles, was schwach und minderwertig ist, als „weibisch" zu bezeichnen und als männlich, was Mut, Größe und menschlichen Wert ausdrückt. Das menschliche Wesen wird dem Männlichen so gleich erachtet, daß selbst die grundlegende sittliche Vorstellung, die Tugend, in den klassischen Sprachen männlich ist: *arete* kommt von *aner* = Mann, ebenso wie *virtus* von *vir* kommt.

Die Frau schwankt zwischen Weibchenhaftigkeit und dem Bestreben, dem Mann zu gleichen. Hat sie aber nur den einen Wunsch, sich als freies menschliches Wesen zu betragen, so beschuldigt man sie, die ihr von der Natur gesetzten Grenzen zu überschreiten und den Dianakomplex auszubilden. Die kleinen Mädchen zeigen sich in ihrem Habitus wie „verfehlte Jungens", wie verstümmelte Wesen. Im Augenblick ihrer Reife suggeriert ihnen ihre Körperbeschaffenheit, daß sie zu minderem Dasein bestimmt sind. Das Blut der Menstruation ist wie das Element der Verdammnis des weiblichen Wesens. Die Rabbiner-Tradition sieht es als Folge der Beziehungen zwischen Eros und der Schlange an. Dieses seiner eigentlichen Bestimmung entzogene Blut wurde für tot angesehen und war also wesenhaft unrein. So ist auch der unrein, der die Quelle der Unreinheit, die Frau, berührt. Das Konzil von Laodicäa, anno 364, verbietet der Frau wegen der Sonderheiten ihrer Natur das Betreten des Heiligtums. Die Riten der Reinigung beim ersten Kirchgang einer Wöchnerin beschuldigen den Geburtsvorgang der Unreinheit, weil er aus dem Innern der Mutter hervorgeht. Diese wird während 40 Tagen als unrein betrachtet und darf nicht an der Kommunion teilnehmen. In einer russischen Handschrift des 12. Jahrhunderts fragt der Mönch Kirik den Bischof Niphont: „Darf man einer sterbenden Mutter vor dem 40. Tage die Eucharistie reichen?" Die genaue Antwort: man solle in diesem Fall die Sterbende in ein anderes Haus bringen, sie waschen und dann kommunizieren lassen. Derselbe Mönch fragt, ob der Priester eine Messe zelebrieren dürfe, wenn er mit einer Kasel angetan sei, die mit einem vom Kleid einer Frau stammendem Stück Stoff geflickt sei! Der jüdische Purismus hat tiefe Spuren im christlichen Bewußtsein zurückgelassen.

Die Frau erscheint dem Mann als Objekt finsterer Mächte und eigenartiger physiologischer Vorgänge, körperlich schwach und unrein, passiv und wertlos. Er dagegen erachtet sich als wirkmächtig und schöpferisch, ein Schmied der Zukunft. Sie aber sieht sich nur zu oft mit seinen Augen. Alles in ihrer Natur weist sie auf Mütterlichkeit hin, aber sie weiß nie, ob sie sie vollbringen wird, und so läuft sie in jeder Stunde ihres Lebens Gefahr, ihr Selbst in der nicht vollbrachten Mutterschaft bitter zu verfehlen.

6. Selbst noch im letzten Krieg, wo die Frau zu zeigen wußte, daß sie den Mann in zahlreichen Funktionen voll ersetzt, drängt sie ein starker gesellschaftlicher Druck nach der Ehe als der einzig wertgültigen Position. Diese Erwartung verstellt dem jungen Mädchen den Horizont. Eine kürzlich erhobene Umfrage bei Studentinnen ist da aufschlußreich. „Viele unserer Kameradinnen verbringen ihre Studienzeit noch wartend — wenn sie nicht heiraten, gehen sie einer bescheidenen Karriere entgegen — und werden sich am Ende schuldig fühlen — wessen — sie wüßten es nicht zu sagen. Nichtsdestoweniger schuldig, weil alles sie anklagt. Es muß da etwas sein, das ihnen entgeht." Dieser Schuldkomplex ist sehr hartnäckig. Man kennt zwar den Grund nicht, aber man fühlt sich schuldig. Die Frau hat kein eigenes Schicksal, sie ist ein Wesen, das von dem Schicksal des Mannes abhängig ist, und sich seinem Schicksal vereinigen zu können, ist ein Vorzug. Es gibt auch Vergessene. Für Montherlant haben die „reiferen" jungen Mädchen keinen Platz in der Welt des Mannes, und er beschreibt den Widerwillen, der ihn jeder Frau gegenüber befällt, die nicht mehr Gegenstand der Erotik ist. Wie das von

seiner Bestimmung abgewichene Blut ist sie hier ein Wesen, das von seiner Bestimmung, dem Mann zu dienen, abgewichen und darum unrein ist. Sogar in der Liebe ist die Frau passiv, unterlegen, dienstbar. Die Frau gibt sich in die Ehe oder sie wird hineingegeben. Der Mann nimmt sie, sich ihrer bedienend, wie er ein Vergnügen nimmt, und er ist noch der Gebende dabei.

Aber der Sklave rächt sich an seinem Herrn. Indem die Frau sich dem Mann ganz gibt, begehrt sie ihn auch ganz zu besitzen und wird zu seinem Kerkermeister. So schließt sich der Kreis, aus dem nur der Tod erlöst. Das ist das ganze Problem der Liebes-Leidenschaft Wagners und aller großen Denker, die den Ausgang der Liebe mit soviel Pessimismus betrachten. Die Ehe bringt der Frau eine gesellschaftliche Stellung, aber aus der Nähe gesehen sind Haushalt, mondänes Leben und Mutterschaft oft auch nur verkehrte Auswege. Im Allerweiblichsten ist die Frau doch oft nur wie ein Schmuck im Dasein des Mannes. Inmitten ihrer zahlreichen Beschäftigungen ist sie zwar geschäftig, kann aber nichts schaffen. Sie verbringt ihre Zeit damit, Dinge zu erhalten und Menschen zu unterhalten; und das endet damit, daß sie selbst unterhalten wird. Liebe, Selbstbespiegelung, ja selbst mystische Inbrunst können der Frau die Welt nicht wahrhaft erschließen. Sie versagen sich ihr vielmehr und werden zum falschen Ausweg. Der Mann beherrscht in seinen Unternehmungen alles durch den Verstand. Er kann sein Leben bewußt riskieren. Das will sagen, daß er die Macht hat, darüber zu verfügen. Die Frau setzt ihr Leben nicht aufs Spiel — sie gibt es hin. Immerhin ist das wie bei aller weiblichen Kreatur rein funktionell, biologisch. Selbst in der Hingabe ihres Lebens also ist die Frau der Natur unterworfen, und indem der Mann die Natur beherrscht, beherrscht und unterjocht er gleicherweise die Frau. Aber jede Bedrückung fordert gesetzmäßig früher oder später die Reaktion heraus. Sie kann sowohl von den wirtschaftlichen Umständen als auch vom Spiel der politischen Parteien begünstigt werden, bis hin zur völligen Verwirrung der Tendenz des Über-Ich, dem „Zwang zur Wiederholung".

7. Nach der Rolle, die die Frau im Krieg gespielt hat, kann der Mann ihr die eroberten Stellungen nicht länger verweigern. Die Emanzipationsbewegung hat die Frau befreit und wirft nun ein riesiges Kräftepotential in die Welt. Die Teilhabe an der wirtschaftlichen Erzeugung bringt die Frau in Arbeitsgemeinschaft mit dem Mann. Aber der Mann verspürt eine dunkle Furcht vor einem Wesen, das sich so schnell entwickelt, und sorgt sich um seine eigene Sicherheit. Die gesellschaftliche Ordnung ist bedroht. Viel lieber würde der Mann die Frau wieder als Sklavin behandeln und ihr vorgaukeln, daß sie Königin sei.

Aber jedenfalls ist die patriarchalische Ordnung, die auf dem klassischen Muster Herr-Dienerin beruhte, tief erschüttert. Es ist schon eine durchaus gegebene Tatsache, daß die Frau in erster Linie einen Beruf ausübt und erst danach Gattin oder Geliebte ist. Ihr Beruf macht sie unabhängig, und moralische oder religiöse Bedenken schwinden im Zuge bürgerlicher Dekadenz. Nach den allerdings schon recht zurückliegenden Statistiken der Mme Kollantai über 60 Millionen russischer Arbeiterinnen ist die Hälfte nicht verheiratet. Die Frau verdient ihr Leben, gleitet aber in bezug auf Liebe in das männliche Fahrwasser; das geistige Element im Miteinander der Geschlechter fehlt.

In das Gefüge der modernen Welt hineingeworfen ist die moderne Frau mit dem Wort „ledig" gekennzeichnet. Das allein schon drückt den Umfang der vollzogenen Revolution aus. Aber nach Beobachtungen von Keyserling ertötet der neue soziale Sinn in Amerika und in Sowjetrußland tiefe Gefühlswerte und führt zum Wechsel der Bedeutung der Werte. Die Werke „Beste aller Welten" von Huxley und „1984" von George Orwel sind äußerst aufschlußreich. Die Frau nimmt schnell die Krankheiten des Mannes an: Schwäche gegenüber der Verlockung, Vergnügungssucht. Dieselbe Berufssituation verfälscht die weibliche Natur, und die gleiche Bildung schmeichelt ihr, gibt ihr aber keine wahre Belehrung, eine Unterweisung, die imstande wäre, die Frau als solche in die menschliche Gemeinschaft einzuführen.

Die Notwendigkeit, gleich zu sein, macht die Frau aggressiv, läßt sie zur Rivalin werden. Die Frau überholt den Mann, aber das Potential ihrer rein weiblichen Gemütskräfte erschöpft sich: sie steht in Gefahr, ihre Natur zu verlieren. Es bahnt sich eine große Normentfremdung an. Und die Lage wird noch dadurch erschwert, daß der Eintritt der Frau in die männliche Welt in einem Augenblick männlicher Schwäche erfolgt. Die heutige wirtschaftliche Entwicklung ermöglicht das freie Miteinanderleben als Gesellschaftsform. Das Paar lebt im Hotel, und die Kinder werden in Internate getan. Der in seinen Vorrechten geschmälerte Vater und die abwesende Mutter überlassen die Kinder sittlicher Verwahrlosung. Die sogenannte freie Liebe, wobei der Körper sich ohne die Seele anbietet, verursacht eine beträchtliche Anzahl von Neurosen.

8. In diese Welt der Neurotiker führt uns das Buch „Das zweite Geschlecht" der Simone de Beauvoir. Ein bemerkenswertes Buch ist es wirklich, eine wahre Summa von genauen und mutigen Beobachtungen. Aber sie führen zur falschen Quelle, zum Gefühl schrecklicher Leere. Das Fehlen jeglichen Ergebnisses ist der Sartreschen Philosophie eigen [290]. Jenseits der Erscheinungen gibt es kein Geheimnis, und selbst der Abgrund des Teuflischen hat keine Tiefe, es ist der Abgrund der Plattheit. Schon Nietzsche stieß den Alarmruf aus: „Entkleidet die Frau nicht ihres Mysteriums!" Wird sie auf ihre reine Körperlichkeit reduziert, so verschwindet mit ihrem Mysterium auch die Frau selbst. Das „für sich" der existentialistischen Frau stellt sich heraus als das „alles für mein Vergnügen". Die Natur dieses in den Träumen der jungen Mädchen beschriebenen Vergnügens macht die Lektüre peinvoll, denn sie enthüllen eine äffische, völlig entartete Mentalität. So wie sich der Nihilismus von innen heraus zerstört durch seine eigene schreckliche Frage: „Wozu?", so der Existentialismus durch seine: „Und was dann?" Eine mehr oder minder krankhafte Literatur lebt und besteht darin, nicht allein der Heuchelei die Maske vom Gesicht zu reißen, sondern auch die unentbehrlichen Schleier der Keuschheit dreinzugeben. Sie führt uns mit allen peinlichen Einzelheiten einer morbiden Phantasie in die Welt der Kranken. Schließlich ist niemand ver-

pflichtet, sich von den letzten Folgerungen des Verdauungsprozesses fesseln zu lassen. Da sind die Wahnsinnigen, die Verrückten, und wie sehr lassen es sich die Autoren angelegen sein, ihre Visionen auszuführen und sie als die aller Welt darzulegen. Musterstücke der Psychoanalyse — kostbare in ihrer Art — sollten die Grenzen ihrer eigenen Welt nicht überschreiten. Simone de Beauvoir erhebt sich gegen die Mythologien des Patriarchats und gleitet in den Mythos der Amazone; diese aber mündet fatalerweise früher oder später in die große Hure der Apokalypse. In beiden Fällen verliert sich die gegenseitige Bezogenheit, das Vis-à-vis. Einseitige Herrschaft führt zu falscher Freiheit. Man bedient sich einer anderen und endet in Einsamkeit und Entfremdung.

In der Sprengung dieser stolzen und romantischen Einsamkeit, der weniger hohen Einschätzung der eigenen Person und in der wiedergefundenen Gemeinschaft findet der Mensch zu sich selbst zurück. Die Menschheit [291] ist wie ein Gipfel, dessen beide Abhänge, das Weibliche und das Männliche, sich gegenseitig vervollständigen. Im Evangelium von St. Markus lesen wir: „Die Auferstandenen sind wie die Engel des Himmels" (Mk 12, 25). Swedenborg gibt eine lichtvolle Erklärung dieses Wortes: „Das Männliche und das Weibliche (in ihrer Gesamtheit) werden sich im Reiche Gottes in der Gestalt eines einzigen Engels wiederfinden."

Verlängert der Mann seinen Arm in der Welt mit Hilfe des von ihm geschaffenen Werkzeugs, so tut es die Frau durch die Hingabe ihrer selbst. Im rein natürlichen Sein ihrer selbst ist sie an die Rhythmen der Natur gebunden, der Ordnung angeglichen, die das Weltall regiert. Durch diese Gabe ist jede Frau zur Mutterschaft befähigt und trägt den Schatz der Welt in ihrem Herzen. Die Frische echter Weiblichkeit, die den verborgenen Sinn der Dinge umschließt, enthüllt sich in dem Satz von K. Mansfield: „Wenn eine Frau mit einem Neugeborenen ausgeht, wissen Sie, wie sich ihr die Nachbarin dann nähert? Sie beugt sich darüber und hebt den Schleier und ruft aus: ‚Gott segne es.' Ich habe immer Lust, dasselbe zu den Eidechsen und den Stiefmütterchen und vor einem Hause im Mondschein zu sagen. Ich möchte immer alles segnen, worüber ich nachdenke."

Neben der Anfertigung von Dingen gibt es doch auch noch das Eindringen in die Tiefe des Seins. Gehört das Handeln zum Mann, so das Sein zur Frau, und das ist die erhabenste Kategorie des Religiösen.
Die Frau könnte intellektuelle Werte anhäufen, aber diese Werte vermitteln kaum Freude. Die auf das äußerste intellektualisierte, manngleiche Frau, Erbauerin dieser Welt, wird sich ihres Wesens beraubt finden, denn es ist gerade die Weiblichkeit als Lebensform und unersätzliche Daseinsweise, zu der die Frau aufgerufen ist, sie in die Kultur einzubringen. Der Mann hat Wissenschaft, Kunst, Philosophie und selbst die Theologie, insoweit sie System ist, erschaffen, aber sie alle enden in einer fürchterlichen Verbegrifflichung der Wahrheit; glücklicherweise aber ist die Frau einfach da, denn sie ist dazu ersehen, Trägerin dieser Werke zu sein. Sie ist der Ort, wo sie sich verwirklichen und leben. Auf dem Gipfel der Welt, selbst im Mittelpunkt des Geistigen, steht die Dienerin Gottes, die Verwirklichung des wiedererstandenen menschlichen Wesens in seiner ursprünglichen Wahrheit. Die Welt des Menschen als Mutter zu beschützen, sie als Jungfrau zu retten, indem sie der Welt eine Seele gibt — ihre Seele —, das ist die Berufung der Frau. Das Schicksal der neuen Welt liegt in den Armen der Mutter, wie es der Koran so wundervoll sagt: „Das Paradies ist zu den Füßen der Mutter."
In „Sodom und Gomorrha" sagt Giraudoux von der Zeit, wo die Frau nicht mehr zu lieben und sich hinzugeben vermag: „Das ist das Ende der Welt."

Die Berufung der Frau ist keine gesellschaftliche Aufgabe, sondern Aufgabe an der Menschheit. Ihr Tätigkeitsfeld ist nicht die Zivilisation, sondern die Kultur. Mit leuchtenden Augen und mit dem „Öl der Freude" auf ihren Lampen erwarten die klugen Jungfrauen den Bräutigam (Mt 25, 1). Sie „ehren in Schweigen" die Geburt der letzten Dinge, die da kommen sollen. „Die Seele", wie Makarius sagt, „wird ganz Auge, die das Licht empfängt und entzündet." Aber Abraham wartet noch, und Isaak und Jakob und alle die Propheten warten darauf, die volle Seligkeit zu empfangen. Denn es ist niemals nur „ein Leib", der der Auferstehung harrt[292]. Die Wartezeit ist schon schwanger mit dem Erwarteten. Sie fordert dazu auf, aus dem Zustand des Bruchstücks in den eines einzigen Leibes überzugehen.

Das wahre Überschreiten eint Männliches und Weibliches in einer Vollendung, in der die Elemente umgebildet werden. Wahre Einheit verhindert ihre Teilung in männlich und weiblich ebenso wie in Ich und Nicht-Ich. Die ganze Paradoxie des menschlichen Schicksals liegt darin, daß die Menschheit sie-selbst wird, indem sie etwas anderes wird: Der Mensch sieht sich als Gott kraft der Gnade, Äußeres und Inneres unterscheiden sich nicht mehr.

Das einzige Zeichen empfangener Gnade ist Demut und Liebe (Dienerin und Braut des Bräutigams), leuchtendes Gestirn der „vollkommenen Taube", von der kein Wesen ausgeschlossen ist. In dieser kommenden, ja schon begonnenen Ordnung der Dinge heißt es, sich als den anderen betrachten und sich in äußerster Transzendenz dem ganzen Erdenplan, dem göttlichen Anderen annähern. Die Jungfrau und St. Johannes legen Zeugnis dafür ab. Sie bewirken dieses Überschreiten des einen durch das andere und vollenden die Fülle des Menschlichen in Christus. Die Messe für Johannes den Täufer erklärt es: „Durch die Bande der Gebetsvereinigung seid ihr eins — Mutter des Königs aller und göttlicher Vorläufer, betet miteinander."

Dritter Teil

DIE URBILDER

HEILIG, HEILIG, HEILIG...

Der Gott der Bibel nennt sich der Seiende: „Ich bin Der Ich bin. Ich bin Ich, Ich bin Selbst" (Ex 3, 14). Man kann niemals aus Gott einen Begriff machen noch eine Idee von ihm haben, noch Gott entdecken; nur von ihm aus nach rückwärts fortschreitend kann man zu Gott kommen, die Annäherung liegt in der Wahrung des Abstandes. Das heißt, Gott offenbart sich uns jenseits der Transzendenz und offenbart sich hier als heilig. „Heilig, Heilig, Heilig... Heiliger Gott, Heiliger Starker, Heiliger Unsterblicher..." Das Konzil von Trullo [293] schreibt vor, das Trishagion, das dreimal „Heilig" bei kosmischen Nöten zu singen. Man singt es auch, wenn man die sterbliche Hülle in die Erde bettet. Nur die Anrufung der Heiligkeit Gottes besänftigt die kosmischen Elemente und beschwört selbst das Chaos des Todes. Gott ist der heilige Seiende: *sui generis, sui juris*. Und so ist er der Ganzandere: „Meine Gedanken sind nicht eure Gedanken" (Js 55, 8). Angesichts des Abgrundes, der ihn von Gott trennt, empfindet der Mensch den Schrecken vor den Numinosen [294].

Die Väter haben versucht, den Ursprung des Wortes Gott zu finden. Die einen sahen ihn in *tithèmi* — anordnen; die anderen leiten ihn von *theo* — laufen, Quelle der Bewegung ab. Johannes von Damaskus und Gregor von Nazianz lassen ihn von *aithein* — brennen, herrühren: Gott verbrennt alle Unreinheit. G. L. Prestige verbindet in seinem Buch „God in the Patristic Thought" das patristische Denken über Gott mit der Vorstellung der Heiligkeit[295], einer erschrekkenden Reinheit. Gott — das *mysterium tremendum*, das reinigende Feuer des brennenden Busches, das zur Erde geworfen wurde: „Zieh deine Schuhe aus, denn der Ort ist heilig" (Jos 5, 15). „Der Ewige, dein Gott, ist ein verzehrendes Feuer" (Ex 24, 17). „Ich bin gekommen, ein Feuer auf die Erde zu werfen" (Lk 12, 49). „Qui juxta me est, juxta ignem est — wer Mir nahe ist, der ist dem Feuer nahe."[296]. Nur mit Furcht und Schrecken steht der Mensch im Angesicht Gottes. Er kann nur schreien: „Gehe hinweg von hier, denn ich bin ein Sünder" (Lk 5, 8). „Ich verdiene nicht, daß Du unter mein Dach trittst" (Lk 7, 6). Gerade das ist so erschreckend am Befehl Gottes, der vom Menschen verlangt, heilig zu sein, daß es sich nicht um sittliches Gleichsein, sondern um ontisches Entsprechen handelt. Und aus diesem Grund ist der Heilige Geist dem ersten Menschen mit seinem Leben gegeben worden[297]. Der Heilige fordert Heiligkeit. „Seid heilig, denn Ich bin heilig" (Lv 11, 44). Das ist das ganze Drama des Alten Bundes. Die Verkündigung des Gesetzes ist das unmittelbare Bekenntnis eigenster völliger Ohnmacht der Menschen. Das Gesetz macht die Sünde offenbar, aber es hat weder Macht zu vergeben noch mit der Gerechtigkeit in Einklang zu bringen, noch einem Lahmen zu sagen: gehe. Das Gesetz beschreibt die Rolle des Sünders mit grausamer Objektivität, und es mißt an seiner mathematischen Stufenleiter den Abgrund seines Sturzes. Ohne das Gesetz verbleibt der Mensch in Unwissenheit seines Todes. Mit dem Gesetz wird er öffentlich zur Schau gestellt, verurteilt „zum Schauspiel für die Engel" (Kol 2, 15); im eigenen Bewußtsein spricht das Gewissen das Urteil. Aber wenn man nun, einmal ins Gesetz eingeführt, dort unmöglich verharren und am Leben bleiben kann, so liegt das daran, daß dem Gesetz das Verlangen nach seinem eigenen Übersteigen innewohnt, seiner Zertrümmerung durch den, der größer ist als das Gesetz. Das Gesetz verursacht den Ausbruch de profundis, den Schrei höchster Not, das dringende gebieterische

Begehren: „Oh, daß Du den Himmel zertrümmertest und Du kämst herab auf die Erde" (Js 64, 1). Es ist das Verlangen nach dem Retter, dem Tröster, dem Heiligen. Die Erfüllung des Gesetzes ist nur unter den Seinsbedingungen des Neuen Bundes möglich. Denn seine endlich erreichbare Gerechtigkeit ist nur symptomatischer Ausdruck der inneren, der bereits innewohnenden Heiligkeit. Der Heilige Geist vermittelt den Menschen diese innewohnende Heiligkeit, und sie entschlüsselt den Dekalog in den Worten der acht Seligkeiten und bittet den Heiligen Geist: „Reinige uns von allen Flecken — komm und nimm Wohnung in uns." Keine natürliche Vollkommenheit könnte eine „Elle" hinzufügen, die über die Natur dieser Welt hinausgeht: „Wer unter euch könnte aus eigener Kraft seiner Größe eine Elle hinzufügen?" (Mt 6, 27).

Der Mensch stieß immerfort an seine eigenen Grenzen. Er fühlte sich in seinem Wesen abhängig von dem „Ganz-anderen" und völlig ohnmächtig. Zugleich aber trug er die geheime Ahnung in sich, daß er dem, der da in den Weg seines Lebens trat, nicht völlig fremd war. Dieser hat keinen menschlichen Namen, gerade weil es da keine Stufenleiter des Vergleichens gibt und man sich ihm nur per viam negationis nähern kann. Es ist der Heilige, der Unaussprechliche, der Verborgene. Deswegen war vor der Inkarnation jedes Bildnis Gottes verboten. Die Götter-Idole waren verfrühte Zeichen aus der Zeit der Unreife. Die Götter der Mythologie waren in nur leichter Überarbeitung menschliche Gestalten; aber das fügte ihnen keine Elle von echter Jenseitigkeit hinzu. Gott hat die ihm am meisten entsprechende Form angenommen, da er sich Menschensohn nannte. Das 7. Ökumenische Konzil[298] hat die Gestalt, das Antlitz des Menschen als Spiegel Gottes erklärt. Die Idole sprechen von den Göttern nach dem Bilde des Menschen — der Mensch gewordene Christus spricht vom Menschen nach dem Bilde Gottes. So ist die Menschheit Gottes kein Anthropomorphismus mehr. Der Christus ist so sehr das menschliche Bild des Heiligen, daß „Satan kommt und hat nichts an mir" (Jo 14, 30). Seitdem heißt es: „Seid heilig, wie Ich heilig bin" (Lv 11, 44), und: „Seid vollkommen, wie euer Vater im Himmel vollkommen ist" (Mt 5, 48) ist keine Unmöglichkeit mehr. Die Jakobsleiter ist aufgestellt, „auf daß nicht nur die Engel, sondern auch der Herr der Engel auf- und niedersteigen" (N. Cabasilas). Der Christus ist die bestürzendste Offenbarung der Heiligkeit Gottes im Menschlichen. Er ist das Geheimnis des göttlichen Lebens, das dem Gefüge des menschlichen Wesens als Urbild eingesenkt ist [299]. Nach den Vätern war der Mensch in Adam nur vorgebildet, die Inkarnation erwartend. Selbst ante peccatum, vor seiner Versündigung, war er nur ein Entwurf seiner eigenen Wahrheit. Die Inkarnation übertrifft das Unvollendete ganz unendlich, und das Urbild der Heiligkeit offenbart dieselbe als die eigentliche Wahrheit der menschlichen Natur. Diese Auffassung umreißt genau die Begründung der Pneumatologie der Väter. Der Heilige Geist — *panhagion* —, der Allheilige, ist das Wesen der göttlichen Heiligkeit. Er ist hypostasierte Heiligkeit. Im Augenblick der Epiphanie steigt er herab auf die Menschheit des Christus, vollendet und vervollständigt sie. Gleichermaßen steigt der Heilige Geist im Sakrament auf das menschliche Wesen herab, weiht es in seiner Ganzheit, heiligt es und macht es zum Geistträger und dadurch fähig, nach dem Christus-Urbild geformt und Christusträger zu werden: „Wir werden ihm gleich sein" (1 Jo 3, 2) — heilig.

„Ich danke es Dir, Gott, der die ganze Welt regiert, daß Du unauflöslich und wahrhaftig ein Geist mit mir geworden bist... Er stieß herab und vereinigte sich mit mir in unauslöschlicher Weise und verbindet sich mit mir ohne Vermischung." „Er wird deinen Leib unverweslich machen und dich aus Gnaden Gott dem höchsten Ursprung selbst gleichmachen." „Er besaß Christus ganz und war selbst wie Christus" [300], sagt Simeon der Neue Theologe. Das Unaussprechliche ist sichtbar geworden. Es handelt sich nicht darum, die Rechtfertigung zu verdienen oder die Vergebung umsonst zu empfangen. Die menschliche Heiligkeit ist die Umwandlung in göttliche Heiligkeit [301]. Gewiß, der Mensch wird nur durch Gnade und Glauben gerettet, aber im orthodoxen Zusammenhang haben diese Ausdrücke eine andere Bedeutung als in den Thesen der Reformatoren. „Wenn Gott das Verdienst ansehen würde, so käme niemand in sein Reich" (Markus) [302]. Das schließt jede juristische Vorstellung aus. „Aber Gott kann alles, außer den Menschen zwingen, ihn zu lieben." Die orthodoxe Seele ist weniger auf Heil ausgerichtet als auf die Antwort, die Gott vom Menschen erwartet. Und das ist das *fiat* der Jungfrau. Im Mittelpunkt des ungeheuren Dramas des „seit Anbeginn der Welt geopferten Lammes" (Apk 13, 8; 1 Petr 1, 19) geht es weniger um Sünde und Gnade als um Gnade und Heiligkeit [303]. Wenn etwas in dieser Welt gerettet werden muß, so ist es nicht in erster Linie der Mensch als „Sünder", sondern die Heiligkeit Gottes, seine Heiligkeit im Menschen, das, was diesen aus dem rein Menschlichen heraushebt. Der Mensch geht nicht auf die Versöhnung, sondern auf die Befreiung aus, auf die Heilung der Wunden, die seine Gottähnlichkeit davongetragen hat.

Alles, was aufgedrängt und erzwungen ist, verkehrt sich in Übel. Die Allmacht Gottes reicht hin, um das Heil der Welt an sich zu bewirken. Was aber noch darüber hinausführt, ist die Bestätigung der Welt in ihrer eigenen Antwort. Gott kann alle Schuld auf sich nehmen und das bis zum Tode. Aber er kann nicht anstelle des Menschen antworten, sein *fiat* sprechen. Im Gegenteil, zwischen dem Heiligen und den Heiligen, die dieses *fiat* aussprechen, besteht eine Anziehung, eine Wesens-Kommunion, die dem Logos erlaubt, „zu sich, zu den Seinen" zu kommen (Jo 1, 11). Dem *fiat* des Schöpfers entspricht das *fiat* der Kreatur. „Siehe, ich bin die Magd des Herrn" (Lk 1, 38), „die ewige Begründung der Menschwerdung in Gott", die „im Anfang ist nach dem Plan, den er in sich selbst entworfen hat" (Eph 1, 9—10). „Vorausbestimmt vor der Grundlegung der Welt und offenbar am Ende der Zeiten" (1 Petr 1, 19—20) findet sie ihre bgriffliche Bedingung, ihren Ort und ihre Seinsbegründung im Menschen. Durch seine freie Zustimmung ermöglicht er es der göttlich-menschlichen Fülle, sich „am Ende der Zeiten" zu verwirklichen. Aber vor diesem Ende der Zeiten bedurfte es der ganzen Dauer der Geschichte, das Geschöpf reifen zu lassen und zu reinigen — es zu befähigen, in seinem Leibe den Nichtzuumfangenden zu empfangen und zu umschließen.

Serge Boulgakoff sieht in dem Erzengel Gabriel bei der Verkündigung die lebendige Frage, die Gott an die Freiheit seines ver-

lorenen Kindes richtet: hat es wahren einzigen Durst nach dem Retter, dem Vater, dem Heiligen — Seienden? Aus der Antwort der Jungfrau schlägt die reine Flamme eines Wesens, das sich hingibt und also auch bereit ist, zu empfangen. „Der Heilige Geist wird über dich kommen und wird dich unter seinen Schatten nehmen. Deshalb wird das Kind heilig sein" (Lk 1, 35). Der Heilige kann nur aus der klaren Quelle seiner eigenen Heiligkeit kommen. Die Haltung, die Adam und Eva, sich von Gott abkehrend, einnehmen, schließt die Inkarnation aus. Deshalb liegt eine weite geschichtliche Spanne zwischen dem Sündenfall und der Ankunft des Heiligen. Inmitten ihrer liegt die Geschichte des auserwählten Volkes — Keim, der vom Heiligen Geiste beschattet wurde! Die Genealogie des Christus empfängt von daher ihre historische Bedeutung. Die Zeit der „Kinder des Zorns" (Eph 2, 3), als „der Mensch mich nicht sehen konnte und dabei am Leben bleiben" (Ex 33, 20), weicht langsam dem: „Die vollkommene Liebe bannt die Furcht" (1 Jo 4, 18). Das heiligende Wirken des Heiligen Geistes durch die Jahrhunderte, die Geschlechterkette der Gerechten einerseits und die Reinheit des Gefäßes, das seinem Geschick entsprach, sind so stark, daß auf ihrem Scheitelpunkt die Sünde wirklich geschwächt ist. Diese bleibt zwar erhalten, aber sie ist unwirksam. Das Zusammenwirken der Heiligkeit Israels und des Heiligen Geistes finden ihren Höhepunkt in der Jungfrau, „der Blüte, die sich über der Pflanze Menschheit öffnet". In ihr singt die Synagoge des Alten Testamentes das *Nunc Dimittis* und überschreitet sich selbst in der Opfergabe, die da heißt „die Freude aller Kreatur". Dieser Gedanke findet einen wunderbaren Liedausdruck in dem Tropus der Weihnachtsvesper:
„Was sollen wir Dir darbringen, o Christus, weil Du als Mensch auf Erden erscheinst? Jedes der aus Dir hervorgegangenen Geschöpfe bringt Dir wahrlich die Bezeugung seiner Dankbarkeit. Die Engel ihre Lieder, die Himmel den Stern, die Magier ihre Gaben, die Hirten ihre Anbetung, die Erde die Grotte, die Wüste die Krippe. Wir Menschen aber bringen Dir die Jungfrau Mutter dar." Der Mensch bringt seine Opfer in den Tempel, das Brot und den Wein; und Christus verwandelt sie mit der königlichen Geste seiner Liebe

in sein Fleisch und Blut, Nahrung der Götter. Die Menschheit bringt das dreimal reine Opfer der Jungfrau, und Gott macht seine Mutter daraus. Mutter des Lebendigen und dadurch Mutter aller Lebendigen! Die Heiligkeit wird auf ihrem Höhepunkt mit „Gnade überhäuft" (Lk 1, 28). Der menschliche Mutterschoß erweist sich als des Unumschließbaren würdig, der ihm seine Erdensubstanz entnimmt. Maria ist nicht Frau unter Frauen, sondern der Anbeginn der Frau, der neuen, wieder in ihre jungfräuliche Mütterlichkeit eingesetzten Eva. Der Heilige Geist läßt sich auf sie herab und offenbart, daß sie nicht „Werkzeug" ist, sondern die tatsächliche menschliche Vorbedingung der Inkarnation. Jesus hat das Fleisch der Menschheit nur annehmen können, weil es ihm die Menschheit in der Jungfrau Maria gegeben hat. „Gott nimmt Maria zur Mutter und entnimmt ihr sein Fleisch, weil sie es ihm schenken will. Er verkörpert sich willentlich, und gleicherweise wollte er, daß seine Mutter ihn aus freiem Willen gebären solle nach ihrem Wohlgefallen" (N. Cabasilas)[304]. So nimmt die Jungfrau teil an der Inkarnation. In ihr rufen es alle aus: „Ja, Herr, komme!" (Apk 22, 20). Dieses Mysterium ist mit dem einfachen Geschehen der Geburt nicht zu vergleichen. Es liegt im vorzeitlichen Ratschluß Gottes begründet, der den Leib sah — und damit voraussah —, der den Logos empfangen und gebären sollte. Die von der Heiligenlehre untrennbare Marienlehre ist organischer Bestandteil der Christologie. In der Theologie der Väter steht der Marienkult jeder sentimentalen Ausweitung und allem Abgleiten in Verzückung entgegen[305]. Er bedarf dessen nicht, denn er drückt das unvergleichlich Größere aus und steht im innersten Kern der Inkarnation.

„Und siehe, von nun an werden mich glücklich preisen alle Zeiten" (Lk 1, 48). Der Marianische Gruß „ave Maria gratia plena" (Lk 1, 28) wird zur liturgischen Erfahrung der Kirche von heute. Er ist gebilligt und gutgeheißen von den ökumenischen Konzilien. Es besteht eine geheimnisvolle Koinzidenz in dem theologischen Schweigen, das die ersten drei Jahrhunderte lang den Heiligen Geist und die Jungfrau umhüllte. Aber ihre doppelte Kenose ist in einer glänzenden Verkündigung im 4. und 5. Jahrhundert beendet; auch sie umfaßt beide. Die Theotokos erscheint als der von Ewigkeit her gedachte Mittelpunkt der Welt, der dreimal heilige Ort der göttlichen Ankunft. Es entspricht dem Grad ihrer Heiligkeit, daß sie nicht das Jesuskind, sondern den Gott-Menschen geboren hat. Das gibt den Anlaß, sie genauer Theoanthropotokos, die Gebärerin des Gott-Menschen, zu nennen. Als neue Eva umgreift sie wie Adam die ganze Menschheit. Und ihr Fleisch, das sie ihrem Sohn gibt, ist das der „Mutter aller Lebendigen" (Gn 3, 20). „Das ist deine Mutter", sagt Jesus zu Johannes (Jo 19, 27). In der Person des Johannes findet hier die ganze Menschheit die Mutter wieder. Sie umhüllt das Erdreich mit den Gnaden mütterlicher Hilfe, denn sie trägt es in sich und wird es neu gebären, das neue Zeitalter des Geistes. „Es gibt nur eine Jungfrau-Mutter, und ich möchte sie die Kirche nennen", sagt Klemens von Alexandrien [306].

Der Christus wird vom Heiligen Geist und der Jungfrau Maria empfangen. So wird jeder Gläubige aus dem Heiligen Geist und dem *fiat* der Jungfrau wiedergeboren. Im Glauben werden auch wir durch die Theotokos geboren. Deshalb wächst Maria im Gespräch der Verkündigung zu den Ausmaßen des Tempels an, der „größer ist als der Himmel". Auf einer Ikone der Verkündigung (Oustioug zugeschrieben) ist das Kind schon gegenwärtig in der Jungfrau. Es ist die Geburt im Geiste im Augenblick, da das *fiat* ausgesprochen ist, und folgt der göttlichen Ordnung „Gott spricht und es geschieht" (Ps 148, 5).

Wenn die Kirche in ihrem Sein Hagiophanie (die Erscheinung der Heiligkeit) ist, so personifiziert die Jungfrau diese Heiligkeit. In großer Reinheit ist sie *panhagia*, ganz heilig. Und dadurch stellt sie ihrerseits die Kirche dar: die Heiligkeit Gottes in der menschlichen Heiligkeit. Kyrill von Alexandrien feiert Maria, die immer Jungfräuliche, *ten hagian eccesian* [307] — die heilige Kirche.

DIE ARCHETYPEN

Wir kommen zu einem Punkt der Überlegungen, wo das Denken des Psychologen Jung sehr überzeugend ist und durch seinen bedeutenden Beitrag zur modernen Psychologie die Theologen veranlaßt, einige seiner Gesichtspunkte sehr aufmerksam zu betrachten. Durch die umfassende Fülle seiner Forschungen schützt Jung seine Psychologie vor jeder Beschuldigung des Psychologismus. Für ihn umgreift die Erfahrung der Seele das rein Seelische sowohl wie das Geistige. Seine Hierologie enthält genau die Elemente der Theologie. Jedes innere Geschehen in unserem Leben entstammt dem Inhalt der Psyche, und diese ist der Ort der „Erscheinungen". Auch die grundlegende Behauptung des Zusammenhangs zwischen der Christusgestalt und bestimmten Inhalten des menschlichen Unterbewußtseins stellt das Denken Jungs in beachtliche Nähe der Christologie. Tatsächlich ist das Urbild Gott-Mensch „von Ewigkeit gegenwärtig". In der Person des Christus wird es durch die Inkarnation zur geschichtlichen Wirklichkeit. Hier folgt Jung dem patristischen Denken ganz dicht. Für ihn ist das „Bild Gottes, dessen Prägung ... sich in der Seele abzeichnet, das Bild des Urbildes. Es ist Christus ... das wahre imago Dei. Unsere Seele wurde nach seinem Bild geschaffen"[308]. Das war schon der Gedanke des Origines: „Das Bild Gottes ... was ist es anderes als das Bild unseres Erlösers, der der Erstgeborene unter allen Kreaturen ist." Desgleichen Hilarius: „Das Bild Gottes ist der Erstgeborene unter allen Kreaturen ... der Mensch ist nach diesem Bilde geschaffen."[309] Jung erläutert das Bild und sieht darin „das Urbild des Selbst". Das ist im Einklang mit Gregor von Nazianz, der sagt: „Jesus stellt als (Ur)bild das dar, was wir sind."[310] Das Selbst steht über dem bewußten Ich. Letzteres ist der Mittelpunkt des Bewußtseins, und das Selbst umfaßt den unbewußten Teil der Seele und bildet den Mittelpunkt des Gesamten. Es ist dadurch zugleich auch ein Grenz-begriff. Dieser Kosmos der Seele stellt das Problem der Integration von allem, was „Schatten" ist, die Frage nach der Transparenz, die durch die Gesamt-Erleuchtung zu verwirklichen wäre. Es wird ein Weg der Erhebung und Befreiung empfohlen, wie das kleine Ich zum vollen Ich-Selbst übergehen könne, von der tieferen zur höheren Seinsebene. Wie sich das Selbst vom archaischen, tierhaften Infantilismus bis zum homo maximus des Geistes emporschwingen könne. Am Ende kommt der Mensch zu dem, was er in seinem innersten Wesen ist: das vom Urbilde, vom Archetypus geprägte Bild (*typos* bedeutet Schlag, Prägung). Das erklärt die zahlreichen Symbole des Selbst, die führen und beeinflussen: die Perle, die Krone, die Sonne ebenso wie die Mandala — alles heilige Figuren der Integration.

Gegenüber der üblichen Abstraktion der Theologen zeigt Jung die bewegende Kraft der Bilder im Dasein der Geschichte. Aber das sind nicht die einzigen Beziehungen zwischen dem Modell und seinen Wiedergaben, denn der Archetypus im Menschen hat auch eine prophetische Funktion. Künkel, ein Schüler von Jung, gebraucht den sehr bezeichnenden Ausdruck „Leitbild". Es bereitet vom Menschen her die Ankunft vor und bereitet ihn gleichermaßen zu seinem Vollzug, es zielt auf den Vollzug hin und zieht ihn damit an. Von göttlicher Seite drückt das Bild den Wunsch Gottes aus, Mensch zu werden[311]. Diese gewissermaßen Vor-Handlung des Bildes läßt erkennen, daß Christus in seiner urbildlichen Eigenschaft zu sich selber kommt, und wenn er zu sich selbst heimgefunden hat (Jo 1, 11),

so war das deshalb möglich, weil die Seinen wirklich nach seinem Urbilde geformt waren.
Fast als einziger unter den Psychologen unterstreicht Jung sehr stark die Wirklichkeit des Bösen, seinen Radikalismus. Er beugt jeder Fehldeutung des Bösen als aus dem dunklen Pol des Seins, aus dem Mutter-Mysterium herkommend, vor. Das Böse kommt aus der Entartung, aus der bewußten Zurückweisung der göttlichen Liebe, und schafft so die Hölle. Es ist nicht allein *privatio boni* — ein Des-Guten-beraubt-sein —, sondern es ist ganz konkret und wirklich der teuflische Gegner, „der Feind". Dieser Wirklichkeitssinn stellt das so schwierige Problem der Eschatologie. Der Archetyp des Christus als Prinzip der Einigung und Wiederherstellung trägt die Prägung des absoluten Universalismus und fordert die Apokatastasis: die Wiederherstellung im Anschluß der Glieder ans Haupt der ursprünglichen Ganzheit. Jung ist der Ansicht, daß die Schul-Theologie den Archetypus in zwei Teile zerlegt: den Himmel und die Hölle. Sie nimmt das Wort „Gott ist alles in allem" (1 Kor 15, 28) nicht ernst genug. So kommt sie zu ungenügenden Erklärungen von Ewigkeit, Hölle und dem Schicksal des Satans. Die Frage ist genau gestellt. Jedenfalls scheint es, daß sie dazu verdammt ist, Frage zu bleiben; und das ist vielleicht ihre allerpositivste Bedeutung. Denn in dieser Tiefe ist keine kategorische Antwort mehr möglich und ein jeder Theologe zu äußerster weiser Zurückhaltung aufgefordert. Anastasius der Sinaite beschwört in dieser Sache den Schatten des „unglücklichen Origines"[312] herauf und ruft zum Schweigen auf. Maximus sagt es gut: „Die Lehrer der Kirche, die wegen der ihnen eigenen Gnadengaben vieles über diese Angelegenheit hätten sagen können, hielten es für weiser, sie in Schweigen zu ehren, denn der Geist der Menge schien ihnen nicht geeignet, die Tiefe der Worte zu begreifen."[313]
Die Apokatastase kann unser Gebet nur in einer Richtung lenken: auf das Wagnis unserer Liebe. Man kann es sehr paradox sagen: Gott erwartet die Apokatastase von uns.
Neben dem personalen Unterbewußtsein entdeckte Jung das kollektive Unterbewußtsein und wies es überzeugend nach. Dieses letz-

tere spielt eine ungeheure Rolle und drückt sich in Träumen, Mythen und phantastischen Geschichten aus. Man stößt dort auf allgemeine und feststehende Symbole, die immer wiederkehren: das Bild des Baumes, der Schlange, des Berges, des Königs, des Kindes. Sie sind die Bilder der dem kollektiven Unterbewußten innewohnenden Archetypen. Die Archetypen stehen an der Quelle der allen gemeinsamen tragenden Tendenzen und der Bemühungen, die mit großer Willenskraft ausgestatteten Vorstellungen zu erzeugen. Sie sind nicht vererbt, sondern angeboren und gehören dem allgemeinen und gleichen seelischen Gefüge aller an. *Anima* und *animus*, das Bewußte und das Unbewußte, Introversion und Extraversion, die Verstandesfunktionen (Denken, Bewußtsein) und die irrationalen Funktionen (Gefühl, Intuition) sind die polaren Teile der Psyche. Der Konflikt zwischen ihnen bewirkt die Neurosen, und im Gegensatz dazu besteht Gesundheit in der Harmonisierung des Gegensätzlichen. Schließen sich in einer logischen Kontradiktion die sich gegenüberstehenden Glieder aus, so ist das in einer existentiellen Gegenüberstellung nicht der Fall. Die zwar entgegengesetzten, aber doch voneinander abhängigen Faktoren (z. B. im Falle von männlich und weiblich) können in eine erhabene Vereinigung eintreten. Sie ist mit dem Ausdruck des Nikolaus von Cues zu umreißen: coincidentia oppositorum. Nikolaus fügt es der göttlichen Synthese hinzu. Gregor von Nyssa hat es schon bestätigt: Selbst was im Menschen als kontradiktorischer Zustand erscheint, muß synthetisiert und einander zugeordnet werden... damit die offensichtlichen Gegensätze sich in einer einzigen Endfunktion auflösen. Ist doch Gottes Macht imstande, eine Hoffnung zu schaffen, wo keine Hoffnung ist, und einen Weg im Unmöglichen zu bahnen [314].
Nach diesen knappen Ausführungen über einige allgemeine Gesichtspunkte im Denken von Jung soll seine kürzlich erschienene Studie „Die Antwort auf Hiob" [315] noch besonderer Aufmerksamkeit unterzogen werden. Es ist eine sehr originelle und sehr persönliche Vertiefung in das biblische Hiob-Thema. Jung sieht hier die drei Akte eines Dramas. Zum Leitfaden nimmt er die These Kierkegaards: Der Fromme ist nicht der sich vor Gott schuldig Fühlende, sondern

derjenige, der wie Hiob gegen Gott für Gott kämpft. Das heißt, daß der Mensch in seinem Bewußtsein eine geheime Kontradiktion entdeckt. Einen Widerspruch, der ihn dazu aufstachelt, sich selbst zu überschreiten, denn ohne dem wäre das Leben eine unerträgliche Dissonnanz. Alles was Hiob sagt, steht in keinerlei Beziehung zu Gott-Selbst, sondern zur religiösen Erfahrung des Menschen, zu seinen Reaktionen, zum Spiegelbild Gottes in seiner Seele.
Die Frage auf Leben und Tod für Hiob ist die ihm wesenhaft innewohnende Überzeugung, daß es einen Gott geben müsse, in dem Unterstützung gegen Jahwe zu finden sei — einen Zeugen, der für ihn lebe. Einerseits: „Ich bin zu gering — wie sollte ich widersprechen! Ich lege die Hand auf meinen Mund" (Job 40, 4) und andererseits: „Ich weiß, daß mein Verteidiger lebt. Daß er sich erheben möge auf Erden!" Dieser Verteidiger bleibt im ersten Akt verborgen — hinter Schleiern. Jahwe hat zur Regelung seiner Beziehungen zu den Menschen einen Vertrag geschlossen, der die Treuepflichten beider Seiten regelt. Nachdem dieser aber einmal bezüglich der Allwissenheit Gottes unglaubwürdig geworden ist, erhebt sich ihm gegenüber der in Satan personifizierte Zweifel. Das wunderliche Wett-Spiel wird auf dem Rücken einer armen, ohnmächtigen Kreatur, des Hiob, ausgetragen. Es ist befremdlich, wie sehr Jahwe auf seiner Allmacht besteht. Ein rasender Film mit dem schrecklichen Leviathan als Hauptfigur rollt vor den erschrockenen Augen Hiobs ab. Er entdeckt die unmenschliche Seite Jahwes darin. „Sein Herz ist hart wie Stein" (Job 41, 16). Hiob ist zu Boden geworfen, und trotzdem hört er: „Ich will dich fragen. Du, antworte mir" (Job 38, 3). Hiob wird in den schwindelerregenden Rang eines Gesprächspartners Gottes erhoben. Aber im Hintergrund der Szene erhebt sich der Schatten des Zweiflers, Satans. Und die wunderliche Wette bringt Jung auf den Gedanken, daß der Zweifler mit seinem Zweifel selbst Jahwes Treue in Frage stellt.
Die Beharrlichkeit, die Hiob an den Tag legt, seine Unschuld zu beteuern, veranlaßt Jahwe dazu, sich zu offenbaren. Der Anruf der Gerechtigkeit steigt aus einer ungeheuren Tiefe des Leidens auf,

erhebt sich bis zu den Sternen und ertönt „im Rücken der Gottheit". Aber die einzige Antwort, die Hiob erhält, ist die eines grausamen Demiurgen, der sein Geschöpf unter dem Gewicht seiner Übermacht erdrückt. Seine unbarmherzige Kraft steht außerhalb aller ethischen Norm. Das „happy end" der Hiobsgeschichte, die Wiederherstellung eines Güterstandes würde keine wahre Antwort darstellen. Der schwere Vorhang der im Schweben verbliebenen Frage fällt über den ersten Akt. — Der Monotheismus kennt keine Dialektik. Sein Monolog steht nicht auf der Höhe einer wahren Antwort. Hiob „legt die Hand auf seinen Mund" (Job 40, 4), denn er bleibt dem Vertrage treu.

Aber der Schatten des Zweiflers breitet sich wie ein Ölfleck aus. Das füllt den zweiten Akt. „Ich weiß, daß mir von heute an ein Zeuge im Himmel wohnt. Ich habe einen Verteidiger auf höchster Höhe" (Job 19, 25). Im Augenblick erfährt Satan noch keine Mißbilligung und Verachtung, obwohl sein Eingreifen in das Leben der Menschheit zur Sündflut und damit zu massenhafter Vernichtung menschlicher Opfer führt. Im Umkreis dieses Geschehnisses entwickelt sich „die Religion der Furcht", und in dieser Einseitigkeit und Unzulänglichkeit im Verhältnis zu Gott entsteht eine falsche Vorstellung von Weisheit. „Die Furcht Gottes ist der Weisheit Anfang" (Ps 111, 10 und Sir 1, 16). Das Fehlen der Sophia kennzeichnet die Ereignisse des ersten Aktes der Geschichte Hiobs, der Geschichte der Menschheit, und führt zur patriarchalen, wesentlich männlichen Gesellschaft, deren Kennzeichen „das Herz wie Stein" ist (Job 41, 16).

Schon zu Beginn der Hiobsgeschichte erhebt sich die große Frage der Theodizee; die Rechtfertigung Gottes dem Übel gegenüber. Das Dasein Gottes ist außer Frage, für jeden normalen Geist ist es eine Selbstverständlichkeit. Im Grunde handelt es sich nicht darum; es wird sich im menschlichen Geist niemals um Gott selbst, sondern stets um die Beziehungen Gottes zur Welt handeln. Es handelt sich um die Weisheit Gottes, denn sie macht Gott in der Welt ebenso wie im Menschlichen offenbar. (Es ist nicht Gott, den Iwan Karamasow bei Dostojewski nicht annehmen will, sondern seine Welt, seine Weisheit. So ist die Haltung Karamasows nicht atheistisch, sondern antisophianisch.) Und hier endlich rühren wir an das wahre Hiobsproblem.

Die Figur Hiobs ist tief symbolisch. Ihr symbolischer Sinn schießt wie ein Pfeil in die Höhe und wird von der Erde und besonders von dem Himmel zurückgeworfen. Der „Vertrag" in seinen einfältigen Äußerlichkeiten ist überschritten und offenbart das Verborgene „Ganz andere". Und deshalb sind die Freunde Hiobs, die genauen „Juristen", verstört. Der „arme" Hiob prophezeit das Schicksal des „reichen" Gottes — nimmt es voraus. Gott hebt den Schleier und erscheint als der göttliche Hiob; und von diesem Augenblick an wagen die zu optimistischen Theologen den Platz der Freunde des „göttlichen Hiobs" einzunehmen. So ist es nicht mehr die menschliche Hand, die Hiobs Mund verschließt, sondern — prophetisch — die Hand Christi. Sie ist durchbohrt, und der Mensch sieht hindurch. Das Kreuz läßt den Zorn Jahwes gegen den Menschen verstummen. Das Kreuz läßt auch die menschliche Revolte gegen den Leviathan mit dem steinernen Herzen verstummen. Durch die durchstoßene Hand sieht der Mensch das Herz des Hiob-Gott-Menschen. („Das schreckliche Argument" des Kreuzes in der Diktion des Iwan Karamasow.) Diese Schau ist der genau rechtmäßigen „Apologie" zahlreicher „Freunde" unerreichbar. Sie ist nur der göttlichen Sophia offen. „Meine Gedanken sind nicht eure Gedanken" (Is 55, 8) — und sie öffnet sich wieder vor der Theotokos, denn ihr Herz ist schon im voraus vom Schwerte durchbohrt[316].

Wenn der Bund Jahwes mit dem auserwählten Volke seine „Braut" aus ihm macht, so geschah das schon nach den Gepflogenheiten des Männlichen. Der männliche, monotheistische Gott flößt Furcht und Zittern ein; ein Vertrag von juristischem Charakter läßt für „den guten und göttlichen Eros"[317] keinen Platz mehr. Der Mann ist dem Gesetz völlig unterworfen, dem von Jahwe gegebenen Gesetz in der Diktion des Mannes. Der Frau mißt man hier nur zweitrangige Bedeutung zu, dadurch werden die Sophianischen Werte verkannt. Aber der „Fall Hiob" ruft die Anamnesis der Sophia (die Frage nach dem vorausliegenden Tatbestand um die Sophia) hervor; nach jenem Zeugen für Hiob in den Himmeln, der gegen Gott für Gott zu streiten bereit ist.

Jung bietet eine sehr reiche Auswahl sophianischer Texte (Sprüche, die Weisheit des Jesus Sirach [die Ecclesiastica], die Weisheit Salomonis). Sophia hält ihren Einzug als Freude Gottes und der Menschenkinder (Weish. Kap. 7 und 8). Als mütterliche Weltenbildnerin steht sie in der ihr zugehörigen Entelechie [318]. Aber vor allem offenbart sie den weiblichen Aspekt der göttlichen Kräfte [319], die das Wesen Gottes nicht antasten, aber ein ganz gewisses inneres Gestimmtsein seiner Offenbarungen in dieser Welt ausdrücken. Ihre Aufgabe besteht darin, ihnen die menschliche Form zu geben — es ist die Vermenschlichung Jahwes. Durch das weibliche Prinzip der Sophia verwandelt sich die schreckliche Gestalt Jahwes und nimmt menschliche Züge an. Die Jungfrau Maria gebiert den Jahwe-Menschen. Anstelle des Vertrages mit den juristischen Bestimmungen entsteht aus dem *hieros gamos,* der heiligen Hochzeit mit dem Volke, die Kirche, Braut und Gattin. Der Neue Mensch des Apostels Paulus findet sein himmlisches Gegenstück in dem neuen Gott — dem Gott des Neuen Bundes! Das ist das unvorstellbare Postulat der Frage Hiobs. Gott antwortet auf seine eigenen im „Bilde Gottes" gegebenen Voraussetzungen: der „von der Jungfrau Maria und dem Heiligen Geist" Geborene kündigt im dreisonnenhaften Stand der Epiphanie das Ende der monotheistischen Herrschaft Jahwes an. Aber die durch die Theotokos vollbrachte Geburt ohne menschlichen Vater verkündet ebenso das Ende der Herrschaft des Männlichen, des Patriarchats. In seiner Phänomenologie des religiösen Bewußtseins — und da liegt seine ganze Größe — enthüllt Jung die Wahrheit des Dogmas. Die Theotokos ist nicht einfache Ausführende der Inkarnation. Jerusalem ist zwar eine Stadt unter den Städten der Erde, aber sie ist auch Zion, „die Heilige Stadt, in der der Name Gottes niedergelegt ist" (Dn 9, 18). Sie ist der kosmische Mittelpunkt, der heilige Berg, der Punkt, an dem die Jakobsleiter die Erde berührt. Die Jungfrau, das neue Jerusalem (Apk 21, 2), ist keine beliebige „Frau unter Frauen", sondern sie ist „gesegnet unter allen Frauen" (Lk 1, 28), sie, die *„gratia plena"* ist (Lk 1, 28), denn sie ist diejenige, in der Jahwe selbst sich geborgen hat. Sie ist das Organ der Sophia und dadurch Organ des erstaunlichen Wandelns des Schicksals Jahwes. Ehe er Hiob Antwort gibt, stellt Gott der Frau die Vorfrage. Aber an ihr hängen alle anderen. Und die Jungfrau spricht das *fiat,* auf daß die Antwort an Hiob erfolgen kann. Gott ist im Himmel und der Mensch auf Erden, stellt Hiob fest, und der Mensch stirbt an dieser Feststellung in Erwartung des paradoxen Wortes der heiligen Theresia: „Ich sterbe vor Ungeduld, weil ich nicht sterben kann." Der Mensch ist Hiob auf seinem schlechten Lager, der Berufung bei dem himmlischen Zeugen einlegt. Er fordert die rechte Antwort und weist jeden Ersatz zurück. Seine Hand liegt nicht mehr auf dem Mund, und der Mund schreit und fordert das Unmögliche, die Bekehrung Jahwes zum Gott-Menschen, „daß du die Himmel zerrissest und stiegest auf Erden hinab". So ruft Jesaias (64, 1). Da legt Gott die Hand auf den Mund des Leviathan, das furchtbare Bild Jahwes, und diese Hand ist Sophia, die ewige Gestalt des Menschlichen. Das Bild Gottes im Menschen ruft das Bild des Menschen in Gott, fordert die Inkarnation. Es ist die Forderung des menschlichen Herzens, und Sophia verlegt diese Forderung in Gott, kämpft gegen Jahwe für Gott und trägt den Sieg davon als einzig gültige Antwort für Hiob.

Pascals „Logik des Herzens" findet sich wieder in Dostojewskis „Argument des Herzens". Stephan Verkhovensky spricht am Ende der „Besessenen" die Grundwahrheit der christlichen Mystik aus. Das Herz liebt so natürlicherweise wie das Licht leuchtet. Man kann — und das ist die oberste Einsicht — nur das Ewige unwiderruflich lieben. Der Größe des Herzens und der Liebe entspricht nur die Größe der Unsterblichkeit. Gott hat die Flamme der Liebe im menschlichen Herzen angezündet; er wird sie nie mehr löschen können, denn sie ist auf ihn gerichtet. Und sie offenbart sich als von gleicher Art wie die seine. Die Liebe macht unsterblich und gleicht nur der Unsterblichkeit. Das Geheimnis des menschlichen Herzens ist der mächtigste Beweis, der unwiderlegbarste Beweis für den notwendigerweise unsterblichen Gegenstand seiner Liebe: Gott. Er ist „für das Herz das einzig zu wünschende Wesen"[320].

Der Kataphatismus klarer Ideen weicht hier dem Apophatismus, dem Unsagbaren. Ganz gewiß, in Gott dem Absoluten hat keine Not, kein Bedürfen Platz, aber biblisch existentiell ist Gott doch gleichermaßen oberhalb, wie auch im Mittelpunkt aller Not und allen Bedürfens. Schon Abel stellt im voraus das Geschick Hiobs dar. Später ist es dann die Geschichte von Abraham und seinem Sohn. Die klassischen Kommentare bemühen sich umsonst, die Paradoxie zu entschärfen. Aber es gelingt ihnen nicht, den ver-kehrten sittlichen Sinn zu retten. Das ist nur in einer ganz anderen Tiefe möglich. Männer wie Kierkegaard, Dostojewski, Bloy werden den Meistern der offiziellen Systeme immer Hiobsfragen stellen. Um das Puzzlespiel ihrer theologischen Konzeptionen zu retten, ziehen sie den einfachen und doch unergründlichen Augenschein des Bildes vor [321]: Abraham, seinen Sohn schlachtend! — und die Schande wird mühsam durch einen angelus ex machina verschleiert, der die Mordbewegung aufhält. Der Sohn stillt den Zorn des Vaters. Der allmächtige Vater, der Absolute, der Gerechte, gibt anstelle einfacher Zerstörung der Frucht des Bösen seinen Sohn in die Hände des Satans, nimmt seine Verlassenheit und seinen Tod an. (Wozu also diese vernichtenden Kraftausbrüche Jahwes, die er vor Hiobs Augen vorüberziehen läßt?) Es handelt sich hier um etwas unendlich viel Tieferes, um größere Tragik — es handelt sich um die Tragik Gottes. Wieviel unaussprechlicher ist sie und wieviel unermeßlicher als die einfache Schuldhaftigkeit „armer in Schuld geborener Sünder, die aus sich selbst heraus nicht fähig sind, das Gute zu tun". Wenn diese armselige Schulderklärung die äußerste Wahrheit über Gott und seine Geschöpfe enthielte, würde sie eine fürchterliche Anklage gegen Gott-Selbst in seinem Anfangsfehler erheben. Sie würde seinen offensichtlichen Mangel an Weisheit unterstreichen (das ist das Argument des Großinquisitors in Dostojewskis Legende von Iwan Karamasow). Es bliebe nichts übrig, als die Hand auf den Mund zu legen und sich mit seinem schlechten Gewissen vertragen, eine jede Frage durch das unglaubhafte Argument des Geheimnisses zu beantworten oder durch irgendeine göttliche Allmacht, die dem Menschen undurchdringlich ist. Einfältigkeit enthüllt die

Größe des Glaubens Adams in seiner Blindheit nicht. Was also ist ihr Charakter? Die Einfalt fährt fort, in der gleichen Weise vom Leiden und Tod des Menschen Jesus allein zu reden (was Christus in zwei Teile zerschneidet: der Gott in ihm, der Wunder tut, und der Mensch, der weint, leidet und stirbt). Die Einfalt läßt Gott von Leid unberührbar. So ist die Eucharistie selbst in Gefahr, die Gestalt der von Hiob „wiedererlangten Güter" anzunehmen. Ein wahrlich zu leichtes Spiel, wo es sich doch um die Allmacht selbst und ihr Wunder handelt: das menschliche Blut Jesu, das der göttlichen Liebe des geopferten Gottes Gestalt gibt.

Keine Verdrängung des „Menschlichen" als Schuldkomplex, keine Zurückführung des Menschen auf sein Nichts könnte jemals die Größe Gottes erhöhen, das fügt seiner Größe keine Elle zu. „Die Allmacht Gottes" um jeden Preis rührt von der allzumenschlichen Vorstellung von der Allmacht Jahwes her und bedeutet Rückschritt. Das läßt Hiob ohne Lösung und schließt Gott selbst in seine Frage ohne Antwort ein. Es handelt sich nicht um Gerechtigkeit oder Ungerechtigkeit Gottes. Das sind Ausdrücke des juristischen Vertrages vor dem „Fall Hiobs". Das sind die Ausdrücke der männlichen Gesellschaftsordnung — Ausdrücke des Mannes und des Männer-Gottes.

Der Mystizismus ruft immer Mißtrauen von seiten der geradlinigen rechtgläubigen Theologen hervor, die im Schatten der „Freunde" Hiobs stehen. Die Erfahrung der großen Mystiker ist immer paradox. Beunruhigend für jedes System, drückt sie sich in ihrer eigenen Sprache aus und findet keinen Platz in den Systemen der Lehrer. Sie spricht nicht in Ausdrücken der Vernunft, sie ist völlig un-vernünftig. Die Versuche, das Evangelium auf die Liebe allein zurückzuführen, auf eine einzige von Gott ausgehende Kraft, ohne irgendeine Rückkehr zu ihm selbst, unterdrückt völlig die Dialektik von Frage und Antwort, unterdrückt den Fall Hiob und entstellt die Christologie. Die Väter der Kirche haben keine Furcht gehabt, von einer gewissen Ohnmacht Gottes zu reden, von der Begrenzung seines Willens. Die Goldene Regel des patristischen Denkens wird nicht müde, zu versichern: Gott hat den Menschen ohne den Menschen schaffen können, er kann den Menschen nicht ohne den Menschen retten, ohne sein freies Einstimmen. Jahwe kann die arme Kreatur — Staub seiner eigenen Phantasie — erzittern machen, aber selbst der allmächtige Gott „kann niemanden zwingen, ihn zu lieben". Hier liegt der äußerste Punkt des „Wagnisses", des „Abenteuers", das Gott einging, als er das schöpferische *fiat* sprach. Gott zu lieben bedeutet für jeden von theologischen „Vorurteilen" freien Geist: zu Gott gehen kraft der Liebe, die der Mensch seinem Gott entgegenbringt. Für Dionysius Areopagita, für Maximus den Bekenner ist Christus der gekreuzigte Eros. Das ist der heilige Kreis des Hochzeitliedes, und die Beziehungen sind gegenseitig. Theodoret von Cyrus unterstreicht: im Genuß der Eucharistie treten wir in die eheliche Kommunion ein [322].

Die Freunde Hiobs spitzen ihre Auffassungen im Laufe der Jahrhunderte zu erstaunlicher Vollendung logischer Klarheit zu. „In diesem heute weithin als fadenscheinig erkannten System wird Gott zwar nicht getötet, aber aufgesogen." [323] Der Cartesianismus macht eine wahrhaft mathematische Maschine aus Gott — vollkommen in göttlicher Vollkommenheit. Den *pathon theos*, den „leidenden" Gott (Gregor von Nazianz) gibt es hier nicht. In einer ähnlichen „zurechtgeschnittenen" Wahrheit wird die Paradoxie des Evangeliums mit all ihrer sprengenden Kraft fortdiskutiert. Das ganze Mysterium der Theotokos liegt im Zusammenspiel der Kräfte, da wo Gott mit dem Menschen handelt, wo der Gott-Mensch in der Mühe seiner Geburt steht. Er geht durch die Schmerzen seiner eigenen Geburt. Das Opferlamm seit der Gründung der Welt ist das menschliche Bild der ewigen Gottesgeburt in der Liebe. Gott selbst läßt sich auf das Schmerzenslager Hiobs nieder, um ihm seine Antwort zu bringen („Des Menschen Sohn hat keinen Ort, sein Haupt zur Ruhe zu legen" Lk 9, 58). Gott erleidet in Sich-Selbst, was Jahwe seinem Knecht Hiob auferlegt hat: es ist der Schrei der Verlassenheit des göttlichen Hiobs: Mein Gott, warum hast du mich verlassen (Ps 22, 2). Hier liegt die wahre Größe und Erhabenheit Gottes, das Transzendieren seiner eigenen Transzendenz. „Ich bin so groß wie Gott, er ist so klein als ich", singt Angelus Silesius.

Aber während der Christus Gott-Mensch ist und es in ihm „weder Mann noch Frau, weder Griechen noch Juden" gibt (Gal 3, 28), ist die Jungfrau ganz menschlich. Als vorausbestimmte Verwirklichung der Sophia ist sie „Pforte des Paradieses", als aufgerichtete Jakobsleiter wandelt sie Himmel und Erde. Von ihr wird die göttliche Gestalt auf Erden und die menschliche in den Himmel hineingeboren (und das ist genau die Bedeutung des liturgischen Ausdrucks: Königin Himmels und der Erden). Jung beweist eine erstaunliche Kraft der Schau, wenn er sagt, das Ereignis der Himmelfahrt enthält alle Elemente der Antwort an Hiob. Die Vorgeschichte der Sophia ist der Schlüssel zur Geschichte von Hiob. Die erschütternde Offenbarung der Humanisierung Jahwes ist nur im Rahmen der Dreieinigkeit möglich. Sophia bringt Jahwe zu seiner Enthüllung innerhalb der Trinität. Diese Offenbarung durch die Inkarnation wird deutlich in der Marienlehre, die allein die tiefsten Begründungen der Christologie erhellt und erläutert. Bei Dante ist die Theotokos (Paradiso 33, 3) Spitze der Gemeinschaft der Heiligen.

Bei der Erörterung des dritten Aktes lenkt Jung die Aufmerksamkeit auf die Bitte im „Vater unser": „Führe uns nicht in Versuchung" (Mt 6, 13). So kann im Sinne des *terror antiquus* die Furcht Gottes verstanden werden als „der Weisheit Anfang" (Ps 111, 10). Nun aber befreit die neutestamentliche Offenbarung von dieser kindischen und unzureichenden Auffassung Gottes. Die johanneische Liebesbotschaft als das Ende der Weisheit Gottes befreit von der Furcht vor dem Leviathan. Aber das Gebet des Herrn zeigt, daß die Versuchung zur Rückkehr ins Vergangene immer noch möglich bleibt. Es ist nur eine Versuchung, denn die Sintflut gehört einem vergangenen Zeitalter an, und sogar angesichts des in der Apokalypse beschriebenen Leidens erklingt doch nun der Lobgesang des dreimal „Heilig". Der Übergang zum Neuen Bund drückt eine *metanoia* aus, eine Umkehrung der existentiellen Daseinsbedingungen, die in den sophianischen Texten angekündigt war: die Vermenschlichung Gottes und die Vergöttlichung des Menschen. Die Antwort an Hiob bringt das zur Erscheinung, und sie bedeutet nicht etwa die Wiederherstellung des vorherigen Güterstandes (wie mißverständlich — zweideutig — wäre das in bezug auf die Verstorbenen gewesen). Auf dem Plan des irdischen Habens hat Hiob weniger empfangen, als er ehedem besaß. Er hat verloren im göttlichen Spiel. Das Ende seiner Geschichte ist frappierend durch ein gewisses Gaukelspiel. Deshalb bleibt die Rede Gottes wie in der Schwebe. Hiob ist vor seinen Freunden gerechtfertigt, aber, gewissermaßen „auf Kredit", ein Opfer seines die Zukunft vor-bildenden Schicksals. Viel tiefer aber als das Erdengeschehnis bekommt er im Postskriptum der Ewigkeit gewissermaßen unendlich viel mehr, als er jemals gehabt hat. Es handelt sich hier nicht um seine Besitztümer, sein Haben, es handelt sich um Hiob vor dem „unverschleierten Altar", vor der lebendigen Antwort auf seine Frage — Hiob vor „seinem Zeugen und Verteidiger im Himmel" (Gal 16, 19). Der Treue Hiobs gegenüber dem Vertrag war schon seine Treue gegenüber dem Gottesbilde in ihm. Sie zeigte Jahwe wie hinter seiner eigenen Kreatur zurückbleibend, und dadurch wurde das Eingreifen der Sophia ausgelöst. Der Wunsch Gottes, Mensch zu werden und damit Hiob und aller Kreatur in ihm Antwort zu erteilen, wurde beschleunigt. Die Hand Hiobs gibt seinen Mund frei, um das Sanctus anzustimmen. Daraufhin hat Christus, den 82. Psalm zitierend, erklärt: „Ich habe gesagt, ihr seid alle Götter, Söhne des Höchsten" (Ps 82, 6).

Am Ende weist Jung noch auf die Erinnerung an Hiob im Bericht der Apokalypse über die letzten Dinge hin. Johannes wird zu Boden geworfen durch den Beginn der Schau, die den im Gewande des Lammes schrecklichen Anblick Jahwes erneuert: aus dem Munde des Lammes kommt ein zweischneidiges Schwert hervor. Es hat sieben Hörner. Die Öffnung des Siegels erschüttert die Tiefen des Alls. Es ist der große Tag des Lammes, der Tag seines Zornes, aber siehe, mit dem siebenten Engel erscheint die Frau mit der Sonne bekleidet (Apk 12, 1). Es ist das Bild der Theotokos mit Christus bekleidet. (Bekleidet euch mit dem Herrn Jesus Christus. Röm 13, 14.) Das Licht des ersten Schöpfungstages ist die Sonne der Liebe Gottes zu den Menschen. Die Jungfrau mit dem Kind in dem Arme ist sein

Abbild. Im Bereich der Apokalypse „der Mond zu ihren Füßen und ein Kranz von zwölf Sternen auf ihrem Haupte" (Apk 12, 5), das sind die kosmischen Attribute der Sophia. Ihr tellurisches Element ist durch ihre Erhebung in den Himmel in die Sphäre des Uranus entrückt.

Für Jung identifiziert die Himmelfahrt die Jungfrau mit der Sophia in Gottes Schöpfergedanken. Es ist die Offenbarung der Frau im Lichte der Ewigkeit — nicht des Ewig-Weiblichen der Romantiker, sondern des Ewig-Jungfräulichen und zugleich Ewig-Mütterlichen im Sinn der Bibel. Die Himmelfahrt ist die Erklärung und Offenbarung des weiblichen Archetypus; das „mit der Sonne bekleidete Weib" der Apokalypse „brachte das männliche Kind zur Welt". Hier muß der Versuch einsetzen, das Spiel der Archetypen zu deuten. Wir stehen inmitten eschatologischer Ereignisse. Es handelt sich nicht um die historische Geburt des Christus, sondern um die unter seinem Zeichen stehende Geburt. Das Männliche ist oft in Versuchung, in den Mutterschoß zurückzukehren — in den Zustand des Unterbewußtseins. Die wahre Geburt aber ist die auf die Sonne des geisttragenden Bewußtseins zu. Wo Greisenhaftigkeit den Verfall des Bewußtseins, den Rückfall in die Kindheit bedeutet, da führt andererseits die wahre Geburt zu dem Tage, der keinen Abend hat. Das Kind im Bericht der Apokalypse wird auf den Weg zu Gott hinaufgezogen, während die Frau an dem Ort verbleibt, den Gott ihr bereitet hat. Es ist wie ein Holzschnitt, ein Negativ des historischen Geschickes. Der von der Sophia-Maria-Kirche geborene Mensch verbindet sich wieder mit dem Göttlichen, seiner wahren, himmlischen Heimat, er ist in sein wahres Schicksal, in seine eigene Wahrheit wieder eingesetzt. Christus hat in ihm Gestalt genommen, „heftig" bemächtigt er sich des Reiches Gottes und „reißt" den Erdenplan dem himmlischen entgegen. Die Kirche verbleibt auf behütetem Orte. „Die Pforten der Unterwelt werden sie nicht überwältigen" (Mt 16, 18). Mit der Sonne bekleidet, ist sie die Geburt selbst, die im Mittelpunkt der Welt stehende Weihnacht — unaufhörlich mütterlichen Schutz gewährend. Berufen, den Himmel auf Erden zu gebären und den Menschen seiner himmlischen Heimat zuzuführen! Es ist nicht mehr die Vorgeschichte der Sophia, es ist ihr Frohlocken, das die eschatologische Zeit verkündet. Mit verblüffendem Eindringungsvermögen sieht Jung in der Verkündigung des Dogmas von der Himmelfahrt Maria das Zeichen der Zeit. „Das männliche Kind" (Apk 12, 5) ist in der Reife des menschlichen Zeitalters geboren. „Wenn ihr nicht wie die Kinder werdet, könnt ihr nicht ins Reich Gottes kommen" (Mt 18, 3). Das Kind bedeutet den Menschen der letzten Zeit und den Menschen des Reiches Gottes. Im Bereich der Archetypen stellt sich der Hure Babylon, der vermännlichten Amazone, die leuchtende Gestalt der sonnenhaften Frau gegenüber, das Urbild Frau-Jungfrau-Mutter. Dem finsteren männlichen Antichrist steht das Urbild des Mann-Kindes, des Sohnes der Weisheit, entgegen, Elias, Johannes der Täufer und der letzte Zeuge der Apokalypse.

Man fühlt das großartige Hervorbrechen der höchsten Synthesen in dem Wort voraus: „Da ist nichts Verborgenes, das nicht offenbar werden wird" (Mt 10, 26). „Wer Ohren hat zu hören, der höre" (Mk 4, 22—23). Es ist das Ende des Stückwerkes und ist die Zeit der Erscheinung der Urbilder in ihrer historischen Vollendung. Das Weibliche im Zustand der Schwangerschaft, des Gebärens, kommt zur Reife der Frau, die das eschatologische Männliche hervorbringt — das Mann-Kind in höchster, äußerster Vereinigung —, den Sohn der Weisheit. Das Männliche und das Weibliche treten in ihre letzte Phase ein — unmittelbar vor der coincidentia oppositorum im Reiche Gottes.

DIE THEOTOKOS -
URBILD DES WEIBLICHEN

DER GEKREUZIGTE GLAUBE,
QUELLE DER VITA NOVA

Die Liturgie der Himmelfahrt nennt dieses Fest „die Begründung unseres Heils und die Ankunft der zeitlosen Mysterien" und preist die Jungfrau als „geheiligten Tempel und Mutterschoß — größer als die Himmel". Johannes Chrysostomos nennt die Himmelfahrt „das Fest der Wurzel" im Sinne eines unbedingt ersten Anfangs, der das neue Zeitalter einleitet. So kommt die Anthropologie zur „Marianischen Wurzel" [324].

In seinen Homilien zum gleichen Fest faßt Nikolaus Cabasilas die patristische Lehre zusammen: „Die Inkarnation war nicht allein das Werk des göttlichen Vaters, seiner Kraft und seines Geistes, sondern auch Werk und Wille des Glaubens der Maria. Ohne das Einverständnis der Allerreinsten, ohne die Mitwirkung ihres Glaubens wäre der Beschluß ebensowenig zu verwirklichen gewesen wie ohne die Mitwirkung der Drei Heiligen Personen selbst. Das war erst möglich, nachdem Gott ihr erklärt und sie überzeugt hatte, daß er sie zur Mutter nehmen würde und ihr Fleisch annehmen, das sie ihm schenken solle. Ebensosehr wie Gott sich zu verleiblichen wünschte, ebensosehr wünschte er auch, daß seine Mutter ihn freien Willens in voller Zustimmung gebären solle [325].

Wir stehen vor dem undurchdringlichen Geheimnis dessen, der

Zeiten und Ereignisse befiehlt, vor der bestürzenden Tatsache, daß dieser Nämliche, der ohne Anfang ist, einen Anfang nimmt. Die ganze Tragweite des Marien-Dogmas liegt im Ereignis der Geburt Gottes. Gott hat die Allmacht, als Gott geboren zu werden, wie er auch die Allmacht hat, in Christus als Gott zu sterben. Jede Formulierung, jedes Wort über dieses Mysterium verfälscht es. Hier ist mehr als irgendwo sonst apophatisches Schweigen [326] angezeigt. Nur das Hohe Lied singt davon: „Die Liebe ist so stark wie der Tod" (Hl 8, 6). Sie ist stärker als der Tod. Gott lebt diese Liebe und nach ihm die Seinen.

Je stärker Gott sich vermenschlicht, je stärker er den Menschen auf seine eigentliche Ebene hebt, indem er ihn zu seinem genauen Bilde macht, um so mehr und stärker steht er vor seiner eigenen ungeheuren Idee des Menschen — gerade da, wo der Mensch das Gegenstück Gottes, des Seienden, ist. Deshalb sagt Christus: „Ihr werdet den Kelch trinken, den ich trinke, und werdet mit der Taufe getauft werden, mit der ich getauft werde" (Mt 20, 23). Alles strebt zum Kreuz empor, das auf der Schwelle des neuen Lebens errichtet ist. „Die Taufe durch das Wasser erschafft nur den Menschen, während die Taufe durch das Blut zwei Kräfte besitzt: die des Wassers und die unserer eigenen Teilhabe." [327] Die Kirche verehrt mit Vorliebe die Märtyrer „die vollzogene Liebe" und nennt sie „die vom himmlischen Bräutigam Verwundeten" [328]. Nur aus der Wunde der Jungfrau — „es wird ein Schwert durch deine Seele dringen" (Lk 2, 35) — wird aus Geist und Blut der weibliche Archetypus gewonnen. Im Augenblick der Verkündigung beginnt für die Jungfrau ihr Amt als Frau, es steigt urbildhaft auf zum Kreuz und verwurzelt sich dort [329]. Die genaue Übereinstimmung des dreifachen *fiat* zeigt sich in ihrer ganzen Fülle und Bedeutung. Die Nacht von Gethsemane hallt wider vom *fiat* Christi: „Dein Wille geschehe" (Mt 26, 39). Das *fiat* der Jungfrau enthält schon das *stabat mater dolorosa* der beim Kreuz [330] Weilenden. Der tragische Glaubenskampf Johannes des Täufers läßt ihn durch die Feuerprobe gehen, und die Antwort Christi an die Jünger des Johannes wird im *fiat* dieses Martyriums bestätigt und vollendet. Der gekreuzigte Glaube dieser drei Urbilder bildet das im Leben zu tragende Kreuz vor. Die Versicherung des *fiat* ist keine einfache Mitteilung, sondern der große im Herzen davongetragene Sieg, selbst über die mögliche Niederlage, und Gestalt gewinnend in der Heldentat des gekreuzigten Bräutigams und der „vom göttlichen Bräutigam Verwundeten"[331].

DIE ERSCHEINUNG DER HEILIGEN
VERWIRKLICHTE HEILIGKEIT
FÜLLE DER URBILDER

In seinem Kommentar zum 4. Evangelium bemerkt Origines, daß sein pneumatischer Charakter von der Innigkeit und dem geheimnisvollen Bezug herrührt, der zwischen dem Evangelisten Johannes und der Jungfrau bestand. Ihre Gegenwart inmitten des Kreises der Apostel (Apg 1, 14) ist wunderbar in den Ikonen von Pfingsten und der Auferstehung dargestellt. Wer die biblische Geschichte mit den Augen der Väter lesen kann, dem klingt hier der Ausbruch der Freude des Universums entgegen. Das Licht dieser Freude („die das Licht geboren hat") umgibt das innerste Mysterium der Kirche: die Hagiophanie in der Doxophanie, Erscheinung der Heiligkeit und des Ruhmes Gottes. Tatsächlich bezeugt die auferstandene Jungfrau der Kreatur den Plan Gottes, die völlige Vereinigung des Menschlichen und des Göttlichen im ersten vergöttlichten menschlichen Wesen. Die liturgischen Namen der Jungfrau drücken diese Fülle aus: „Erstlingsfrucht des Reiches Gottes — Pforte des Himmels — Himmel — Tempel der Göttlichkeit — Die der Sünde Marksteine umgestürzt hat" (Dogmaticum der ersten Tonart). Die Welt ist geschaffen worden, um die Kreatur zu vergöttlichen, und in der Jungfrau ist dieses allgemeine Schicksal vorauserfüllt, sie ist sein archetypisches Vor-bild. In den dogmatischen Gesängen bekennt die Kirche diese allgemeine Bedeutung auf das stärkste: „Pforte zum Heil der Welt" — „in Deinem Schoß ist Gott herrlich verehrt, unser Vater hat die ganze Welt völlig erneuert" (Metten des Samstag). In der Hingabe ihres Blutes an Christus ist seine Mutter ihm „blutsverwandt"[332]. Und die liturgischen Texte kehren immer wieder darauf zurück und erläutern die Tatsache, daß in dem Christus übereigneten Fleisch der Mutter alle Menschen Teilhaber der göttlichen Natur des Logos sind. Die Jungfrau — Odiguitria[333] — bahnt den Weg der Kirche in der Menschheit, sie ist „die Pforte". Der Christus nennt sich „der Weg und die Pforte", weil er Gott und Mensch ist. Er ist der Einzige, Einmalige. Die Jungfrau ist die erste. Sie geht der Menschheit vorauf, und alle folgen. Sie hat den Weg geboren und stellt sich selber als „Wegweiser", als „Feuersäule" auf, die zum Neuen Jerusalem führt.

Sie geht als erste durch den Tod, der die Macht verloren hat, und darum bittet der in der Stunde des Todes zu verlesende Kanon ganz vertrauensvoll um ihren mütterlichen Schutz. „In der Himmelfahrt, o Theotokos, hast du die Welt nicht verlassen", singt die Kirche. Denn die Welt beginnt in ihr schon „Neue Kreatur" zu werden. Im urbildlichen Bereich der Heiligkeit der vollendeten Menschlichkeit entspricht die göttliche Hypostase des Christus der menschlichen Hypostase der Theotokos. In synoptischer Schau die beiden Ikonen als Parallele gegenüberstellend, erläutert die Ikonographie: die Himmelfahrt des Christus und die Himmelfahrt der Jungfrau sagen es aus, daß Gott Mensch wird und der Mensch Gott. Das liegt genau in der patristischen Losung: Gott hat sich zum Menschen gemacht, auf daß der Mensch Gott werde. Ein liturgischer Text unterstreicht es noch treffender: „Freue dich, Krone der Dogmen." Die Jungfrau ist das lebendige Dogma, die verwirklichte Wahrheit über die Kreatur. Die Himmelfahrt schließt die Pforten des Todes, das Siegel der Theotokos wird dem Nichts aufgedrückt. Es ist von oben durch den Gottmenschen und von unten durch die erste Kreatur bestätigt, die vom Tode erstanden ist.

Das Urbild des weiblichen Priestertums

„Der Allmächtige hat Großes an mir getan" (Lk 1, 49). In der Bildkomposition, die man „Krönung der Jungfrau" nennt, zeigt sie die

Ikonographie tatsächlich an der Spitze der Engelwelt und des königlichen Priestertums. Christus ist der König, und wie es im Psalm heißt: „Zu Deiner Rechten steht eine Königin." Die Frage nach dem Priestertum der Frau erhält ihre Lösung durch den Plan der Charismen. Die Jungfrau hat nichts von einem Bischof. Wenn sie auf den Ikonen oft mit einem *omophorion*[334] gezeigt wird, so geschieht das lediglich als Zeichen ihrer mütterlichen Beschützerkraft ohne eine Spur priesterlicher Gewalt. Ordiniertes Priestertum ist eine Funktion männlicher Zeugenschaft: der Bischof bestätigt die Gültigkeit der Sakramente und besitzt die Macht, sie zu vollziehen. Er hat das Charisma, über die Reinheit der Tradition zu wachen, und übt die Gewalt des Hirten aus. Der Dienst der Frau liegt nicht in Funktionen, sondern im Sein, in ihrer Natur. Das Weihepriestertum gehört nicht zu ihren Charismen — das hieße ihr Wesen verraten.

Der Mann, daseinsgemäß an Christus, den Priester, den Mann-Bischof gebunden, durchdringt vermittels seines Priestertums die Elemente der Welt sakramental, um sie zu heiligen und für das Reich Gottes umzuformen. Der Mann als Zeuge handelt kraft seiner Männlichkeit. Er durchdringt das Fleisch der Welt vermittels seiner priesterlichen Energien. Er ist der „Stürmische", von dem das Evangelium spricht, der sich des Schatzes des Reiches Gottes bemächtigt. Der Schatz ist die Erscheinung der Heiligen und der Heiligkeit des Seins. Diese aber wird von der Frau dargestellt. In ihrem Wesen dem Heiligen Geist verbunden, dem lebendigen Tröster, ist die Frau — Eva, das Leben — die Behütende und Belebende. Sie schützt alle Teile der männlichen Schöpfung. Der Kult der „Schönen Dame" im Rittertum ist ein romantischer Ausdruck, dessen Kern aber trotzdem wahr ist. Die Jungfrau als „Paradies" stellt die Gnade dar, die göttliche Menschenliebe. Das Männliche lebt sich im Bereich der Taten aus, die es nach außen hin erweisen. Das Werkzeug verlängert den Arm des homo faber, und schließlich wird die ganze Welt zur Verlängerung seines Leibes. Aber alle Taten des Erfinders, Baumeisters und Reformators, der die Welt erbaut und ordnet, entzünden sich an der mystischen und asketischen Überwinderkraft des Geistigen über das Materielle, um aus dem Chaos den Kosmos, die

Schönheit zu machen. Das Streben in seiner gereinigten Ausrichtung geht auf eine sophrosynische, besonnene und kluge Ordnung hinaus. Die ihr angehörige Welt erscheint jungfräulich in ihrem Wertgefüge. Sie nimmt die Gestalt der Jungfrau-Mutter an, und von daher kommen die kosmischen Anrufungen Marias in der Liturgie. Der ek-statische Mann lebt wesenhaft in der Auswirkung seiner selbst, die en-statische Frau ruht in sich selbst, sie ist ihrem Sein zugewandt.

Die Frau lebt sich aus im Ontischen, es ist nicht Wort, sondern „Sein", der Schoß des Erschaffenen. Die Theotokos gebiert das „heilige Kind", gibt ihr Fleisch, in dem der Inhalt: das Wort, die Kraft und die Tat sich niederlassen werden. Das Männliche gleitet, durch die Abstraktion seiner Verstandesbegriffe laufend [335], in den Schematismus. Hier im Engpaß seiner theoretischen Ohn-macht revoltiert der Mann gegen die Materie, gegen das Fleisch. Er setzt ihm gnostische Verachtung entgegen und überträgt das dann auch in abwegigen Formen einer unmenschlichen Askese [336]. Das reine Vernunftwissen und die entmenschlichende Technik, Zügellosigkeit oder ausdörrendes Asketentum können nicht anders wieder gutgemacht werden als im Innern des Seins selbst und in der Reinheit des weiblichen Herzens: „O Gott, schaffe ein reines Herz in mir und erneuere mein Inneres in rechtem Geist" (Ps 50, 12). Der Mann ist berufen, die Gärten des Kosmos zu bebauen, ihre Namen zu entschlüsseln, die Ikone des „Reiches" mittels aller Formen der Kultur zu zeichnen. Aber diese Ikone, deren Inhalt mit der Form koinzidiert, ist die Jungfrau mit dem Kind auf dem Arm, die mit der Sonne bekleidet ist, das menschliche Bild des Heiligen. Der Mann, das Männliche, der geweihte Priester, sie alle dienen der Kirche und singen das Lied ihrer Heiligkeit. Die Frau kann nicht Priester sein, ohne Verrat an ihrem Wesen zu üben. Es ist gegen ihr Wesen, ihre Natur, denn sie ist berufen, ihr königliches Priestertum in Einheit mit ihrer charismatischen Begnadung auszuüben [337]. Das Weihepriestertum ist um des Gottesdienstes [338] willen da. Es faßt die Würde seines Dienstes darin zusammen, alle Menschen zum königlichen Priestertum hin zu verwandeln. Im Reiche Gottes hört dann alle Tätigkeit auf angesichts des Einzigen Priesters: Christus. Christus wird die himmlische Liturgie feiern. Aber an der Spitze des Volkes des allgemeinen Priestertums bleibt die Theotokos. Denn sie drückt selber seinsmäßig das Reich Gottes aus: Die Heiligkeit in aeternum, die ewige Erläuterung und das Hochzeitslied des Sanctus. Die liturgische Lesung von Sprüchen 8, 22—30 während des Festes der Empfängnis setzt die Jungfrau mit dem Ort der Weisheit Gottes gleich und preist in ihr das von der göttlichen Schöpfung erreichte Ziel [339].

DAS URBILD DER SOPHROSYNE, DER ONTISCHEN KEUSCHHEIT

Isaak der Syrer nennt den Schutzengel „Engel der Keuschheit" [340]. Das läßt die Keuschheit in das Gefüge des menschlichen Wesens eindringen und offenbart sie als ontische Norm, die von ihrem Engel bewacht und behütet wird. Die himmlischen Mächte drücken die geistige Seite aus, das Engelhafte des Menschen. Das syrische Hochgebet des Jakobus von Saroux läßt den Priester sagen: „Verleihe uns, Herr, ein engelhaftes Priestertum zu sein." [341] Die Jungfrau hat, Seraphim von Sarow erscheinend, diesen als „Einen von unserer Art" [342] bezeichnet, das heißt, von der Kategorie der Heiligen, die Wesen engelhafter Keuschheit [343] darstellen. Die Kirche nennt die Jungfrau „Reinigung der Welt" und „brennender Busch". Es ist das besondere Charisma weiblicher Reinheit, die krumme Linie des Verderbens, die das menschliche Sein verwundet und zerstört, wieder geradezurichten.

Die *metanoia,* die vom Reiche Gottes gefordert wird, die völlige Umwandlung des menschlichen Wesens, wird im griechischen Wort *sophrosyne* ausgedrückt, das den völligen Ein-klang, eine innere Ausgewogenheit bedeutet, die mit Weisheit zusammenfällt. Die Ikone der heiligen Sophia von Nowgorod (eine Variante der „Deisis") zeigt sie mit den Zügen eines Engels mit flammendem Gesicht. Die ikonographische Überlieferung deutet das als Bild der Jungfräulichkeit unaussprechlicher ontischer Reinheit, die durch das

Flammengesicht ausgedrückt wird. Die Tradition stellt dieses Bild neben die Jungfrau und zeigt darin die gleiche ontische Keuschheit, eben die *sophrosyne* auf — eine urbildliche Unberührtheit, die im Menschlichen dargestellt wird. Das ist die Folge der fürchterlichen Nähe Gottes. „Wer nahe bei mir ist, der ist dem Feuer nahe", er wird selbst Feuer, brennender Busch. Darum erscheint auf der Ikone von der Auferstehung die Jungfrau inmitten der Apostel als Herzstück der Erdenkirche, als ihre Keuschheit, ihr Geist der Heiligkeit. In der Totenmesse mischen sich die Tränen über den Zustand der Auflösung mit der Freude über eine völlige Wiederherstellung der Schönheit — in der Jungfrau. —
Das Asketentum pflegt die Kunst der Versenkung in die Schönheit. Das ist nach Johannes Klimakus schon Auferstehung. Ist nun aber das Asketentum als Kampf und Anstrengung wesenhaft ungestüm und in dieser seiner Beschaffenheit typisch männlich, so ist die innere Reinheit und die unmittelbare Erfassung der Schönheit dem Weiblichen eigen [344]. Der Mann verdient diese Eigenschaften durch harte Arbeit im Schweiße seines Angesichts; die Frau kann sie unmittelbar durch natürliche Begnadung ausdrücken. Die Zartheit eines heiligen Seraphim oder Franz von Assisi gegen „unseren Bruder den Körper" ist sehr weiblich, ist von der Art der Jungfrau.
„Freue Dich, o Anbeginn der Wunder des Christus!" Dieser liturgische Text spricht vom Wunder der Hochzeit von Kana. Die Jungfrau tut keine Wunder, aber sie löst sie aus. Der inmitten der Freuden eines Hochzeitsfestes einsetzende Bericht von Kana umgreift das hohe Symbol des qualitativen Wechsels vom Wasser irdischer Liebe in edlen Wein göttlicher Liebe als Vorspiel der Eucharistie und prophetische Wiederherstellung der Einheit des Männlichen und Weiblichen. Es ist sehr bezeichnend, daß auf dem 1. ökumenischen Konzil die äußerste asketische Richtung den Zölibat der Priester unter dem Vorwand festlegen wollte, daß die Feier der heiligen Liturgie und der Eucharistie mit ehelichem Leben unvereinbar sei. Es war der Bischof Paphnutius, selbst Mönch und einer der strengsten Asketen, der die Entschließung des Konzils herbeiführte und den Priestern den Ehestand vorschreiben ließ [345]. Das Konzil

von Gangres (4. Jahrhundert) verdammte sehr energisch jedes Mißtrauen (4. Kanon) gegenüber ehelichen Beziehungen, „denn die Ehe an sich ist würdig und ohne Fehl". Ist sie durch das Sakrament geheiligt, so ist sie rein. In der Hochzeitsmesse wird ein Gebet um die Keuschheit der Ehegatten verrichtet. Im Sinne der sophrosyne verstanden, überschreitet diese das Leibliche und prägt Keuschheit im geistigen Gefüge. Mit äußerster Kraft offenbart und erläutert das Urbild der Jungfrau-Mutter die ganz besondere Verehrung, die der Theotokos von den großen Mystikern erwiesen wird. Im Gegensatz zu allen menschen-unwürdigen Abwegen quillt echte Durchgeistigung aus ihnen und der „Liebeszustand" (Ausdruck von Florensky)[346] gegenüber aller Kreatur. In dieser mütterlichen Keuschheit ist die Jungfrau der stärkste Ausdruck göttlicher Menschenliebe.

DAS EWIG JUNGFRÄULICH-MÜTTERLICHE DES WEIBLICHEN

„Gott ist nicht gekommen, um sich dienen zu lassen, sondern um zu dienen" (Mt 20, 28). Er ist als Dienender der *diakonia* gekommen, und die Jungfrau ist ganz besonders in der Fürsprache die „Magd des Herrn" (Lk 1, 38). „Ruhmreicher als die Engel" — über den Engeln! „Wisset ihr nicht, daß wir, die Heiligen, über die Engel Richter sein werden" (1 Kor 6, 3), aber in derselben Rangordnung des Dienstes. „Die Weisheit hat ihr Haus gebaut, sie hat sieben Säulen aufgerichtet und ihren Wein bereitet" (Spr 9, 1–2). Die Beterin stellt die Seele im Gebet dar, wie sie auch den Gebetsdienst der Kirche darstellt, ihr Charisma der Fürsprache. Diese mütterliche Gnadengabe des Weiblichen wird beim Jüngsten Gericht alle ihre Kräfte zusammenraffen. Der Vater vertraut es dem Sohn an, er hat „ihm die Macht gegeben", das Gericht auszuüben, weil er der Menschensohn ist (Jo 5, 27). Die Menschheit des Christus ist Richter, aber diese Menschheit ist die seiner Mutter. Das erheischt einen besonderen Platz für die Fürbitterin. Als die Braut des Geistes sagt sie: „Komm, Herr" (Apk 22, 17). Die Wahrheit, der Logos, richtet und enthüllt die Wunden — der Heilige Geist „belebt" und heilt. Wo der Logos den Namen der Weisheit trägt und ihr göttlichen Ausdruck verleiht, da ist der menschliche Ort, dem die Sophia innewohnt, die Jungfrau.

Es besteht tiefste Verbindung zwischen dem Heiligen Geist und der Sophia, der Jungfrau, dem Weiblichen. In semitischer Sprache hat der Heilige Geist zweierlei Geschlecht, er kann auch weiblich sein. Die syrischen Texte über den Tröster sagen die Trösterin[347]. Das „Evangelium der Hebräer" legt dem Christus das Wort in den Mund: „Meine Mutter, der Heilige Geist." Nach einem Ausdruck von Boulgakoff ist der Heilige Geist „die hypostasierte Mütterlichkeit"[348]. Er offenbart dem Vater den Sohn und dem Sohn den Vater. „So ist der Geist die Ewige Freude des Vaters und des Sohnes, in der sie sich gemeinsam freuen. Diese Freude wird von Gott an diejenigen gesandt, die ihrer würdig sind ... sie geht allein vom Vater aus ins Dasein", sagt Gregor Palamas[349]. Die orthodoxe Theologie bezeichnet ganz genau den kausalen Plan (innerhalb Gottes) und den Verwirklichungsplan (das Leben, die Offenbarung, die außergöttliche Zeugenschaft) in der Welt. Nur der Vater ist Kausalprinzip, Monarchos. Er ist Vater, Quelle, Ursprung des Daseins und der göttlichen Einheit (die *enosis* des Gregor von Nazianz). Als absoluter Anfang ist er auch das Prinzip der ewigen Fortdauer dieser Kreisbewegung im Leben Gottes, die vom Vater ausgeht, sich im Sohn und im Geist verwirklicht, um wieder in den Vater hinabzustürzen — ewige Zeugung und Hauchung im Entströmen der Quelle und der Rückkehr zu ihr. Kommt der Heilige Geist ewiglich vom Vater allein im Hervorgang aus dem Ursprung, so kommt er auch vom Sohn im Hervorgang der ausschließlichen Verkündigung. Auf irdischer Ebene nimmt der Heilige Geist alles das ein, was Gottes des Sohnes war: „Er wird das Meine nehmen und wird es euch verkündigen" (Jo 16, 14). Der Heilige Geist verkündigt aber auch den Sohn. Er gibt ihm in gewissem Sinne Dasein und Leben, eben auf der Ebene des Lebens, der Verkündigung, der Offenbarung. „Niemand kann sagen Herr Jesus außer im Heiligen Geist." Im Sinn von diesem allen ist er „hypostasierte Mütterlichkeit". Von den drei Personen der Dreieinigkeit sprechend, sagte Duns Scotus: „Wie kann der Heilige Geist steril sein?"

In seinem der Christologie gewidmeten Teil gibt das Credo eine gewichtige Erklärung: „Aus dem Heiligen Geist und der Jungfrau Maria geboren." Der Heilige Geist zeigt hier die Gegenwart des Vaters an, der allein Zeuger ist und doch gestattet zu sagen, daß der Sohn durch den Heiligen Geist geboren ist. Gleichermaßen wenn der Heilige Geist in der Epiphanie in Gestalt einer Taube sich gerade in dem Augenblick auf den Sohn herabsenkt, wo sich die Vaterschaft des Vaters in dem Wort offenbart: „Siehe, das ist mein lieber Sohn" (Mt 3, 17). Der Heilige Geist ist hier die Taube, der Hauch ewiger Geburt: Er ist Bild und Ausdruck hypostasierter Mütterlichkeit.

Als „Krone der Dogmen" wirft die Jungfrau ein Licht auf das Geheimnis der Dreieinigkeit. Dieses Licht präzisiert sich im Dogmatikum der dritten Tonart: „Du hast den Sohn ohne Vater geboren — diesen Sohn, der vom Vater ohne Mutter geboren war." Man sieht den engen Zusammenhang beider Mysterien. Der Vaterschaft des Vaters im Göttlichen entspricht die Mutterschaft der Mutter im Menschlichen. Der Kommentar Seraphims zum evangelischen Gleichnis von den törichten Jungfrauen zeigt die weibliche Gnadengabe des Mütterlichen deutlich auf. Die Jungfräulichkeit der törichten Jungfrauen war unfruchtbar, weil der Begnadung beraubt und daher unmütterlich. Der Heilige Geist ist nicht Stellvertreter des Vaters, sondern er erschafft den Zustand, den Befund des Mütterlichen als geistige Macht des Gebärens, der Vermehrung des Seins. Das wird sehr klar in den Beziehungen zwischen dem Logos und dem Geist. Der Sohn trägt alles in sich, was Wort, Wahrheit, Inhalt ist. Der Heilige Geist „verlebendigt". Er fügt dem Inhalt nichts hinzu, aber er bestätigt und offenbart. „Er wird das Meine nehmen und es euch verkündigen" (Jo 16, 13). Er bringt zur Welt.

Wenn Maria in den „Besessenen" von Dostojewski von der Theotokos sagt, sie sei „feuchte Erde", so bezeichnet sie damit nur das Element der Mütterlichkeit und den kosmischen Gesichtspunkt der fruchtbaren Erde unter dem Aspekt der kosmischen Seele, die Welten gebiert.

In der Gleichheit der Taten des Logos und des Heiligen Geistes, genauer in der herabkommenden mütterlichen Tat des Heiligen Geistes, offenbart sich das Weibliche in ontischer Verbundenheit mit dem Heiligen Geiste. Die biblische Schöpfungsgeschichte zeigt den Heiligen Geist schon „brütend" über dem Abgrunde, aus dem die Welt — Kirche und Corpus Christi im Keimzustande — hervorgehen wird (Gn 1, 2). Ebenso senkt der Heilige Geist sich auf die Jungfrau — das ist die Geburt des Christus. Er senkt sich am Tage der Pfingsten auf die Apostel — das ist die Geburt der Kirche, des Corpus Christi. Er steigt hernieder auf Brot und Wein und verwandelt sie in Fleisch und Blut des Herrn. Aus allem, das da getauft ist, macht er ein Glied Christi. Nach der Prophezeiung des Joel (den Petrus am Pfingsttage zitiert) wirkt der Geist durch alle Zeiten. Aus dem Corpus der Geschichte macht er den Corpus des Reiches Gottes, das Lamm. Darin liegt die Gleichheit der Tat der beiden Tröster. Der Geist heiligt, modelliert, bringt zur Welt und erscheint am Ende seiner Tätigkeit als eine Gestalt der Inkarnation. Tritt sie dann in ihrer ganzen Fülle ein, so bestätigt der Geist das Vollendete und verwirklicht seine Herrlichkeit. Der Geist „bildet" Christus, läßt ihn in der Seele aller Gläubigen geboren werden. Und er ist es, der die eschatologische Geburt des Äon des Reiches Gottes vorbereitet. Die Gnadenberufung der Frau ist darin völlig dargelegt. Die geistige Mütterlichkeit gebiert Christus in allen menschlichen Wesen, und sie bringt in den eschatologischen Zeiten den *Filius Sapientiae* hervor, das ist der Name aller jener Ungestümen, die das Reich Gottes an sich reißen.

Man kann sagen, die in ihrem eigenen Wesen beruhende Weiblichkeit stehe unter dem Zeichen von Geburt und Pfingsten — in Zeiten der Geburt der neuen Kreatur und des neuen Zeitalters. Das Männliche ist energetisch, es steht unter dem Zeichen der Auferstehung, der Verklärung, der Wiederkehr. Der göttlichen Welt im Zeichen Gottvaters entspricht die menschliche im Zeichen der Mutter. Das bedeutet, daß die menschliche Welt eine mütterliche ist, in Auswirkung ihrer jungfräulichen Struktur. „Die Jungfräulichkeit in Eva war ein Zustand, den sie verloren hat", sagt Jakob Böhme[350]. Die

Jungfräulichkeit ist gen Himmel geflohen und hat die schlechte Weiblichkeit zurückgelassen. Sie ist bereit, den Unumgreifbaren in den Tiefen ihres Seins zu umfangen. Das Dogma der ewigen Jungfräulichkeit *ante partum, in partu et post partum*[351] erklärt das deutlich und zeigt sie als die ewig Mütterliche.

DAS WELTEN-FIAT

Die Marienlehre postuliert weltweite Verflechtungen. Boulgakoff betrachtete es als seine besondere Aufgabe, immer wieder an die dogmatische Wahrheit zu erinnern, die im Kultus der Theotokos enthalten ist. Das Zerreißen des ungenähten Rockes Christi bezeichnet die Sünde gegen die mariologische *sophrosyne* der Kirche.
Das ökumenische Problem entsteigt dem Mysterium der Kirche und hält inne an den Pforten der Marienlehre. Die gegenwärtige Ökumene ist noch sehr stark von männlichem Geiste geprägt und daher so wenig liturgisch. Sie singt nicht — sie spricht und diskutiert. Der Konflikt bricht in einer Tiefe aus, wo von allen Seiten das *non possumus* der Konfessionen erklingt, und erscheint wesentlich als Streit der betreffenden Glaubenstraditionen. Er legt überzeugend die Notwendigkeit nahe, unter starker Zuhilfenahme der patristischen Tradition die dogmatischen Grundlagen der Lehre von der Kirche wieder ans Licht zu bringen. Ein Einklang wird nicht aus theologischem Verstand allein kommen, sondern aus betendem Herzen, aus der Liturgie und dem Sakrament eines weltweiten *fiat:* „Ich bin die Magd des Herrn, mir geschehe nach Deinem Willen" (Lk 1, 38). Hier hat jede Frau eine ganz besondere Aufgabe. Sie wird durch eine Einzelheit in der Himmelfahrtsikone[352] bestätigt. Der kühne Jude Athonius, „der einen Sturm ungläubiger Gedanken in sich trug", wollte den von den Aposteln getragenen Leib der Jungfrau zu Boden reißen. Doch er wird von plötzlicher Blindheit geschlagen, und die Hände werden ihm von einem Engel abgehauen. Da bekennt er seinen Glauben und ruft: Halleluja[353]. Nach der Überlieferung war Athonius Priester des Alten Bundes. Sein sehr

männlicher rabbinischer Eifer hat ihn „außerhalb" des sophianischen Mysteriums der Kirche gestellt. Nur das Wunder der Theotokos rückt seinen Glauben wieder zurecht. Der Frau fällt die Aufgabe zu, den männlichen Eifer zu berichtigen, der so oft und mehr und mehr in die Profanierung der Mysterien und den Verlust der geistigen Werte abgleitet.

Die Heiligkeit

Man versteht die gegenseitige Bezogenheit des Männlichen und Weiblichen besser in ihrem Kampfe um das Reich Gottes. Johannes der Täufer richtet über die Berufungen der einzelnen und festigt die Soldaten, die gekommen sind, ihn um Rat zu fragen. Der männliche Krieger ist auf dem Schlachtfeld, er ist Mitkämpfer, „ein Athlet und Soldat Christi" (Ölung mit dem Chrisam). Die Jungfrau wird in einem Gebet „Haupt der himmlischen Heerscharen genannt". Nicht um zu kämpfen — aber sie ist den Dämonen unerträglich und tödlich und kraft ihrer Reinheit unbesiegbar. In ihr liegt die Macht, den Kopf des Drachens zu verletzen, zwar nicht durch Taten (sie gehören dem Männlichen zu), sondern durch ihr Sein selbst „triumphiert sie über das Böse und hat unbesiegbare Macht"[354].
Die Überlieferung spricht von einer völligen Weihe der Jungfrau zum Tempeldienst, als sie noch ein Kind war. Die Liebe zu Gott erhielt nun solche Tiefe und Kraft in ihr, daß sich die Empfängnis des Sohnes wie eine letzte Vertiefung ihres liturgischen Gebetslebens in sie senkte. In diesem Lieben war sie durchlässig geworden für den Heiligen Geist.
Die Geburt Gottes durch ein Geschöpf zeigt die Macht jeder Frau, Gott in verwilderten zerstörten Seelen[355] zum Leben zu bringen, wenn sie wirklich neue Kreatur ist. Das patristische Denken kommt ständig darauf zurück. „Der Logos wird immerfort in den Seelen der Heiligen von neuem geboren", sagt der Bischof zu Diognet (2. Jahrhundert). Für Gregor von Nyssa ist das Christentum Wachstum des Jesuskindes in den Seelen. Und für Maximus ist derjenige

ein Mystiker, in dem sich die Geburt des Herrn am stärksten verwirklicht. „Dem Fleisch nach gibt es eine Mutter des Christus, dem Geiste nach aber ist er unser aller Frucht", sagt Ambrosius [356]. Vor allen Gnadengaben ist der Frau die zu eigen, Christus in den Seelen der Menschen zum Leben zu bringen. Die Verminderung des Glaubens und der Liebe in letzter Zeit, das Nachlassen der gegenseitigen Bindung in den christlichen Gemeinschaften (die geistliche Armut in den Pfarreien) sind an die Verarmung der Heiligkeit gebunden. Heiligkeit ist niemals Funktion! Noch einmal sei es gesagt, sie ist die tiefe Unterscheidung zwischen „haben" und „sein", zwischen Lebensbedingung und Leben selbst, zwischen dem geheiligten Charakter von Formen, Ritual und Ämtern und der Heiligkeit des Seins selbst. Es ist durchaus möglich, daß ein in sakralen Bevollmächtigungen sehr reiches menschliches Wesen von größter geistiger Armut sei. Im Gegensatz dazu ist „der Arme in Gott" ein Heiliger. Alles ist in seiner Person selbst und bedarf keiner Ämter, keines sakralen Titels. Aus ihm selber sprudelt in Überfülle Gnade über Gnade, denn er nimmt in seinem Sein selbst teil an dem, der der Heilige ist — und drückt es unmittelbar aus.

Das Heil kommt nur aus der Heiligkeit, diese wohnt der Frau selbst unter den Bedingungen des heutigen Lebens tief inne. Die Jungfrau „bewahrt die Worte des Sohnes im Herzen" (Lk 2, 51). Jede Frau besitzt eine angeborene Innerlichkeit, eine Art Vertrautheit mit der Überlieferung, der steten Fortdauer des Lebens. In Gott fällt Existenz und Essenz, fällt Sein und Wesen zusammen. Die Frau ist am ehesten fähig, sich dem Wesen und Sein in der Heiligkeit und in der Kraft der Demut zu verbinden. Denn „die Demut ist die Kunst, genau am zugewiesenen Orte zu stehen". Im Gegensatz zu aller Gleichheitsforderung liegt hier das natürlichste Ausstrahlen ihres Gnadenzustandes. Ihr Ort ist der Dienst des Parakleten, die Gnade des Trostes und der Freude. Das postuliert das weibliche Wesen als Mutter, für die ein jedes Wesen zu ihrem Kinde wird. Die Schönheit wird die Welt retten, aber nicht irgendeine Schönheit, sondern die des Heiligen Geistes, der mit der Sonne bekleideten Frau.

DER HEILIGE JOHANNES DER TÄUFER — URBILD DES MÄNNLICHEN

Die Zwischenschaltung der Urbilder

Nur wer Gott liebt, kann seine Schöpfung kennen und lieben. Alle menschliche Vereinigung steigt auf zur Vereinigung mit Gott, und alles Erkennen wurzelt im Glauben. „Wer nicht liebt, der bleibt im Tode" (1 Jo 3, 14—15). Wo für Plato die Liebe eine Begeisterung ist, da bedeutet sie für Paulus Askese und den Weg der Wege. Das Hohe Lied dringt am tiefsten in ihre Natur ein: „Die Liebe ist stark wie der Tod ... Ihre Flammen sind Feuerflammen, die verzehrenden Flammen Jahwes (8, 6—7). Die menschliche Liebe entzündet sich an der göttlichen Liebe, sie sind gleichen Ursprungs — wesensgleich [357] —, in der einen ist die andere gegenwärtig. Über aller Zersplitterung erscheint die Einheit des Gefüges und, wie es Gregor von Nyssa sagt: „Wissen wird Liebe." Die Liturgie zeigt es an: vor dem Bekenntnis des Credo mahnt sie: „Lieben wir einander, um aus einem Geiste zu bekennen." Die *homonoia* = Einheit im Menschentum, unterscheidet sich schärfstens von jeder *homoinoia* = Ähnlichkeit. Der Inhalt des Credo nimmt das zum Angelpunkt. Tatsächlich ist das Symbol des christlichen Glaubens die Entwicklung der dreifaltigen Taufformel. Diese ihrerseits erklärt den Kern des christlichen Glaubens, seine Wurzel, die in dem Worte *homoousia* = Wesensgleichheit liegt. Es ist das der Weisheit Gottes am tiefsten zugeordnete Wort und die Seinsbegründung jeder Art von Dasein. Das Wesen des Christentums, sein eigentliches Wunder, zeigt die Wendung von der Transzendenz Gottes zur Immanenz. Das wird der in Christus zusammenfallenden doppelten Konsubstantialität verdankt: Die Konsubstantialität mit dem Göttlichen und dem Menschlichen. Ihre Einheit in der einzigen Hypostase des Logos macht aus dem Christus das gott-menschliche Urbild — den Offenbarungstyp beider Konsubstantialitäten.

In Christus, vom Vater geprägt, offenbart sich die Trinität („Wer mich gesehen hat, der hat den Vater gesehen." Jo 14, 9), und im leidenden Christus — „*ecce homo!*" (Jo 19, 5), da ist „nicht Mann noch Frau, weder Jude noch Grieche" (Gal 4, 28). Das heißt, niemand ist ausgeschlossen, die Menschheit ist ein Ganzes, und jeder findet sich in Christus wieder. Er ist das Universalurbild alles Menschlichen, der zweite Adam, der das Gesamtmenschliche in sich enthält, wie der erste Adam vor der Geburt Evas das Männliche und das Weibliche ungeteilt in sich umfing. Das *ecce homo* — die Menschheit des Christus — ist von keiner Wiederholung oder Nachahmung erreichbar, aber doch jedem nahe, denn jeder findet in ihr seine eigene Wahrheit und seinen wesensgemäßen Ort als Glied des allgemeinen, allumfassenden Leibes. Der mystische Corpus Christi ist weder männlich noch weiblich, denn er ist der Ort von beider Vereinigung. Im Gegensatz dazu sind es im Konkreten einer personalen Existenz Begnadung und Begabung, welche sehr genau die Wirklichkeit eines Gliedes bestimmen — seine Berufung, sein Schicksal und seinen Dienst. Sie bestimmen die einem jeden Wesen eigene typologische Einordnung. Das göttlich-menschliche Urbild des Christus in seiner Universalität ist das einzig für alle geltende „Was": Der Gott-Mensch als Weisheitsbegriff der Erkenntnis durch die Vereinigung mit Gott (dies ist nach Jo 17, 3 Inhalt des ewigen Lebens).

Das Männliche und das Weibliche sind das „Wie", und ihre Urbilder zeigen die Formen und ihre Archetypen, die dem je persönlichen Schicksal verwandten Mittel und Möglichkeiten. Sie sind deutlich für jeden Typus spezialisiert und ihm zugeordnet, um dieses allen gemeinsame „Was" zu aktivieren. Die Überlieferung macht das ganz deutlich.

Die kerygmatische Predigt der Kirche enthält kaum „Neuheiten". Aber sie wird immer genauer durch die historische Entsprechung bestätigt. Sie entwickelt die Prinzipien aus dem urbildlich Gegebenen und übermittelt sie dem Bewußtsein als Daseins-„Entelechie". Sie wendet sich an alle, „die Ohren haben", an alle Aufmerksamen, die fähig sind, die Heilsgeschichte in ihrer Entfaltung zu ergreifen, in allen ihren Etappen, die stufenweise der jeweiligen Reife folgend zur Verwirklichung führen. Offensichtlich stellt das Zeitalter, in das wir eingetreten sind, das eschatologische Problem der Vereinigung der Gegensätze. „Denn es hat Gott gefallen, alle Dinge in seiner Fülle wohnen zu lassen und durch ihn alle Dinge mit sich zu versöhnen. Sowohl was auf Erden als auch was in den Himmeln ist, nachdem er alles mit seinem Blute am Kreuz befriedet hat" (Kol 1, 19—20). Der verborgene Sinn der Dogmen, ihre „belebende" Aufschließung fordert den Übergang von den Formeln und Symbolen zu ihrer Inkarnation, ihren Aufbruch zum Leben. Mehr denn je ist der Mensch aufgerufen, zu wählen zwischen der „Beerdigung der Toten durch die Toten" und den schöpferischen Kräften der Auferstehung. Das Leben wählen heißt, zuerst in die persönliche Erfahrung des Kyrios und des Pneuma, des Herrn und des Geistes eintreten — lebendige Gottespersonen — und somit teilhaben an den schauererregenden, lebenspendenden Mysterien des Lebens. Und das heißt dann aus dem Dogma die Liturgie erstehen lassen. Eine andere Lösung ist gleichfalls möglich; sie führt über die Verzweiflung der Unbelehrbaren zum Zerfall des Leiblichen *en atomo*. Die Kultur ist in Gefahr, denn der Typus Mensch selber erleidet unter der Herrschaft erniedrigender Machenschaften tiefgehende Veränderungen.

Diese „Krisen"-Situation in den Werturteilen[358] stellt stärker denn je die Frage nach der eigensten äußersten Wahrheit des menschlichen Wesens, nach der Norm seines Seins. Und es liegt nahe, auf die urbildliche Struktur des Menschen zurückzugreifen. Das Urbild des Weiblichen steht außer Frage, es ist klar in der Theotokos gegeben.

Wer aber drückt das persönliche und historische Urbild des Männlichen aus, nachdem Christus allgemein für beide Geschlechter steht? Hier nun bringt uns die Ikonographie ihre eigene „strahlende" Lösung von sicherer Überzeugungskraft.

DIE IKONE DER DEISIS

Die Welt erhält ihren Wert allein aus ihrem Bezug zur Überwelt. Die Ikonographie ist das Ordnungssystem der Ähnlichkeiten, wo das Irdische mit seinen Mitteln der Erfahrbarkeit und Diesseitigkeit das Geistige und Jenseitige übersetzt.

Die Legionäre des Konstantin Pogonat zwangen ihn, seine beiden Brüder zu Mitherrschern zu nehmen, um auf dem Thron das Bild der Trinität darzustellen, die menschliche Ikone des Göttlichen zu sein. Im Gegensatz zum Einzelkult der vergöttlichten griechischen Helden stellte der byzantinische König eine Ikone auf den Triumphwagen und ging zu Fuß daneben. Er vermittelte damit symbolisch die Gegenwart des Jenseitigen: Seht, Gott ist König. Er ist gegenwärtig, und der *basileus* ist nur sein Abbild. Johannes von Damaskus sagt: „Wenn ein Heide zu dir kommt und sagt: zeige mir deinen Glauben, so führe ihn in die Kirche und stelle ihn vor die Bilder der verschiedenen Heiligen."[359] oder: „Was die Vernunft nicht durch Worte erfaßt, das vermittelt der Anblick[360] — und besser noch vermag die stumme Malerei auf den Wänden zu reden" (Gregor von Nyssa)[361].

Eine solche Bedeutungsmacht der Ikonen zwang zu einer großen Sorgfalt und Genauigkeit der Überlieferung und zu dogmatischer Reinheit. Das erklärt die strenge Kontrolle und ein ganzes System von Regeln und Kanones in der Ikonographie. Die Ikone ist Theologie in Linien und Farben, ein theologischer Ort, eines der ausdruckreichsten Elemente der Tradition. Simeon von Tessaloniki gibt den Rat: „Arbeite mit den Farben nach der Überlieferung. Die Ikonographie ist wahrhaftig wie die Schrift. Die Gnade ruht auf der Ikone und heiligt alles, was sie darstellt."[362]. Nach Johannes von

Damaskus umschließt die Ikone ein Mysterium. Sie ist ein Sakrament — wenn nicht göttlichen Handelns, so doch göttlicher Gegenwart. Durch Farben und Linien bringt sie uns seine Ver-gegenwärtigung. „Sie macht das Unsichtbare sichtbar für die Augen des Geistes." [363] Vermittels der sichtbaren Zeichen — und gleichsam auch durch sie hindurch — führt die Ikone unmittelbar zum Urbild, das seine Gegenwart in geistiger Ausstrahlung kundtut. Diese Gegenwart ist nicht durch die einfache Tatsache in der Ikone, daß diese außerhalb des irdischen Raumbegriffes steht. Die Ikone überschreitet als Kräftestrahlungspunkt jede Entfernung und räumliche Festlegung. Sie ist über jede Begrenzung hinaus von göttlicher Gegenwart umwallt und gibt Zeugnis davon. Gleichermaßen wie das Sakrament der Eucharistie nicht nur zum Verzehr da ist, ist die Ikone keineswegs nur dazu da, unseren Geist zum Verweilen einzuladen oder ihn unbeweglich zu machen, sondern um uns zu dem hinzuführen, den sie darstellt. Das Wesentliche einer Ikone liegt in der unmittelbaren Wandlung, die sie aus sich heraus bewirkt. Darin „wohnt" das Wunder ihrer Transzendenz, die Jenseitigkeit ihrer Erscheinung (in der Malerei), und weist auf ihr Numinosum, den geheimnisvollen Geistgehalt, eben „die Gegenwart" hin. Hier ist keine Idolanbetung [364] möglich, denn „durch die Vermittlung der sinnlichen Schau empfängt unser Denken einen geistigen Eindruck und erhebt sich der unsichtbaren göttlichen Majestät entgegen" (Johannes Damascenus) [365]. „Durch das sichtbare Bild wird unser Geist zum Unsichtbaren, zur Beschauung des Göttlichen emporgehoben" (Dionysius). Was uns die Bibel durch das Wort sagt, das kündigt uns die Ikone in Farbe und Linie an und läßt es uns gegenwärtig sein [366].

Das Christentum ist historisch, und der Zeitstil der Berichterstattung ist der unerläßliche Ausgangspunkt der Lehre. Aber dieser Anfang in seiner irdischen Zeitbedingtheit verbirgt doch stets „die Substanz der Dinge, die wir erhoffen" (Hebr 11, 1) und die allein der Glaube entdeckt. Bei den Ikonen handelt es sich nicht in erster Linie um einen bebilderten Katechismus oder um Stiche zur Belebung der biblischen Texte, es handelt sich um ikonographische Auslegung, die hinter den Schleier dringt und gestattet, die Urbilder zu „lesen". Die Ikonenwand, die in den orthodoxen Kirchen das Heiligtum vom Kirchenschiff trennt und die man die Ikonostase nennt, gibt ein großartiges Bild der Kirche: Engel, Heilige, Märtyrer, Apostel und Propheten, alle um Christus in der Glorie als Weltenrichter vereint. Das Ganze trägt eschatologischen Charakter und veranschaulicht das Wort aus dem Hebräerbrief (12, 22): „Ihr seid hingetreten zum Berge Zion, zur Stadt des lebendigen Gottes, zum himmlischen Jerusalem, zu ungezählten Engeln und zum Freudenfeste, zur Gemeinde der Erstgeborenen, die im Himmel eingetragen sind, zu Gott, dem Richter des Alls, zu den Geistern der vollendeten Gerechten." Es ist das himmlische Jerusalem, die Gemeinschaft der Heiligen, die auf ihr urbildliches Geheimnis gerichtete Kirche. Christus der Richter steht im Mittelpunkt. Er thront in der erhabenen Unbeweglichkeit des Logos. Der Mittelaufbau der gesamten Ikonostase — Christus eingerahmt von der Theotokos und Johannes dem Täufer — heißt *Deisis*, das Flehen, die Fürbitte. Griechischen Ursprungs, erreicht diese Ikone ihre höchste Fülle im Russischen. Sie vergrößert sich immer mehr, bis sie den obersten Rang in der Ikonostase einnimmt und *tchin* — die göttliche Ordnung — genannt wird. Es ist die betende Kirche. An ihrer Spitze sieht man die beiden Voranschreitenden. Das sind zur Rechten und Linken des Herrn die Urbilder des Männlichen und des Weiblichen: die Theotokos und Johannes der Täufer. Aus ihnen, wie aus ihrem lebendigen Grund hervorgehend, erscheinen die Engel, die Apostel, die Propheten und die Heiligen. Die klassische Auffassung, die in der Jungfrau und in Johannes die Vertreter des Alten und des Neuen Bundes sieht, genügt nicht. Das beweist die Anordnung der Heiligen. Stellte Johannes das Alte Testament dar, so würden logischerweise hinter ihm die Gerechten des Alten Bundes zu sehen sein. Das ist aber durchaus nicht der Fall. Christus hält als Richter das Evangelium in der Hand. Das bedeutet das Gericht durch das Wort. Aber in der auf die drei Personen der Deisis zurückgenommenen Komposition bedeutet es auch das Gericht durch die Vorbilder, die Archetypen. Das Gericht umschließt hier zugleich seinen inneren Gehalt: Die Schau des Lebewesens, wie es in Gott gedacht war. Die Jungfrau und Johannes sind die Gedanken Gottes über das Männliche und das Weibliche, sind ihre normativen, hypostasierten Wahrheiten. Jedes Wesen, das sie ansieht, richtet sich selbst. Das Gesamt des Aufbaus zeigt die Weisheit Gottes in ihrem stufenweisen Ausdruck. Im Mittelpunkt steht die Gesamtheit schlechthin, der Inhalt des Wortes, das in Christus dem Gott-Menschen Fleisch wurde, dieselbe Wahrheit, die in stufenweiser Enthüllung von Christus ausgeht und sich in ihren historischen Inkarnationen, den urbildlichen und den menschlichen – der Jungfrau und Johannes –, manifestiert. Gewisse Ikonen stellen sie mit Flügeln dar, Beigaben, die ihre Erhebung in den Himmel anzeigen sollen. Unmittelbar nach ihnen kommen die Erzengel, die den Menschen übergeordnete Seinsstufe, Diener im Amte, die Menschheit in das Reich Gottes einzubeziehen, sie selbst in Gottesreich zu verwandeln. Dieser Zug wird besonders in jenen Kompositionen hervorgehoben, wo die Jungfrau und Johannes Kronen tragen und damit die königliche Würde der Urbilder des allgemeinen Priestertumes offenbaren[367]. Sie sind verherrlicht, mit Ruhm und Preis gekrönt, Zeichen der menschlichen Fülle des zukünftigen Zeitalters. Im Anfang ist der Mensch wie keimhaft „mit Ruhm und Preis gekrönt" erschaffen. Am Ende, in das Himmlische Jerusalem eintretend, „bringt man Ruhm und Ehre der Völker dort hin" (Apk 21, 26). Aber wir begegnen derselben heiligen Formel auch im zentralen Augenblick der Trauung, wenn die Gatten „mit Ruhm und Preis gekrönt werden" (Hebr 2, 7). Die Bildhaftigkeit der Zeichen übersteigt das Schicksal des einzelnen Paares und macht sie selber zum Symbol. So erscheint das Sakrament der Ehe als der flammende Punkt, wo sich Anfang und Ende kreuzen – und in diesem Sinn ist es durchaus eschatologisch und überindividuell. Auf diese Krönung bezieht sich das Wort des Paulus über „das große Mysterium" der Ehe „im Bilde Christi und der Kirche" (Eph 5, 32). „Dieses Geheimnis ist groß" – von jener Größe, die das Schicksal des einzelnen Paares überschreitet und es zum Bilde Mariens und des Johannes macht in ihrer urbildlichen Vereinigung des Männlichen und Weiblichen in Christus. Von dieser Offenbarung spricht eine alte Überlieferung: „Das Männliche ist nicht mehr männlich und das Weibliche ist nicht mehr weiblich — sie sind beide eins geworden." Es handelt sich nicht um die geschichtlichen Bruchstücke des Menschen: ein Mann, eine Frau — es handelt sich um die Einheit des Männlichen und des Weiblichen. Die Spannung zwischen den beiden Polen, Gegensätze wie z. B. Yang und Yin im Taoismus, bedingen das tatsächliche Leben. Dieser Spannungszug strebt auf dem Höhepunkt das Gleichgewicht an. Dann aber entsteht Erstarrung in der vollkommenen Ausgewogenheit der Kräfte, und diese Grenzsituation ist offensichtlich nicht schöpferisch im Sinne neuer Daseinsbedingungen. Sie bleibt — unfähig, ihre eigene Begrenzung zu überschreiten — schließlich stehen. In ihrem starren Gleichgewicht von der jenseitigen Quelle abgeschnitten, ist rein sittliche Tugend fast ungeheuerlich. Im Höchstfall ist sie zutiefst langweilig und unfruchtbar.

Im Augenblick einer echten Begegnung kreuzen sich die Blicke. Aber man kann nicht in gegenseitiger Betrachtung verharren, nicht nur einander ansehen. Sieht man sich so ins Auge, so betrachtet man gemeinsam, einer durch den anderen, das Ganz-andere. Hier weicht das Gesetz der Bi-Polarität dem höheren des Zusammenfalls der Gegensätze. Alle die in Gegensätzlichkeit geratenen Paare finden ihre schöpferische Lösung erst dann, wenn sie sich selbst überschreiten, wenn sie eins werden im lebendigen Prinzip der allgemeinen Koinzidenz der Gegensätze, das Christus darstellt. Das größte Paar des Universums ist das Göttliche und das Menschliche, die sich in der Hypostase des Logos vereinigen und die unerhörte Neuheit des Theandrismus, der Gottmenschlichkeit bilden. Das Paar Mann-Frau steigt auf zum Urbildpaar Jungfrau-Johannes der Täufer, wo alle Trennung in Mann und Frau in Christus, der Vereinigung des Männlichen und Weiblichen überschritten wird. Das Prinzip der Integration ist ja gerade nicht die Menschheit des Christus, die allein ebenso begrenzt wäre wie alles Menschliche begrenzt ist, sondern seine Gott-Menschheit. In dieser erhabenen Integration, in die das Göttliche (ohne Vermischung und Trennung) gleich dem Menschlichen einbezogen ist, wird das schöpferische Neue entstehen. Jedes menschliche Wesen, ob verehelicht oder im mönchischen Zölibat lebend, jedes menschliche Wesen also, das in der Situation einer doppelpoligen Spannung lebt, kann die Ebene der geschichtlichen Gebrochenheit, den „Schatten der Dinge" überschreiten und sich als Zeichen, Symbol der zukünftigen Einheit enthüllen – als ein Bild, wie es schon auf der Ikone der Deisis dargestellt ist. Ein männliches und ein weibliches Wesen, die Pluralform der Einheit Mensch in der Geschichte sind nur die Bilder des Einen, des Männlich-Weiblichen, des Reiches Gottes.

Auf der Ikone der Deisis trägt Christus die Insignien des Priesters. Er segnet als der Pontifex, der Eine Große Opferpriester. Im Augenblick des Gerichtes ist er der einzige Bischof in *aeternum*, Licht, Friede und Eucharistie, das Lamm des Neuen Jerusalem. Als Richter hält er das Evangelium in der Hand, einzige und alleinige Auslegung seines Wortes. Aber Sophia-Ecclesia bittet für die Kirche. Die objektive Wahrheit der Menschheit Christi übt das Richteramt aus: „Gott hat ihm Vollmacht gegeben, das Gericht auszuüben, weil er des Menschen Sohn ist" (Jo 5, 27). Vor der fleckenlosen Menschheit des Logos steht die urbildliche Heiligkeit: die Jungfrau und Johannes der Täufer. „Wißt ihr nicht, daß die Heiligen die Welt richten werden?" (1 Kor 6, 2). Die Sophianische Heiligenerscheinung verwirklicht die „Torheit" der Barmherzigkeit und bittet für die Verurteilten. Das Wort richtet, aber die Wahrheit stellt der Gerechtigkeit die Barmherzigkeit gegenüber.

Die heilige Sophia, wie wir sie auf ihren Ikonen mit den Zügen des Engels in Flammen auf dem Thron sitzen sehen, gekrönt und mit Flügeln, ist stets von der Jungfrau und Johannes dem Täufer umgeben. Diese sind ihre archetypischen Emanationen. Im Blick auf sie hat Christus gesagt: „Die Weisheit wird gerechtfertigt von ihren Kindern" (Mt 11, 19), und die Ikone bestätigt es. Der selbe Sinn zeigt sich bei der Deisis, die auf den Kelchen dargestellt wird: die beiden Urbilder sind in ihrem eucharistischen Dienst vereinigt. Johannes ist der Zeuge, der sagt: „Siehe, das ist das Lamm Gottes" (Jo 1, 36), und die Jungfrau spricht das Wort von der Hochzeit zu Kana: „Sie haben keinen Wein" (Jo 2, 3).

Zu Beginn der Liturgie (Prothesis) legt der Priester das Stück Brot, welches das Lamm darstellt, auf die Patene und dann in wohlbestimmter Reihenfolge jene, welche die Jungfrau und Johannes den Täufer repräsentieren. Endlich — alles in der ikonographischen Anordnung der Ikonostase — die Stücke der Heiligen und aller Gläubigen, der Lebenden und der Toten. Das ist die vollkommene Gestalt der Gesamtheit des Corpus Christi, das eucharistische Bild der Deisis, worin alles im Himmel und auf Erden Lebende um die drei Entfaltungsstufen der Weisheit angeordnet ist: Christus, die Theotokos, der Vorläufer. — Die ikonographische Gegenüberstellung der Jungfrau und des Johannes entspricht der Gegenseitigkeit ihres gemeinsamen Dienstes. Die innere Einheit ihres Schicksals wird durch die ausschließlich bei ihnen gestattete liturgische Kommemoration[368] der drei entsprechenden Feste betont. Es sind die Feste der Empfängnis, der Geburt und des Todes. Der Text schimmert durch die Worte des Engels der Verkündigung: „Siehe, Elisabeth, deine Verwandte, hat in ihrem Alter auch einen Sohn empfangen... denn bei Gott ist nichts unmöglich" (Lk 1, 36). Dieses „unmöglich" bezieht sich auf den Plan der Vorsehung oberhalb menschlicher Zeit. In seinem Licht erscheinen ihrer beider Würden: königlich, priesterlich, prophetisch. Maria stammt aus dem Hause Davids und trägt die königliche Würde: „Zu deiner Rechten ist die Königin" (Ps 45, 10). Johannes ist aus dem priesterlichen Geschlecht Levi und ist darüber hinaus noch der große Prophet, Meister der Gerechtigkeit und geistlicher Ratgeber.

Sankt Johannes der Täufer

Alles ist seltsam im Schicksal des Vorläufers. Vor der Menge gibt ihm der Herr das Zeugnis: „Er ist mehr als ein Prophet" (Mt 11, 9). Ein Prophet enthüllt die geheimen Absichten Gottes, übermittelt den Menschen sein Wort. Der heilige Johannes ist ein Zeuge, der das große Ereignis bestätigt, indem er daran teilnimmt. Er ist mehr als ein Prophet, weil sein Zeugnis eine der menschlichen Bedin-

gungen der Sendung des Christus ist. „Es ziemt uns, daß wir solcherweise alle Gerechtigkeit erfüllen" (Mt 3, 15).
Vor seiner Geburt, selbst vor seiner Empfängnis, wird sein Name schon von dem Engel der Verkündigung dem Zacharias gegenüber ausgesprochen. Er bedeutet „Gott tut Gnade" und „vom Schoße seiner Mutter her wird er des Heiligen Geistes voll sein" (Lk 1, 15). Was sonst nur bei voller geistiger Reife erlangt werden kann, das wird Johannes von seiner Erdenankunft an gegeben; und die Welt ist betroffen davon. „Viele werden sich seiner Geburt erfreuen" (Lk 1, 14). Diese Freude in ihrer kosmischen Tönung wird durch die liturgischen Texte der Ostkirche betont: „Freue dich, Wüste"; „alle Kreatur, die ganze Erde ist voller Freude", weil sein Schicksal im ewigen Rat vorausgesehen ist. Bei der Begegnung mit Maria erzitterte das Kind in seiner Mutter Leib (Lk 1, 41). Er ist schon Prophet und „Freund des Bräutigams" (Jo 3, 29). Als Engel der Inkarnation überschreitet er die Grenzen der Zeit.
Die Wahl des Namens Johannes unterstreicht, daß Gott Johannes ebenso gekannt hat, wie er den Jeremias gekannt hat: „Ehe du gebildet warst in deiner Mutter Leib, habe ich dich gekannt" (Jr 1, 5). Für ihn selbst gibt es keinen anderen Weg — er *ist* der Bote. In seinem Namen liegt keimhaft sein Schicksal: nomen est omen. Und so „erfüllen sich die Worte zu ihrer Zeit" (Lk 1, 20). „Alle wurden von Furcht ergriffen, was wird aus dem Kinde werden" (Lk 1, 66). Die Zeichen begleiten ihn. „Die Hand des Herrn ist mit ihm" (Lk 1, 66), ja, er selbst ist diese Hand, dieser Finger des Herrn, um ihn zu bezeichnen und zu sagen: „Siehe, das ist Gottes Lamm" (Jo 1, 36).
Das Benedictus des Zacharias (Lk 1, 67—79) singt die Hymne des Messias. Die Geburt des Johannes kündigt die Geburt „des anderen" an. In der Person des Zacharias — des Priesters — verneigt sich der Tempel des Alten Bundes vor seiner Ankunft und grüßt „den Vorläufer", den, der da kommt, dem Volke „Kenntnis zu geben von der Ankunft des Heiles" (Lk 1, 77) und „die Ankunft der Morgensonne" zu verkündigen (Lk 1, 78). Die Liturgie nennt ihn „heller Stern der Sonne", dessen Erscheinung der Morgenröte vor-

aufgeht. „Indessen wuchs das Kind, und sein Geist entwickelte sich" (Lk 1, 80) ganz wie jenes andere Kind, von dem die Bibel Lk 2, 40 sagt: „Das Kind wuchs und entwickelte sich." Die Linien der beiden Schicksale sollten sich kreuzen.

„Er blieb in der Wüste bis zu dem Tage, da er vor Israel trat" (Lk 1, 80). „Das Wort Gottes wurde in der Wüste an Johannes gerichtet" (Lk 3, 2). Der Aufenthalt an diesem wüsten Ort geht jenem des Herrn voraus, der ebenfalls „vom Geist in die Wüste geführt wurde" (Lk 4, 1). In der Wüste beginnt Johannes seine Predigt (Mt 3, 1) und tauft seine Jünger (Mt 1, 4), und „seine Stimme tönt durch die Wüste" (Is 40, 3). Sein ganzes Wesen antwortet auf diesen Anruf der Wüste, erhebt sich in seiner einzigartigen Größe zu diesem Wie-verdorrt-sein, wie verbrannt von der inneren Flamme asketischer Reinigung. „Johannes hatte einen Mantel von Kamelhaaren und einen ledernen Gürtel um seine Lenden. Seine Nahrung waren Heuschrecken und wilder Honig" (Mt 3, 4), und der Herr sagte von ihm: „Wirklich kommt Johannes der Täufer, der kein Brot ißt und keinen Wein trinkt" (Lk 7, 33).

„Der Engel auf Erden", singt die Kirche, und die asketische Gestalt des Johannes wird zu einem der tiefsten Themata der Ikonographie. In der Kirche von Jaroslaw, die ihm geweiht ist, wird er auf einer berühmten Freske fast durchscheinend dargestellt. Seine Glieder scheinen keine Erdenschwere mehr zu haben, nichts Fleischliches. Er ist völlig durchgeistigter Leib. Das abgezehrte Gesicht trifft den Besucher schwer durch die nicht zu ertragende Flamme seines Blicks. Wunderbar beschreiben seine mächtigen Flügel dieses: „Engel auf Erden und Mensch im Himmel." Andere ikonographische Darstellungen zeigen ihn die Schüssel haltend, auf der schon vor der Enthauptung sein Kopf liegt. Vor seinem leiblichen Martyrium ist er Märtyrer im Geist, Zeuge in seinem ganzen Dasein. Die liturgischen Texte singen von seiner Reinheit, die schon einem anderen Zeitalter angehört. Noch besser aber kann die Ikone diesen Zustand beschreiben, in dem der so männliche Johannes keine Spur von Mannswesen an sich trägt [369].

Das Thema der Deisis erscheint erstaunlicherweise auf dem Kreuzigungsbild von Grünewald, und trotz des Anachronismus [370] (denn der Täufer war zum Zeitpunkt der Kreuzigung schon tot) entspricht das Altarbild von Kolmar der geistigen Wahrheit. Johannes steht dicht am Kreuz als „der Freund des Bräutigams" (Jo 3, 29). Und wie könnte auch sein Vorläufer in der Stunde, die zu bezeugen er gekommen war, nicht anwesend sein? Dort erst spricht er endgültig: „Siehe, das ist Gottes Lamm" (Jo 1, 36). Johannes ist gekommen, um ein letztes Mal die Wahrheit der Schrift zu bezeugen. Aber der Dienst des Vorläufers geht noch weiter. Die Ikone von der Auferstehung beschreibt den „Abstieg zur Hölle". Johannes heißt auch: „Vorläufer Christi für die, so in der Hölle sind"; „Prediger für die, so im Schatten sitzen." Nach einer alten patristischen Überlieferung ist das Evangelium in der Hölle gepredigt worden und erklingt dort noch immer. Es richtet sich an alle diejenigen, die in ihrem Erdenleben zum Opfer ihres Nichtwissens wurden. Johannes predigt und bezeugt es: „Das Licht leuchtet in der Finsternis" (Jo 1, 5). Ein solcher Dienst bestärkt den Aspekt, Johannes als Vorläufer der Wiederkunft Christi anzusehen. Hier begegnen wir einem der rätselhaftesten Züge im Leben des Täufers. Er kommt „im Geist und in der Kraft des Elias" (Lk 1, 17). Der Herr stellt fest: „Wenn ihr ihn verstehen wollt, er ist dieser Elias, der kommen sollte" (Mt 11, 14). Die beiden Persönlichkeiten stehen eigenartigerweise im selben geistigen Raume. Sie kommen aus der Tiefe der Wüste — sie sind mit Tierfellen bekleidet, aber sie sind Menschen des Lichtes (4 Kg 1, 8 und Mt 17, 2, 3).

Der sonnenhafte Elias mit seinem feurigen Wagen (jüdische Fassung des Viergespanns des Helios, des griechischen Sonnengottes) und Johannes der Täufer, „die Fackel, die angezündet ward und leuchtete" (Jo 5, 35), sie sind ganz wie das Weib in der Apokalypse mit Licht, „mit der Sonne bekleidet" (Apk 12, 1). Der messianische Dienst des Elias kehrt im Zeugendienst des Johannes für das Lamm wieder. Er findet seinen Fortgang in den „Zeiten der Erquickung" (Apg 3, 20) und vollendet sich im Dienst der Wiederkehr der „beiden Zeugen" der Apokalypse (11, 3—13). Die Messe zum Fest des Elias nennt ihn „den zweiten Vorläufer" der Apokalypse und zeigt ihn unter denselben typologischen Zügen wie Johannes: „Engel auf Erden und Mensch im Himmel."

Bei der Verklärung erscheint der Heiland von Moses und Elias umgeben (Mk 9, 4). Während Moses das Gesetz und die Toten des Alten Bundes vertritt, so hat im Gegensatz dazu Elias den Tod nicht geschmeckt: Er ist die Vollendung des Alten und zu Christus gewordenen Bundes. In Elias und dem „größten unter den Propheten" (Mt 11, 11) Johannes bleiben die Propheten lebendig. Er zeigt und bezeugt dieses dynamische Prinzip der Propheten, die, außerhalb der Geschichte stehend, sie auf ihr Ende zuleiten. Aus der gleichen typologischen Quelle kommend, spüren die Zeugen die Orte der Gotteserscheinung auf: Karmel, Horeb, Thabor, Jordan, der heilige Berg der Wiederkunft.

Die Jünger wundern sich, daß Elias nicht die Rolle des Vorläufers gespielt hat (nach Malachias 3, 1), und Jesus antwortet, man habe den Johannes nicht als Elias erkannt (Mk 17, 12). Die Überlieferung setzt die „beiden Zeugen" (Apk 11, 3—4) mit Elias und Enoch gleich, die diesesmal „im Geist der Kraft" (Lk 1, 17) des Johannes kommen. Es ist der letzte Kampf der *civitas Dei* gegen die *civitas diabolica*. Auf den Ikonen hält Johannes ein Spruchband, das die Worte trägt: „Ich war voller Eifer für Jahwe, den Herrn der Heerscharen" (1 Kg 19, 10). Aber die Zeichen der letzten Zeugen sind die beiden Olivenbäume und die beiden Leuchter (Apk 11, 4), Zeichen des Friedens und des endgültigen Lichtes. Der Aufenthalt im Himmel wandelt das Gesicht des Elias-Johannes und macht es zu seinem Bilde. Das Geheimnis klärt sich, wenn man Johannes als das „gesetzte Urbild" der Zeugen ansieht, als das leuchtende Prinzip jeder Art von Zeugenschaft „die" Konstellation männlicher Berufung. Deshalb nennt ihn das liturgische Gebet: „Prophet, Apostel, Engel, Vorläufer, Täufer, Priester, Prediger der Hölle, Vorbild der Mönche und Blüte der Wüste, Märtyrer." Nur auf dieser Ebene kann man die Annäherung der Zeugen verstehen; die gleiche Geistesart, die sie einander in so hohem Grade nähert, daß einer für den anderen gelten kann [371]. Gregor der Mönch unterlegt in seiner Homilie über die Himmelfahrt des Elias Gott das so bezeichnende

Wort: „Steige du zu mir in den Himmel herauf, auf daß ich absteige, mein Fleisch zu empfangen — ich, der Körperlose!"[372] Es ist ein Fall von Messianischer Zeitverkürzung, wo es scheint, als läge keine geschichtliche Zeit zwischen Elias und Johannes dem Täufer. Im gleichen Tun steht einer wie der andere in vollkommener Einheit der Zeugenschaft. Sie stellen eine tatsächliche menschliche Voraussetzung der im Ewigen Rat Gottes beschlossenen Inkarnation dar.

Die Bibel spricht andeutungsweise auf der sichtbaren Ebene der Urbilder von Ereignissen, die sich gegenseitig so durchdringen, daß sie ein unteilbares Ganzes bilden. Elisäus erhält den Mantel des Elias und teilt die Wasser des Jordans. Wie Elias vermehrt er das Öl der Witwe und gibt dem Sohn der Sunamitin sein Leben wieder, indem er sich über ihn legt (4 Kg 2, 13, 14; 4, 1—37). Elisäus ist der Doppelgänger des Elias, seine genaue Wiedergabe. Sie steigen auf zu Johannes als zu ihrer gemeinsamen Quelle, um ihn dann am „letzten Tage" noch einmal widerzuspiegeln. Wenn der Herr seine Jünger fragt: „Was sagen die Menschen von mir?", antworten sie: „Sie sagen, Du seiest Johannes der Täufer oder andere Elias, andere Jeremias oder einer der Propheten" (Mt 16, 14).

Gewisse Ikonen von der Geburt Christi zeigen unten rechts einen Hirten bei einem Baum. Das ist Isaias, der „den Baum Jesses"[373] zeigt. Die Jungfrau und er sind „die Angehörigen des Logos, die Seinen" im Augenblick der Geburt. Archetypmäßig stellt Isaias den Johannes dar. So wird auf seine Weise durch das Symbol Jesses dasselbe Zeugenwort ausgesprochen: Siehe, das ist Gottes Lamm. Die Deisis umgreift alle Gestalten aus der Konstellation; Johannes und die Jungfrau stellen die erschütterndste Wirklichkeit dar: die dem Logos als die Seinen Zugehörigen! „Er ist in sein Eigentum gekommen (Jo 1, 11—12) zu den Seinen", und während das Volk ihn nicht aufgenommen hat, verkörpern Johannes und Maria die Seinen unerschütterlich, auf daß die Inkarnation stattfinde. „Gott kann niemanden zwingen, ihn zu lieben." Deshalb ist sein Kommen bedingt durch das Da-sein der Seinen, die ihn erwarteten.

Alle Würden vereinigen sich in der des „Knechtes Jahwes", —

dessen, der nur gekommen ist, den Willen des Vaters zu erfüllen. „Er hat sich selbst verleugnet und hat Knechtsgestalt angenommen, auf daß er gehorsam sei bis zum Tode, bis zum Tode am Kreuz" (Phil 2, 7—8). Das Wort „Ihr werdet sein wie Gott" (Gn 3, 3), die Versuchung luziferischen Gelüstens nach den Eigenschaften Gottes, ist nur rückgängig zu machen durch jenes andere: seid Knechte! „Wer der Größte unter euch sein will, der sei euer Knecht" (Mt 20, 27). Dann erst bricht die Wahrheit hervor. „Ihr seid alle Götter" (Ps 82, 6 und Jo 10, 34). Die erstaunlichste Tatsache, die Abstammung vom Geschlecht Gottes (1 Petr 2, 9), findet nicht im ersten, sondern im zweiten Zeitalter statt. Hierauf wirft das Asketentum ein helles Licht. Es bezeichnet die Demut als die Kunst, genau am richtigen Platz zu stehen. Heidegger sagt sehr tief, daß die echte Freiheit mit der Wahrheit des Menschen zusammenfalle. Sie liegt in der Koinzidenz seines existentiellen Ortes und seiner Berufung. Maria bekennt sich als Magd des Herrn (Lk 1, 38), und Johannes ist der Freund Gottes (Jo 3, 29). Der schreckliche Neid Satans rührt davon her, daß auch er Herr und Bräutigam sein möchte [374].

Die Magd und der Freund leben nur für „den anderen". Dem Wort „Er hat die Niedrigkeit seiner Magd angesehen" (Lk 1, 48) antwortet das andere: „Er muß wachsen, daß ich abnehme" (Jo 3, 30). „Er kommt nach mir, der größer ist als ich. Und ich bin nicht wert, wenn ich mich beuge, ihm die Riemen der Schuhe zu lösen" (Jo 1, 30 und 27). Und ferner: „Mein Geist freut sich in Gott, der mein Retter ist" (Lk 1, 47), und „der Freund des Bräutigams, der bei ihm ist und ihn hört, ist entzückt, seine Stimme zu hören. Davon wird meine Freude vollkommen" (Jo 3, 29). Die wahre, helle, leuchtende Freude ist immer die um des anderen willen, denn sie ist glänzendster Sieg über das Ich, über das „Dasein für sich selbst". Nur die Demut im völligen Opfer und in der bedingungslosen Hingabe des Selbst tilgt völlig die dem Bösen anhaftenden Züge: Betrug, schmarotzerhaftes Dasein, Nachäffung. „Nicht aber ich lebe, sondern Christus lebt in mir", wird Paulus später sagen (Gal 2, 20). In der Bescheidung erneuert sich das ursprüngliche Gefüge. Im Amt der Diener Gottes, der Engel der Inkarnation, bilden die Jungfrau und Johannes das unumgängliche *fiat* heraus: Antwort der menschlichen Freiheit auf das *fiat* des Schöpfers. Und so bauen sie den Seinsort der Seinen, den „mütterlichen Schoß und den erhobenen Finger des Zeugen", welche Vorbedingung für die Ankunft des Logos sind. „Es ziemt uns, jegliche Gerechtigkeit zu erfüllen", sagt der Herr zu Johannes dem Täufer (Mt 3, 15). Empfangsbereitschaft, Aufgeschlossenheit und ihr freies Ja treten als menschliche, konstitutive Elemente zur göttlichen Gerechtigkeit hinzu. Der Dienst des Johannes (Theotokion der 2. Tonart) unterstreicht dieses allgemeine Ja: „Durch die Bande der Verwandtschaft und der Gebetsgemeinschaft seid ihr eins." „Mutter des Königs über alle und göttlicher Vorläufer, betet miteinander!"[375]

Johannes „bereitet den Weg" (Lk 1, 76). Vielmehr, die Jungfrau und er sind dieser Weg, sie sind die Jakobsleiter (Gn 28, 12), die der Logos herabläßt, um „den Gipfel des Schweigens" zu verlassen und auf die Erde zu steigen. Ein charakteristischer Zug im Aufbau des 4. Evangeliums ist das Fehlen jeder historischen Beschreibung. Es beginnt: „Es war ein Mensch, von Gott gesandt, dessen Name war Johannes" (Jo 1, 6). Das Urbild, das erstellt war, die Dauer der Zeit zu durchlaufen, hat in Verkürzung alle die vielen messianischen Vorbereitungen auf den Messias noch einmal sichtbar gemacht. Er ist der Ausdruck der Zeugenschaft in der Wirklichkeit. Seine Botschaft ist ein wirkliches Evangelium, eine frohe Botschaft. Sie zeigt Johannes den Täufer als den Engel des Lammes, aber auch der Dreieinigkeit — den einzigen Zeugen der Epiphanie. Er ist nicht nur „die Stimme, die da ruft" (Mt 1, 3), Zeuge des Reiches Gottes. Er ist schon selbst dieses Gottesreich, der lebendige Ort seiner Gegenwart, seine „entzündete Fackel".

„Wahrlich ich sage euch, unter den vom Weibe Geborenen ist kein Größerer denn Johannes der Täufer" (Mt 11, 11). Johannes Chrysostomos gibt eine allegorische Erklärung, die klassisch geworden ist: „Der Größte unter den Geborenen nach der Theotokos." Vor dieser Größe schwinden die Grenzen zwischen dem Alten und dem Neuen Bund. Das Wort des Herrn aber ist immer antithetisch.

Dem „Größten" entspricht geheimnisvoll: „Der, welcher der Kleinste im Himmelreich ist, der ist größer als er" (Mt 11, 11). Johannes Chrysostomus gibt auch dazu eine klassische Erklärung: „Der Kleinste im Himmel ist Christus, der Diener auf Erden."
Alles, was Johannes angeht, ist so verschleiert, so geheimnisvoll, es ist ihm so wenig zu eigen, daß es uns erst in seiner Gesamtheit einer Erklärung nahebringt. Johannes ist der Größte und der Kleinste, und er ist der Größte, weil er der Kleinste ist. „Er (Christus) muß wachsen, auf daß ich abnehme." „Die Stimme des Bräutigams hören, das ist meine Freude" (Jo 3, 29—30). Die reine Freude am anderen, das Sich-auslöschen für das Wachstum des anderen sind von solcher Tiefe, daß er auf dieser Ebene der Kleinste unter den Kindern des Himmels ist, und das heißt der Wahrhaftigste, der am meisten mit der „Gerechtigkeit" übereinstimmt. Seine wahre Größe gehört dem namenlosen Zeitalter des Reiches Gottes an. Deshalb mündet die so rätselvolle Aussage über Johannes in dem Worte: „Wer Ohren hat zu hören, der höre" (Mt 11, 15).
„Johannes hat kein Wunder getan, aber alles, was er über diesen Menschen ausgesagt hat, ist wahr gewesen" (Jo 10, 41). Alles in ihm ist so begründet und von solcher Gewalt, „daß alle von Furcht erfüllt waren" (Lk 1, 65) vor der einzigartigen Zeugenschaft, die den unumgänglich zum Märtyrer Werdenden krönt. Er selber ist ein lebendiges Wunder, der Engel-Mensch. „Er ist der helle Stern der Sonne." Seine kosmische Gestalt ist der Stern von Bethlehem; er ist es, der die Engel und Magier führt. Er wird nicht zum Vorläufer, sondern er ist es, gesandt aus der ewigen Tiefe der Zeit. Die Apostel führen Christus fort — er beginnt ihn und läuft ihm voraus. Die Jünger des Johannes fasten (Mk 2, 18), und er weist sie an, zu beten (Lk 11, 1). Die Schriften aus dem Umkreis des Johannes betonen die eschatologische Eingebung seines Gebetes, die in den einzelnen Varianten des Vaterunsers (3. Evangelium)[376] aufscheint. „Sende Deinen Heiligen Geist über uns und reinige uns" (Lk 11, 1—4). Im Kloster der Essener in Qumran (möglicherweise der Anfang der Johannes-Tradition) fand sich eine Apokalypse mit dem Titel: Der Krieg der Kinder des Lichtes gegen die Kinder der

Finsternis. Johannes ist der Vorläufer des Lichtes der Wiederkehr. Am Anfang „war er selbst nicht das Licht" (Jo 1, 8). Die Zeugenschaft wandelt ihn zur „leuchtenden und brennenden Fackel" (Jo 5, 35)[377], „auf daß alle durch ihn glauben" (Jo 1, 7). Seine erleuchtende Lichthaftigkeit (archetypischer Art) richtet sich an alle und jeden. Die Menge fragt ihn: „Was sollen wir tun?" (Lk 3, 10—14). Die Zöllner, die einfachen Leute, die Soldaten endlich, alle stellen ihm die gleiche Frage: die einzige Frage nach der Berufung, dem Schicksal (Lk 3, 10—14). Die scheinbare Einfältigkeit seiner Antworten fällt nicht ins Gewicht. Johannes richtet alle und jeden als der, dem die Macht gegeben ist, zu richten als „Meister der Gerechtigkeit" und Urbild. Und er tut das mit solcher Kraft, daß die erschreckten Menschen sich fragen, „ob Johannes nicht Christus sei" (Lk 3, 15). Die Stimme des Zeugen erklingt, der Ungestüme spricht zu den gleichfalls Ungestümen, erläutert die Berufung der ersten Apostel (Jo 1, 37) und umreißt den besten männlichen Dienst: „Bereitet dem Herrn den Weg" (Mt 1, 3).
In bezug auf Johannes spricht der Herr die bestimmtesten Worte über die Berufung des Menschen: „Seit den Tagen Johannes des Täufers bis heute leidet das Reich der Himmel Gewalt, und die Gewalttätigen reißen es an sich" (Mt 11, 12). Gegen alle Hindernisse festigt sich die Macht des Reiches Gottes auf Erden, gegen die Gewalt der Gewaltigen. Die Mannhaftigkeit des treuen Zeugen heiligt den Namen Gottes durch das Blut seines Martertodes.
Die Jünger Jakobus und Johannes beweisen einen Mangel an Reife: „Herr, willst Du, daß wir dem Feuer befehlen, auf sie herabzufahren und sie zu verschlingen?" (Lk 9, 54), und der Herr antwortet diesen „Söhnen des Donners" (Mk 3, 18), diesen Kindern des Elias: „Ihr wißt nicht, welchen Geist ihr habt, denn der Sohn des Menschen ist nicht gekommen, die Seelen der Menschen zu verderben, sondern sie zu erretten" (Lk 9, 56).
Johannes der Täufer ist ungestüm mit dem Ungestüm des Christus. Elias heißt in der jüdischen Legende: rechthaberisch, heftig, gnadelos. In einer fälschlich dem Johannes Chrysostomus[378] zugeschriebenen Homilie nimmt Gott Elias in den Himmel und sagt ihm:

„Steige du zum Paradies auf, und ich werde Pilger auf Erden. Denn wenn du auf der Erde bleiben würdest, so wäre das allzu oft von dir bestrafte Menschengeschlecht bald ausgerottet." In der Überlieferung der Karmeliter wird die Angriffslust des Elias durch die Lieblichkeit der Jungfrau gemildert. (Die Deisis interpretiert diese Züge ganz allgemein auf der geistigen Linie Jungfrau-Johannes. Und Bonaventura sagt dazu, daß Franziskus „in spiritu Eliae" (Lk 1, 17) in die Welt gesandt worden sei. Das Ungestüm des Johannes ist das Ungestüm dessen, der „sanften und schlichten Herzens ist" (Mt 11, 29). Charles de Foucauld ist wie ein Spiegelbild von Johannes als Friedensbringer.

Die Reste der Bibliothek des Klosters von Qumran lassen den Lebenskreis eines vorchristlichen Mönchtums erkennen und vermitteln einen Begriff davon, wie sehr die geistige Atmosphäre der Wüste der ganzen biblischen Überlieferung entspricht. Man weiß, daß diese mönchische Gemeinschaft Armut übte, Keuschheit und Gebet und das Studium der Bibel pflegte. Strenge Zucht und Ordnung herrschte, zu Zeiten war Schweigen vorgeschrieben. Rituelle Bäder gehörten zu den Vorschriften für die Ordensmitglieder und das gemeinsame feierliche Mahl. Im „Manual der Disziplin" ist zu lesen: „Man trenne sich von der Gemeinschaft der Sünder und gehe in die Wüste, um Ihm den Weg zu bereiten." Diese Berufung weist auf die Tradition des Karmel, auf den genau umrissenen Überlieferungsbereich, der in Elias den Begründer des biblischen Mönchtums sah. Die Ikonographen folgen dieser Tradition, wenn sie Elias mit den Zügen eines asketischen Mönches darstellen.

Es ist möglich, daß Johannes essenischer Novize war, „er wohnte in der Wüste" (Lk 1, 80). Gott nimmt ihn aus diesem Umkreis heraus und macht einen neuen „Meister der Gerechtigkeit — Meister der letzten Dinge" aus ihm. Aus seiner Schule kommen die ersten Jünger des Christus (Jo 1, 35—37). Seine Predigt fordert völlige *metanoia*, Umkehr (Lk 3, 3—8) im Blick auf das Herannahmen des neuen Zeitalters des Geistes. Das wird dadurch noch stärker erreicht, daß seine ganze Gestalt, sein Wort, sein kurzer Erdenweg vom Feuer umloht sind (was auch auf den Ikonen hervorgehoben wird). „Eine Stimme ruft in der Wüste" (Lk 3, 4). Dieser Ruf der Wüste wird später allen Formen asketischen Mönchtums seine Prägung verleihen. Mit Antonius [379] und Pakomius breitet sich die Tradition des Elias und Johannes des Täufers, den Vätern des Mönchtums, über das gesamte christliche Mönchswesen [380] aus. Mönchtum — gelebte Apokalypse — zeigt das christliche Gewissen brennend vor Ungeduld, „denn es ist die Stunde der Ernte, die Ernte auf Erden ist reif" (Apk 14, 15). „Es ist die Stunde der Ernte der Weintrauben, denn ihre Beeren sind reif" (Apk 14, 18). Seine Botschaft vereinigt die Stimmen der Seelen, die „unter dem Altar begraben" sind und rufen „wie lange noch?" Aber der Herr sagt ihnen, sie mögen „sich noch ein wenig gedulden" (Apk 6, 9—11). Es ist das Zeichen dieser Wartefrist, „zu besitzen als besäße man nicht" (1 Kor 7, 30—31), und aus seinem Leben eine Prophezeiung und ein lebendiges Gleichnis des zukünftigen Zeitalters zu machen. Für Johannes Chrysostomus ist das eheliche Leben in seinem Wesenskern nicht so sehr eine Figuration irdischer Dinge, sondern des Reiches Gottes.

Aus der Wüstentradition heraus sagt Isaak von Syrien, daß das wahre Gebet „die Schau der Flamme der Dinge" sei. Aber die Zeiten haben sich geändert. Unsere großen übervölkerten Städte werden zur schrecklichen Wüste der Einsamkeit, in der Christus und der Satan ihr erschütterndes Gespräch fortsetzen. Hier muß die Predigt des Johannes mit stärkerer „Gewalt" (Lk 1, 17) ertönen denn je. Die mystische Wirklichkeit des Hoggar, der dem Vater von Foucauld so lieb war, wird durch seine Schüler über unsere Städte verbreitet. Der Horeb und der Strand des Toten Meeres breiten sich über die Erde aus, und so rührt die Gnade der letzten Zeiten die lebendigen Seelen an.

Das Gebet der Christen feiert Gott, aber es geht auch seinem apokalyptischen Ende entgegen. Das Gebet beschleunigt die Ereignisse, erfüllt das einzig Notwendige, es holt alle Zeiten herauf und gibt den unsterblichen Antworten des Christus gegenüber den drei Versuchungen ihre brennende Gegenwartsmacht zurück. Das Gebet des Herrn offenbart, im Sinne des Johannes ausgelegt, seinen verborgenen Sinn. In ihm liegt die Erwartung der Herrschaft Gottes, es lädt ein zur Heiligung des Namens Gottes, selbst um den Preis des Martyriums willen. Es spricht von der Versuchung der Endzeit. Das Vaterunser bittet um das Brot der Eucharistie, denn der Tag mag kommen, wo es nicht mehr zu erlangen ist. Und endlich erfleht es das Nahen des Heiligen Geistes. In diesem Sinn unterwies Johannes seine Schüler. In einer solchen Rückführung der historischen Zeiten auf ihren Kern macht der eschatologische Maximalismus der großen Spirituellen der Wüste aus dem Anfang des Markusevangeliums die Ankündigung dieses Ereignisses. Seine Verkündigung ertönt, die in der Welt erschallende Stimme, auf daß die Welt durchbrochen werde durch den Gnadenstoß im rechten Augenblick der endgültig kommenden Gnadenzeit *(kairos)*, durch das alles erneuernde Hereinbrechen der Wiederkunft Christi (Mk 1, 1—4). Beim Fest des heiligen Johannes besingt die Kirche sein Martyrium und erläutert seine Bedeutung für alle: „Der tollwütige Herodes schlägt dir das Haupt ab... aber Christus macht das Haupt der Kirche aus dir." Es handelt sich nicht darum, eine Machtposition festzustellen, sondern die archetypische, die Urbild-Bedeutung des Johannes zu enthüllen. Hier offenbart sich der Mittelpunkt dieser Schicksalsverflechtung, in der alle Berufung ihre Quelle hat, denn unter den verschiedensten Ausdrucksformen kann jedes Schicksal doch nur das eine Ziel haben, die letzten Dinge zu bezeugen. Deshalb nennt das an Johannes gerichtete Gebet ihn „Prophet, Vorläufer, Priester, Wundertäter und Engel". Das Zusammentreffen aller dieser Berufungen ist notwendig für das Eine, das nottut im Reiche Gottes.

„Durch die Taufe", so verkündet es Paulus (Röm 6, 4), „sind wir in Christus eingepfropft und haben teil am Öl des Ölbaumes" (Röm 11, 17). Wir sind in Christus. Die Wurzel unseres Seins senkt sich in die gute Erde, Christus. Der biblische Realismus stellt sich jeder bildhaften Verflüchtigung entgegen. Es genügt nicht, zu sagen, daß man vereint sei — „in Christus ist man eins" (Eph 4, 5). Der Herr wendet sich an sein Volk: „Ich liebe dich mit ewiger Liebe, Jungfrau Israel" (Jr 31, 3).

Die Kirche ist die Braut. Gott geht die Hochzeit mit ihr ein, und sein unaussprechliches Geheimnis ist für immer im Hohen Liede verzeichnet: „Dein Name", sagt die Braut zum Bräutigam, „ist wie Öl, das sich ausbreitet" (Hl 1, 3), „das Öl der Freude" (Ps 45, 8). Dieser Name ist *maschia-messie*, das bedeutet der Gesalbte, über den der Geist sich ergossen hat (Jo 1, 33). Und so wird mit der Braut das „Komm, o Herr" ausgesprochen (Apk 22, 17). Der Zeuge der Hochzeit des Lammes, der Freund des Bräutigams, weiht uns in seine Freude ein, Freude aus der Fülle einer Seele, die sich nicht mehr selbst gehört. Hier ganz Frau, sagt Gertrud von le Fort so schön: „In der Hingabe ist die Frau am tiefsten sie selber."[381] Die Freude bricht in dem Augenblick aus, wo jeder von uns im Geiste und in der Kraft des Johannes sagen kann: „Ich muß abnehmen, auf daß er wachse" (Jo 3, 30).

Das Prophetenamt

Ein Prophet übersteigt die Gegenwart und erscheint als ihr Bruch, aber in Wirklichkeit ist er das Band, das die Erscheinungswelt der Gegenwart mit ihrem geistigen Sinn verbindet. Das Charisma der Prophetie ist die Feinfühligkeit gegenüber der Gegenwart Gottes. Sie bestätigt den „brennenden Busch" im Mittelpunkt der Geschichte. Ehemals im Alten Bund erwählte der Geist Gottes eine Wolke von Zeugen seines Hereinbrechens in diese Welt. Im Neuen Bund ist diese Würde ganz allgemein. Jeder erhält sie mit dem Sakrament der Firmung, das aus dem Menschen ein begnadetes, mit dem Geist gesiegeltes Wesen macht.
Ein Prophet sagt nicht die Zukunft voraus, aber er sieht die Ereignisse eschatologisch. Sein Blickpunkt ist nicht die Zukunft im geschichtlichen Raum, sondern der Letzte Tag. Seine Begnadung ist eine Gabe im Dienst der Kirche, denn seine direkte Gotteserfahrung ruft ihn mächtig zum Apostolat der Zeugenschaft auf. Das hat nichts mit Predigt und Unterweisung der Bischöfe zu tun, es ist die Auslegung der Glaubensgeheimnisse in dem „theologischen Ort", den der Mensch als solcher darstellt. P. Congar gibt eine treffende

Unterscheidung des Prophetentums der Kirche: das *ex-officio*, in Ausübung des Berufes Gewirkte des Priestertums, und das *ex-spiritu*, aus dem Geiste Gewirkte der Gläubigen. Das bischöfliche Priestertum gehört zum Gefüge der Kirche, und seine hierarchische Funktion, sein Prophetentum wirkt sich im sakramentalen und pastoralen Raum der Kirche aus. Das Prophetentum der Gläubigen ist das Leben der Kirche im immerwährenden Sakrament der Gegenwart Gottes in der menschlichen Seele als lebendige Antwort auf die Liebe Gottes. Mit seinem Gesicht zur Welt steht das allgemeine Priestertum zwischen der Kirche und der Realität der Welt, es ist das einzige Band zwischen ihnen. Schon in dieser Situation liegt ein Dienst, ein mächtiger Ansporn, Zeugnis in der Welt abzulegen, wo nach R. Guardini tragischerweise „die Idee der Wiederkunft keine Rolle mehr im christlichen Bewußtsein spielt". Das prophetische Charisma wird wirksam durch den Einsatz der Gotteserfahrung im Lauf der Geschichte und drängt diesen nach einer anderen Richtung hin. Es ist Aufgabe des Prophetentums *ex-spiritu*, den „Schnelligkeitsverlust" der Kirche in immer verstärkter „Schnelligkeit" des geistigen Lebens in der Welt aufzufangen. Ihm ist es aufgegeben, sogar revolutionärste Änderungen des wirtschaftlichen, politischen und sozialen Gefüges zu verstehen, damit die Gotteserfahrung hier Breschen schlagen könne und die vergängliche Finsternis dieser Welt zerstöre. Sein Zeugnis ist wie der nach dem kommenden Christus ausgereckte Finger des Vorläufers. Sein Ungestüm verneint insbesondere die Zeit dieser Welt, sollte sie sich der Erwartung nicht öffnen. Das Charisma der Prophetie kündet es im Bereiche der Welt an, daß die Kirche im Mysterium ihrer Sakramente der Übergang zum Reiche Gottes sei.

Alles christliche Leben ist ausgerichtet auf die letzten Dinge. In dieser Spannung handelt es sich nicht um die sittliche Vervollkommnung menschlicher Anstrengungen, sondern um die Teilhabe am jenseitigen Handeln Gottes. Es handelt sich nicht um einen Akt des Geistes, Gott zu ergreifen, sondern um Gottes Griff nach uns. Es handelt sich nicht darum, Gott zu erkennen, sondern von ihm erkannt zu werden (Gal 4, 9). Hier auf der Ebene, wo Gott die

Welt ergreift, wo er endgültig uns in Besitz nimmt im Sinne seiner Wiederkehr, hier wird das königliche Priestertum in seinen schöpferischen Antworten auf Gottes Willen im Weiblichen und im Männlichen verschieden betont sein. Die allgemeine Zeugenschaft nimmt je nach dem Charisma sehr ausgeprägt verschiedene Formen an.

ZUSAMMENFASSUNG

Die Gnadengaben des Mannes und der Frau

1. Der Hebammenkunst Platos gegenüber, die Geistern zur Geburt verhilft, und der Verführerkunst Kierkegaards, aus der die Evidenzen nur so aufblitzen, tauft Johannes[382] und zeugt damit Kinder im zukünftigen Zeitalter des Geistes. Als Meister der Gerechtigkeit vollendet er sie in Christus und erwirkt so das Vermögen, über die menschlichen Dinge zu richten. Er wägt sie auf der Waage Hiobs, bewertet und bestimmt die Berufungen der Menschen und setzt sie ins Werk, um das Schicksal daraus zu gestalten. Die Jungfrau legt die Worte des Lebens in sein Herz. Eine Betende, dem Gesang des Geheimnisses in ihrem eigenen Herzen lauschend, ist sie ganz Christgeburt, ist selbst Schicksalsmysterium. „Sie bringt ohne Unterlaß den Logos zur Welt."[383] Mit dem Siegel des Heiligen Geistes geprägt „überschreitet der Mensch unendlich den Menschen", übersteigt das Menschliche — sucht und findet das Reich Gottes, indem er die Welt in dieses hinein verwandelt. Um dieser Schicksalswandlung willen regnen die Charismen und Gnadengaben herab, ganz ohne Maß — „Gnade um Gnade" —, und die Dienste und Würden vervollkommnen einander gegenseitig. „Der ganze Leib, wohlgeordnet und stark, geeint durch alle Bindungen, die seine Teile miteinander in Einklang bringen, zieht sein Wachstum aus

der Kraft, die an jedem seiner Teile gemessen wird" (Eph 4, 12). Aber im historischen Wirklichkeitsbereich kommt es durch das gestörte Gleichgewicht unter den Teilen dazu, daß falsche Fragen gestellt werden. So die „Frauenfrage". Stellt sie der Mann in Abwehr der Frau für sich allein, so isoliert er sich selbst, schneidet sich ab von den reinen Quellen des Lebens, stellt sein eigenes Können in Frage und erweist sich als rückständig. Wir haben das Wesentliche zur Genüge ein-gesehen. Es handelt sich um Mann *und* Frau, tiefer noch, um das Männliche und Weibliche in ihrer Komplementarität, in der Möglichkeit, sich gegenseitig zu ergänzen. Nicht durch Arbeitsgemeinschaft auf diesem oder jenem umgrenzten Gebiet, sondern durch gegenseitige Konvergenz, ein Zusammenströmen beider in einer ganz neuen Art von Wirklichkeit, deren Fehlen die Menschheit im Zustande des Unvollendetseins verharren ließe. Das Männliche und das Weibliche sind antinomisch. Das besagt, daß sie der natürlichen Ordnung nach unvereinbar sind. Sie offenbaren sich erst unter der Gnadenordnung in Christus als gegenseitige Ergänzung. Hier liegt das volle Gewicht des Sakramentes der Ehe. Man muß den Sinn dieser Komplementarität voll umreißen, indem man alle falschen Deutungen ausmerzt. Das Männliche und das Weibliche sind urphänomenal, nicht zurückführbar; dadurch schließt sich jeder gemeinsame Nenner aus, durch den allein eine Syn-these logisch sein würde.

Andrerseits sind sie auch nicht aufeinander rückführbar, obwohl beide dem göttlichen Gegenüber entsprechen. So wie sie nun einmal außerhalb des sakramentalen Lebens nebeneinander, einfach Seite an Seite gestellt sind als die ewig Fremden, so spiegeln sie nur die Unendlichkeit des Abstandes: den Sündenfall, wider. Hier bietet die Offenbarung Gottes die einzige Lösung, innerhalb deren jeder den anderen umschließt, ohne etwas auszumerzen oder zu verstümmeln. Ein solches gemeinsames Bemühen in der gegenseitigen Vollendung erhebt das wahre Wesen eines jeden hinaus über die erste Gestalt in der adamitischen Prägung. Je mehr sowohl der Mann als auch die Frau sich in ihrem eigenen Typus vertiefen und vervollkommnen, und das jeweils nicht allein tun, sondern in ihrer urbildlichen Gegenseitigkeit, um so mehr sind sie fähig, die positive Verknüpfung in ihrem vis à vis zu erarbeiten. Dadurch erst werden sie auch die ihnen je eigene Wahrheit erlangen. Der schreckliche Widerstreit der Geschlechter läßt sich nicht im mönchischen Radikalismus auflösen. Es kann nur in einem echten „Überstieg" in gegenseitiger geistiger Zu-wendung geschehen. Die in einem jenseitigen Sinne „ehelichen" und wesensgleichen Elemente gipfeln auf ihrem Höhepunkte: Christus als demjenigen, in dem es nicht Mann noch Frau gibt. Denn in Christus ist die verderbliche Spaltung durch die Fülle in der Koinzidenz der Gegensätze aufgehoben.

Aber jede äonische Schau erheischt die *metanoia*, jenen allerstärksten Umschwung, der die Reue bis an die Wurzel aller Vermögen des Geistes hinabtreibt und die Aussetzung des Urteils bewirkt, die angesichts der Evidenz [384] der eigentlichen Wahrheit über den Menschen erfolgt. Das Gewissen findet sich hier aller zufälligen, rein psychologischen oder geschichtlichen Belange, alles nur Überkommenen enthoben und öffnet sich auf das reine Absolutum hin, auf den Blick Gottes, wie er sich in der Bibel offenbart. „Der Geist und die Braut sprechen: Komm, o Herr! Wer es hört, der spreche *maranatha*, und wer dürstet, der komme, und wer es begehrt, der empfange umsonst vom Wasser des Lebens" (Apk 22, 17). „Siehe, ich mache den letzten zum ersten" (Apk 22, 13). Adam und Eva bilden sich neu in der Gestalt urbildlicher Einheit, die Jungfrau und Johannes vereint und geborgen in Christus. Hier liegt das Urbild der Vereinigung der beiden Pole in jeder Einzel-Seele. Jeder ist zugleich Magd und Freund des Bräutigams.

Inmitten der Einheit im zukünftigen Äon wird jeder in seiner eigenen hypostatischen Wirklichkeit seine Weise finden, sich die eine und doch allen gemeinsame Natur anzueignen. Strahlender Widerschein ehelicher Einheit nicht von Monaden, sondern des Männlichen und des Weiblichen in ihrer Einheit — beide Dimensionen der einzigen Fülle des wiedererstandenen androgynen Adam. Jede ist zugleich Mittelpunkt des männlichen wie des weiblichen Bewußtseins.

Aber schon hier und heute sollte gebrochen werden mit der verhängnisvollen Meintat schiedsrichterlicher Konzeptionen, die nur aus Gewohnheit und aus der Kollektivpsychose entstammenden überholten Ideen entspringen. Eine starke Hilfe entsteht aus den biblischen Bekundungen und zeigt sie von überraschender Klarheit: „Es ist nicht gut, daß der Mensch allein sei" (Gn 2, 18). „Im Herrn ist der Mann nie ohne Frau noch die Frau ohne Mann" (1 Kor 11, 11). „Daß der Mensch nicht trenne, was Gott zusammengefügt hat" (Mt 119, 6). Das Reich Gottes wird kommen, wenn aus zweien eins geworden ist. Das patristische Denken fügt noch jene feine und letzte Erläuterung hinzu: die eheliche Vereinigung ist nur ein prophetisches Bild des Zukünftigen, der Menschheit in statu naturae integrae.

Die durch und durch männliche Welt, in der die weiblichen Charismen keine Rolle spielen, ist mehr und mehr eine Welt ohne Gott, denn sie ist eine Welt ohne Mutter, und Gott kann nicht darin geboren werden. Es ist bezeichnend, daß sich in dieser Welt die Homosexualität offen ausbreitet. Die Krankheit seelischer Zerrissenheit und das Scheitern der Vereinigung weiblicher und männlicher Elemente zeigt den Mann hier in der Tiefe seines Unterbewußtseins von der weiblichen Seite seiner Seele, die ihn dem Männlichen zutreibt. Oder aber er lebt polygam und dann völlig an der Oberfläche seines Bewußtseins — die falsche Un-endlichkeit im Typ des Don Juan! Hierin liegen die beiden am stärksten symptomatischen Erscheinungen, die einen seelischen Zustand offenbaren, in dem jedes Feingefühl gegenüber dem urbildlichen Wert der Frau verloren ging: dem Wert der Jungfrau-Mutter. Die zu männliche Welt verkennt ihren Ursprung: die klare Quelle jungfräulicher Reinheit und den mütterlichen Schoß, der den Logos empfängt und ihn zur Welt bringt, um die Menschen zu seinen Dienern zu machen.

2. Der Plan der Vorzeichen steht fest, und der Mensch vermag nichts daran zu ändern. Diese Welt beginnt mit dem Mann-Adam und vollendet sich in der Neuen Eva, der Theotokos. Die Menschheit ist die Braut des Lammes. An der Quelle des Seins steht das Weibliche: Eva-Maria, das „mit der Sonne bekleidete Weib". Deshalb richtet sich angesichts ihrer sofort die Schlange auf [385], und auf

dem Wege der Frau in der Apokalypse reckt sich der Drache[386] empor (Apk 12, 1—3). So ist der Frau das Versprechen gegeben, daß sie ihren Fuß auf den Kopf der Schlange setzen wird. Männer sind, nach dem Wort des Herrn auf dem Wege nach Emmaus, „langsam im Glauben" (Lk 24, 25). Und als die Frauen, die mit der Salbe gekommen waren, und sich dann ganz schlicht und ohne Zweifel „der Worte des Herrn (von seiner Auferstehung) erinnerten" (Lk 24, 8), den Aposteln die strahlende Botschaft dieser Auferstehung verkündigten, da hielten sie es für „ein Geschwätz und glaubten ihnen nicht" (Lk 24, 1).

Das starke Geschlecht mit der mystischen Feinfühligkeit für die *exousiai*, die Mächte-Engel, begabt, die Frau in ihrer Empfänglichkeit gegenüber Verkündigungen, sie ist in ihrer Weise dann aber auch stark in der unmittelbaren Begegnung mit dem Bösen. In der Form ontischer Unberührbarkeit und Reinheit schließt Heiligkeit die Mächte der Finsternis durch die völlige Unmöglichkeit[387] aus, nebeneinander zu bestehen. Diese jungfräuliche Reinheit ist im stärksten Sinn das Bild des Heiligen: „Daß die, so ihn hassen, vor seinem Angesichte fliehen! Sie sollen vergehen wie der Rauch vergeht und schmelzen wie Wachs in der Feuersglut" (Ps 68, 3). Diese Verse singt die Ost-Kirche während der Metten am Ostermorgen und feiert damit den Sieg über den Tod. Leben und Tod können nicht nebeneinander bestehen. Im selben Sinne muß man es verstehen, wenn einzelne von den Vätern lehren, die Auferstehung habe Satan quasi überrumpelt. Er sei getäuscht worden wie der Fisch, der auf einen Angelhaken beißt. Christus erbricht die Tore der Hölle nicht gewaltsam, aber er gelangt in ihren Abgrund hinab, indem er den verschlungenen Kurven menschlichen Schicksales[388] folgt. Und die Pforten der Hölle springen von selbst, denn sie können in Gegenwart des Lebens nicht fortbestehen. Das teuflische Element verfliegt in seiner Gegenwart wie Rauch und schmilzt wie Wachs.

Jenseits aller Zeiten dem „Wehen" des Heiligen Geistes verbunden, ist die heilige Mütterlichkeit das Bild der hypostatischen Mütterlichkeit und „brütet" über dem Geschlecht, aus dem erst der Hei-

land und Retter und später die Zeugen der letzten Dinge hervorgehen sollen. Die Bildersprache der Apokalypse beschreibt die Jungfräulichkeit als eine Dimension des Himmels. Die in der Geburt bewahrte Jungfräulichkeit ist das Zeichen des schon vollendeten Sieges über den Tod. Hier liegt die leuchtende Prophetie, die sich im Fleische der Jungfrau ausdrückt und die Auferstehung ankündigt. Schon in diesem jungfräulichen Gebären ist die Theotokos unsterblich. In der Geburt kündigt sich die Himmelfahrt an.
In der Geschichte löst das androkratische oder patriarchalische System das gynaikokratische oder matriarchalische mit den diametral entgegengesetzten Verfehlungen ab. Ernsthafte Theologen haben ehemals darüber diskutiert, ob die Frau überhaupt eine Seele habe, und bestritten ihren direkten Verkehr mit Gott. Sie priesen die Theotokos, aber sie schrieben der Frau vor, sich nur durch Vermittlung des Mannes zu Gott zu erheben. Eine solche Mariologie beraubt die Theotokos des Weiblichen und stellt jede wirkliche Frau in den Einbruchsgraben zwischen den verschiedenen Ebenen des Seins. Nur auf die biologischen Belange zurückgeführt, wird die Magd des Herrn zur Magd schlechthin. Ihrem gefährlichen Instinkt, „gefallen zu wollen", einmal überlassen, ist sie dann wirklich nur dazu da, „dem Vergnügen zahlreicher Krieger zu dienen".
Man kann nicht oft genug feststellen, Christus ist nicht allein „kosmische Kraft", ein Zwischenwesen zwischen Himmel und Erde, sondern ein neues Zeitalter, neues Äon des Seins in ihm. Er ist das Ganz-andere der neuen Existenz, in die Mann und Frau eintreten, um sich durch die gleichen Sakramente des königlichen Priestertums zu weihen. „Die Fürsten der Völker machen sie dienstbar, und die Großen halten sie unter ihrer Macht. Unter euch soll es nicht so sein" (Mt 20, 25). Die kirchliche Gesellschaftslehre hat vor allem die Aufgabe, jenes „Ganz-andere" zu enthüllen, jenes, das „bei uns nicht so sein wird". Die Dogmen über die Kirche müßten dem Aufbau einer neuen Gesellschaft zugrundegelegt werden. Tatsächlich aber ist sie beherrscht vom Geist der Welt und die Pfarreien von der „laizistischen Gesellschaft". Ein objektiver Soziologe kann keinen Unterschied zwischen einem kulturellen Kreis an sich und

einer Kultgemeinschaft, der Keimzelle der Kirche, feststellen. Die Mehrzahl der Pfarrgemeinden ist sich ihrer Verankerung in einer überirdischen Wahrheit nicht bewußt, ihrer „Auserlesenheit", die auf keine wie immer geartete soziologische Spielart zurückzuführen ist. Und in der Tat, man findet hier nichts, das den Blick fesselt, nicht einmal Wunder. Alles ist in Symbolen, in Zeichen und Worten so wohl enthalten, so gut aufgehoben, daß jeder Wunsch, zu den dahinterliegenden geistigen Wirklichkeiten durchzustoßen, Erstaunen und Unruhe hervorruft. Die winzige Sophia der Schulen der Meister fährt fort zu sagen: „Soviel verlangt Gott nicht." Alles ist grau in grau in diesem ganzen Milieu der Mittelmäßigkeit. Die Spenden mittelmäßig, die Zusammenkünfte gedämpft, der Katechismus ohne Feuer. Die Langeweile und infolgedessen der innere Verfall greifen langsam aber sicher innerhalb des gesellschaftlichen Gefüges Platz. Die ganze großartige Problemstellung der Väter, die schauten, wird zum Wissen von Schreiberseelen, die lesen.

Die Apophtegmen, die Sprüche der Wüstenväter, erzählen, daß Antonius der Große drei Tage und drei Nächte hintereinander betete. Am dritten Tage gingen die Dämonen hin, warfen sich vor Gottes Thron und flehten ihn an, Antonius aus seiner Versunkenheit zu wecken, weil er sonst durch die Kraft seines Gebetes die Thronsessel der Teufel in dieser Welt umstoßen würde.

Das Gotteshaus mit seinen nach dem Allerheiligsten orientierten Räumen und mit einer auf den liturgischen Dienst abgestimmten Zeiteinteilung stellt für den, der Ohren hat, zu hören, aus sich heraus einen mächtigen Anruf dar — aber die lebendigen Steine daran fehlen. Welche Pfarrei kann für sich in Anspruch nehmen: „Wir bezeugen, was unsere Augen gesehen und unsere Ohren gehört haben" (1 Jo 1, 1)? Trotzdem bezeugt es der liturgische Gesang ohne Unterlaß durch die Gläubigen: „Wir haben die Auferstehung Christi gesehen. Wir haben das wahre Licht gesehen und haben den Heiligen Geist empfangen."

Die augenblickliche Krise hat sehr weit zurückliegende Wurzeln. Sie geht auf den Verlust des lebendigen Inhalts des königlichen Priestertums zurück, das eng an das eucharistische Bewußtsein des Leibes und seinen sakramentalen Ausdruck gebunden ist. Die Väter der Kirche bestehen auf der Lebensnotwendigkeit der täglichen Kommunion (Cyprian, Gregor von Nyssa). Ambrosius sagt energisch: „Empfange jeden Tag das dir für diesen Tag Not-tuende. Lebe dein Leben so, daß du seiner würdig bist. Wer nicht würdig ist, täglich zu kommunizieren, der ist auch nicht würdig, es einmal im Jahr zu tun." [389] Die kirchliche Praxis stellt fest, daß das Verlangen nach regelmäßiger Kommunion vom weiblichen Bereich ausgeht.

Während vieler Jahrhunderte haben die Menschen die Mauern eines komplizierten Rituals aufgerichtet, um das Heilige zu schützen. Sie haben recht daran getan. Aber dann mußte man entdecken, daß sich hinter diesen Mauern das Verdorren des eucharistischen Geistes verborgen hat. Der Gebrauch ritueller Formen geht ins gewöhnliche Leben über, das nun seinerseits „rituell" — davon aber keineswegs frommer, mystischer wird. Die Angst umgibt sich mit so genauen Vorschriften, daß diese selbst fast magischen Charakter annehmen. Das herrschende Männliche hat das Gleichgewicht zerstört und das kirchliche Leben aus seiner belebenden Schlüsselstellung verdrängt. Dadurch gerät seltsamerweise in Vergessenheit, daß die Eucharistie die „wahre Nahrung", das wesenhaft nährende Brot aller Tage ist. Quelle, ohne die das geistige Sein abstirbt! Die Eucharistie ist nicht Belohnung, sondern „Heilmittel der Unsterblichkeit" [390], und zwar die vollkommene Vereinigung, zu der uns Gott in jeder Liturgie einladet.

So wie eine Auster ihre Schale absondert, so läßt das kollektive Super-ego die bösen Mythen (über die Frau) aus sich heraus wachsen und erstickt die wahre Geistigkeit in mythischen Formeln. Wenn die Pfarreien nicht immer leuchtende Mittelpunkte der Gemeinden sind („Licht und Salz"), so liegt das auch daran, daß der Frau versagt ist, in verantwortlicher Mitarbeit mit dem Manne die lebendigen Zellen des Corpus der Gemeinde zu errichten. Sie ist nicht zugelassen, wird nur in äußeren Dingen beschäftigt. Aber eine wahrhaft geistige Situation ist niemals von der Nützlichkeitsseite her, sondern immer nur von der inneren Würde des Amtes her zu verwirklichen. Durch die Buchstabentreue des Mannes gibt es angesichts

Christi, für den „nicht Mann noch Frau" gilt (Gal 3, 28), immer noch menschliche Geschöpfe, denen die Stigmata altertümlicher Verfluchungen anhaften. Die Frauen sind heute noch mit der Erfüllung von Formalitäten belastet, die der rabbinischen Epoche des Alten Bundes [391] entstammen. Im Königreich der Gnade, das durch den Neuen Bund begründet ist, erweist die wahre Dialektik des Gesetzes, daß es eigentlich Sache der dem Mannes-Gesetz unterworfenen Frau wäre, den „Mann des Gesetzes" zu überschreiten und dadurch ihn selber erst für seinen wahren Zeugendienst zu vervollkommnen.

3. Die Sündenlehre ruft nicht nach einer Ethik, sondern nach der Heiligkeit, die allein fähig ist, die Kurve der Entartung wieder geradezurichten. Deshalb wirkt sich jede Manifestation der Heiligkeit über die ganze Welt hin aus. Sie verkürzt die Geschichte und läßt durch das dann nähergerückte Ende den Sinn des Ganzen besser erkennen. Dem, der Ohren hat, bringt die entartete Kunst und alles, was es an Gewöhnlichem und Pornographischem in der Literatur gibt, jede Entweihung des Mysteriums das unmittelbare Gefühl von Hölle nahe. Im Gegensatz dazu tauchen uns liturgische Kunst und Ikonographie — wie jede Berührung mit Schönheit an sich — ebenso unmittelbar in die Seligkeit des Paradieses. Diese Feinfühligkeit für die letzten Dinge erklärt gewisse seelische Erscheinungen. In ihrem Licht erscheint Freud als ein negativer Jung, als sein dunkler Gegenpol. Die fanatische Besessenheit, den „unteren Weg" zu gehen, verdirbt die Intentionalität des Unterbewußten und schließlich sogar seinen Inhalt. Das Teuflische nistet sich im Stolz der Hoffnungslosigkeit ein und schiebt stets dem anderen die Fehler zu. Die Helden der Romane Sartres, das anonyme „man" Heideggers sehen sich durch die Schuld eines Unbekannten „in die Lage" des Schuldigen versetzt. In der „Legende vom Großinquisitor" vollendet Dostojewskij diese Auffassung logisch, wenn er sagt: Christus wird durch Satan zum göttlichen „Schuldigen" gemacht. Außerdem versucht man auch noch den Menschen von seinem religiösen Schuldkomplex zu lösen und will damit eine „Moral ohne Sünde" aufstellen.

„Wachet, daß euch niemand mit Philosophie umgarne noch mit

eitlen Spitzfindigkeiten nach der Überlieferung der Menschen und Stückwerk der Welt und nicht im Sinne Christi" (Kol 2, 8).
Eine psychoanalytische Untersuchung des kollektiven Ich und seiner Ausflüsse würde die ganze unselige Verflochtenheit verkümmerter und morbider geschichtlicher Institutionen ans Licht bringen. Sie würde die Fruchtlosigkeit des Bemühens erweisen, im „Adam-Komplex" der Frau die Schuld an allem zuzuschieben. Ein sehr männlicher Komplex: „Das Weib hat mir von der Frucht des Baumes gegeben" (Gn 3, 12). Christus allein, weil „er allein ohne Sünde ist", kann die wirklich belebende Umstellung vornehmen, denn er ist der absolut Unschuldige und infolgedessen auch das absolute Opfer. Er hat den gegen uns gerichteten Schuldschein getilgt. Er hat ihn vernichtet, „indem er ihn ans Kreuz geheftet hat" (Kol 2, 14). Von da an sollte es „normalerweise" nur noch des Menschen *fiat* in Gott geben — grenzenloses Wachstum. Eines durch das andere sollten das Männliche und das Weibliche sich verwirklichen und ihrem Gott, solange sie leben — also ewiglich —, lobsingen. Aber man hat die Liebe zwischen Mann und Frau profaniert, ehe man überhaupt entdeckt hatte, was sie bedeutet. Es gibt nirgends soviel Lüge, denn gerade die Liebe ist der tiefste Durst nach Wahrheit, die Stimme des Seins selbst. Während die große Masse, die Menge, immer mehr im sexuellen Schlamm herumwühlt, den sie so schnell ergründet hat, daß nur noch der Ekel zurückbleibt, wartet der Eros auf seine Stunde. Diese aber kann nur die letzte sein. Die Liebe gehört nicht zur Tagesordnung, sondern zur Ordnung des letzten Tages. Denn allein schon ihre Mannigfalt und Fülle ist bezeichnend für ein anderes Zeitalter. Sie übersteigt die Geschichte und spricht schon in einer anderen Sprache, das ist das „Agraphon" des heiligen Klemens.
„Gott ist die Liebe" (Jo 4, 8) bedeutet weder Eigenschaft noch Beziehung, sondern bezeichnet Liebe als göttliche Wesenheit an sich. Der Mensch nach dem Bilde Gottes ist gleichsam aufgefordert, die Liebe nun auch in seinem Wesen zu verwirklichen. Das macht das Wort verständlich: „Es ist nicht gut, daß der Mensch allein sei" (Gn 2, 18). Es drückt keineswegs eine sentimentale Regung aus, son-

dern die genaueste Entsprechung zur innergöttlichen Wahrheit der Trinität. Dieses Wort richtet sich nicht allein an den Menschen, sondern auch an den unmöglichen Monotheismus einer einzigen Gottesperson. Und zwar nach menschlicher Auslegung der göttlichen im Menschlichen abbildhaften Wahrheit: „Es ist nicht gut, daß die Hypostase allein sei." [392] Denn diese Einsamkeit würde dem Wesen Gottes als der Liebe entgegenstehen und ebenso dem: Einer und dreifaltig zugleich zu sein — „drei Heiligkeiten und drei Lichter in einem". Und gleichermaßen, weil er die dreifache Liebe ist. Sein heiliger Kreis öffnet sich auch der Teilhabe anderer Wesen, und so liebt Gott die Welt bis zum Ende. Dieses „bis zum Ende" bedeutet kein Maß, sondern vielmehr das Nichtvorhandensein eines solchen. Auf dieser Ebene ladet das Hochzeitslied des Reiches Gottes den Menschen zur Vereinigung seiner Gegensätze ein.

4. In der Bi-polarität [393] — *anima-animus* — ist jede Seele nach dem Bilde der Deisis zugleich Freund und Braut des Bräutigams. Johannes Klimakus sagte, man müsse Gott „wie eine Braut" lieben. Mit der jeweiligen Betonung ihres eigenen Typus ist die Seele entweder in der Kategorie der Jungfrau „von Gottes eigenem Geschlecht" oder in der des Johannes, des Ungestümen. Diese Unterschiedlichkeit verrät die vorbestimmten Grenzen der Charismen [394]. Innerhalb ihrer ist jedes Wesen seinem Typus entsprechend eingezeichnet und erzeugt jede Übertretung Verwirrung.
Der Aufruf zur Vervollkommnung gilt allen, aber er setzt die der besonderen Art angepaßten Verschiedenheiten der Gaben und Dienste voraus. Das Dasein des Geistes im Leibe ist immer ein sich selbst überschreitendes. Er kann sich horizontal entfalten, kann sich ausdehnen und angriffslustig gegenüber Hindernissen sein, um ein Ideal aufzustellen und Werte zu schaffen. Er kann sich vertikal orientieren, in einer Bewegung der Verinnerlichung die Welt der Werte im eigenen Wesen entdecken und sie auf natürliche Weise darleben.
Der biblische Ausdruck für Frau — *Esser-kenegdo* — besagt „eine Hilfe, die ihm gegenüber stehe" (Gn 2, 18). Stärker nach innen ge-

wendet und ihrer Wurzel verwandt, fühlt die Frau sich wohl innerhalb der Grenzen ihres Wesens und ist bemüht, ihre Gaben zu entfalten, um eine reine und klare Symphonie aus sich selber zu machen. Sie erfüllt die Welt von innen her mit ihrer Gegenwart. Die Frau besitzt eine Verwandtschaft zur Zeit. Die Zeit „dauert" ihr nicht, weil sie einen größeren Teil Ewigkeit in sich trägt. Sie geht schwanger damit.

Der Mann überschreitet sein Wesen; sein Charisma des Tatendrangs läßt ihn über sich hinausschauen. Er erstrebt Wachstum aller seiner Energien, die ihn in die Welt hinein fortsetzen. Er macht den Kosmos zu seinem äußeren Leibe, um das Höchstmaß seiner Macht zu erreichen. Mit ihr erfüllt er dann die Welt, setzt sich zu ihrem Herrn und Meister. Diesen beiden Typen von wesenhaft verschiedener Prägung entspricht der Auftrag der Bibel. Der Mann ist aufgerufen, „die Erde zu beherrschen" (Gn 1, 28), „den Garten zu bebauen" (Gn 2, 16), seine schöpferische Begabung und den Erfindungsreichtum seines Geistes zu verwirklichen. Ihm wird die Frau zur Seite gegeben, seine Helferin, die ihn inspiriert und ergänzt. Die Frau ihrerseits in ihrer Bestimmung zu gebären, zu schützen, Quelle des Lebens und Brunnen der Heiligkeit zu sein, sieht den ihr anvertrauten Mann neben sich, Braut, Gattin und Mutter. Der „Ruhm des Mannes" in seiner leuchtenden Reinheit ist nach Paulus (1 Kor 11, 7) wie ein Spiegel, der sein Gesicht zurückstrahlt, es ihm selber offenbart und zugleich in dieser Offenbarung verbessert. Durch ihre intuitive Durchdringung des Konkreten und Lebendigen besitzt die Frau die Gabe des direkten Zugangs zum Wesen eines anderen. Es ist die Fähigkeit, in unmittelbarer Sicherheit das Unwägbare einer menschlichen Person zu erfassen. In dieser Eigenschaft „hilft" sie dem Mann, daß er sich selbst erkenne und den Sinn seines eigenen Wesens verwirkliche. Sie vollendet ihn, indem sie sein Schicksal entschlüsselt. So wird er durch die Frau leichter zu dem, was er ist [395]. Ihr prophetisch auf den anderen gerichtetes Tun ändert ihn, und die der Frau eigene Fähigkeit, sich aufzuopfern, löst auch im Mann das „Ganz-andere" aus.

Darin liegt die ganze Dialektik geistiger Mutterschaft. Ein von

Petrus (1 Petr 3, 4) an die Frau gerichtetes Wort enthält ein ganzes „Frauenevangelium". Die Geburt des verborgenen Menschen des Herzens — *homo cordis absconditus* — *ho kruptos tes kardiou anthropos*. Der Mann ist stärker dazu geneigt, sich nur für die eigenen Dinge zu interessieren. Der mütterliche Instinkt aber, wie auch bei der Hochzeit zu Kana, entdeckt bei den Männern sofort den geistigen Durst und findet die eucharistische Quelle, ihn zu löschen. Die unmittelbare Verbindung mit dem Geiste der Wahrheit regt die Frau dazu an, die Männer vor Fragen nach ihrer eigenen Wahrheit zu stellen und sie zu verhindern, sich ganz im Zeitlichen einzurichten oder es gar zu zerstören.

Bei Heraklit findet sich ein Bild von großer Tiefe. Es ist das von der Leier und dem Bogen [396]. Das griechische Wort *bios* heißt doppelsinnig und symptomatisch Leben und Bogen. Bogen, dessen Pfeile den Tod tragen! Der Bogen ist von der gespannten Sehne gehalten. Sublimiert, hat er mehrere Sehnen, wird zur Lyra, die anstelle des Todes die Musik und Harmonie in sich trägt. Der männliche Zerstörungstrieb, „der Vater des Krieges", kann von der Frau „akkordiert" werden zum Instinkt des Lebens und wird damit zur Erschaffung von Kultur und Kultus erhoben. „Die Völker ... werden aus ihren Schwertern Pflüge schmieden und Sicheln aus ihren Lanzen" (Is 2, 4).

Angesichts der Zersplitterung von Kunst und Wissenschaft ist die Frau dazu berufen, den Geist der Zusammenschau zu verbreiten, wie er der *sophrosyne*, der klugen Besonnenheit ihrer Natur entspricht. Und inmitten kollektivistischen Zerfalls oder falscher Demokratie sollte sie den Blick des Mannes auf Wahrung seiner Würde, den einzigartigen Wert der Person lenken. Der Mann von heute entmenschlicht die Welt durch Verbegrifflichung jeder Art. Für den mütterlichen Instinkt ist Verbegrifflichung schlechthin unmöglich. Der so geheimnisvolle Bezug zwischen Mutter und Kind schließt jede reine Vergegenständlichung aus und macht es begreiflich, daß die Frau, die über der menschlichen Bildung wie über ihrem Kinde wacht, im Lebendig-Menschlichen einen absoluten und unschätzbaren Wert sieht. Deshalb ist sie es, die unsere Welt zu einer menschlichen und persönlichen gestaltet. Sie wird rein instinktiv immer den Vorrang des Seins an sich vor seiner Theorie verteidigen, den Vorrang des Handelns vor dem Denken, der Intuition vor dem Postulat.

Aber die Frau wird die Welt nicht retten, wenn sie kein Erzittern verspürt vor dem Dienst der „klugen Jungfrauen" im Gleichnis des Evangeliums (Mt 25, 1—13). Wenn sie nicht *gratia plena* sich zur Nachfolge der Jungfrau entschließt, jener Pforte des Reiches Gottes, dem hohen Leitbild, „der großen Verführerin" — aber im Sinne Kierkegaards!

Innerhalb der unermeßlich großen Aufgabe pädagogischer Beeinflussung obliegt es der Frau, in jedem Kind „den Mönch" heranzubilden, einen „Ganz-anderen" zur Zeugenschaft jenes „Ganz-anderen". In den Frauen liegt das Genie, von innen her in das Mysterium des Glaubens und der Sakramente vorzustoßen. Zur Belehrung durch seine kirchlichen Oberen kommt ein Mensch, nachdem er schon die Formung durch das Weiblich-Mütterliche erfahren hat, das ihm auf geheimnisvolle Weise den Sinn für Gott, das Verlangen und unzerstörbare Heimweh nach dem Reiche Gottes übermitteln wird.

Der weibliche Dienst drückt sich am besten in dem eucharistischen Bilde aus: „Das Heilige den Heiligen." Das ist der Friede — *schalom* — und die äußerste Vereinigung in der Substanz des einen Leibes in seiner Heiligkeit. Der männliche Dienst steht unter dem Bilde der Taufe (Taufe — „Erleuchtung" und „Wiederkehr"), des Sterbens und Auferstehens — ein männlicher Akt, Triumph über die Energien des Todes, Wille, sich zum Corpus Christi zu bekehren und in seine Einheit einzutreten! Der eucharistischen Kommunion im Zustande der Heiligkeit (Jungfrau — Kornähre) entspricht die ungestüme Taufkraft der Tat. Der von der Tiefe zur Oberfläche aufsteigenden Geburt, die dem Wesen von innen her die sophianische Form übermittelt, entspricht auf der Gegenseite die Tat bewußten Gestaltens, die von der Oberfläche zu den Tiefen dringt. Die Geburt gibt das statische Element, verinnerlicht, „legt Worte ins Herz" (Jr 1, 9, Dt 30, 14, Lk 21, 51). Sie enthüllt die Wurzel des Seins, seine Sophia, die ursprüngliche unberührte Gerechtigkeit. Das andere — das ek-statische Element — setzt dem statischen die aus sich herausführende Bewegung entgegen, den Drang nach Wachstum und Vergrößerung, das Gefühl der Kraft. Es streut den Samen aus, verwirklicht und baut. In seinem jeweiligen Grundprinzip ist das Männliche Christusträger, das Weibliche Geistträger. Dem Bilde des Verkünderengels Gabriel (sein Sinnbild ist die Lilie), der Geburt, Pfingsten und Wiederkehr, des Anbeginnens entspricht auf der anderen Seite das Ereignis selbst, das Michaelische Bild (sein Sinnbild das Schwert und die Waage des Gerichtes) der Verklärung, des Abstiegs zur Hölle, Sieg über Tod und Auferstehung.

Der Mann — *nabi* —, der Opfernde, der stürmische Mann, macht die Welt zum Tempel und Gottesdienst. Er ist Sänger und Engel, er gibt dem Erdengeschehen die Richtung und führt es Gott zu. Die Mutter bringt die Kinder der Weisheit zur Welt, die Jungfrau läutert sie. Die „Heilige Beterin" stellt den Tempel dar [397]. Sie ist schon die Pforte des Reiches Gottes und sein Hochzeitslied.

5. Ist es auch eine entscheidende Tatsache im Leben eines Menschen, wenn keine Ehe an seinem Wege gelegen ist, so wäre es doch der verhängnisvollste Fehler, daraus ein durch die Lebensumstände bestimmtes Schicksal des Verzichts zu machen. Die reine Negation, das Fehlen von irgend etwas, kann weder erfüllen noch aufbauen. So gesehen würde Ehelosigkeit eher unter dem Zeichen einer Verstümmelung als eines Mangels stehen. Sei es nun aber Verstümmelung oder Entbehren, der echte Verzicht auf eine bestimmte Situation kann, um positiv und bereichernd zu sein, nur in der freien Annahme einer von anderen Möglichkeiten erfüllten Gegebenheit bestehen. Er kann Aufbruch sein zu einer nicht erlittenen, sondern letztlich auch verstandenen und angenommenen Berufung, die das ganze Leben ausfüllen wird.

Dreitausend Meter Wasser unter den Füßen, das ist nach Kierkegaard genau die Situation des Glaubens, der ein gefährliches Element ist, das jeden Konformismus ausschließt. Der alles andere übersteigende Egoismus, die ausschließlich vordringende Beschäftigung eines jeden mit seinem eigenen Heil verdirbt und verkehrt das

Wesentliche der Botschaft des Evangeliums. Bedeutet sie doch vor allem die königliche Befreiung vom „Ich" und „mein". Sich selbst gehören zu wollen, hat den Sturz Adams hervorgerufen, denn „wer seine Seele retten will, der wird sie verlieren". Wer das Glück sucht, muß das Wort Glück selbst vergessen. Wer sich für ein schwaches Geschöpf erklärt, der verleugnet den Glauben. Wer Macht braucht, der bekenne unverzüglich: Es ist Gottes Kraft, die im Inneren des Menschen handelt [398].

Der Mensch kann nicht nur allein an sich denken. Er muß an Gott denken, an die Werte des Himmelreiches, an das Heil aller, an die Zerstörung nicht nur des Begriffes, sondern auch der Wirklichkeit der Hölle. Es ist unmöglich, die Idee, den Begriff der Hölle nicht anzunehmen. Aber nachdem das einmal geschehen ist, ist es ebenso unmöglich, dabei stehenzubleiben. Denn, ist die Hölle da, „so für mich allein", muß jeder Gläubige mit dem großen Antonius sagen. Selbst ein einziger Verdammter nimmt etwas hinweg von der Freude aller Gerechten. In Gottes Weisheit ist eine Vereinigung aller am Ende festgesetzt worden. Auch die dunkle Seite, das Höllische im Dasein, wird Vergebung erlangen. Selbst wenn das erst im „Äon der Äone" geschähe! Dieser Ausdruck im Evangelium umfaßt vermutlich eine riesige Zeitspanne. Könnte es möglich sein, daß die Fülle der gott-menschlichen Urbilder ewig in Paradies und Hölle aufgespalten bliebe [399]? In der Kirche des heiligen Georg (bei Nowgorod) kann man eine Freske aus dem 12. Jahrhundert sehen, die den heiligen Georg als Drachentöter zeigt. Aber der Heilige hat keine Waffen, und der Drache wird nicht getötet. St. Georg ist zu Pferde, und eine Königin – die Gestalt der Kirche – führt den sanft folgenden Drachen an einem Band. Eine sehr eigentümliche Darstellung für die große Kühnheit dieser alles durchdringenden Vision! Sie zeigt den Erzschalk nicht besiegt, sondern bekehrt. Das Böse, das in ihm war, ist dem Nicht-Sein zurückgegeben.

Der Glaube ist die Haltung des Starken, des Allmächtigen angesichts des Vergehens, des Todes, des Teufels. Unter den Dingen der Welt müssen wir mit Ja oder Nein wählen. Angesichts Gottes ist die Tiefe der Freiheit das Ja – allein das *fiat*. Und dieses Ja ist der völlige

Sieg über alle Sorgen, über alle Notwendigkeiten der Welt und über das, was einige Philosophen heute das Sein zum Tode nennen. Der Tod ist nicht Innehalten, sondern ein das Leben erweiterndes Handeln. Schon in der Taufe ist keimhaft der Tod, der uns an der Auferstehung Teil gibt. Für einen Gläubigen steht der Tod nicht bevor, sondern liegt hinter ihm, denn er gehört der Zeit an. Der Glaube stellt sich in die ewige Gegenwart, und das Evangelium verkündet, daß der Gläubige schon durch den Tod zum ewigen Leben geschritten ist (Jo 5, 24 — Jo 3, 15). Schon die eucharistische Wirklichkeit macht uns unsterblich. Die große Wandlung steht am Ende jener Tat des Geistes, in der die Bedingungen sich umkehren und wodurch das Vorzeichen des Daseins ein anderes wird. Deshalb darf das Christentum in dieser größten aller Umwälzungen das Leiden nicht allein nicht fliehen, es muß den Schmerz vielmehr annehmen und eine bittere Notwendigkeit in Freiheit verwandeln.

Nicht Leiden als solches, sondern sinnloses unbegriffenes Leiden ist unerträglich — nur das stupide, blind aufgedrungene ist nicht erlebbar. Hier liegt die untilgbare Bitterkeit verlorenen Lebens und ungenützter Gaben.

„Nimm dein Kreuz und folge mir", sagt Christus (Mk 8, 34). Da ist kein morbides Wohlgefallen am Leiden, keine tatlose Leidensresignation, sondern die geheime Gnade des Kreuzes, die sagt: Begreife das Leiden und mache es licht und strahlend. Aus dem scheinbar auferlegten Schicksal mache in deinem Innern ein frei erwähltes. Ganz Selbstsein heißt Gottes eigene Wertidee von diesem Selbstsein verwirklichen, sich in ihr wie in der eigenen bewegen. Unser innerstes intimstes Ich ist nicht ausschließlich das unsere, ist nicht *sui generis*. Wir können uns nur dann wahrhaft verstehen, wenn wir die Wahrheit ergreifen, daß unsere Gottesidentität „von Ewigkeit empfangen" ist und daß sie nach Maximus dem Bekenner „Identität aus Gnade" ist. Im äußersten Zustande der „Gottesförmigkeit" macht sie uns selbst „ohne Anfang". Denn da sie ganz im Bilde Gottes steht, ist sie von Ewigkeit her empfangen und unterliegt keinem anderen Gesetz als dem der unbedingten Geringschätzung des eigenen kleinen Ich, des Überschreitens aller Selbstgenügsamkeit

(Autorhythmie sagen die Väter) und des völligen Übersteigens, des Transzendierens auf Gott zu.
Über aller Erfahrungskausalität steht die Kausalität des Geistes. Im Bereiche des Nicht-Materiellen fügt das vom Geist ausgesprochene Ja dem Ergebnis noch etwas hinzu, das nicht in der Ursache enthalten war und jenes Ergebnis völlig verändert — das ist eben das Wesentliche des Mysteriums. Der Mensch ist von unten her genau bestimmt, aber von oben her gefordert. Aus dem Kreis begrenzter Möglichkeiten schießt die Garbe in die Höhe.
Ein Mensch hat die Macht, die Umklammerung durch die Tatsachen im Selbstmord zu zerbrechen. Während eines einzigen Augenblicks ist er frei (hier liegt die tatsächliche und erfahrbare Grenze des Kirilow in den „Besessenen" von Dostojewski). Aber es ist ein Augenblick der Ohn-macht, ist gerade die Zeitspanne, sich außerhalb Gottes zu stellen und unmittelbar ins Nichts überzugehen. Mit der gleichen Entschlossenheit kann der Mensch sich in der hohlen Hand Gottes bergen — in den Gedanken Gottes über ihn. In diesem Fall werden die Gegebenheiten (des Zeitalters und Ortes, der Erbmasse und des Seins in der Welt) zu Gaben. Sie werden zu Gegebenheiten, das *fiat* zu sprechen. Und jedesmal vollzieht sich das Wunder der Wandlung.
Christus „ist zum Opfer bestimmt von Anbeginn der Welt" (Apk 13, 8) und wird demzufolge von Pontius Pilatus hingemordet. Und dennoch verkündet hoch über dieser sehr genauen Konfiguration der geschichtlichen Tatsachen die ewige Wahrheit: „Niemand nimmt mein Leben — Ich gebe mein Leben" (Jo 10, 18).
Auf dem Standpunkt der Apokalypse, wo das absolut Vernunftgemäße mit dem absolut Ersehnten zusammenfällt, befindet sich der Mensch in königlicher Unabhängigkeit von Natur und Geschichte. Er begibt sich hingegen in Abhängigkeit von Christus als dem Logos und der Wahrheit — und das macht ihn völlig frei. Deshalb wird einem tiefen Gedanken Heideggers nach die wahre Freiheit des Menschen in der normativen Wahrheit seines Geschickes von ihm selbst auffindbar.
Der Mensch hat die Titanenkraft, den Plan Gottes über ihn zu ver-

neinen, sowie allein er ihn erfüllen kann. Gott nimmt unseren Platz als „Schuldiger" an, und der Sohn unterstellt sich dem. Aber er ist nicht mächtig, das *fiat* zu sprechen, den Platz unserer Freiheit anzunehmen, sie würde denn sofort zerstört! Das *fiat* setzt die freie Gegenseitigkeit von Frage und Antwort voraus. Sein Wert beruht darauf, daß es von Gott nicht ausgesprochen werden kann, und es ist das Schicksal des Schöpfers, hierin abhängig vom Geschöpf zu sein.

Das Zölibat ist eine Berufung und ein Dienst — eine genau umrissene Form der *diaconia*, von der die Schrift spricht (1 Kor 12, 5). Wer immer sich in der Lage eines Menschen fühlt, der als „Lösegeld" bestimmt ist, wer sich in der Erwartung und den Versprechungen seiner Jugend enttäuscht fühlt, wer die trüben Wasser des „faute de mieux" streifte in einem Augenblick, wo ihm alles verschlossen, alles am Ende und gescheitert zu sein schien, der erlebt gerade damit den Augenblick, wo alles beginnt. Das ist der tiefste Sinn der Grals-legende. Ein armer Ritter trifft in dem Augenblick ein, wo alles zum Stillstand kommt. Der alte König liegt regungslos auf seinem Schmerzenslager, die Quellen sind vertrocknet, die Vögel singen nicht mehr, und alles ist von der Regungslosigkeit des Todes gefesselt. Der Ritter stellt die einzige und zugleich einzig wahre Frage: „Wo ist der Gral?" Und alles lebt wieder: der alte König erhebt sich von seinem Lager, die Quellen springen, und die Vögel jubilieren. Einzig diese Frage und Antwort ist das *fiat* unseres Schicksals. Weit mehr als annehmen oder schaffen ist dieses: Die Schicksalsgegebenheiten in der Wandlung zu Charismen umgestalten. Der Mensch lebt sein Wunder — lebt in seinem Wunder. Das ist der Sinn des wunderbaren Jesaias-Wortes: „Frohlocke, Unfruchtbare, brich in Rufe des Jubels und der Freude aus, die du den Schmerz der Geburt nicht gekannt hast. Denn zahlreicher sind die Söhne der Verstoßenen als der Ehefrau, spricht Jahwe" (Is 54, 1). „Dein Schöpfer wird dein Gemahl sein" (Is 54, 5). Es ist keine Frage von Wichtigkeit, ob die Frau Gattin und Mutter oder sponsa Christi ist. Das anfängliche Bild der reinen Wesenheit der Frau sprengt die Grenzen der Natur und läßt die Begnadung der „geistigen Mutter" durchschimmern.

Strebt jede Form menschlichen Lebens auf ihre höchste Ausprägung zu, so ist das Zölibat die Höchstform eschatologischen Lebens, der Dienst des Wartens und der Vorbereitung der Wiederkunft Christi. Den Zölibatären ist ganz wie den Mönchen eine besondere Zeugenschaft vorbehalten, die das Evangelium in die Apokalypse überträgt: „Jeder erhält seine besondere Gnade von Gott, der eine in dieser, der andere in jener Weise" (1 Kor 7, 7). Wenn die Ehe das Bild des Reiches Gottes ist und die Einheit des Männlichen und des Weiblichen vorausnimmt, so prophezeit das Zölibat ein Dasein „gleich dem der Engel" (Mt 22, 30) und wendet sich dem Herrn entgegen, der da kommt. Es ist gut, daß einige sich des ehelichen Lebens enthalten, um zu betonen, daß die Verheirateten „die Welt gebrauchen sollen, als brauchten sie sie nicht" (1 Kor 7, 31) und sich im Warten auf das Eine vereinigen sollten.

Die Mönche steuern dazu bei, den eschatologischen Sinn des ehelichen Dienstes zu enthüllen. Und der Beitrag der Gatten ist, das Wesentliche des Asketentums vor „dem Angesicht dieser vergänglichen Welt" zu ergreifen und sie „mütterlich" zu machen. Sie müssen ihrem eigenen ehelichen Asketentum folgen, die gekreuzigte Liebe leben und in der dem Gefüge des menschlichen Wesens eigenen Keuschheit zur Fülle der Inkarnation beitragen. Es heißt der verderblichsten Versuchung nachgeben (im asketischen Schrifttum heißt sie *acedia*, die Niedergeschlagenheit des Geistes, die tödliche Hoffnungslosigkeit, denn sie widersteht dem Heiligen Geist), wenn man nichts mehr vom Leben erwartet. Die positive gute Erwartung stellt die Gegenwart in ihren Dienst und öffnet sie zum Empfang der „Gnadenzeit" hin. „Die Stunde, in der wir leben, ist die wichtigste", lehrt die asketische Weisheit. Sie ist der Aufbruch der Gnadenzeit (2 Kor 6, 2). In ihr endet die negative Zeit der enttäuschten Erwartungen und der Taubheit der Ohren, die nicht hören können.

Wenn der Einzige spricht: „Ich war bei dir in der Stunde des Leidens", so ordnet er diese Stunde der Zeit der Erlösung zu. Es ist die erneuerte Zeit, wo das Schicksal in der Frische des Anbeginns geboren wird, die in ihrer vollen unvergänglichen Bedeutung hervorbricht.

Hier müssen die Mönchsorden ihre von der Vorsehung angewiesene Rolle spielen. Sie können rings um den Strahlungsherd ihrer eigenen Höchstleistung große Brüderschaften hervorrufen und Gemeinschaften, wo jegliches Schicksal, besonders das des Zölibats, klar entschlüsselt wird. Dieses Schicksal ist ausgerichtet auf das innere Licht Christi. Es ist jetzt schon überglänzt von seiner Wiederkunft am Ende der Zeit.

Rußland ist es im 20. Jahrhundert beschieden, in den Abgrund und Strudel eines einzig dastehenden Schicksals gerissen zu werden. Aber diese Erfahrung ist mit einem kostbaren Sinn für alle Nationen beladen — alle, die im Buche der Zeit zu lesen vermögen. Es ist eine furchtbare Warnung apokalyptischer Natur und von weltweiter Bedeutung.

Der große Schriftsteller und Visionär Dostojewski sagte, daß die geistige Lösung des russischen Schicksals in den Händen der „Staretz" läge. Diese hatten der Theotokos einen besonderen Kult geweiht. Die Jungfrau hat Seraphim von Sarow das besondere Merkmal der *sophrosyne* gegeben, wenn sie sagt, „er sei von ihrem Geschlecht". Er ist ein Ort jener Heiligkeit, die man mütterliches Beschützertum nennen kann. Die erste Eigenschaft eines Staretz — sagt Seraphim — ist die mütterliche Liebe zu denen, die er leitet: „Sei wie eine Mutter zu den anderen." Die Kultur des Mütterlichen erklärt eine Tatsache von unschätzbarer Wichtigkeit: das ganze besondere Interesse dieser geistigen Führer für die Frauenklöster. Der berühmte Staretz von Optina, Makarius, hat als erster den Frauen die Tür seiner Zelle geöffnet — ein großes Erlebnis! Früher wurden die Frauen in einem Gebäude außerhalb des Klosters empfangen. Der Staretz Ambrosius hat das Frauenkloster von Chamordino gegründet (mit etwa 1000 Nonnen). Es ist besonders bemerkenswert durch seine charitative Arbeit: Waisenhaus, Asyl für entlassene Sträflinge, Krankenhaus, Frauenaltersheim und eine Schule für besondere Ausbildung in weiblichen Fertigkeiten für junge Mädchen. Nach dem Plan von Ambrosius sollte dieses Kloster im Zusammenspiel seiner verschiedenen Tätigkeiten zu einer Bildungsschule für die russische Frau werden. Dieses Unternehmen hat so sehr im Mittelpunkt seiner

Liebe und Fürsorge gestanden, daß er, der den Tag seines Todes vorauswußte, vertrauensvoll dorthinkam, um zu sterben. Alle beiden, der Staretz Ambrosius und Seraphim von Sarow (Kloster Diveievo), haben sich gegen Ende ihres Lebens die Frauenklöster zur besonderen Aufgabe erwählt. Die beiden auffallendsten Gestalten des 19. Jahrhunderts und vielleicht der ganzen russischen Geschichte widmen sich der Aufgabe der geistigen Erziehung der Frau.

Diese Tatsache ist keineswegs zufällig. Sie bezeugt die durchdringende Hellsichtigkeit dieser Organe des Heiligen Geistes, zeigt mehr als alles andere das Erkennen der Zeitnotwendigkeit an. Die Frau hat ein unmittelbares Vorstellungsvermögen von den Werten des Heiligen Geistes. Sie ist von Natur mit religiösem Sinn begabt. Das Wort des Tertullian: „Die Seele ist von Natur christlich" bezieht sich vor allem auf die Frauen. Die Marxisten haben es gut herausgefühlt. Die Frauenemanzipation und die Gleichheit der Geschlechter stehen an erster Stelle ihrer Maßnahmen. Die Vermännlichung der Frau zielt darauf hin, ihren anthropologischen Typus zu verändern, sie von innen heraus seelisch der Natur des Mannes anzugleichen. Diese Nivellierungsabsicht verrät den äußersten Kampf gegen Gottes Gebot, denn hier liegt die Verneinung des weiblichen Charismas. Die Glaubensbezeugung ist heute einstimmig. In Sowjetrußland wird der Glaube durch die russische Frau bewahrt. Die religiöse Erneuerung sowohl wie die Wahrung der Tradition sind das Werk der Frau und Mutter. Die jungen russischen Frauen und Mädchen, die in der stürmisch fortschreitenden Bewegung fast die meiste Zeit stark in Anspruch genommen sind, verlangen in hohem Maße nach Innerlichkeit und möchten ihr Leben nach der Wahrheit führen, die sie von den Ikonen der Theotokos ablesen. Die russische Frau ist es, die von innen heraus durch ihr Charisma die ewigen Werte lebendig erhält.

Nach einem Augenzeugen [400] aus letzter Zeit muß man zum Teil die neue religiöse Bewegung „... dem Element der Beständigkeit und Treue der Frauen zuschreiben. Es scheint, daß die russische Frau aus der gleichen Bewegung heraus Religion, Kindheit und Reinheit der

Liebe geschützt hat. Alle Zeugen sind betroffen von der Rolle, welche die Frau für das Überdauern des Glaubens gespielt hat. Alle betonen ... diese verborgene und reine Weiblichkeit, die mehr von der ‚Jungfrau der Zärtlichkeit' als vom wesentlich männlichen Ideal der Machthaber inspiriert zu sein scheint. Es ist zum großen Teil die russische Frau, die ohne Gewalttätigkeit von innen heraus das christliche Rußland neu erbaut..."
Wie es seinerzeit Nathalie Kireievsky (unter Anleitung ihres Staretz) gelungen ist, ihren Mann von Hegel abzuwenden und für Ephraem den Syrer zu gewinnen, so bricht jetzt auch der unbesiegbare Widerstand gegen den Materialismus und alle teuflischen Elemente der Zersetzung moderner Zivilisation spontan und instiktiv aus weiblichen Herzen. Nachdem sie das *fiat* ausgesprochen hat, ist die Frau auch dazu vorbestimmt, nein zu sagen. *Sic futurum esse non possumus.* Makarius, Ambrosius, Seraphim, die früheren „Engel Rußlands", die an seiner wahren Bestimmung festhalten, sie alle folgen einhellig und strahlend von Hoffnung dem Mysterium der Frau, der Vertiefung ihres Gnadendienstes.
Auf die Frage, ob die Frau die Welt retten wird, antworten sie mit Gewißheit: „Diese Aufgabe liegt innerhalb ihres Charismas." Aber das Evangelium sagt ohne Unterlaß: „Wer Ohren hat zu hören, der höre!" (Mk 4, 23).

DAS MYSTERIUM DES KREUZES

Die Welt wird nur in Christus errettet, „einziger Name, den das Herz begehrt". „In keinem anderen ist Heil ... ist auch kein anderer Name für das Heil der Menschen gegeben" (Apg 4, 12). Darum heißt es: „Wer das Mysterium des Kreuzes und des Grabes kennt, der kennt die Wesensursachen aller Dinge..., und wer in das Mysterium der Auferstehung eingeweiht ist, erfährt das Ende..."[401]
Aber „der Tod des Christus am Kreuz ist Gericht über das Gericht"[402]. Man muß sich verlieren, um sich zu finden, und es ist kein

Heil, denn in gemeinsamer Anbetung. „O Du, der Du einsam bist unter den Einsamen und doch alles in allen!" Der Unteilbare hat sich geteilt, auf daß alle gerettet werden..., und selbst der unterste Ort sei der Ankunft Gottes nicht beraubt... Wir flehen Dich an..., breite Deine schützenden Hände über Deine heilige Kirche und das geheiligte Volk, das auf immer Dein ist." [403] „Im Ausstrecken seiner beiden heiligen Hände über das Kreuz hat Christus zwei Flügel ausgebreitet. Mit dem rechten und dem linken alle Gläubigen zu sich rufend und sie deckend, wie eine Mutter ihre Kleinen behütet." [404]

Die göttliche Menschenliebe hat es so gewollt. „Gott übt Geduld" und gewährt geheimnisvollen Verzug, denn es ist Sache des Menschen, daß er komme, „den Tag des Herrn zu beschleunigen", um sich dann wieder im Innern der Wiederkehr zu befinden, wie die Engel des Heiles, von denen der Cherubimgesang in der Liturgie spricht. Es handelt sich um „die Kraft unserer Liebe". Es handelt sich um jene „Geburten" des Glaubens, die uns allein gehören und durch welche die Welt dem Kommen des Herrn entgegengeneigt wird. Geheime Aussaat bereitet „den Frühling des Geistes" [405] — das Hervorbrechen der Heiligen. Die österliche Freude breitet sich in „neuen Harmonien" [406] aus. Und angesichts des üblichen Pessimismus verbreitet sich in immer steigendem Maße das geflügelte Wort des Origines: „Die Kirche ist erfüllt von der Dreieinigkeit" [407], „Brüder, ich kenne einen Mann, der so sehr über diesen weinte und über jenen seufzte, um die Person der Brüder anzunehmen und sich mit ihren Fehlern zu beladen, die sie begangen hatten... Ich kenne einen Mann, der mit solcher Glut das Heil seiner Brüder wünschte, daß er oft Gott mit brennenden Tränen von ganzem Herzen für sie bat. Und im Übermaß des Eifers, der eines Moses würdig gewesen wäre, bat er, daß seine Brüder mit ihm gerettet würden oder er mit ihnen verdammt würde. Denn er war ihnen im Heiligen Geiste durch ein so starkes Band der Liebe verbunden, daß er nicht einmal in das Reich Gottes hätte eintreten mögen, wenn er sich deshalb von ihnen hätte trennen müssen." [408]

Das ist das Wunder der Hoffnung, die für das Heil der anderen arbeitet. Dieser Glaube an Christus mündet in seinen Glauben an seinen Vater. Das *pros ton theon* — bei Gott — des Johannes-Prologes zeigt uns den Logos in seinem Gott-zugewandt-sein, seinem Gegenüber, ihm ins Angesicht schauend: „Da bin ich mit den Kindern, die Gott mir gegeben hat" (Js 8, 18)[409]. Von da an ist alles neu geworden, denn unser Glaube ist sein Glaube geworden, und „deshalb sage ich euch: Alles, um was ihr bitten werdet im Gebet, glaubt, daß ihr es schon erhalten habt, es wird euch gewährt werden" (Mk 1, 24)[410].

Ein solcher Glaube überschreitet die Geschichte. Die Hände Gott-Vaters, der Sohn und der Geist tragen ihn zur Schwelle des unermeßlichen Abgrundes, der der Vater ist, von wo das Schweigen seiner verzehrenden Nähe weht. Petrus spricht davon: „Gott übt Geduld mit uns. Er will nicht, daß einer unter uns verderbe..., denn alle Dinge sind berufen, sich aufzulösen, daß sie nicht eure Heiligkeit und euer Gebet seien, sondern erwarten den Tag des Herrn und werden sein Kommen beschleunigen" (2 Petr 3, 9—11). Denn dieser Tag ist nicht Ziel noch Ende allein: der Tag des Herrn ist das Pleroma — die Überfülle!

Begriffsverzeichnis

Absconditus	verborgen, geheim, undefinierbar.
Acedia	asketischer Ausdruck, bezeichnet den höchsten Grad geistiger Niedergeschlagenheit.
Agnosticismus	Skepsis gegenüber der Wirklichkeit menschlicher Erkenntnis, ihre Ablehnung.
Agraphon	Worte des Herrn, die mit einer mehr oder minder großen Glaubwürdigkeit von der Überlieferung bewahrt sind.
anagogisch	aufsteigend, die Bewegung der Erhebung.
Anamnese	gedächtnismäßige Erinnerung. Bei der Bibel(lesung) und in der Liturgie handelt es sich nicht um etwas, das zum Gedächtnis getan wird, Erinnerung an einmal geschehene Tatsachen, sondern eine Vergegenwärtigung dessen, das vor Gott, dem Vater, geschieht. Die Tat, sich auf Gott zu beziehen, sich vor Gott erinnern.
Anaphore	Die Elevation der Gaben des Altares. Das zentrale Geschehen bei der östlichen Abendmahlsliturgie, das dem römischen Kanon entspricht.
Anthropomorphose	bezeichnet die Tatsache der Verkörperung. Gott wird Mensch.
Apokatastase	Eine Theorie des Origines über die endliche Wiederherstellung aller Geschöpfe, selbst der Verdammten und der Teufel in der Liebe Gottes. In bezug auf ihren dogmatischen Anspruch und auf eine gewisse Vereinfachung ist die Theorie verdammt worden. Aber sie verbleibt als Hoffnung dem unsagbaren Geheimnis von Gottes Heilsabsicht und Weisheit gegenüber offen – als eine Hoffnung schweigenden Gebetes. Christus ist für alle gestorben, und der Osten sieht in seiner Wiederkunft ganz allgemein und vielmehr noch die kosmische Verklärung als das Jüngste Gericht.
Apokryphen	Nicht authentische Schriften, die nicht mit den Büchern der Heiligen Schrift verwechselt werden dürfen, obwohl sie offensichtliche Ähnlichkeit damit aufweisen.
apophatisch	Die negative apophatische Theologie schreitet bei allen Definitionen Gottes im Wege der Verneinung fort. Man nähert sich dem Unbekanntsein Gottes durch die Finsternisse absoluten Nicht-

wissens. Der Gott der Psalmen „zog sich in die Finsternis zurück" (Ps 18, 12). Im Gegensatz zu Unglauben und Unwissenheit ist es hier das „gelehrte Nichtwissen", dessen Endziel nicht Erkenntnis ist, sondern der Weg des Aufsteigens zur Vereinigung mit Gott; die Erfahrung der Nähe Gottes in der Verinnerlichung und in der Ekstase der Kontemplation.

APOPHTEGMATA — Sinnsprüche der Wüstenväter.

ARCHETYP — Das ideale Urbild der Dinge und Wesen. Bei den Vätern ist Christus der göttliche Archetyp des Menschen. Er ist es im Augenblick der Schöpfung des Menschen und ist es in seiner Inkarnation. Archetypische Beschaffenheit ist die ursprüngliche und ideale Form eines Dinges.

AUTONOMIE — Eine Existenz, die nur von ihrem eigenen inneren Gesetz abhängig ist – eines Gesetzes, das jene Existenz aus sich selbst heraus schafft.

AXIOLOGIE — Wertelehre. Werttheoretische Fähigkeit des Bewertens.

CATAPHATIE — Die positive cataphatische Theologie schreitet in Bejahungen fort und führt zu einer zwangsweise unvollständigen Gotteserkenntnis, denn sie kann ihn ja nur darin erkennen, was er nicht ist in seinem völlig unerkennbaren Wesen. Es ist eine auf einer Leiter von Verwirklichungen Gottes in seinen Taten in der Welt zu uns herabsteigende Stimme.

CHARISMEN — Gnaden oder Gaben des Heiligen Geistes im Dienste der Kirche. Etwas, wodurch ein menschliches Wesen in seiner Berufung und seinem Schicksal bestimmt wird.

CHRISTOPHORUS — Christusträger. „Auf daß Christus sich in uns bilde" (Gal 4, 19). „Nicht ich bin es, sondern Christus, der in mir lebt" (Gal 2, 20). Der Mensch wird zur Christuserscheinung, zu seiner Verwirklichung.

CIRCUMINCESSION — Die gegenseitige Durchdringung der drei göttlichen Personen in der Einheit ihres Wesens und Lebens.

DOXOLOGIE — Liturgische Form der Verherrlichung Gottes.

ENTELECHIE — ist bei Aristoteles der bewegende Grund einer Potenz.

EON	Äon, gr. *aion*, bedeutet Zeitalter, Zyklus. Äonisches Denken vollzieht sich in Kategorien, welche die Grenzen dieser Welt überschreiten.
EPANAGOGUS	Byzantinischer Gesetzeskodex.
EPEKTASE	„Das hinter mir Liegende vergessend und nach dem vor mir Liegenden ausgereckt" (Phil 3, 14) ist ein dem Wettlauf entnommenes Bild: Schwung, Zug der ganzen Seele zu Gott hin.
EPIKLESE	Besondere Anrufung des Heiligen Geistes in der Liturgie der Ostkirche. Im weiten Sinne: Das Wirken des Heiligen Geistes als jeder Verwirklichung Christi voraufgehend.
EPIGNOSE	Erkenntnis aus der Gnade der Erleuchtung. In seiner Studie über N. Cabasilas übersetzt es Horn als „Gottessinn". Jenes oberhalb reinen Verstandes liegende Erfassungsvermögen, das nicht von der geplanten Welt her abhebt, sondern aus mystischer Erfahrung herkommt, von der unmittelbaren Berufung durch die Nähe Gottes.
ESCHATOLOGIE	Lehre von den letzten Dingen.
EVENEMENT	Eine absolut jenseitige Tat Gottes im Gegensatz zu Einsetzungen, wobei Gnadentaten sakramental verordnet sind. Die institutionellen Formen treten nach dem von Gott gegebenen Versprechen in Kraft und haben nichts von Magie an sich. Andrerseits geschieht aber auch jedes „Evenement", direktes vom Jenseits herkommendes Eingreifen Gottes, im Sinne der Inkarnation und innerhalb des Rahmens der von ihm eingesetzten Kirche.
GEOZENTRISMUS	Einstmalige Theorie, in welcher die Erde und demnach auch der Mensch im Mittelpunkt des Weltalls standen.
GNOSEOLOGIE	Erkenntnistheorie.
HAGIOLOGIE	Lehre über alles, das Heiligkeit und die verschiedenen Formen ihres Ausdrucks betrifft.
HAGIOPHANIE	kommt von *hagios*, heilig, und bezeichnet jede Manifestation von Heiligkeit.
HAMARTOLOGIE	Lehre über die Sünde.
HESYCHASMUS	kommt von *hesychie*, Schweigen, Rückzug in den inneren Frieden. Eine asketische und mystische Methode der Verinnerlichung (das Reich Gottes

ist in euch; Lk 17, 21) und des Herzensgebetes. Sie besteht seit den Anfängen des Mönchtums im 3. und 4. Jahrhundert, befestigt sich seit dem 14. Jahrhundert in der Schule vom Berg Athos und findet ihren Ausdruck als Lehrgebäude bei Gregor Palamas: die Unterscheidung zwischen dem jenseitigen Wesen Gottes und seinen göttlichen Kräften. Die Innerlichkeit und Gottesnähe steht im Einklang mit der Gewißheit der personalen Jenseitigkeit Gottes.

HETERONOMIE
Fremdgesetzlichkeit – Abhängigkeit von etwas, das von außen her und nicht aus sich selbst heraus kommt.

HIEROLOGIE
Heiligenlehre.

HISTORIOSOPHIE
spirituelle Geschichtsphilosophie.

JAHWE
Der Name, unter dem Gott sich Moses geoffenbart hat.

KAIROS
„Gnadenzeit" – Ausbruch „jenseitiger Zeit" innerhalb der geschichtlichen Zeit.

KATHARSIS
Asketischer Ausdruck, der eine Anstrengung zu innerer Reinigung bezeichnet.

KENOTISCH
kommt von *kenose:* Erniedrigung, Schleier der Schlichtheit, hinter dem die Göttlichkeit des Logos während seiner Inkarnation verborgen ist (Phil 2, 7).

KERYGMA
Verkündigung: Inhalt der katechetischen Predigt der Kirche in bezug auf die Evangelisation und den Übertritt der Ungläubigen.

KO-LITURGISCH
Am Priestertum Christi teilhabend.

KOMMUNICATION DER IDIOME
Perichorese. Austausch der Vermögen innerhalb der beiden Naturen Christi in der Einheit ihres Lebens in ihrer Eigenschaft als einzige Hypostase des Logos.

KOSMOGONIE
Lehre über den Ursprung des Universums. Der kosmische Akt ist der göttliche Akt der Weltenschöpfung.

META-GESCHICHTE
(meta = jenseits) das Fortschreiten geistiger Ereignisse in seiner Spiegelung in der Geschichte. Oberhalb reiner Erfahrungskausalität steht nun geistige Kausalität, die mit den Augen des Glaubens aufgefunden werden muß.

METANOIA
Geistige Umstellung, Rückkehr, Verwandlung. Reue oder Pönitenz in des Wortes stärkster Be-

	deutung, bis an die Wurzeln aller Sparten des Geistes (im Denken, Fühlen und Wollen), um zur natürlichen Einheit zurückzufinden. Das Ziel der Askese!
MIDRASCH	Rabbinischer Kommentar zur Heiligen Schrift, enthält die Halache (Gesetzgebung) und Haggada (Lehre).
MONARCHISMUS (GÖTTLICHER)	In der östlichen Patristik heißt *Monarchos* Quelle der Dreieinigkeit. Alles kommt von Ihm und kehrt zu Ihm zurück.
MONOTHELISMUS	Eine vom Monophysismus ausgegangene Irrlehre (eine einzige Natur sei in Christus), welche auch nur einen Willen in Christus behauptet. Sie wurde auf dem 6. Konzil (681) verdammt.
MYSTOGOGIE	Einweihung in die Mysterien. Titel eines Werkes von Maximus dem Bekenner über den verborgenen Sinn der Sakramente und der sakramentalen Handlungen.
ONTIK	bezieht sich auf das Sein als Dasein.
ONTOLOGIE	bezieht sich auf das Sein an sich.
PHÄNOMENOLOGIE	Beschreibendes Studium der Phänomene in ihrer Verwirklichung in Zeit und Raum. Das Phänomen (Erscheinung) ist eine offensichtliche und äußere Verwirklichung des Numinosen (wie Kant es ausdrückt), des Ding-an-sich, des geistigen und metaphysischen Kernes eines jeden Wesens, der logischer Erkenntnis verschlossen bleibt.
PLENIFIKATION	Die absolute Vervollständigung des noch in der Potenz begriffenen Anfangsstadiums im Sinne seiner Überschreitung. So ist das Reich Gottes das Überschreiten, die Vervollkommnung des Paradieses.
PLEROMA	Fülle, Vervollkommnung. Es handelt sich dabei immer um geistige Dinge. Die Kirche ist die Fülle Christi (Eph 1, 23).
PNEUMATOPHORUS	Träger des Heiligen Geistes.
SOBORNOST	Östliche Konzeption der „Katholizität" der Kirche, ihres „kollegialen" Charakters als einer Gemeinschaft in Leben und Glauben, unfehlbar gewiß in der Integrität ihres Leibes als Volk Gottes – vereint in Christus und seine Christophanie bildend.

SOPHIANISCH	Seinsqualität, welche die Weisheit Gottes widerspiegelt, oder besser noch die in ihm beschlossene Integrität.
SOPHIOLOGIE	Lehre der frommen russischen Denker über die Weisheit Gottes. Ein platonischer Gesichtspunkt, worin die Weisheit als Ort aller Prototypen erachtet wird – die Ideen Gottes über die Welt und ihre Wesen.
SOPHROSYNISCH	jungfräulich, keusch im geistigen Gefüge, untadelig. Eine Eigenschaft, die der Jungfrau Maria eingeboren ist.
SOTERIOLOGIE	Heilslehre.
STARETZ	bedeutet „alt" und bezeichnet alte Mönche (häufig ohne Priesterweihe). Sie sind erfahren, durch den Heiligen Geist erleuchtet und besitzen das Charisma der Seelsorge.
STOIZISMUS	Morallehre, vornehmlich des Zenon. Sie vermittelt die Unempfindlichkeit gegenüber dem Schmerz.
SYNAXE	Versammlung der Gläubigen zur Feier der Eucharistie.
SYNERGISMUS	Eine orthodoxe Konzeption der Beziehung zwischen Freiheit und Glauben. Unermeßliche, unauflösbare Zusammenarbeit, denn die Synthese ist keine gedachte, sondern eine wirksame, wirkmächtige. Es ist ein von beiden Intensionen übereinstimmend gewolltes Zusammentreffen. Gott gibt die Tugenden, aber der Mensch fügt jeder seiner Tugenden den Schweiß hinzu.
TELEOLOGIE	Konzeption des Endes, dem alles von Natur zugeordnet ist – man könnte auch sagen Finallismus.
TELOS	Endziel.
THEANDRISCH	bezeichnet das Geheimnis Christi. seine zugleich göttliche und menschliche Wirklichkeit. Im weiteren dann alles, was von diesem Mysterium ins christliche Leben ausstrahlt: die theandrische Natur der Kirche, der Heiligen Schrift (durch Eingebung) und aller kirchlichen Akte. Bei Pseudo Dionysius drückt „theandrische Kraft" den vollständigen Einklang des Willens und der Taten des Gott-Menschen aus.
THEOGNOSIE	bezeichnet bei den Vätern der Kirche (z. B. Gregor von Nyssa) die kontemplative Theologie.

THEOLOGISCHE „ORTE"	Dokumente, Anfänge der Tradition, liturgische Tatsachen, kirchliche Manifestationen, in welchen die Theologie die Prinzipien ihrer Beweisführung findet.
THEOMORPHOSE	Nach patristischem Sprachgebrauch: Gott wird Mensch, auf daß der Mensch durch Gnade Gott werde.
THEONOMIE	Ableitung vom göttlichen Gesetz.
THEOPHANIE	*Phanie* = Manifestation, Erscheinung, Offenbarung. So bei Theophanie, Christophanie, Hagiophanie, Doxophanie.
THEOSIS	Vergöttlichung, Durchgeistigung, Durchdringung des menschlichen Wesens mit göttlichen Kräften.
THEOTOKION	Troparius, ein liturgisches Lied von dogmatischem Inhalt zu Ehren der Mutter Gottes. Die byzantinische Musik kennt wie die gregorianische acht Modi oder Tonarten. Die jeweiligen Wochengottesdienste fußen auf einer der acht Tonarten. Das ist die je vorgeschriebene.
THEURGIE	Gotteswerk im Sinne der göttlichen, himmlischen Liturgie.

ANMERKUNGEN

1. *Or.* XXXI.
2. s. die eindringliche Studie von M. A. Cuttat, *La Rencontre des Religions*, Paris 1957.
3. s. Paul Florensky, *Colonne et Fondement de la Vérité*, Moskau 1914; 3. Kap.: Über den Zweifel.
4. Barn. IV, 13, A. Resch, *Agrapha*, Leipzig 1889–1906.
5. Das Buch von Camus: *La Chute* (Paris 1956), „Der Sündenfall", beschreibt den Verfall der Sinnlosigkeit selbst, die Atemlosigkeit ihrer Dialektik. Die schon auf der gedanklichen Ebene unlöslichen Probleme sind es noch mehr auf der Ebene des Handelns und gehen in eine jähe literarische Abhandlung von vollendetem Raffinement über, die der ebenso jähen und bis ins kleinste gehenden Auflösung eines Leichnams gleichkommt. Es scheint, als ob Camus – von Menschen gar nicht zu reden – an der Sinnlosigkeit selbst verzweifelt wäre. Der Nihilismus belauert jeden Aufruhr und entartet ihn. Denn er beginnt und endet mit der steten Frage: Wozu?

6. Immerhin nähert sich Heidegger einer Metaphysik des Seins, die nicht mehr systematisch „atheistisch" ist, sondern wieder zum Sinn des Heiligen zurückfindet. S. *Einführung in die Metaphysik*, Tübingen 1953. – *Zur Seinsfrage*, Frankfurt 1956.
7. *Epist. 7.*
8. *Le Phénomène humain*, Paris 1955; *Messe sur le Monde*, in: La Table Ronde, Juni 1956; *Apparition de l'homme*, Paris 1956; *Le Milieu divin*, Paris 1957.
9. Man muß diesen Ausdruck im Sinn des Buches von Lossky: *La théologie mystique* (Paris 1944) verstehen. Die Theologie der Väter ist immer mystisch. Das bedeutet von der Kirche gelebtes Dogma und ist nicht zu verwechseln mit der „Mystifikation" okkulter Wissenschaften.
10. Perichorese oder gegenseitige Durchdringung der beiden Naturen in Christus, wie sie im patristischen Denken verstanden wird.
11. Der Autor zitiert aus dem Roman, der im Deutschen den Titel: „Die Dämonen" führt. „Die Besessenen" ist der Titel der dramatischen Bearbeitung von Camus.
12. P. Haberlin, *Der Mensch*, Zürich 1941, S. 91.
13. „Ihr werdet den Diakon als Stellvertreter Christi lieben und die Diakonisse in ihrer Stellvertretung des Heiligen Geistes verehren." *La Didascalie*, IX, 82.
14. P. G. 61, 215; 62, 387.
15. *Le comportement sexuel de l'homme.*
16. *Der Geist als Widersacher der Seele*, 3 Bde. ³1953.
17. *Les Mandarins*, Paris 1954.
18. Merleau Ponty, *Phénoménologie et Perception*, Paris 1945, S. 199.
19. Seit Origines und Gregor von Nyssa neigten die Griechen dazu, in den ersten nach dem Bilde Gottes geschaffenen Menschen (Gn 1, 26) ein doppelgeschlechtliches Idealwesen zu sehen. So glaubten sie, würde dieser Mensch auch am Jüngsten Gericht gleich dem Christus verherrlicht auferstehen. Lot-Borodine, *La Doctrine de la Déification*, in: Revue de l'Historie des Religions, Januar 1932.
20. s. Maximus. s. L. Karsavine, *Die heiligen Väter und die Lehrer der Kirche*, S. 238, russisch.
21. *De hominis opificio*, XVI. Dieser Gedanke wird von Maximus wieder aufgenommen und erläutert. S. H. U. v. Balthasar, *Liturgie Cosmique*, Paris 1947; *Présence et Pensée*, Paris 1942; H. de Lubac, *Catholicisme*, Paris 1947, S. 327.
22. s. P. Kern, *Die Anthropologie des Gregor Palamas*, YMCA Press 1950, russisch; P. Florensky, *Les Pères de l'Église d'Orient des IV.-VIII. siècles* (2vol.), 1937; L. Karsavine, *Die heiligen Väter und Leh-*

rer der Kirche, Paris 1926, russisch; W. Lossky, *Essai sur la théologie mystique de l'Église d'Orient*, Paris 1944; P. de Labriolle, *Histoire de la Littérature latine chrétienne*, Paris 1929; A. Puech, *Histoire de la Littérature grecque chrétienne*, Paris 1930; F. Cayré, *Précis de Patrologie et d'Histoire de la Théologie*, Paris 1930; B. Altaner, *Patrologie*, Freiburg 1938.

23. Amphilochia, Questio CCLII.
24. Für die östlichen Väter bedeutet Theologie vor allem Theologie der Trinität. Auf disziplinarischer Ebene werden die häretischen Lehrer bezüglich der Trinität am strengsten bestraft.
25. Calvin: „Die Gnadenwahl annehmen und dabei eine Auswahl im Tode verwerfen, ist kindisch, ist eine schwerwiegende Torheit."
26. Der liturgische Text des Weihnachts-Offiziums sagt, Jo 1, 51 interpretierend, daß der Engel mit dem flammenden Schwert sich vom Baum des Lebens entfernt, der die Eucharistie symbolisiert.
27. P. G., 49, 401.
28. *Annus est Christus* – liturgisch gesehen ist das ganze Jahr und sind alle seine Tage Tage des Heils. Templum est Christus: alle Punkte des Raumes sind Teile des Templum mundi. Sie sind geheiligt im Maße ihrer Teilhabe an der Weltengegenwärtigkeit Christi.
29. So wie „das Bereuen", nach Isaak, „das Zittern der Seele vor den Pforten des Paradieses ist".
30. *Von der Rechtfertigung durch die Werke*, in: Philocalia, I.
31. Gerechtigkeit und Heiligkeit, aus welchem die Wahrheit hervorgeht (Eph 4, 24).
32. Die apophatische – negativ genannte – Theologie warnt vor der Gefahr rein begrifflicher Erkenntnis: „Die Gottesbegriffe schaffen Trugbilder." Wir können von Gott nur wissen, was Er nicht ist. Die apophatische Theologie schreitet nicht auf dem Wege verstandesmäßigen Erkennens vor; sie führt zur unio mystica und ihrem unaussprechlichen Wissen.
33. Dionysius Areopagita gab der Inkarnation den Namen Philanthropia – Menschenliebe; und das wird zum gebräuchlichsten Ausdruck in der Liturgie.
34. Mar Isaak Ninevitae, *De perfectione religiosa*. s. Irénée Hausher, *Un précurseur de la théorie scotiste sur la fin de l'Incarnation*, in: Rech. de Sciences Religieuses, 1932. Man kann ebenso den Einfluß des Maximus auf eine Lehre annehmen, die der westlichen von Duns Scotus vergleichbar ist. Bezüglich der Verschiedenheit der Betonung des mystischen Aspekts bei den Ostkirchlern und des moralischen bei den Lateinern in der Lehre über die Inkarnation s. den Art. v. F.

Vernet in: *Dictionnaire de Théologie Catholique* – t. VII, coll. 2469; P. Beuzart, *Essai sur la théologie d'Irénee.*
35. *Le Banquet des dix Vierges*, III, 4.
36. s. *Ad Thalassium Scholiae*, Cap. théol.
37. s. *Advers. haereses* und *Epideixis.*
38. s. *De Incarnatione contra Arianos.*
39. „Der Erstgeborene der ganzen Schöpfung" (Kol 1, 15); „Der zweite Mensch vom Himmel" (1 Kor 15, 47); „Der vom Himmel herabgestiegene Menschensohn" (Jo 3, 13).
40. *Agnus Dei*, Paris 1943.
41. Hebr 6, 19–20. s. Cassien, *Jésus le Précurseur*, in: Théologie v. 27, Athen 1956.
42. P. G. t. 36, col. 653.
43. Auf die Frage: Cur Deus homo? antwortet Irenäus in seiner berühmten Lehre von der recapitulatio, der Wiedereinordnung aller Glieder unter Christus, das Haupt. Von uns, dem betenden Osten, der lebendigen Barmherzigkeit, erwartet Gott die apocatastasis, die allgemeine Wiederherstellung der ursprünglichen Ordnung.
44. „Wir stimmen nicht mit der heutigen Zeit überein, aber wandelt euch in Erneuerung eures Geistes, auf daß ihr den Willen Gottes erkennen könnt" (Röm 12, 2). „Erneuert zu werden im Geiste, der euer Denken erleuchtet" (Eph 4, 23).
45. Man kann sagen, daß der griechische Text der LXX eine inspirierte Übersetzung ist. Z. B. wird Is 7, 14 *almah*, im Hebr. „junge Frau" in dem inspirierten Kommentar der griech. Übersetzung noch genauer bestimmt durch – *parthénos* – Jungfrau, und dann im Text des Evangeliums (Mt 1, 23) befestigt.
46. R. P. Horn, *La Vie dans le Christ*, in: Revue d'Ascétique et de Mystique, 1928.
47. s. B. Zenkovsky, *La structure hiérarchique de l'âme*, in: Travaux scientifiques de l'Université Populaire de Prague, II, 1929; *Das Bild des Menschen in der Ostkirche*, Stuttgart 1951.
48. s. B. Vycheslavtsev, *Le coeur de l'homme dans la mystique hindoue et chrétienne*, YMCA Press, Paris 1929; Max Scheler, Formalismus in der Ethik und die materiale Wertethik, 2 Tl, 1913/16; H. de B., *La Prière du Coeur*, Paris 1953; *La Prière de Jésus.* Chevetogne, in: Irénikon; *Le Coeur*, Études Carmélitaines 1950.
49. Es handelt sich hier nicht um das aus Erfahrung erkennbare Ich, sondern um das geistige, jedes Mittel der Erforschung, jede Neugier und alle Vernunftergründung überschreitende Ich. An der Grenze zwischen den Seinsebenen stehend, wird dieser Mittelpunkt des gan-

zen Menschen von C. G. Jung *Selbst* genannt. „Das Selbst ist ein zum Empfang der göttlichen Gnade bereiter Kelch."
50. „Der Geistige beurteilt alles, wird aber von niemandem beurteilt" (1 Kor 2, 15).
51. *De opificio hominis*, P. G. 44, 155.
52. s. Vycheslavtsev, *Das Bild Gottes*, in: Revue Voie, N. 49, russisch.
53. Die Liebe ist das Kind hoher Erkenntnis, sagt L. da Vinci, aber man muß auch umgekehrt sagen: Die Erkenntnis ist das Kind großer Liebe.
54. *Homo viator*, 1945, S. 32.
55. *Du Refus à l'Invocation*, Paris 1940, S. 190.
56. Basilius, Gregor von Nazianz, Gregor von Nyssa.
57. Ausdruck von Leontius v. Byzanz. Alle Natur verwirklicht sich nur in ihrem jeweiligen hypostatischen Mittelpunkt. Sie ist dort von ihrer jeweiligen Hypostase im Vorgriff umfangen *(Contra Nestorium et Eutychium)*.
58. Christologische Definition des 4. Ökumenischen Konzils 451.
59. In seiner Lobrede für Basilius gebrauchtes Wort von Gregor von Nazianz.
60. *De ambiguis*, P. G. t. 9, col. 1308 B.
61. *De professione christiana*, P. G. t. 46, c. 244 C.
62. P. G. t. 36, c. 632 C.
63. *Traité des valeurs*, Paris 1955, I/325.
64. ebd. I/428.
65. *Les puissances du moi*, 1948, S. 155–156.
66. Kierkegaard, *Post-scriptum*, 1846.
67. A. de Melbohm, *Démons, derviches et saints*, Paris 1956, S. 137.
68. P. G. 37, 776.
69. Für Maximus ist das der Gipfel der Freiheit, denn hier ist sie rein, ein-fältig und umfassend.
70. Der Ausdruck stammt von Congar, der das russische Wort „sobornost" damit übersetzt.
71. *Mystagogie*, P. G. t. 91, 668.
72. *Hom.* 65, n. 1, P. G. 59, 361.
73. P. G. t. 74, col. 560.
74. P. G. t. 44, col. 192 CD.
75. Proklamation.
76. s. P. C. Kern, *Anthropologie des hl. Gregor Palamas*, YMCA Press, Paris 1950, russisch.
77. Soteriologie: Heilslehre.
78. *De Incarnatione Verbi*, P. G. 25, 192.
79. *Adversus haereses*.

80. Brinkman, *Geschaffen nach dem Bilde Gottes*, Düsseldorf 1951; P. Bratsiotis, *Genesis* 1/26, in: Der Orthodoxen Theologie, in: Evangelische Theologie, II. Jahrg., Heft 7/8, München 1952; Paul Zacharias, *Signification de la Psychologie de Jung pour la théologie chrétienne*, in Synthèses, Nr. 115.
81. Klemens von Alexandrien, P. G. 9, 293 B; er sagt auch, daß die Juden das Gesetz empfangen haben, die Heiden die Philosophie und die Christen die Fülle der Wahrheit. *Strom.* VI, 9.
82. Die Begründung der Ikonographie nach den Canones des 7. Ökumenischen Konzils von Nicäa 787.
83. *Homilia*, XXVI, 1.
84. Prinzip der Intelligibilität, des Verstandes, der Klugheit, des Geistes. s. Régis Bernard, *L'image de Dieu d'après s. Athanase*, Paris 1952.
85. P. G. t. 31, col. 213 D.
86. P. G. t. 31, col. 909 BC; 912 A.
87. *Poëmata dogmatica*, VIII.
88. s. Makarius, *Homilia*, XXIII, P. G. t. 34, col. 591.
89. *De hominis opificio*, P. G. 44, 184 AC.
90. Gregor von Nyssa, P. G. t. 46, col. 244 C.
91. *Epistula ad Autolicum*, P. G. t. 6, col. 1025 B.
92. P. G. t. 79, col. 1193 C.
93. Die drei Würden des königlichen Priestertums der Gläubigen.
94. Mit allem Vorbehalt gegenüber der Urkundlichkeit und dem Ursprung der Makarius von Ägypten zugeschriebenen Homilien. Der Einfluß, der von diesen Schriften auf die Gestaltung der östlichen Mystik ausging, ist beträchtlich gewesen.
95. *Homilia*, XLV.
96. Das Urbild Gottes als Licht geht in den Menschen über. Gregor von Nazianz, *In Sanctum baptisma*, or. XV. Über die Umwandlung des Menschen in starkes Licht s. Gregor von Nyssa u. Gregor Palamas.
97. P. G. t. 44, col. 441 B.
98. P. G. t. 37, c. 1327.
99. Bergson, *Les deux sources de la morale et de la religion*, Paris 1932, S. 253.
100. Epistel des Barnabas, VI, 13.
101. *De fide orth.*, II, 12.
102. P. G. t. 150, col. 1148 B.
103. Das wesentliche Geschehen beim Sakrament der Firmung ist die Wiederherstellung der Ähnlichkeit, während die Taufe das Bild wieder herstellt.
104. P. G. 45, 21 C.

105. *De fide orth.*, I, 13.
106. *De fide orth.*, I, 9.
107. Ausdrücke, im 12. Jahrh. in der lateinischen Übersetzung von Averroës erschienen und durch Spinoza (*Ethik* I, 29) berühmt geworden. Die natura naturans ist das Prinzip des Lebens und Handelns; natura naturata das Gesamt der Wesen und Gesetze. S. auch Thomas von Aquin: *Summa theol.* I–II, 85; *De divin. nomin.* IV. 21.
108. s. Basilius Zenkovsky, *Das Problem des Kosmos im Christentum; Die grundlegenden Prinzipien der christlichen Kosmologie; Das Problem der Erziehung im Licht der christlichen Anthropologie.*
109. E. Trubetzkoï, Der Sinn des Lebens, Kap. III, russisch.
110. Unter den verschiedenen sophiologischen Konzeptionen seien die von Solowjew, Florensky, Boulgakoff, Prinz Trubetzkoï und B. Zenkovsky vermerkt.
111. P. G. t. 44, c. 161 C.
112. P. G. t. 31, c. 909 BC.
113. *In Cant.* h. 15.
114. *De ambiguis*, P. G. t. 91, col. 1308 B.
115. Isaak von Syrien. Russische Übersetzung, hrsg. von der theologischen Akademie Moskau, 1854.
116. P. de. Bachelet *(Dictionnaire de Théologie catholique*, t. 2 col. 688) vermerkt, daß das Denken der Väter nicht beim Einzelwesen stehen bleibt, sondern sich auf den Erdenplan der gesamten Menschheit erstreckt. – In seiner *Homilie über den Levitikus* zeigt Origines, daß Christus nicht imstande ist, die volle Seligkeit zu genießen, solange ein einziges Glied seines Leibes im Bösen versunken bleibt *(Lev. hom.* 7, n. 2). Denn „da ist nur ein Leib, welcher der Erlösung harrt". Gleicherweise Hippolyt: „Das Heil aller begehrend, ruft uns Gott auf, einen einzigen vollkommenen Menschen zu bilden." *(Sur le Christ et l'Antichrist*, c. 3 u. 4). Klem. v. Alex.: „Christus ist unteilbar in seiner Totalität ... Er ist der neue Mensch, der ganz vom Geist gewandelte" *(Protrepticus* c. 11); Maximus: „... den neuen Menschen ganz anziehen, der durch den Geist nach dem Bilde Gottes geschaffen ist." *Capit. Théolog. et oeconom.*, cent. 2 c. 27.
117. Jean Daniélou sagt: In dieser (der westl. Theologie) wird uns der „natürliche" Mensch gezeigt, dem die Gnade hinzugegeben wurde. In der Perspektive Gregors von Nyssa ist das Gegenteil wanr. Das Bild Gottes ist zuerst da, und ihm wird der „natürliche" Mensch hinzugefügt. *Platonisme et théologie mystique*, Paris 1944, S. 63. s. auch den Artikel von Y. Congar, *La doctrine de la déification*, in: Vie Spirituelle, 1935. H. de Lubac, *Surnaturel*, Paris 1946.

118. P. G. 46, 148 D.
119. Klemens von Alexandrien sieht die Urschuld darin, „daß unsere Vorfahren sich der Zeugung vor dem dazu bestimmten Zeitpunkt hingaben". *(Strom.* III, 18).
120. *Fragmenta in Proverbia,* XI, 7 – P. G. 39, col. 1633 B.
121. *Homil.* 51.
122. *Hom. spirit.* XV, 32.
123. „Der Mensch hat die Ausgießung der Gnade in sich selbst zum Stillstand gebracht" (Philaretus von Moskau, zitiert von Lossky, *Théologie mystique,* S. 126).
124. Gregor von Nazianz, P. G. 37, c. 2.
125. P. G. t. 32, c. 869 AB.
126. P. G. t. 3, c. 640.
127. P. G. t. 94, c. 800 BC.
128. P. G. 150, 1176 BC.
129. Lot-Borodine, *La Doctrine de la „déification" dans l'Église grecque jusqu'au XI. siècle,* in: Revue des Sciences philosophiques et théologiques, 1933, 1935; Lossky, *La notion des Analogies chez Denys,* in: Arch. d'hist. doct. du M. A., 1930.
130. Die eucharistische Konzeption der Ekklesiologie findet sich mit viel Kraft und Klarheit in der (russisch geschriebenen) Studie von N. Afanasieff *„Das Mahl des Herrn".* Er unterstreicht den Text Apg. 2, 1, wo Ekklesia die sehr gelungene Übersetzung des griechischen Ausdruckes epi to auto ist, was in der eucharistischen Syntax bedeutet: Alle sind am selben Ort vereinigt, um der einen und einzigen Sache der Eucharistie willen.
131. *La Vie en Christ,* übers. v. Broussaleux, S. 97, frz. 1931
132. N. Cabasilas nennt seine Abhandlung über die Sakramente: *„Das Leben in Christo".*
133. Für Makarius bedeutet „der Geist" im Menschen das Geschehnis der Durchdringung seines ganzen Wesens durch die Kraft des Hl. Geistes.
134. Maximus: *Quaest. ad Thalass.* P. G. 90, 25 B. Das ist bei Augustinus das Bild Adams. Er hat in seinem Fall und in seiner Zertrümmerung das ganze Universum mit seinen Scherben erfüllt. Gott sammelt die Teile, schmilzt sie in seiner Barmherzigkeit und stellt die zerbrochene Einheit wieder her.
135. *Liturgie cosmique* ist der Titel des Buches von H. U. v. Balthasar; es ergänzt die Theologie von Maximus dem Bekenner.
136. Gebet um die Heiligung der eucharistischen Gaben, Anrufung des Heiligen Geistes.

137. P. G. t. 37, col. 1327.
138. P. G. t. 150, col. 1081 AB.
139. Dr. Hesnard, *Morale sans péché*, Paris 1954; *s. auch L'Univers morbide de la faute*, Paris 1949.
140. Canon 102.
141. Angabe der Hauptwerke: *Traumsymbole des Individuationsprozesses*, Zürich 19, *Psychologie und Religion*, New Haven 1938; *L'Homme à la découverte de son âme*, Genf 1944; *Psychologie und Alchemie*, Symbolik des Geistes, Zürich 1944/48; *Aion*, Zürich 1954; *Antwort auf Hiob*, Zürich 1952.
142. *Le Divin dans l'Inconscient, L'Homme inconditionné*, 1949.
143. *Das Symbol in der Psychotherapie*, 1953; *La Psychoanalyse et la synthèse de l'existence*, 1952.
144. *Der Grundfehler C. G. Jungs*, in: Wissenschaft und Weltbild, 1953.
145. Etwa ein Drittel der Patienten leidet an einer klinisch nicht definierbaren Neurose. Sie leiden darunter, daß ihr Leben ohne Sinn und Inhalt ist. Jung: *Seelenprobleme der Gegenwart*, Zürich 1931, S. 96. Es ist die allgemeine Form heutiger Neurosen, daß der Mensch sich in seiner eigenen Leere langweilt.
146. Encyclopédie Médico-chirurgicale, Psychiatrie, t. III.
147. *Das Unbehagen in der Kultur*.
148. *Psychologische Typen*, Zürich 1921, Kap. II, 2.
149. Es ist das Problem der Maske, hinter der der Mensch sich verbirgt, das Thema von Pirandello und der Romane Dostojewskis.
150. Das „Erkenntnisproblem dritten Grades" von Spinoza (3. Tl. der *Ethik*) stellt eine sehr persönliche Ausnahme dar.
151. *Philocalia* (russisch), t. III, S. 372
152. Jeder Verfall des Glaubens drückt sich sofort im Verfall der Ikone aus, die zum naturalistischen Bild absinkt.
153. *Homil*. XV, 20.
154. Der Antichrist in den *Drei Gesprächen* von Solowjew.
155. *La vie en Christ*, übers. v. Broussaleux, S. 51, 52, frz. 1931
156. *La vie en Christ*, übers. v. Broussaleux, S. 95, frz. 1931
157. *Entretien de s. Séraphin sur le but de la vie chrétienne*, Teilübers., Semeur 1927.
158. *Philocalia* (russisch) v. I., Enseignement sur la vie en Christ.
159. S. A. J. Wensinck, *Isaac of Nineveh*, Mystic Treatises, Amsterdam.
160. J. P. Sartre, *L'Etre et le Néant*, 1943, S. 713.
161. J. P. Sartre, *La nausée*, 1938, S. 170.
162. G. Bataille, *L'experience interieure*, S. 59. Das ist genau die Erfahrung Kirilows in den „Besessenen" von Dostojewski. Wer sich auf

Gott verläßt, endet als ein Wesen, das Selbstmord begeht und im erhabenen Augenblick in Lachen ausbricht.
163. Die *metanoia*, Wandlung und Wiederherstellung, ist keine Tat, sondern ein Zustand der Seele und hat darum kein eigentliches Ende. Der entgegengesetzte Zustand ist die *acedia*, die als „Empfindungslosigkeit des versteinerten Herzens" zu bezeichnen ist.
164. „Die Tränen der Buße führen die Wasser der Taufe fort", sagt Johannes Klimakus. S. Lot-Borodine, *Le mystère du don des larmes dans l'Orient chrétien*, in: La Vie spirituelle 1936.
165. Seraphim meint die drei im Menschen handelnden Willen: den göttlichen, menschlichen und teuflischen. S. A. D'Alès, *La doctrine de la récapitulation en s. Irénée*, in: Rech. des sciences religieuses 1916.
166. *Advers. haeres.* IV, 185.
167. *De la justification par les oeuvres. Philocalia* v. I. (russisch).
168. N. Cabasilas sagt in seiner *Explicatio Div. Lit.:* „Wir geben ein Leben im Tausch für ein anderes. Unser Leben geben heißt sterben. Da der Herr uns an seiner Auferstehung teilnehmen läßt, erwartet er, daß wir eine Gegengabe bringen. Aber was ist das? Die Nachahmung seines Todes: das geschieht, indem wir dreimal im Wasser der Taufe wie in einem Grabe untertauchen." Lot-Borodine fügt hinzu: „Die Nachahmung ist also hier ein Opfer, das die Taufe in die Nähe des Sakramentes des Altares rückt, wo die beiden heiligen Gestalten des Abendmahles die Gaben sind. *La grâce déifiante des sacraments*, in: Rech. des sc. phil. et théol. 1936, S. 322, n. I.
169. S. Troubetzkoï, *Konzeption der Welt bei V. Solowjew* (russisch).
170. Behr-Sigel, *Prière et Sainteté dans l'Église Russe*, Paris 1950, S. 139.
171. s. Gregor von Nyssa P. G. 44, col. 1157; Maximus. P. G. 40, col. 840; und zwei mss. von Luc, die Soden zitiert.
172. P. G. t. 151, col. 433 B.
173. Diese Vereinigung ist niemals Wesensverschmelzung. Die hypostatische Vereinigung *kata ousian* in Christus ist einmalig. Unsere Vereinigung mit Christus ist *kata physin*.
174. Die beste und tiefgehendste Einführung in diese Tradition ist in der Studie eines Mönches der Ostkirche gegeben: *Das Gebet Jesu*, Chevetogne 1951. S. auch *Récits d'un pèlerin Russe*, Neuchâtel 1948; *La prière du Coeur*, H. de B., Paris 1953.
175. Korrespondenz von Barsanuphus und Johannes, 1816 in Wien von Nikodemus dem Hagioriten herausgegeben. Der Wortlaut wird von einem Mönch der Ostkirche im *„Gebet Jesu"* S. 26, 27 zitiert.
176. N. Gorodetzky, *The Prayer of Jesus in Blackfriars*, 1942, S. 74–78.
177. Johannes Klimakus, *Leiter des Paradieses*. P. G. t. 88, col. 596–1209.

178. *Pasteur*, III, c. XIV.
179. P. G. t. 143, c. 401 B.
180. P. G. t. 79, c. 1193.
181. s. Lot-Borodine, *De l'absence de stigmates dans la chrétienté antique*, in: Dieu vivant, Nr. 3.
182. *Cherubinischer Wandersmann*. V. Kahlert, *Angelus Silesius*, Breslau.
183. *Theol. Myst.*, I, 3.
184. *Hom.*, 49/4, 44/8.
185. *Hom. sur la présentation de la S. Vierge au temple*.
186. P. G. t. 150, col. 932 D.
187. *Hymnes de l'Amour divin*.
188. Makarius, *Hom. Spir*, 43/7.
189. *De fide orth.*, I/30.
190. *Scala paradisi*, VII.
191. *Wensinck*, S. 310.
192. *Sentences*, Paris 1949, S. 17. (Isaak)
193. Im Gegensatz dazu gibt Nietzsche den Rat: Stoße, den du taumeln siehst. Und die rabbinische Weisheit sagt: Rühre einen Betrunkenen nicht an – er fällt von selber.
194. s. Isaak, *Sentenzen*.
195. s.Isaak v. Syrien, in: *Wensinck*, S. 341, 342.
196. Gregor von Nyssa, P. G. t. 45, 580 C.
197. Gregor von Nyssa, P. G. t. 44, 869 A.
198. Gregor von Nyssa, P. G. t. 44, 828 BC.
199. Gregor von Nyssa, P. G. t. 44, 852 A-B.
200. Gregor von Nyssa, P. G. t. 44, 401 A-B.
201. Simeon, *Homilie*, XC, zitiert von Lossky: *Théologie mystique*, S. 230.
202. *Wensinck*, S. 118.
203. Gregor von Nyssa gebraucht den paulinischen Ausdruck der Epektase (Phil 3, 14) im stärksten Sinne des Wortes. Er bedeutet Schwung – die äußerste Spannung, in der die beiden Aspekte eines Aktes zusammengenommen sind. Die Ek-stase, das Heraus-, und die En-stase, das Hineinströmen. Die Seele wirft sich aus sich heraus, dem ganzanderen entgegen, und dieses andere nimmt Wohnung in ihr. Es wohnt der Seele noch stärker inne als sie sich selbst. Das erklärt so paradoxe Redewendungen wie: „Gott finden beruht darauf, ihn unablässig zu suchen", oder: der Mensch „geht von der Tatsache aus, an der er stehen geblieben ist", oder: „Er ist ein Brunnen lebendigen Wassers." S. J. Daniélou, *Platonisme et théologie mystique*, 1944; H. U. v. Balthasar, *Présence et Pensée*, 1942.

204. *De exhort. Cast.* c. VII. S. A. D'Alès, *La Théologie de Tertullien*, Paris 1905.
205. Kanon 35 der Kanones des Hippolyt sagt: „Was die Laien betrifft, so geziemt es ihnen nicht, das Brot (mit dem Kreuz) zu zeichnen. Sie mögen es lediglich brechen, ohne noch etwas anderes zu tun." Man sieht klar die charismatische Linie der Ordination, die das geweihte Priestertum und das Laienamt auf sakramentaler Ebene von einander abgrenzt.
206. H. Denzinger, *Ritus Orientalium*, Würzburg 1863, S. 392–394.
207. ebd., S. 375; S. 486.
208. P. G. t. 33, col. 996.
209. Die Zeichnung auf der Stirn bedeutet: das Zeichen, daß ihr als Lamm Christi gekennzeichnet seid, als Soldat des himmlischen Königs (Theodor von Mopsuestia); in: A. Minyana, *Woodbrooke Studies*, Cambridge 1933, S. 46.
210. „Die Ölung, die er (der Bischof) auf dem Kopfe vollzieht, stellt sich im Inneren der Seele in den Tugenden dar. Man ist durch sie zum Opfer und zur Hostie bereitet, zu nichts anderem, als sich selbst zur mystischen Opfergabe darzubringen." Gregor v. Nyssa, *De Orat. Dominica*, orat. III; P. G. t. 44, 1149 AC.
211. *Epist. I, ad monach.* Aegypti. P. G. t. 77, 20 BCD.
212. *De Instit. cleric.* I, 28–29.
213. „Es gibt nur eine Traurigkeit – nicht zu den Heiligen zu gehören." Léon Bloy in *La femme Pauvre*, 1897.
214. *Homil.* XXVII, 4. P. G. t. 34, 696 BC.
215. *Homil.* XXV, 5.
216. *Homil.* XVI, 1.
217. Brightman, *Liturgics Eastern and Western*, Oxford 1896, Vol. I, S. 72.
218. *Comment. in Epit. II ad Cor.* c. 11. P. G. t. 118, 932 CD.
219. *In Lev., hom. IX*, nr. 9 P. G. t. 12, 521–522.
220. *Orat.* II, XCV.
221. *Orat. adv. iconom.* c. V.
222. P. G. t. 96, 693 B.
223. Lot-Borodine, *La grâce déifiante des sacrements*, S. 696, note 1, in: Revue des sc. phil. et théol., Tome XXIV, 1935.
224. P. G. t. 22, 92–93.
225. P. G. t. 118, 932 CD.
226. P. G. t. 124, 812–813.
227. P. G. t. 46, col. 244 C.
228. Das größte und schlimmste Unglück wäre es, diese Freiheit der weltlichen Macht zu verkaufen.

229. Der Hauptgedanke des bemerkenswerten Buches von A. Kartacheff „Die Wiederherstellung des heiligen Rußland" (russisch).
230. S. H. Marrou, De la connaissance historique, Paris 1954; R. Niebuhr, The Nature and Destiny of Man, New-York 1943; O. Cullmann, Christ et le temps, Neuchâtel 1947; K. Löwith, Meaning in History, Chicago 1949; L. Bouyer, Christianisme et Eschatologie, in: Vie Intellect. 1948. G. Thils, Théologie des Réalités terrestres, Paris 1949; J. Picper, La Fin des Temps, Paris 1953; H. U. v. Balthasar, Théologie de l'Histoire, Paris 1955; J. Daniélou, Essai sur le Mystère de l'histoire, Paris 1953; ders., Christologie et Eschatologie, in: Das Konzil von Chalkedon, Würzburg 1954; J. de Senarclens, Le Mystère de l'Histoire, Genève 1949; Die Artikel von L. Malevez, in: Nouvelle Revue théologique, LIX, LXXI (1937, 1949); R. Mehl, Temps, Histoire, Théologie, in: Verbum Caro, Nr. 6, 1948; E. Brunner, La Conception Chrétienne du temps, in: Dieu Vivant 1949; P. Ricoeur, Le Christianisme et le sens de l'Histoire et Vérité, 1955; S. Boulgakoff, La Fiancée de l'Agneau, YMCA Press, 1945, russisch.
231. „An den letzten Tagen werden Spötter kommen voll loser Reden .. Sie werden sagen: Wo ist nun das Versprechen seiner Ankunft? Seit die Väter tot sind, bleibt alles wie am Anfang der Schöpfung" (2 Petr 3, 3–4).
232. Homil. V. 6.
233. Philocalia, v. I., S. 131. Über Liebe und Angst s. Oscar Pfister, Das Christentum und die Angst, Zürich 1944.
234. Die österliche Wiedererweckung – der Übergang – macht aus dem Durchgang ein Innewohnen, und seitdem ist der Tod christlich. Er ist nicht mehr der gewaltsam Eindringende, sondern der große Einweihende in das Mysterium des Lebens. S. Le Mystère de la Mort et sa célébration, Lex Orandi, Nr. 12; Lot-Borodine, La Béatitude dans l'Orient chrétien, in: Dieu vivant, N. 15.
235. De opificio hominis, cap. 25, 27.
236. Wensinck, XXVII, S. 136.
237. S. Boulgakoff, Die Braut des Lammes, russisch.
238. Man kann das Wort von Loisy zitieren: Man erwartete das Reich Gottes und die Kirche kam. L'Évangile et l'Église, 1902, S. 111.
239. J. Wilpert, Fractio panis, Freiburg 1889, S. 116–117; A. G. Martimort, L'iconographie des catacombes et la catéchèse antique, in: Rev. Arch. Christ., Rom 1949; W. Weidle, Das Mysterium der Taufe in der frühchristlichen Kunst, in: Pensée orthodoxe, Nr. VI. (russisch)
240. Synode von Konstantinopel 869.

241. *Origines de l'alchimie.*
242. Andre George, *Clarté et mystère dans la connaissance scientifique,* in: Cahiers Recherches et Débats, Nr. 4.
243. *Continu et Discontinu,* Paris 1946, S. 98.
244. Ph. Franck, *Einstein, sein Leben und seine Zeit.* (Nachruf).
245. Léon Bloy, *La Femme Pauvre,* Ed. Mercure de France 1951, S. 279.
246. zitiert von W. Vischer in: *La Loi ou les cinq Livres de Moïse,* S. 52.
247. N. Berdjajew, *Der Sinn der Geschichte,* dt. Darmstadt 1925.
248. W. Vischer, *La Loi ou les cinq Livres de Moïse,* S. 54.
249. Martin Buber, *Die chassidische Botschaft,* 1952.
250. Und umgekehrt muß man angesehen werden, um zu leuchten. Die Augen sind „Träger des Lichtes" (Platon, *Timaios* 456). Nach Plotin ist das Auge „sonnenförmig" (*Enn.* I. 6, 9). „Der Heilige Geist hebt den Schleier von der Seele, und die Seele wird Licht, sie wird ganz zum Auge..." Makarius *(Philocalia* I, 261).
251. Die westliche Überlieferung folgt der Vulgata: Die Finsternis hat ihn nicht aufgenommen... und sie unterstreicht den Widerstand der Finsternis. Die östliche Tradition folgt Origines. Die Finsternis hat ihn nicht besiegt... und unterstreicht die Unbesiegbarkeit des Lichtes. Der Reichtum der johanneischen Fassung vereinigt sehr glücklich die beiden Bedeutungen des griechischen Verbes *katalambano.*
252. *De opif. homin.,* cap. 21.
253. *Kommentar zur Genesis.*
254. *Der Doppelgänger.*
255. P. Florensky, *La Colonne et l'Affirmation de la Vérité.* Lettr. VII.
256. Erinnern wir uns noch einmal des Ausspruchs von Gregor über Athanasius: Er ist das Auge des Universums. Denn durch seinen Ausdruck „konsubstantiell" können alle Menschen die göttliche Wahrheit erkennen.
257. Basilius sagt, daß die Sünde Adams das menschliche Wesen gespalten habe (*Constitut. monasticae,* cap. 18/3). „Der gefallene Adam, der irgendwie entzweigebrochen ist, hat die ganze Welt mit seinen Bruchstücken erfüllt", sagt Augustin (95, n. 15). Gleicherweise Anastasius der Sinaite: „Jeder wird mit sich und den anderen entzweit" (P. G. t. 89, 621).
258. Irenäus wählt den Ausdruck von Paulus (Eph 1, 10) im Sinne allgemeiner Integration; „eine einzige göttliche Harmonie, eine einzige Symphonie vom einzigen Meister des Chores dirigiert, welcher der Logos ist" (Klemens von Alexandrien, Protreptikos c. 9); „ein einziger Chor, der zugleich himmlischer und irdischer Natur ist, zur Wie-

dererscheinung Christi" (N. Cabasilas, *Explication de la divine liturgie*, Paris 1943, c. 20).
259. „Fest des Lichtes" nach einem Ausdruck von Gregor von Nazianz (*Or.* XI, 46); das Licht des Tabor macht es sichtbar.
260. II Clementis ad. 1 Kor 12, 2. S. Resch, *Agrapha*, S. 93.
261. Von daher kommt die für die Psychiatrie so beunruhigende Erscheinung, daß der „striptease" zum Mittelpunkt der Zerstreuungen moderner Menschen werden konnte. S. auch über die Degeneration des Eros in der sexuellen Technik bei D. H. Lawrence, *L'Amant de Lady Chatterly*, ebenso die Romane von Françoise Sagan.
262. Nach den Vätern heißt die Zerstörung des Fellkleides, um der Bekleidung mit dem königlichen Mantel willen, wovon die Bibel spricht, „sich mit Licht bekleiden". Das ist der Sinn des Ritus der Entkleidung beim Sakrament der Taufe.
263. P. G. 8, 260 C.
264. P. G. 82, 1489 B, 1497 BC, 1504 AB.
265. Leben der Väter, v, 18, 19.
266. Von Theophanus dem Einsiedler ins Russische übers. Moskau 1891.
267. Die Frauen haben niemals die rein priesterlichen Funktionen innegehabt, aber sie nehmen teil an der Evangelisation und unterstützen die Geistlichen in den weiblichen Belangen. Das Apostolische Reglement spricht von der Ordination der Diakonissinnen durch Auflegung der Hände, was eine niedere Weihe bedeutet, und so gleicherweise der 19. Kanon des Konzils von Nicäa und der 15. von Chalzedon.
268. P. G. 31, 664 D, 625 A. Man erinnere sich der Namen Olympias, Sabiniane und Macrine.
269. Gebet vor der Heiligen Kommunion.
270. s. S. 234.
271. Auch Indien und China haben den Übergang vom Matriarchat zum Patriarchat kennengelernt. Sie hatten mehrere Kulturperioden. Es wäre besonders interessant, Indien zu studieren, denn seine letzte Entwicklungsphase (vor und zugleich mit dem Schock, den der Westen erlebte) ist durch die Wiederaufnahme alter weiblicher Symbole in Verbindung mit dem Tantrismus gekennzeichnet. Die Lehre der Shakti kann als hinduistische Sophiologie betrachtet werden.
272. Buytendijk zeigt in seinem Buch *Die Frau* (Köln 1953), daß das Männliche vom biologischen Standpunkt als „zufällig" und „problematisch" erscheint, denn die Natur und die Entwicklung ist von der weiblichen Fruchtbarkeit her bestimmt. Und außerdem „könnte man in Anbetracht der Langlebigkeit und der Widerstandsfähig-

keit gegen Krankheiten sehr wohl sagen, daß die Frau das starke Geschlecht repräsentiert." S. 133.
273. Was auch schon mit großer Eindringlichkeit im Bericht von Sodoma und Gomorrha enthalten ist, wo es nicht die gefallenen Engel sind, die die Töchter der Menschen begehren, sondern wo sich die menschliche Begehrlichkeit auf die Engel richtet.
274. *Das Mutterrecht*, 1861.
275. *Myth in primitive psychology*, New-York 1926.
276. Es ist zu unterscheiden zwischen der allgemeinen Kraft des sexus, der dem ganzen von den Impulsen des Geschlechtes durchströmten Menschen innewohnt, und rein physiologischer sexueller Kraft. Die erstere drückt sich nur teilweise durch die letztere aus, und es besteht Gefahr, wenn sie sich ganz in sie verlieren wollte.
277. s. ihr dritter Roman: *Dans un mois, dans un an*, Paris 1957, ebenso die etwas gemäßigteren Nachahmerinnen, die Amerikanerin Pamela Moore, *Chocolates for breakfest*, Paris 1956, und die junge Türkin Assia Djebar; *La Soif*, Paris 1957.
278. Die Renaissance ist noch tief vom Platonismus und der Gnosis geprägt. Der Wandel vollzieht sich vom 17. Jahrh. ab.
279. In einer ausführlichen Studie müßte das alles sehr viel genauer untersucht werden. Während sich z. B. im Westen die sehr bestimmte Vorstellung der „Dame" in ihrer aristokratischen Tradition noch auf den Platonismus der Renaissance zurückführen läßt, wird im Fernen Osten die Frau fast ausschließlich auf die Qualität der Ausübung ihrer Mutterpflichten hin gewertet. Eine unfruchtbare Frau wird unbarmherzig verstoßen. In Indien war es ein Gebot der Treue der Frauen, daß die lebendige Witwe sich mit dem Leichnam ihres Mannes verbrennen ließ.
280. Bis zu dem Grade, daß die Gefahr besteht, sich so sehr in reiner Weiblichkeit zu verlieren, daß dahinter das Wesen der Person verschwindet.
281. Einer der großen islamischen Mystiker ist eine Frau, Rabiah.
282. Die Frau ist „die Pforte der Hölle" (Tertullian, *De cultu feminarum*). „Das Himmelreich ist das Vaterland der Eunuchen" (*De monogamia*, III, 8). Ambrosius sagt: „Die verheirateten Personen müssen erröten über den Zustand, in dem sie sich befinden." (*Exhortatio virginitatis*, P. L. t. 16, col. 346).
Für Klemens von Alexandrien gilt: „Jede Frau müßte bei dem Gedanken, daß sie Frau ist, von Schande gebeugt sein." (*Paedagogus* II, 2, P. G. t. 8, col. 429). Für Thomas ist *copula* immer mit *cum*

quadam rationis jactura verbunden *(Summa Theol.* I, sent. 2, dist. 20, q. 1).
283. *The Dove's Neck-ring,* übers. v. Nykl, Paris 1931, S. 6.
284. L. Gillet, *Dante,* S. 22.
285. *Lo Breviari d'Amor.*
286. J. Anglade, *Les troubadours,* Paris 1944, S. 294; Robert Briffault, *Les troubadours,* Paris 1945, S. 138; D. de Rougement, *L'amour et l'occident.*
287. Dr. Erich Neumann untersucht in seinem Buch *(The Great Mother,* London) die Phänomenologie des Begriffes „weiblich". Er entdeckt im weiblichen Archetyp zugleich den Aspekt „liebend – nährend" wie auch „verschlingend – zerstörend". Die Geschichte der Menschheit ist der Kampf des „Helden" gegen die „Mutter", und diese ist die Kirche, die Sophia, die Madonna. Man achte auf die zentrale Stellung der Mutter in der Lehre von Srhi Aurobindo.
288. *A room of one's own,* zitiert von S. de Beauvoir, in: *Le deuxième Sexe,* Paris 1949, S. 177.
289. ebd. S. 178
290. Eine Reihe aus dem Personenkreis Sartres vom Typ des „Taugenichts" bezeichnet jenes unbestimmte „man" Heideggers, das nicht zu eigenem Entschluß kommen kann.
291. „Man achte bei Gal 3, 27–28 auf die maskuline Form *eis.* In Christus sind wir kein Ding, sondern vielmehr, wenn man so sagen darf, eine einzige Person." H. de Lubac, *Catholicisme,* S. 87.
292. Origines, *In Levit. hom.* 7, nr. 2.
293. 691
294. Durch diesen Ausdruck hebt H. Otto die Wichtigkeit des Numinosen hervor (von *numen,* das Göttliche, insoweit es transzendiert).
295. Für Kyrill von Alexandrien drückt der Heilige Geist selbst die göttliche Heiligkeit aus, und das „Dreimalheilig" zeigt das auf.
296. Ein von Origines zitiertes Agraphon. *Jerem. hom.* XX, 3.
297. Kyrill von Alexandrien, zitiert von Lot-Borodine, *La grâce déifiante,* S. 695.
298. 787 in Nicäa: die Verdammung des Bildersturms und die Verkündigung dei Canones über Ikonographie.
299. Röm 1, 7: „Christen sind Heilige durch Gottes Berufung" (übers. J. Huby) aus Sündern gemacht. Die Kirche in ihrer Gesamtheit als corpus Christi ist heilig. Jeder zu ihr Gehörige ist heilig im Maße seiner Teilhabe am Mysterium der Kirche und ihrer Heiligkeit.
300. Simeon der neue Theologe, *Hymnes de l'Amour divin.* Übers. ins frz., in: Vie spirituelle 1931, S. 202.

301. Die bei Makarius so wohl formulierte Antinomie muß voll aufrecht erhalten werden. „Es gibt nichts Gemeinsames zwischen der Natur Gottes und der des Menschen, und zugleich ist es die Bestimmung des Menschen, sich in göttliche Natur zu verwandeln" *(Hom.* 49/4, 44/8). „Wir erlangen die Teilhabe an der Natur Gottes, und sie bleibt doch gleicherweise völlig unerreichbar. Wir müssen beides zugleich aussagen und dabei doch die Antinomie als ein Kriterium des Glaubens im Sinne haben. Gregor Palamas, P. G. t. 150, col. 932 D.
302. *Philocalia,* t. I, Kapitel: Rechtfertigung der Werte.
303. Nach Maximus besitzt der Mensch zwei Flügel: Die Freiheit und die Gnade.
304. *Homilie über die Himmelfahrt,* zitiert von V. Lossky, *Théologie mystique,* S. 137.
305. Eine gute Deutung der Frage und kritische Bibliographie in *Études mariales, Marie et l'Église* (Bulletin de la societé française d'études mariales, IX, 1951). Y. Congar, *Le Christ, Marie et l'Église,* 1952; L. Bouyer, *Le Culte de la Mère de Dieu dans l'Église catholique,* in: Irénikon 1950.
306. P. G. t. 8, 300.
307. P. G. t. 77, col. 996.
308. *Aion* (Psychologische Abhandlungen, Band 8), Zürich 1951, S. 65. – Jung ist kein Theologe, sondern ein großer Psychologe. Ich übernehme durchaus nicht das ganze System der Jungschen Gnosis. Ich wählte nur ganz frei einige seiner Intuitionen aus, die mir erhellend und sehr brauchbar für eine korrekte christliche Schau erschienen.
309. P. G. t. 12, 156.
310. Gregor von Nazianz, Orat. I, 7, P. G. t. 37, 288.
311. nach Maximus: „Gott dürstet nach der Vergöttlichung des Menschen" *(5. Kap.* I, 74).
312. *Hexaëmeron* 8, P. G. t. 89, 97i C.
313. *Quest. ad. Thal.* P. G. t. 90, 412 A.
314. P. G. t. 1, 128 B.
315. Betreffs des von uns herangezogenen Buches Jungs „Die Antwort auf Hiob" muß man sich klar darüber sein, daß Jung nicht von Gott an sich, sondern von der Entwicklung der Vorstellungen spricht, die sich die Menschen von Gott, von Jahwe, von Christus machen. Ich habe nicht den ganzen Inhalt des Buches wiedergegeben, sondern nur zwei oder drei sehr durchschlagende Überlegungen, die ich in meinem Text in Einklang mit der korrekten Überlieferung gebracht habe.
316. Jede Ikone der das Kind im Arm haltenden Madonna verdeutlicht es.

317. Dionysius Areopagita *De Div. nom.* Cap. IV, 10, 12, 14. Maximus P. G. t. 90, col. 1383–1387.
318. Aristotelischer Ausdruck für Wesensform, – Wort, das die Aktualisierung einer Potenz bedeutet.
319. Allein der Palamismus, seine Lehre über die göttlichen Kräfte, ererlaubt, zu einer korrekten Sophiologie zu kommen.
320. N. Cabasilas, von Lot-Borodine in *La Grâce déifiante, S. 230*, zitiert.
321. Es handelt sich hier nicht um Abraham, sondern um eine vom Metropoliten Philaretus formulierte Darstellung. „Der Vater ist die Liebe, die kreuzigt, der Sohn die Liebe, die gekreuzigt wird, und der Heilige Geist die unbesiegbare Kraft des Kreuzes. Der Patripassionismus ist ausgeschlossen. Der Vater leidet nicht in sich selber, sondern im Sohn.
322. P. G. t. 81, 128 A.
323. H. de Lubac, *Méditations sur l'Église*, Paris 1954, S. 194.
324. Für die Väter besitzt die Geburt Christi neben der Bedeutung des Mittels der Menschwerdung zusätzlich den Wert eines Zeichens als sichtbares Gegenstück zu der unsichtbaren Geburt „durch den Heiligen Geist und die Jungfrau". Von da her kommt das Bild des Geborenwerdens der Gläubigen *ex fide et Spiritu Sancto*. Der Glaube eines jeden unter ihnen ist eingeschlossen und verwurzelt im *fiat* der Jungfrau.
325. von Lossky in *Théologie Mystique*, S. 137, zitiert.
326. Hierin drückt sich die Zurückhaltung kataphatischer Versicherungen aus, die Ehrfurcht vor dem Mysterium, das mehr denn je „im Schweigen zu verehren" ist.
327. N. Cabasilas, *La Vie en Jésus-Christ*, frz. übers. v. S. Broussaleux, S. 125.
328. ebd. S. 73.
329. Eine Verkündigungsikone zeigt den Engel Gabriel ein Kreuz haltend. S. *Recueil des sermons* von S. Boulgakoff.
330. Das Thema ist in den liturgischen Gebeten behandelt, die durch einen Ausdruck benannt werden, der das Kreuz und die Theotokos zusammenfaßt.
331. Auf der Ikone der Deisis dargestellt.
332. Wird jeder Gläubige in der eucharistischen Vereinigung konsanguin mit Christus, so ist es die Jungfrau schon aus dem einzigen Belange ihrer mütterlichen Beziehung heraus.
333. von *odegeo*, führen. Es bedeutet die auf dem Wege des Lebens Führende. Die Mönche brachten diese Ikone auf ihren Schiffen an.
334. Omophorion kommt von *omos*, Schulter, und *phero*, tragen. Es ist das

Bild des guten Hirten, der das verlorene Schaf auf der Schulter trägt
– die menschliche Natur. Ohne die geringste Verbindung zur priesterlichen Gewalt des Bischofs beschützt die das Omophorion tragende Jungfrau die menschliche Natur und bedeckt sie mit ihrer mütterlichen Fürsorge. René Laurentin *(Essai sur un malaise théologique, Marie et le sacerdos,* in: Nouv. Revue Théol. 1947) vermerkt: Unserem Schluß nach müßte man die Lehre vom „Priestertum der Jungfrau" trennen von dem Titel „Jungfrau-Priesterin", der ihr immer schlecht gedient hat. S. 283.
335. Camus, *L'Homme révolté,* 1952.
336. Die *Kreutzersonate* von L. Tolstoi; Vater Therapontus der *Brüder Karamasow,* Dostojewski.
337. „Wenn ich meine Brüder bis zur Hingabe meines Lebens liebe ... wenn die Welt mir ans Kreuz geschlagen erscheint und ich mit ihr, so habe ich Gott an seinem Altar ein Opfer gebracht und bin zu meinem eigenen Opfer bereit." (Origines, *In Leviticum,* hom. 9.); „Niemand kann am Opfer teilhaben, der nicht bereit ist, sich selber zum Opfer zu bringen." (Gregor von Nazianz, *Orat.* II, XCV); „Man ist zu Opfer und Hostie bereitet, wenn man im mystischen Opfer sich selbst darbringt." (Gregor von Nyssa, *De orat. Dominica,* orat. III); Andreas von Kreta wendet sich an die Jungfrau: „O Wolke des Lichtes ... um mit deinen mütterlichen Augen das auserlesene Volk und das Geschlecht der Heiligen zu erleuchten." P. G. t. 97, 812 B. Johannes Damascenus richtet den Lobgesang an die „junge Opferpriesterin Gottes, die vom Dufte der Reinheit umgeben ist ... ausgegossenes Öl, das ist dein Name." (P. G. t. 96, 693 B).
338. Wie Henri de Lubac sagt: „Im Raum des allgemeinen Priestertums befindet sich ein ‚besonderes Priestertum' für einen besonderen Dienst, wie Leo der Große es nennt. Es handelt sich um das ‚innere Priestertum', das allen gemeinsam ist, und das ‚äußere Priestertum', das einigen vorbehalten bleibt." *Méditations sur l'Église,* 1953, S. 119.
339. Termino fisso d'eterno consiglio, bei Dante.
340. s. Boulgakoff, *L'échelle de Jakob,* Paris 1929, Kap. II (russisch).
341. E. Renaudot, *Lib. orient.,* coll. t. II, Paris 1716, S. 364.
342. W. Iljin, *Seraphim von Sarow,* S. 18, 26 (russisch).
343. In dem Gebet wird Seraphim „Lehrer der Mönche" und „Gesprächspartner der Engel" genannt.
344. „Der Heilige Geist ist ein Vermögen, das der Schönheit innewohnt." Dostojewski, *Die Besessenen.* (s. Evdokimov, *Dostojewski und das Problem des Bösen* [frz.], Lyon 1942, Kap. 1). Die Frau ist von altersher mit dem Heiligen Geiste verknüpft.

345. Das Konzil „in Trullo" erklärte für den Osten die Ehe für die Priester und allein für den Bischof den Ordensstand als verbindlich.
346. *Colonne et Affirmation de la Vérité*, S. 291.
347. Noch einmal sei betont, daß diese Ausdrücke das Wesen Gottes durchaus nicht berühren. Sie führen kein weibliches Element in Gott ein, sondern sprechen vom weiblichen Aspekt gewisser Manifestationen und Kräfte Gottes in der Welt.
348. *In den Kapiteln über die Trinität*, Paris 1928, 1930 (russisch).
349. Gregor Palamas, P. G. t. 150, col. 1144–1145. Von Meyendorff, *La Procession de Saint-Esprit chez les Pères Orientaux*, in: Russie et Chrétienté 1950, Nr. 3–4 zitiert.
350. Wenn man von der westl. Konzeption des *filioque* bis zu der für die Orthodoxie möglichen Grenze geht, so kann man sagen, daß der Vater dem Sohn die Hauchungskraft nicht als Eigentum, sondern nur in seiner Offenbarung verleiht. Hier erweist sich das absolute Gleichgewicht in der Trinität, indem der Vater dem Heiligen Geist die Kraft der Väterlichkeit verleiht, die gleichfalls nicht als Eigentum, sondern in seiner Offenbarung wirkt. – Der Heilige Geist ist vom Vater (Ursprung) gehaucht: für, in, mit, durch und durch den Sohn (Verwirklichung) hindurch. Und dieser Doppelbegriff ruft einen anderen hervor. Der Sohn ist vom Vater (Ursprung) für, mit, ihn, durch und durch den Geist (Offenbarung) hindurch gezeugt. *Ek tou Patros dia tou Yiou* entspricht *ek tou Patros dia tou Pneumatos*. Allein das *filioque* der Verwirklichung hält dem *spirituque* der Verwirklichung die Waage. Dieses Gleichgewicht würde dem Nicht-vollen-Genügen der Formel des Credo von Nicäa entsprechen, in dem die Göttlichkeit des Heiligen Geistes nicht voll zum Ausdruck kommt.
351. s. *Mysterium magnum, De Signatura Rerum*.
352. In der Ikonographie der Jungfrau bedeuten die drei Sterne, die sie auf dem Haupt und auf den Schultern trägt, das Symbol dreifacher Jungfräulichkeit.
353. Im Festcanon Troparius d. 3. Ode und im Fest-Akathistos, Kontaktion Tonart 3 erzählt.
354. Kontakion der Himmelfahrt.
355. Ein Beispiel von solcher großen Verwüstung findet sich in dem übrigens sehr starken Buch von Camus: *La Chute, Der Sündenfall*. Eine wunderbare Beschreibung der Neugeburt ist in der Bekehrung gegeben, die derselbe Autor in seinem Stück: *Requiem einer Nonne* nach dem Roman von Faulkner schildert. *Réquiem pour une nonne*, Paris 1956.
356. Lk 2, 26.

357. Selbstverständlich sind die göttliche und die menschliche Philanthropie durch Aneignung, Teilhabe und Wandlung konsubstantiell. Die heraufsteigende Liebe wird von Gott angezogen. Dem „entzückten Liebeszauber" (Cabasilas) antwortet die *amor dei*. In unseren Worten: „Liebet euch untereinander, wie ich euch geliebt habe, spricht der Herr" (Jo 13, 34) und Paulus: „Ich habe euch mit der Liebe Christi geliebt" (Phil 1, 8). Die Liebe ist durch tatsächliche Gegenwart Christi inmitten der Liebenden zwar nicht analog, aber identisch. Im Bilde der Identität der Gottesliebe liegt der Wesenskern des Menschen. Pascal drückt es aus: „Leidenschaftliche Liebe kann ihre Schönheit nicht behalten, ohne zu exzessieren. Man liebt nicht genug, wenn man nicht zuviel liebt."
358. Axiologie = Wertlehre.
359. P. G. t. 95, col. 325 C.
360. P. G. t. 100, col. 380 D.
361. P. G. t. 46, col. 737 D.
362. Diehl, *Handbuch byzantinischer Kunst*, t. II, S. 861.
363. Le III. *discours*, XVII.
364. Das kanonische Recht grenzt zwischen Bilderliebe, Bilderverehrung und dem direkt verworfenen Bilderdienst ab.
365. *I. Abhandlung über die Bilder.*
366. Synode von Konstantinopel 869.
367. Über die Bedeutung des Goldgrundes s. Worringer, *Griechentum u. Gotik*, über die Perspektive W. e. Gruneisen, *La Perspective. Esquisse de son évolution des origines jusqu'a la Renaissance*. Ecole française de Rome. Mélanges d'arch. et d'hist., 1911, XXXI S. 393–434.
368. Die Ikone ist der Liturgie eng verbunden; sie erläutert die liturgische Handlung, ist eine Theologie des Kultus in Farben. Über die Analogie zwischen liturgischem Kult und dramatisch-szenischer Handlung s. K. Holl, *Die Entstehung der Bilderwand in der Griechischen Kirche*, Archiv für Religionsw. 1906, IX, S. 365–384.
369. Er ist unberührt, aber in einem stärkeren als dem unvollständigen irdischen Sinne. Seine Unberührtheit gehört dem Reich Gottes an, wo man keine Ehe eingeht, sondern wie die Engel lebt. Hier ist die Fülle, die das Männliche und das Weibliche in der Weise des zukünftigen Zeitalters auf der Ikone der Deisis verbindet.
370. Ganz wie bei den großen Meistern des Mittelalters zeigt die häufigste Darstellung die Jungfrau mit dem Kind und Johannes den Täufer im Alter seiner Zeugenschaft.
371. Im jüdischen Glauben ist Elias der Seelenführer, der „Hirt der See-

len". Er empfängt die Seelen der Verstorbenen und führt sie zum Paradies, nimmt die Gestalt Johannes, des Vorläufers zur Unterwelt, vorweg. In derselben jüdischen Überlieferung vernichtet Elias am Ende den Todesengel und manifestiert damit die Macht des Michael. Gleichermaßen bei den Muselmanen, wo Elias – Ilyäs – al Chadir über den Drachen triumphiert und „geistiger Lenker" genannt wird. – S. L. Massignon, *Élie et son rôle en Islam*, in Études Carmélitaines 1956; Y. Moubarac, *Le prophète Élie dans le Coran*, in: Études Carmélitaines 1956.
372. v. T. Spassky, *Élie dans la tradition orthodoxe*, in: Études Carmélitaines 1956, S. 226 zitiert.
373. S. Konrad Onasch, *Das Weihnachtsfest im orthodoxen Kirchenjahr, Liturgie und Ikonographie*, Berlin 1958.
374. Gregor von Nyssa spricht davon, Luzifer habe dagegen revoltiert, daß der Mensch nach dem Bilde Gottes geschaffen worden sei. In der islamischen Literatur weist Satan den Befehl Gottes zurück, sich vor Adam zu verneigen. S. L. Massignon, *La Passion d'Al Hallaj*, Paris 1921; Lot-Borodine, *La doctrine de la Déification*, in: R. H. des R., Paris 1932/33, S. 27.
375. s. die bemerkenswerten Arbeiten Boulgakoffs über den orthodoxen Kult der Jungfrau und die Verehrung Johannes des Täufers: *Le Buisson ardent et l'Ami de l'Époux*, Paris, 1927/1928; russisch.
376. Gregor von Nyssa, De orat. dom. P. G. t. 44, col. 1157; Maximus, P. G. t. 90, 840 und in deux mss. de Luc zitiert von Soden.
377. Das wird in der Liturgie symbolisch durch eine brennende Kerze dargestellt, die dem feierlichen Abgang des das Evangelium tragenden Priesters vorangetragen wird: der Auszug des predigenden Christus.
378. P. G. t. 56, col. 582.
379. Antonius der Große († 356) wird als zweiter Elias besungen.
380. Die „Eunuchen des Reiches Gottes", die Mönche, führen den besonderen Kampf der Askese, denn die Wüste ist auch der Aufenthalt des Teufels und der furchtbare Ort der Versuchungen. In der Wüste am Strand des Toten Meeres und mehr noch in der Tiefe seiner Seele geht Johannes durch den „feurigen Schmelztiegel" und wird unerschütterlich, das Urbild der großen Spirituellen der Wüste, die im unsichtbaren Kampf mit den Mächten der Finsternis stehen.
381. Die Ewige Frau, 1934.
382. Es handelt sich um Johannes den Täufer als Archetyp, der die Ebene der Taufe erschließt. Er predigt das Reich Gottes, tauft den Christus, hat teil an der Epiphanie und führt die Menschheit Christi in den Äon des Geistes ein.

383. Hippolyte, *De antichrist*. LXI.
384. Cuttat, *La Rencontre des Religions*, Paris 1957.
385. Über die Frau als Feindin der Schlange s. Methodius, *Banquet* VIII, P. G. t. 18, 145–157.
386. Das mit der Sonne bekleidete über den Drachen siegende Weib s. Andreas von Cäsarea, *In Apoc*. P. G. t. 106, 320 D.
387. In einer seiner Visionen sah Swedenborg einen kleinen Teufel, der im Spiel mit den kleinen Engeln in himmlische Bereiche gelangt war, in großen Qualen, die durch den Wechsel der Seinsebene verursacht wurden. Es liegt eine Grenze zwischen den beiden nicht zu vereinbarenden Sphären.
388. Auf der Geburtsikone stellt die finstere Grotte, in der das Kind liegt, die Hölle dar – die Existenzerniedrigung außerhalb Gottes. Die Leinentücher, mit denen das Kind umhüllt ist, gleichen Totenlaken im Augenblick des Todes und des Absturzes in die Hölle. Ikonographisch ist die Geburt schon die Auferstehung. s. Erklärung der Ikone in *Bible et Vie chrétienne*, n. 1920.
389. In dem ausgezeichneten Artikel von Lot-Borodine *De l'Eucharistie*, in: Messager des Étudiants Russes, Nr. 40–41, 1956 zitiert. s. auch die schon zitierte Studie von Afanasieff, *Le repas du Seigneur*.
390. Man befindet sich hier in einem bedrohlichen Zirkel: um zu kommunizieren, muß man würdig sein, aber um würdig zu sein, muß man kommunizieren, sich von der Speise des Himmels nähren. Lot-Borodine und Afanasieff unterstreichen: das einzig wahre Hindernis liegt nicht im sittlichen Zustand der Gläubigen, sondern nach Paulus in der Gleichgültigkeit dem Mysterium gegenüber, in der Leichtfertigkeit des Glaubens.
391. Selbst in Apk 14, 4, dem Text über diejenigen, „die sich mit Frauen befleckt haben", liegt die Betonung allein auf der Reinheit männlicher Unberührtheit und beläßt die Frau scheinbar in der Rolle der Befleckenden. Es ist eben so, daß die Schwachheit des Mannes von Zeit zu Zeit Rache nimmt wie in der biblischen Erzählung von Susanna und den Greisen.
392. Hypostase kann nicht „an sich" sein. Sie ist es nur aus ihrer Natur der Erschließung und Kommunion heraus. Die göttliche „Monade" des Alten Testaments setzt der wahren Natur des dreieinigen Gottes im Warten auf die Offenbarung des Christus eine Maske auf.
393. Man kann es sich graphisch unter dem Bild der Ellipse vergegenwärtigen, die zwei Brennpunkte hat.
394. Noch einmal sei betont: der Unterschied liegt in den Charismen. Geht man allein von der ontischen Verschiedenheit aus, so erklärt

das nichts und – des jeweiligen Charismas beraubt – läßt sich über die Verschiedenheiten durchaus streiten. Man kann sie bis zum Verschwinden modifizieren. Ist doch außerdem jede Seele doppelpolig in ihren Verwirklichungsmöglichkeiten, in ihren verschiedenen Akzentuierungen. Jedes menschliche Wesen ist Gottes Magd und Freund des Bräutigams ... Die vorwiegende Gnadengabe aber ist das Entscheidende über Schicksal und Beruf.

395. So begeisterte die Kaiserin Irene den Patriarchen Tarak, das 7. Ökumenische Konzil über die Ikonen und den Mönchsstand zu berufen. Die Kaiserin Theodora wirkte auf den Patriarchen Methodus ein, und unter seinem Einfluß setzte die Synode von 843 das Fest des Triumphes ein. (1. Sonntag des gr. Fastens).
396. S. B. Petroff, *Misère philosophique du Marxisme*, 1952, S. 15.
397. Nach der *Didascalie* sind die Frauen der Altar, d. h. sie stellen in der liturgischen Symbolik das Gebet dar.
398. s. *Le destin de l'Homme* von Berdjajew.
399. In seiner Homilie über den *Levitikus* scheint Origines zu sagen, daß Christus selber sich nicht der Unversehrtheit seines Leibes erfreuen kann, solange ihm ein einziges Glied fehlt. „Angenommen, das Auge sei heilig und ohne jeden Makel, wie könnte er sich freuen, wenn andere Glieder ihm fehlen?" – „Da ist nur ein Leib, der seiner Erlösung harrt." Die Vereinigung der Heiligen in dem Heiligen setzt eine sehr geheimnisvolle Kommunion im Verborgenen voraus, die den *homo viator* völlig einhüllt – die Vereinigung der Totalität des corpus Christi in der Erwartung. Abraham wartet noch und Isaak und Jakob und alle ... warten auf uns, um mit uns gemeinsam die vollkommene Seligkeit zu empfangen. In *Levit. hom.* 7. n. 2.
400. Olivier Clement in *Aperçus sur la vie de l'Église Orthodoxe en Russie d'après quelques témoignages récents.*
401. Maximus, *Gnostische Jahrhunderte*, P. G. t. 90, 1108 AB.
402. Maximus, *Quaestiones ad Thalassium*. P. G. t. 90, 408 D.
403. Johannes Chrysostomus, *Homilien über Ostern*, P. G. t. 59, 743–746.
404. Hippolyt, *Über den Antichrist*, c. 61.
405. Gregor von Nazianz, *Reden*, P. G. t. 36, 620 D.
406. Klemens von Alexandrien, *Protrepticum* c. 1.
407. *Selecta in Psalmos*, 23. P. G. t. 12, 1265.
408. Simeon der neue Theologe, *Reden* 22, P. G. 120, 423–425.
409. s. Mgr. Cassien, *Mysterium des Glaubens*, in: Le Messager ecclésial n. 66 (russisch).
410. Kyrill von Jerusalem I. Cat. n. 6.